O FUTURO DO DIREITO ADMINISTRATIVO: ESTUDOS EM HOMENAGEM AO PROF. EDILSON NOBRE

CIP-BRASIL. CATALOGAÇÃO NA PUBLICAÇÃO
SINDICATO NACIONAL DOS EDITORES DE LIVROS, RJ

F996

O futuro do direito administrativo : estudos em homenagem ao prof. Edilson Nobre / coordenação Bianor Arruda Bezerra Neto ...[et al.] ; prefácio Robson Maia Lins. - 1. ed. - São Paulo : Noeses, 2023.

560 p. ; 23 cm.
Inclui bibliografia
ISBN 978-65-89888-86-4

1. Nobre Júnior, Edilson Pereira, 1964-. 2. Direito administrativo - Brasil. I. Bezerra Neto, Bianor Arruda. II. Lins, Robson Maia.

23-82988 CDU: 342.9(81)

Gabriela Faray Ferreira Lopes - Bibliotecária - CRB-7/6643

Coordenação
Leonardo Henrique de Cavalcante Carvalho
Marco Bruno de Miranda Clementino
Bianor Arruda Bezerra Neto
Robson Maia Lins

O FUTURO DO DIREITO ADMINISTRATIVO: ESTUDOS EM HOMENAGEM AO PROF. EDILSON NOBRE

2023

editora e livraria
NOESES

Copyright © Editora Noeses 2023
Fundador e Editor-chefe: Paulo de Barros Carvalho
Gerente de Produção Editorial: Rosangela Santos
Arte e Diagramação: Renato Castro
Revisão: Microart
Designer de Capa: Aliá3 - Marcos Duarte

2023

editora e livraria
NOESES

Editora Noeses Ltda.
Tel/fax: 55 11 3666 6055
www.editoranoeses.com.br

PREFÁCIO

Hodiernamente, muitos associam a pessoa do homenageado às imagens de um magistrado dos mais vocacionados para o cargo que atualmente ocupa, de um cientista do direito já com extensa contribuição doutrinária para a cultura jurídica brasileira ou de um professor universitário extremamente erudito e devotado. Contudo, muito embora a presença cumulativa de tão caras virtudes já seja deveras digna de registro e encômios, é preciso reconhecer a impossibilidade de desvelarmos a sua real dimensão em um único súbito de vista.

Edilson Pereira Nobre Júnior é, antes de tudo, um texto rico, profundo, complexo, plural, invulgar e sempre renovado, bem ao modo de seus escritos, que desafiam o leitor constantemente e dele esperam argúcia, reflexão, sobriedade e maturação. Na presente ocasião, porém, ouso sublinhar o douto homenageado no capítulo de intelectual humildemente audacioso, absolutamente cônscio das muitas vicissitudes que permeiam a construção do conhecimento humano, mas que por elas não se deixa esmorecer, inspirando-nos por seu insigne exemplo cultural.

Aquele a quem, com muito prazer, rendemos justas homenagens, é um pensador que jamais deixa de nutrir sua alma genuinamente estudantil, e ao ponto de ser corriqueiramente visto na companhia de valiosos amigos de papel, com os quais honestamente dialoga.

Na qualidade de fervoroso amante do saber, naturalmente Edilson Pereira Nobre Júnior construiu uma distinta e autêntica relação de amizade com os livros, das mais variadas origens, gerações, línguas, gêneros, escolas de pensamento e autorias, permanentemente descobertos no curso das pesquisas de fôlego que sua irrequieta alma intelectual lhe inspira a desenvolver continuamente.

Com a mestria e o rigor que lhes são tão peculiares, nosso homenageado não apenas se firmou como amigo da cultura, tornou-se verdadeiro confidente de obras clássicas, posto ao qual a vida intelectual alça apenas aqueles poucos pensadores que nutrem a convicção de que cada releitura, paradoxalmente, constitui-se como fonte para leituras genuinamente novas. Afinal, como pontuava René Descartes, "a leitura de todos os bons livros é como uma conversação com a gente mais honesta dos séculos passados, com os seus autores".[1]

Embora não tenha sido formalmente seu aluno, recordo-me do ano de 1994, mais precisamente quando cursava a graduação em direito da nossa gloriosa Universidade Federal do Rio Grande do Norte – UFRN e, durante horários vagos, corria entusiasmado para assistir às aulas do Professor Edilson Pereira Nobre Júnior, verdadeiros convites para ampliar perspectivas e pensar o futuro. E, particularmente, penso que não devemos jamais olvidar da invulgar relevância social desta seleta classe de pessoas, que se dedicam incessantemente à construção pensamentos mais elevados, para além do estrato técnico, promovendo elaboradas articulações nos sobreníveis científico e filosófico, como quem olha um pouco para além dos horizontes culturais, à procura da causa-primeira de sua jornada intelectual, na iminência de uma grande descoberta.

Robson Maia Lins

1. DESCARTES, René. *Discurso sobre o método*. Trad. Paulo M. de Oliveira. 2. ed. Bauru: Edipro, 2006. p. 17-18.

APRESENTAÇÃO

Estamos no futuro! Novas tecnologias, atitudes diferentes diante dos desafios do Estado, maneiras diversas para pensar velhos problemas. Valores que se transmudam, repetindo o passado em um eterno retorno.

Chegamos ao futuro! O presente é sempre o futuro que alguém um dia imaginou, anteviu ou esperou. Quando se é muito autocentrado, essa ideia parece abstrata demais e difícil de conceber. Isabel Allende, em "A Casa dos Espíritos", ao narrar a saga de três gerações de mulheres, Clara, Alba e Bianca, nos lembra de que "a memória é frágil, e o transcurso de uma vida, muito breve, e tudo acontece tão depressa, que não conseguimos ver a relação entre os acontecimentos", de maneira que, segundo a escritora chilena, "acreditamos na ficção do tempo, no presente, no passado e no futuro".

Os estoicos transpuseram essa ficção. Eles disseram que o tempo é um eterno presente, que o passado não mais existe e que o futuro não chegou. Os epicuristas disseram algo parecido. Em sua visão de mundo, o futuro não existe e o passado se foi: resta-nos tão somente viver o presente.

Que horas são neste instante? É sempre meio-dia em algum lugar do planeta. Que importa? O comércio não fecha mais. Há o aplicativo permanentemente disponível. O prazo processual pode ser cumprido até 23h:59.

Nós, juristas, lidamos com leis novas para velhos problemas e leis velhas para os novos. Em releituras infinitas, tecemos o significado daquilo que "é o direito de cada um", construindo a ideia sempre inacabada e incompleta do que precisamos chamar de justiça.

O volume que o leitor tem em mãos contém a visão de destacados juristas brasileiros sobre sete eixos temáticos do maior interesse, tanto para aqueles que atuam na academia quanto aqueles que operam na consultoria e no contencioso, administrativo e judicial.

Os textos falam sobre o futuro do Direito Administrativo: o futuro que já chegou, aquele que nos espreita e aquele que imaginamos. Todas as concepções de tempo são conjugadas nesta obra. Os autores tratam das possibilidades hermenêuticas que se descortinam com as recentes alterações da LINDB, passeiam por alguns dos novos marcos legais do direito público, vislumbram e explicam o Direito Administrativo 4.0. Os textos abordam o despertar para as formas alternativas de resolução de conflito, mas também nos lembram de temas clássicos revisitados e ressignificados.

E a reunião de todos eles traz em comum algo que vai além da preocupação com o futuro: a admiração pelo exemplo profissional e de vida manifestado pelo homenageado, e a amizade que se tem o privilégio de partilhar com ele. Podemos dizer ainda que há outro sentimento compartilhado: a generosidade dos amigos. Apenas devolvem um pouco do que já receberam do professor Edílson Nobre Júnior. Mas não só: repartem tudo isso conosco agora. E o pouco se torna muito. Os leitores atestarão.

Na mente de cada autor, enquanto elaboravam suas ideias, certamente perpassou o pensamento em fluxo, em torrente acelerada, em zigue-zagues, em idas e vindas: Edilson, amigo, magistrado, professor destacado, desembargador, presidente, exemplo, Natal, TRF5, UFRN, UFPE, escritor. Enfim, cada mente formou sua própria nuvem de palavras.

Como diria Isabel Allende, não sabemos nem conhecemos todas as causas que se encadearam até chegarmos nesta obra. Um dia, à beira-mar de uma praia de Alagoas, que não preciso dizer que era linda, pois todas são, a imaginamos. A natureza seguiu seu compasso. O professor Robson Maia e todos os autores se entusiasmaram com o projeto. E aqui se chegou; inexoravelmente, como dizem os estoicos. Estamos no futuro!

Recife, 11 de janeiro de 2023.

Leonardo Henrique de Cavalcante Carvalho
Marco Bruno de Miranda Clementino
Bianor Arruda Bezerra Neto
Robson Maia Lins

SUMÁRIO

EIXO 2
NOVOS MARCOS DO DIREITO ADMINISTRATIVO E AQUELES QUE FALTAM!

EIXO 3
DIREITO ADMINISTRATIVO 4.0

EIXO 4
INOVAÇÃO EM SOLUÇÃO DE CONFLITOS NO DIREITO ADMINISTRATIVO E TRIBUÁRIO

EIXO 5
TEMAS RELEVANTES AGUARDANDO JULGAMENTO NO STF

EIXO 1

A LINDB E A SEGURANÇA JURÍDICA: DESAFIOS PARA A INTERPRETAÇÃO E A DECISÃO JURÍDICA EM TEMAS DE DIREITO ADMINISTRATIVO

PRAGMATISMO JUDICIAL NA NOVA LINDB: COMPREENSÃO, LIMITES E POSSIBILIDADES

Bianor Arruda Bezerra Neto

Doutor pela PUC/SP. Juiz Federal na 5ª Região.
Professor do IBET – Instituto Brasileiro de Estudos Tributários.

Leonardo Henrique de Cavalcante Carvalho

Mestre pela UNIFOR. Doutorando pela UFPE.
Desembargador no TRF da 5ª Região.

1. Introdução

Há várias maneiras de se pensar sobre o tema da “verdade” e da “realidade”. A princípio essa afirmação parece sem sentido, pois se a “realidade” é o que existe e a “verdade” é o relato correto e preciso “sobre o que existe”, então falar em visões ou maneiras de pensar sobre elas parece algo inadmissível.

Infelizmente existem muitas maneiras de compreendê-las. Exatamente por isso é que é relativamente fácil manipular pessoas, inclusive de forma massiva, quanto a esses temas.

No campo do direito, em que o discurso presente na lei e na decisão judicial tem o poder de alterar radicalmente as estruturas sociais e a vida das pessoas, essa manipulação se torna ainda mais importante.

Em geral, especialmente para o senso comum, a realidade é o conjunto de tudo que há no mundo, inclusive o sujeito pensante. Todas as coisas são individualizadas por suas características que, em conjunto, dão a elas uma essência, que os gregos chamavam de "ousia".[1] Então, a verdade é o relato exato a respeito dessas características e que é capaz de comunicar essa essência.

Por sua vez, o pensamento humano que une a "verdade" e a "realidade" é chamado de "noeses". É uma espécie de iluminação, de epifania. São pequenos milagres da existência que vivenciamos todos os dias.

No âmbito do direito, essa cosmovisão conduz à ideia de que a lei é a expressão da retidão e da justiça possível em determinada sociedade, devendo ser aplicada fielmente por juízes e tribunais. Nessa linha de entendimento, a atividade interpretativa é das mais nobres exercidas pelos juízes, porém ela somente deve atuar nos casos em que a lei é obscura, vaga, dúbia. Fora desses casos, a lei não precisa ser interpretada ("*In claris cessat interpretatio*"[2]). Ela se revela.

Da mesma maneira, as provas são pistas, sinais e relatos sobre a realidade do mundo e sua verdade. Quando consideradas fortes, as provas são verdadeiras demonstrações daquilo que, no senso comum, chama-se "verdade real". É uma espécie de "noema",[3] encontrado pela iluminação do magistrado diante de um processo com provas, a juízo dele, suficientes para se encontrar a "ousia" daquilo que busca.

---

1. MORA, José Ferrater. *Dicionário de filosofia*. São Paulo: Loyola, 2000.

2. MAXIMILIANO, Carlos. *Hermenêutica e aplicação do direito*. Rio de Janeiro: Forense, 1996.

3. Segundo Ferrater Mora, em seu *Dicionário de filosofia*, noema é um vocábulo grego que significa pensamento, ou seja, o objeto do pensar, da noeses. A noeses é o pensar com discernimento. De acordo com ele, os noemas são simplesmente as ideias. Ele lembra que esse termo foi, no século XIX, utilizado por Husserl como sinônimo de sentido ou de significação.

Essa cosmovisão dominou todo o mundo ocidental a partir da chamada "Idade de Ouro de Atenas", entre os séculos VI e V a.C., que ficou marcada pelo aparecimento de grandes intelectuais, como Pitágoras, Platão e Aristóteles.

A preponderância dessa visão, com algumas torções e ajustes promovidos pelos racionalistas da modernidade, como Kant e Husserl, perdura por mais de 2000 anos.

Porém, há uma corrente de pensamento que acusa os realistas de serem pouco práticos: diz-se que se apegam demais ao conhecimento e à busca das "essências das coisas" e se esquecem das "consequências práticas". Para ela, essa cosmovisão dos realistas, erroneamente, parte da ideia de que existe um mundo ideal, um universo harmônico composto por verdades essenciais, eternas, imutáveis e que podem ser descobertas e enunciadas através de conceitos.

Essa corrente é o pragmatismo,[4] segundo a qual na busca da verdade não se pode prescindir do senso prático, da utilidade, das consequências e dos resultados daquilo que se afirma.

Quando se traz essa cosmovisão para o direito, deixa-se de pensar na lei como expressão possível da retidão e da justiça, abandona-se a ideia de que a interpretação é uma técnica para os momentos de obscuridade da lei e que a decisão judicial tem por finalidade a aplicação fiel da lei.

Então, a pergunta que se pretende responder neste texto é: o que é pragmatismo judicial e o que a LINDB tem a ver com isso?

2. Consequencialismo judicial

De forma objetiva e direta, está-se diante de "consequencialismo judicial" quando o julgador, administrativo ou judicial, substitui o critério de decisão fixado na lei pelo seu

---

4. WAAL, Cornelis. *Sobre o pragmatismo*. São Paulo: Loyola, 2007.

próprio critério, no caso pela projeção que faz acerca das consequências de determinada decisão.

Por exemplo: se aplicar a lei tributária X a partir da interpretação constitucional Y, isso vai gerar déficit fiscal, consequência que precisa ser evitada em nome da higidez financeira do Estado. Então, o magistrado ou tribunal, mesmo que de forma não explícita, constrói seu discurso de modo a dar primazia ao critério da consequência, não ao critério normativo.

Outro exemplo: se aplicar a lei tributária X a partir da interpretação constitucional Y, isso vai conduzir ao aumento da carga tributária, excessivo e desproporcional, consequência que não se pode aceitar diante da crise econômica pela qual passa o País. Aqui, da mesma forma, juízes e tribunais fazem, de modo velado, a substituição de critério de julgamento. Para justificar essa substituição, utilizam os princípios, que possuem enorme maleabilidade na construção do seu sentido, justamente em razão dos termos e expressões vagos, ambíguos e porosos existentes na sua redação.

Assim, no consequencialismo o critério de decisão a ser levado em conta é representado pela projeção das consequências que as possibilidades decisórias em jogo trarão ou provocarão.

Em outras palavras: diante de uma ou mais possibilidades de ação, o decisor, magistrado ou autoridade administrativa, realizará prognóstico das consequências de cada uma delas. Em seguida, decidirá por aquela cujas consequências lhe interessem mais ou lhes sejam menos gravosas, descartando as demais.

Trata-se de técnica decisória típica da Economia, que toma suas decisões sempre projetando o futuro. O passado só interessa à Economia como fonte de experiência.[5]

5. Todos os modelos decisórios, preponderantemente matemáticos, operam com essa projeção: a "utilidade esperada", de Blaise Pascal; o "cálculo infinitesimal", de Leibniz e Newton; o "desvio padrão", de Abraham de Moivre; a "utilidade marginal descendente", de Daniel Bernoulli; o "teorema de Bayes", de Thomas Bayes; o "teorema minimax", de John Von Neumann. Assim também trabalham mesmo as teorias mais sofisticadas que, com o desenvolvimento da economia enquanto ciência, passaram a

Não se pode esquecer de que o critério de decisão para a atuação dos juízes e tribunais já está posto pela lei, que foi criada justamente para propiciar a prevalência da autoridade política e a previsibilidade das decisões judiciais e administrativas.

Aos juízes, portanto, a princípio, não cabe esse juízo consequencialista, uma vez que a prognose, enquanto critério decisório, não é própria da atividade jurisdicional.

Em suma, os juízos consequencialistas envolvem prognósticos, ou seja, projeções sobre o futuro, e juízes, em regra, não projetam o futuro, nós decidimos sobre o passado, sobre o que está posto, sobre o que aconteceu e foi objeto de prova, não sobre o que virá. Sobre o porvir decidem os legisladores, os economistas e os formuladores de políticas públicas.

Entretanto, é preciso aqui fazer duas observações extremamente importantes.

A primeira é no que diz respeito à diferenciação entre o consequencialismo previsto na própria lei e aquele que é fruto do voluntarismo dos magistrados.

Neil McCormick,[6] falecido em 2009, jurista que foi membro do parlamento Europeu (1999-2004) e que foi reconhecido por suas reflexões e obras no tema da argumentação jurídica, traz uma distinção que nos interessa muito neste momento. Para ele, é possível se distinguir entre o consequencialismo externo e o interno.

No consequencialismo interno, a possibilidade de utilização da projeção de consequências como critério de decisão

---

combinar certa doutrina, como a moral ou a psicologia, com a matemática: a "utilidade marginal", o "equilíbrio entre oferta e demanda" e a "teoria dos preços", de Carl Menger e Alfred Marshall; a "teoria dos jogos", de John Von Neumann; o "equilíbrio de Pareto", de Vilfredo Pareto; a "eficiência de Kaldor-Hicks", de Nicholas Kaldor e John Hicks; o "equilíbrio de Nash", de John Nash; o "Teorema de Coase", de Ronald Coase; a "teoria das escolhas racionais", de Cooter e Ulen; e as teorias comportamentais, fundadas em uma heurística de estimativas e vieses psicológicos.

6. *Retórica e o estado de direito:* uma teoria da argumentação jurídica. Trad. Conrado Hubner Mendes e Marcos Paulo Veríssimo. Rio de Janeiro: Elsevier, 2008.

está prevista no próprio texto de lei ou é inferida a partir dele. Nesta hipótese, não há subversão do sistema.

No Brasil, o maior exemplo desse tipo de consequencialismo está no art. 927, § 3º, do CPC, que trata da modulação dos efeitos de decisão judicial vinculante: "Na hipótese de alteração de jurisprudência dominante do Supremo Tribunal Federal e dos tribunais superiores ou daquela oriunda de julgamento de casos repetitivos, pode haver modulação dos efeitos da alteração no interesse social e no da segurança jurídica".

Aqui o consequencialismo é inerente à regra posta pelo texto legal. Nesses mesmos termos, pode ser citado o art. 27 da Lei 9.868/99 – ADI e ADC.

Por seu turno, no consequencialismo externo, a possibilidade de utilização da projeção de consequências como critério de decisão não está no texto da lei nem dele pode ser deduzido. Nesse caso, o consequencialismo é criação do magistrado, que acaba, de forma voluntarista, criando critério de decisão *a lattere* da lei.

Em tais termos, pode-se definir "consequencialismo judicial" externo da seguinte forma: tipo de argumento que fornece razões para a tomada de uma decisão jurídica específica, a partir da prognose e consideração dos possíveis efeitos desta decisão.[7]

Quem se utiliza desse tipo de consequencialismo, basicamente, acredita que juízes e tribunais, ao resolverem as questões controvertidas, não devem se ater a construir uma narrativa e qualificá-la juridicamente com base no texto da lei aplicável. Para quem pensa assim, juízes e tribunais precisam ir além, devendo projetar as consequências futuras de suas decisões e utilizá-las como critério para a resolução do conflito.

---

7. A regra constante do art. 20 da LINDB não pode ser interpretada, portanto, como um cheque em branco para que juízes substituam os critérios legais de decisão por critérios consequencialistas. Ela deve ser interpretada de forma justamente inversa, ou seja, como regra de autocontenção com relação ao consequencialismo externo: "Nas esferas administrativa, controladora e judicial, não se decidirá com base em valores jurídicos abstratos sem que sejam consideradas as consequências práticas da decisão".

Para tanto, precisa-se construir outra narrativa, alusiva a fatos sociais não juridicizados (ampliando o contexto da demanda), porque é, a partir deles, que as consequências são construídas e é neles que elas se projetam. Por exemplo: quando se consideram possíveis efeitos negativos da perda de arrecadação e se utiliza desse critério para julgar improcedente demanda na qual o contribuinte alega, e demonstra, a inconstitucionalidade da exação. Em outras palavras: a demanda tributária é julgada com base no critério arrecadatório, não com base no critério da inconstitucionalidade da lei.

Cria-se, assim, sem base em texto de lei, nova norma que irá decidir o caso concreto, de acordo com a ideia de se evitar ou se buscar determinada consequência.

Acredita-se que, assim agindo, será sempre tomada a melhor decisão, ou seja, aquela que evita certas consequências, tidas como negativas, e promove outras, tidas como positivas.

***

A segunda observação diz respeito à preponderância que a projeção das consequências tem para a tomada de decisão.

Em outras palavras: é preciso verificar, em cada caso, qual peso o consequencialismo tem como critério de decisão.

Nenhum magistrado pode decidir sem a dimensão das consequências de suas decisões. Todo processo judicial é levado ao Judiciário porque alguém precisa e pretende alcançar determinado resultado, de maneira que decisões judiciais não são proferidas para responder consultas nem para especulação acadêmica.

E esses efeitos que resultarão das decisões, administrativas ou judiciais, podem, contudo, ter consequências para além daquelas imediatamente antevistas pelas partes, de maneira que a projeção de consequências é inerente a esse tipo de decisão e o julgadores não podem ficar alheios a elas.

O problema ocorre quando o consequencialismo passa a ser o critério central para a tomada de decisão, em substituição ao critério legal.

Luis Fernando Schuartz, no artigo Consequencialismo jurídico, racionalidade decisória e malandragem, propõe excelente classificação para os tipos de consequencialismo criados pelos juízes.

Segundo o referido autor, diz-se que o consequencialismo é máximo, ou em sentido forte, quando "o critério de decisão é a consequência vislumbrada pelo julgador e somente outra consequência diferente aparece como critério concorrente". Aqui, deve-se frisar que essa consequência vislumbrada está apenas na mente do julgador, daí o voluntarismo.

Típico exemplo dessa situação é o caso da incidência de contribuição previdenciária sobre salário-maternidade, previsto no art. 28, § 2º, da Lei 8.212/91. Nesse caso, o STF se deparou com texto de lei explícito, determinando a incidência da contribuição sobre a base material "remuneração recebida a título de salário-maternidade", mas, com base em princípio, desconsiderou esse critério e afastou a incidência (RE 576.967 – Tema 72 da Repercussão Geral). Na hipótese, projetou-se que esse tributo geraria a degradação do mercado de trabalho da mulher.

Da mesma forma ocorreu quando o STF excluiu o ICMS da base de cálculo da contribuição para o PIS/Cofins, sob a alegação de que "não se pode faturar tributo", ignorando a legislação de regência, a praticabilidade[8] do Direito Tributário e décadas de jurisprudência, inclusive súmulas, acerca do tema (RE 574.706).

Esse fenômeno também foi observado quando o STF concluiu ser indevida a presunção do valor da base de cálculo da operação futura do substituído (substituição para frente ou progressiva), no caso do ICMS sobre a venda de combustíveis

---

8. Sobre a praticabilidade no direito tributário, consultar: COSTA, Regina Helena. *Praticabilidade e justiça tributária*. São Paulo: Malheiros, 2007.

(RE 593.849), sob o fundamento de que não se pode tributar a partir de presunções sobre o valor real da base de cálculo.

Na aludida classificação do saudoso professor Luis Fernando Schuartz, o consequencialismo é moderado ou, nas palavras dele, é residual, quando o juiz não chega a substituir a norma jurídica como critério de decisão. Nesse caso, o juiz utiliza critério consequencialista quando é a própria norma jurídica que deixa duas ou mais possibilidades de decisão igualmente viáveis. Nessa situação, o julgador apela para as consequências e opta por uma dessas soluções legais a partir do critério de projeção futura. Essa situação é limítrofe, e rara. Ela só ocorre realmente quando a opção dada pelo legislador é inconteste ou expressa.

No Direito Tributário é exemplar o caso do IPVA sobre embarcações e aeronaves. A Constituição, ao estabelecer este imposto e fixar a competência estadual (art. 155, III), não deixa claro o critério material da regra-matriz, permitindo ao juiz, em caso de controvérsia, a opção. Foi exatamente o que o STF fez ao julgar o RE 134.509, quando, com sua decisão, buscou evitar a guerra fiscal. Para o Tribunal, (i) navios e aeronaves nunca foram objeto de tributação sobre o patrimônio, de modo que se estará inovando o sistema tributário nacional; (ii) navios e aeronaves não possuem qualquer vinculação com Estados ou municípios, porque são fiscalizados pela União; e (iii), admitir essa tributação, certamente vai gerar guerra fiscal.

Por fim, há o consequencialismo em sentido fraco. Nesse caso o critério de decisão é a norma jurídica, sendo que a argumentação pode ser apenas complementada a partir da projeção das consequências.

Dessa forma, nessa hipótese, não se tem propriamente o "consequencialismo judicial", mas a utilização das possíveis consequências da decisão apenas como reforço de argumentação.

O exemplo vem do Direito Administrativo. Durante a pandemia de 2020/2021, uma das maiores preocupações do Estado foi com o tráfego internacional de pessoas, todas potencialmente vetores da doença. A Agência Nacional de Vigilância Sanitária – Anvisa, através da Portaria 648, de 23 de dezembro de 2020, editada com base no art. 3º, VI, Lei 13.979/2020, passou a restringir a entrada e a saída de estrangeiros no País, por rodovias, portos ou aeroportos.

Em seu art. 7º, a mencionada portaria passou a exigir, para ingresso de estrangeiro em território nacional, "documento comprobatório de realização de teste laboratorial RT-PCR, para rastreio da infecção pelo coronavírus SARS-CoV-2, com resultado negativo ou não reagente, realizado nas setenta e duas horas anteriores ao momento do embarque".

Nesse período, no Brasil, duas narrativas disputavam corações e mentes dos brasileiros: de um lado, a campanha do Governo Federal, com o lema "O Brasil não pode parar" e, de outro, a visão oposta: "Fique em casa, se puder!".

Essa disputa se refletiu em muitas frentes, inclusive em demandas que aportaram ao Judiciário. Foi nesse contexto que o Ministério Público Federal ajuizou, perante a Justiça Federal da 5ª Região, ação civil pública com o objetivo de obter ordem judicial que obrigasse a Anvisa a adotar a restrição acima também para a circulação interna de pessoas através do transporte aéreo.

Em outras palavras, o MPF pretendia generalizar, para todos os voos domésticos, a necessidade de apresentação de documento comprobatório de teste laboratorial RT-PCR, com resultado negativo ou não reagente, realizado nas 72 horas anteriores ao momento do embarque.

O principal fundamento apresentado foi com base na projeção de consequências: caso não estendida a restrição, a propagação do vírus seria muito maior e a pandemia bem mais severa.

No âmbito do TRF-5, a demanda foi julgada pela 2ª Turma, em acórdão por mim relatado (Agravo 0804566-45.2021.4.05.000, relator o Desembargador Federal Leonardo Carvalho, julgado em 12.07.2021). Na ocasião, vislumbrando um potencial caso de consequencialismo externo e forte, rechaçou-se a pretensão ministerial e fez-se valer o critério legal, previsto tanto na Lei 13.979/2020 quanto na Portaria 648, de 23 de dezembro de 2020.

Aqui uma dúvida pode ser levantada: a posição do TRF-5 também não foi consequencialista, em sentido contrário? Em outras palavras, de igual modo, não trabalhou com a projeção de consequências em sentido oposto: se houver restrição interna, então a economia vai colapsar, começando pelas companhias de transporte aéreo?

A resposta é negativa. Primeiro, porque se esta projeção está presente nas entrelinhas da decisão, ela foi realizada pelo próprio legislador, seja o Congresso Nacional, seja a agência reguladora. Segundo, porque, no caso, se o acórdão traz esse argumento, implícita ou explicitamente, ele poderá ser enquadrado no chamado "consequencialismo fraco".

No "consequencialismo fraco", o critério legal não é desconsiderado e a "projeção de consequências" aparece apenas como argumento de reforço.

Em suma: não é todo consequencialismo que é sinônimo de quebra da lei e de voluntarismo judicial. Isso ocorrerá nos casos de consequencialismo externo, desde que se esteja diante de casos de consequencialismo do tipo forte.

3. Pragmatismo judicial

O pragmatismo judicial é um tipo de consequencialismo sofisticado.

Aqui, precisamos trazer de volta a reflexão inicial sobre a concepção de realidade e verdade.

O pragmatismo filosófico[9] tem, antes de tudo, uma cosmovisão antiessencialista ou antifundacionalista. O que isso quer dizer?

---

9. POGREBINSCHI, Thamy. Pragmatismo: teoria social e política. Rio de Janeiro: Relume Dumará, 2005.

Significa que, ao contrário do pensamento ocidental clássico, o pragmatismo não acredita na ideia do "noema" perfeito, espécie de "epifania" a que se chega quando se alcança a "ousia", ou seja, a suposta essência que as coisas que compõem a realidade possuem.

Os pragmáticos não negam a possibilidade de se buscar e encontrar critérios objetivos para se definir e se alcançar a verdade. Porém, esses critérios não devem ser eternos e imutáveis e, portanto, "essencialistas".

É que eles precisam ser sempre construídos com base nas necessidades de cada problema a ser resolvido, de maneira que isso implica a consideração de cada contexto específico.

Dessa forma, a verdade depende do contexto, do referencial, das circunstâncias, ainda que esses dados devam, de alguma forma, ser objetivados.

Por exemplo, o pragmático sabe que a verdade sobre guerra e paz depende de quem a formula, do equilíbrio de forças e dos interesses em jogo. Não é possível, portanto, buscar um conceito absoluto, eterno, imutável de guerra e paz, posto que a realidade muda de acordo com o contexto, não se podendo identificar sua "ousia" ou "essência". De tal sorte, também não é possível desconsiderar que, se não há essências como pensavam os gregos clássicos, também não há "noemas" nem "verdades absolutas".

Ao transportar essa cosmovisão para o direito, conclui-se que a lei nem sempre é a expressão da retidão e da justiça possível a dada sociedade em dado tempo, mas é fruto da disputa de poder ocorrida em determinado contexto e sob certas condições.

Dessa maneira, a interpretação não pode ser vista apenas como um instrumento a ser utilizado por juízes e tribunais diante da obscuridade da lei. A interpretação é, antes de tudo, uma atividade de compreensão e tradução da lei para torná-la apta a resolver os problemas que se apresentam na prática, de acordo com o seu contexto.

Por fim, o pragmático, além de cético com relação à existência da "ousia" de que falavam os gregos, ou seja, além de "antiessencialista" e "contextualista", é um pensador que, por conta do seu espírito prático, valoriza enormemente as consequências das soluções que projeta a partir de suas decisões.

Não se pode esquecer que a palavra "pragma",[10] na origem, significa aquilo que é feito, produto da prática e que tem efeitos concretos e relevantes.

Assim, quando se diz que o pragmatismo é um consequencialismo sofisticado, é porque, ao ser consequencialista, ou seja, ao se preocupar com a prática e seus efeitos concretos, o pragmático assim o faz em razão de considerações de ordem "antiessencialista" e "contextualista" bem postas, demonstradas e justificadas.

Não há o consequencialismo pelo consequencialismo.

O maior exemplo de "pragmatismo judicial" está na postura do juiz criminal que pensa: a lei processual penal não permite ao juiz conduzir uma ação penal de modo a condenar grupos de pessoas com determinada hierarquia política, determinado poder econômico e em circunstâncias de possível corrupção generalizada. É preciso, pois, desconsiderar conceitos fundados no "essencialismo", como separação de poderes, segurança jurídica, presunção de inocência, legalidade, necessidade de prova do dolo etc. É preciso considerar as circunstâncias do caso concreto, do contrário as decisões judiciais serão inócuas e terão apenas uma consequência

10. "O termo 'pragmática' é derivado do grego pragma, significando coisa, objeto, principalmente no sentido de algo feito ou produzido, sendo que o verbo *pracein* significa precisamente agir, fazer. Os romanos traduziram pragma pelo latim *res*, o termo genérico para coisa, perdendo talvez com isso a conotação do fazer ou agir presente no grego. [...] Em um sentido amplo, 'pragmatismo' ou 'filosofia pragmática' referem-se a concepções de filosofia que defendem não só uma distinção entre teoria e prática, mas sobretudo o primado da razão prática em relação à razão teórica, incluindo desde Kant, cuja última obra de 1804 intitulou-se precisamente *Antropologia de um ponto de vista pragmático*, até algumas correntes da filosofia contemporânea" (MARCONDES, Danilo. Desfazendo mitos sobre a pragmática. *ALCEU*, v.1, n.1, p. 38 a 46, jul./dez. 2000).

inevitável: a impunidade. Assim, é preciso: ser maleável nos requisitos para a decretação de prisão provisória, forçar delações, aumentar a quantidade de apreensões. É preciso que os membros do MPF estejam bem alinhados com o julgador. Mas não só: é preciso obter o apoio popular[11] e isso se alcança, por exemplo, com a divulgação na imprensa e em redes sociais de áudios obtidos em interceptações telefônicas. E se a prova for difícil, deve-se condenar com base na prova testemunhal, bem como em sofisticados argumentos provenientes do emprego da dedução e da abdução lógicas.[12]

Quando se fala em pragmatismo judicial, logo se lembra de sua gênese, que remonta às ideias e à pratica judicante de Oliver Wendell Holmes, jurista que foi por cerca de trintas anos juiz da Suprema Corte dos Estados Unidos, entre 1902 e 1932.

Holmes[13] pregava exatamente o "antiessencialismo" no direito e o fazia a partir de sua visão não formalista, formalismo que, segundo ele, engessava conceitos e práticas, e passava a ideia de que o direito seria um sistema autossuficiente de pensamento, no qual os juízes deveriam chegar às suas decisões a partir de esquemas silogísticos de dedução lógica.

Para ele, o juiz não deve interpretar a lei como se ela sempre contivesse um único significado, mas, pelo contrário, deve interpretá-la com os olhos voltados para os problemas a serem efetivamente resolvidos, de acordo com os contextos e os valores de cada época, devendo o juiz estar atento às consequências de suas decisões.

---

11. MORO, Sérgio Fernando. Considerações sobre a operação "mani pulite". *Revista CEJ*, Brasília, n. 26, p. 56-62, jul./set. 2004.

12. NÓBREGA, Flavianne Fernanda. A lógica da abdução de Peirce aplicada ao direito: um método para investigação das consequências. *In:* ARAÚJO, Clarice Von Oertzen; ALVES, Pedro Spíndola Bezerra (Org.). *Reflexões sobre o pragmatismo filosófico e jurídico:* escritos do professor George Browne. Curitiba: CRV, 2019.

13. ARAÚJO, Clarice Von Oertzen; ALVES, Pedro Spíndola Bezerra (Organizadores). *Reflexões sobre o pragmatismo filosófico e jurídico:* escritos do professor George Browne. Curitiba: CRV, 2019.

Sem se render à cosmovisão “essencialista” da tradição ocidental pitagórica e platônica, Holmes cunhou a célebre frase: “All I mean by truth is the path I have to travel”. (Tudo que entendo por verdade é o caminho que tenho que percorrer.)

Nas palavras do professor George Browne,[14] “o pragmatismo jurídico vê o Direito sob um prisma sociológico e não puramente lógico. Sendo o Direito um fenômeno histórico, sua compreensão se funda necessariamente nos efeitos práticos que as ações produzem; cabendo ao juiz atuar como um intérprete ativo da norma, pois esta, como fenômeno linguístico, é comunicativa e transmite informações que precisam ser devidamente interpretadas, à luz das ocorrências empíricas”.

***

Depois de tudo quanto dito até aqui, percebe-se que adotar postura consequencialista, no caso do consequencialismo externo, na classificação de Neil McCormick, e do consequencialismo forte, na classificação de Luis Fernando Schuartz, implica a desconsideração do critério legal.

Em outras palavras, adotar postura consequencialista, nas duas hipóteses acima mencionadas, provavelmente conduz o julgador a uma decisão voluntarista. E assim ocorre porque o critério de decisão seria invenção do magistrado, i.e., verdadeira cavilação.

Da mesma maneira, assumir postura pragmatista que, como vimos, representa uma espécie de consequencialismo sofisticado, igualmente conduz juízes e tribunais ao voluntarismo judicial. Aqui, diante do caráter denso da justificação argumentativa a ser construída, o voluntarismo ficará oculto, porém ele estará lá.

---

14. BROWNE, George. Considerações em torno do pragmatismo e da filosofia jurídico-pragmática de Oliver Wendell Holmes Jr. *In:* ARAÚJO, Clarice Von Oertzen; ALVES, Pedro Spíndola Bezerra (Org.). *Reflexões sobre o pragmatismo filosófico e jurídico:* escritos do Professor George Browne. Curitiba: CRV, 2019.

A questão que se segue, portanto, é a seguinte: é possível aos juízes e tribunais brasileiros adotarem esse tipo de visão a respeito da função jurisdicional?

Aprofundando a pergunta: é possível que juízes e tribunais sejam consequencialistas e pragmáticos de forma seletiva, ou seja, apenas nos casos que lhe interessem?

Penso que se está diante de reflexão essencial para os dias que correm, pois o voluntarismo consequencialista grassa em nossas Cortes. E pior. Em quase todas as oportunidades, os magistrados não têm consciência desse agir, ou seja, praticam o chamado consequencialismo leigo, que é aquele puramente voluntarista: é assim porque é, porque tem que ser, porque é o justo, o razoável, o proporcional.

Por fim, a pergunta chave para os fins do presente texto: é possível que consequencialismo e pragmatismo judicial sejam institucionalizados de forma generalizada por lei ordinária?

A resposta é negativa, porém, ao que parece, foi exatamente isso o que fez a nova LINDB.

4. A LINDB

A Lei de Introdução às Normas do Direito Brasileiro é uma *lex legum*, ou seja, uma lei sobre leis.

No âmbito do Constructivismo Lógico-Semântico, chamamos leis como esta de "norma de estrutura".[15]

O pensamento funciona assim: tomando emprestado a linguagem de Tercio Sampaio Ferraz Jr., dizemos que o ordenamento jurídico é formado por uma estrutura e por um repertório, que é composto por seus elementos. A estrutura é o que dá forma ao ordenamento, fixando sua função, seus limites, a maneira como deve ser lido, a quantidade e as características

15. CARVALHO, Paulo de Barros. *Direito tributário, linguagem e método*. São Paulo: Noeses, 2013.

dos seus elementos componentes. A estrutura também define como novos elementos entram para o ordenamento e qual a condição para que nele permaneçam ou sejam expulsos.

No âmbito do Constructivismo Lógico-Semântico dizemos que essa estrutura é formada ou composta por "normas de estrutura". Para alguns, como o professor Paulo de Barros Carvalho, o repertório do ordenamento, por sua vez, é composto por todas as demais normas jurídicas, ou seja, aquelas que não tratam da estrutura, mas que fixam comportamentos: proibido, permitido e obrigatório. Nada além. Para outros, como é o caso do professor Tercio, os elementos componentes do repertório vão além das normas jurídicas de comportamento, podendo-se citar os costumes, as normas morais e os valores norteadores, como a justiça e a equidade.

A LINDB, nessa maneira de pensar, é uma "norma de estrutura", porque diz como os elementos do ordenamento, ou seja, as normas de comportamento devem se relacionar entre si e como devem ser lidas: função social da lei, revogação, derrogação, territorialidade, especialidade, reenvio nos casos de conflito com regra de ordenamentos jurídicos estrangeiros etc.

Inicialmente, ela se chamava Lei de Introdução ao Código Civil. Este foi seu nome de batismo, em 1916. No nascedouro, a LICC nem tinha número. Era uma espécie de antessala do Código Civil, ou seja, era exatamente como seu nome indicava: uma lei de introdução que ficava entre a ementa e o primeiro artigo do Código. Em 1942, a LICC ganha numeração própria, é decotada do Código Civil e ganha autonomia, porém mantém seu nome de batismo.

Em 2010, ela muda de nome: de LICC para LINDB. Para nós, os mais antigos, foi até difícil assimilar seu novo nome. E ela não mudou de nome à toa, como se fosse fruto da mera vontade de Hermógenes, personagem do diálogo Crátilo, de Platão. Não. Ela muda para sua segunda libertação. Primeiro, libertou-se topográfica e formalmente do Código Civil. Agora, liberta-se substancialmente dele. Oficialmente, portanto, agora passa a ser aplicada a todo o ordenamento jurídico brasileiro: direito privado e direito público. Juízes e tribunais já faziam isso, mas agora estava oficializado: a LINDB deveria ser, de fato e de direito, uma norma de estrutura geral para o ordenamento jurídico brasileiro.

Mas foi em 2018 que a mudança grande ocorreu: um pequeno grupo de professores de São Paulo teve a ideia de acrescentar regras de estrutura adequadas ao Direito Público. Apesar da emancipação, a LINDB não tinha normas de estrutura voltadas para os problemas do direito público.[16]

Sim: a LICC, como dito, quando veio a lume, foi pensada para o Código Civil. Agora, já que a LINDB era geral, então necessárias regras para o Direito Administrativo, o Direito Tributário e o direito público como um todo.

A ideia parecia muito boa. E era mesmo. Então esses professores, que têm pesquisa sobre o tema, encontraram um senador que as encampou e liderou a aprovação do seu projeto. Foi mais ou menos assim.

A ampliação da LINDB partiu, entre outras, das seguintes premissas: a) o desejo de retomada do projeto nacional de Estado Democrático de Direito passou a exigir a efetivação dos direitos fundamentais das três gerações: liberdades públicas e direitos políticos, direitos sociais e direitos da solidariedade; b) a classe política, contudo, não respondeu a esses anseios com a velocidade necessária, razão pela qual o Poder Judiciário passou a ser demandado para assumir esse papel; c) nos anos 1990 surgiram demandas como a proibição de fumo a bordo de aeronaves, a concessão de pensão por morte entre casais homoafetivos, a determinação para o Estado custear cirurgias e a aquisição de medicamentos não previstos para o sistema público.[17]

---

16. SUNDFELD, Carlos Ari. *Direito administrativo:* o novo olhar da LINDB. Belo Horizonte: Fórum, 2022.

17. BEZERRA NETO, Bianor Arruda. Neoconstitucionalismo e voluntarismo judicial: a cada decisão, as regras mudam. *Revista Consultor Jurídico*. Disponível em:

Em outras palavras, a resposta do presidente da República, dos governadores, dos prefeitos e dos legisladores respectivos aos anseios de cidadania e democracia não veio no ritmo esperado. Logo, os advogados e o Ministério Público começaram a demandar junto a juízes e tribunais o cumprimento das promessas constitucionais.

Segundo essa visão, na primeira década do século XXI essas demandas explodiram no Brasil. Como elas são julgadas com base em princípios, então as decisões judiciais foram fortemente marcadas por voluntarismo judicial. Além disso, ficaram marcadas também por um idealismo principiológico pleno de aleatoriedade no que diz respeito à realidade orçamentária, causando forte impacto na administração da União, do Distrito Federal, dos vintes seis e Estados e dos mais de cinco mil e quinhentos municípios.

Esse voluntarismo, praticado de forma não sistemática nem ordenada pelos mais de quinze mil magistrados e mais de noventa tribunais do país, trouxe caos, imprevisibilidade, deterioração do direito enquanto sistema e muita insegurança jurídica.

Além disso, havia outro argumento ainda mais forte: no âmbito dos procedimentos e processos controladores das normas, atos e contratos administrativos, essa realidade voluntarista e desordenada era ainda pior.

A razão desse quadro dantesco estaria no elevado número de órgãos e instâncias controladoras, e que não se comunicam entre si: controladorias do Poder Executivo, tribunais de contas, ministérios públicos e Poder Judiciário.

Em tais termos, como agora a LINDB, *lex legum*, ou seja, lei sobre leis, deveria servir como protocolo geral de aplicação e interpretação também das normas de direito público, ela tinha que vir ao encontro dos mencionados desafios.

---

https://www.conjur.com.br/2019-abr-06/bianor-arruda-neoconstitucionalismo-voluntarismo-judicial. Acesso em: 9 out. 2022.

Segundo essa narrativa, era preciso pôr um freio nos julgadores, administrativos e judiciais.

Mas o que fazer?

Uma das respostas encontradas foi: se os julgadores, administrativos e judiciais, vão julgar com base em princípios, então que sejam obrigados a incluir entre seus critérios de decisão a projeção de consequências dos seus atos:

"Art. 21. A decisão que, nas esferas administrativa, controladora ou judicial, decretar a invalidação de ato, contrato, ajuste, processo ou norma administrativa deverá indicar de modo expresso suas *consequências jurídicas e administrativas*" (grifei).

Mas não só. Os julgadores deverão também, necessariamente, considerar os contextos e as reais dificuldades dos entes públicos e de seus administradores:

"Art. 22. Na interpretação de normas sobre gestão pública, serão considerados os obstáculos e as *dificuldades reais* do gestor e as exigências das políticas públicas a seu cargo, sem prejuízo dos direitos dos administrados" (grifei).

Entre outras providências, a lei cuidou de assegurar que não estava estabelecendo diretrizes, mas regras estritas e arrematou: se os julgadores não puderem cumprir os dispositivos anteriores, então que não passem a ser formuladores de políticas públicas nem interfiram indevidamente na Administração, sob pena de responsabilidade individual:

"Art. 28. O agente público responderá pessoalmente por suas decisões ou opiniões técnicas em caso de dolo ou erro grosseiro".

A LINDB, portanto, como protocolo geral de interpretação e aplicação do direito público brasileiro, pareceu encampar exatamente a cosmovisão pragmática do mundo, com seus postulados de "antiessencialismo", "contextualismo" e "consequencialismo".

Porém, a grande questão é: pode uma lei ordinária, de forma radical, na condição de norma de estrutura, alterar a postura de juízes e tribunais diante do ordenamento jurídico?

A resposta a esta pergunta não encontra solução fácil.

Mas há ainda outra pergunta: esse consequencialismo introduzido pela LINDB em vez de reduzir o voluntarismo não vai aumentá-lo, afinal prega que se oficialize a substituição do critério legal pela projeção de consequências?

Em face do exposto, nos limites deste texto, pensamos que duas respostas se impõem: a) uma lei ordinária não pode alterar a postura de juízes e tribunais diante do ordenamento jurídico, de maneira que o consequencialismo trazido pela LINDB deve ser entendido apenas como um consequencialismo interno do tipo residual e fraco; b) a LINDB não pode ser lida como a encampação, pelo Direito brasileiro, do pragmatismo jurídico, visto que este não é adequado à nossa tradição, nem ao nosso ordenamento jurídico-constitucional.

5. Conclusões

a) A filosofia ocidental clássica, ou realismo filosófico, crê que a ideia de verdade pode ser obtida a partir da identificação das essências das coisas (*ousia*) e de tudo que existe.

b) A concepção pragmática, diferentemente, crê que a ideia de verdade é influenciada pelo contexto e pela necessidade de solução dos problemas práticos.

c) O consequencialismo é uma forma de pensar na qual a projeção das consequências de determinado ato ou decisão influencia a própria prática do ato ou da tomada da decisão.

d) No direito, o realismo filosófico, que acredita na existência de essências e verdades eternas e imutáveis, conduz à ideia de que a interpretação das leis e dos fatos consiste em um processo de descoberta, não de construção, já que somente existe uma ideia correta de justiça, de bem e de verdade.

e) No direito, o pragmatismo jurídico (ou realismo jurídico), ao contrário, sabe que a ideia de justiça, de bem e de verdade depende de cada contexto (político, jurídico e social), bem como das necessidades do problema a ser resolvido.

f) O pragmatismo, tanto filosófico quanto jurídico, é consequencialista, justamente porque a projeção de consequências faz parte do contexto a ser considerado na construção da justiça, do bem e da verdade.

g) O consequencialismo judicial pode ser interno ou externo, e pode ser também forte, residual ou fraco.

h) Somente o consequencialismo judicial externo e forte é voluntarista e, portanto, pernicioso à ideia de Estado Democrático de Direito.

i) O pragmatismo que opera a partir do consequencialismo residual e fraco é inerente à atividade judicial e não afronta o Estado Democrático de Direito.

j) A nova LINDB, ao se referir às consequências da decisão e aceitá-las como seu critério central, deve ser compreendida no sentido de chancelar ou promover o consequencialismo residual e o fraco.

Referências

ARAÚJO, Clarice Von Oertzen; ALVES, Pedro Spíndola Bezerra (Organizadores). *Reflexões sobre o pragmatismo filosófico e jurídico:* escritos do professor George Browne. Curitiba: CRV, 2019.

BEZERRA NETO, Bianor Arruda. Neoconstitucionalismo e voluntarismo judicial: a cada decisão, as regras mudam. *Revista Consultor Jurídico*. Disponível em: https://www.conjur.com.br/2019-abr-06/bianor-arruda-neoconstitucionalismo-voluntarismo-judicial. Acesso em: 9 out. 2022.

BEZERRA NETO, Bianor Arruda. *O que define um julgamento e quais os limites do juiz*. São Paulo: Noeses, 2017.

BROWNE, George. Considerações em torno do pragmatismo e da filosofia jurídico-pragmática de Oliver Wendell Holmes Jr. *In:* ARAÚJO, Clarice Von Oertzen; ALVES, Pedro Spíndola Bezerra (Org.). *Reflexões sobre o pragmatismo filosófico e jurídico:* escritos do Professor George Browne. Curitiba: CRV, 2019.

CARVALHO, Paulo de Barros. *Direito tributário, linguagem e método*. São Paulo: Noeses, 2013.

CARVALHO, Paulo de Barros. *Fundamentos jurídicos da incidência*. São Paulo: Saraiva, 2014.

COSTA, Regina Helena. *Praticabilidade e justiça tributária*. São Paulo: Malheiros, 2007.

MARCONDES, Danilo. Desfazendo mitos sobre a pragmática. *ALCEU*, v.1, n.1, p. 38 a 46, jul./dez. 2000.

MAXIMILIANO, Carlos. *Hermenêutica e aplicação do direito*. Rio de Janeiro: Forense, 1996.

MCCORMICK, Neil. *Retórica e o estado de direito:* uma teoria da argumentação jurídica. Trad. Conrado Hubner Mendes e Marcos Paulo Veríssimo. Rio de Janeiro: Elsevier, 2008.

MORA, José Ferrater. *Dicionário de filosofia*. São Paulo: Loyola, 2000.

MORO, Sérgio Fernando. Considerações sobre a operação "mani pulite". *Revista CEJ*, Brasília, n. 26, p. 56-62, jul./set. 2004.

NÓBREGA, Flavianne Fernanda. A lógica da abdução de Peirce aplicada ao direito: um método para investigação das consequências. *In:* ARAÚJO, Clarice Von Oertzen; ALVES, Pedro

Spíndola Bezerra (Org.). *Reflexões sobre o pragmatismo filosófico e jurídico:* escritos do professor George Browne. Curitiba: CRV, 2019.

POGREBINSCHI, Thamy. *Pragmatismo: teoria social e política.* Rio de Janeiro: Relume Dumará, 2005.

SUNDFELD, Carlos Ari. *Direito administrativo:* o novo olhar da LINDB. Belo Horizonte: Fórum, 2022.

WAAL, Cornelis. *Sobre o pragmatismo.* São Paulo: Loyola, 2007.

SUSPENSÃO DE PRAZOS PROCESSUAIS POR ATOS DOS TRIBUNAIS: SEGURANÇA JURÍDICA, CONFIANÇA LEGÍTIMA E O ART. 30 DA LINDB[1]

Leonardo Carneiro da Cunha

Mestre em Direito pela UFPE. Doutor em Direito pela PUC-SP, com pós-doutorado pela Universidade de Lisboa. Professor associado da Faculdade de Direito do Recife (UFPE), nos cursos de graduação, mestrado e doutorado.

1. Apresentação

No presente texto, pretende-se demonstrar a necessidade de se preservar a confiança legítima de atos dos tribunais que suspendem prazos, garantindo-se, assim, a segurança jurídica.

Para tanto, serão destacadas algumas hipóteses concretas: uma do STF, uma do STJ e uma do TJSP. As do STF e do STJ serão destacadas conjuntamente. Em seguida, será destacada a do TJSP.

Tais hipóteses denotam a suspensão indevida de prazos processuais por atos de tribunais. Só que, pela confiança

1. Escrito em homenagem ao Professor Edilson Pereira Nobre Júnior.

legítima que os jurisdicionados devem ter nos atos oficiais dos tribunais, devem ser consideradas as suspensões determinadas.

O tema relativo a tais hipóteses remete à segurança jurídica e, mais propriamente, ao disposto no art. 30 da Lei de Introdução às Normas do Direito Brasileiro. Pretende-se, com isso, examinar o referido dispositivo a partir de exemplos concretos que denotam a importância de sua aplicação.

Eis o objeto deste ensaio, escrito em homenagem ao Professor Edilson Pereira Nobre Júnior.

2. A primeira hipótese

2.1 Suspensão de prazos processuais pelo STF e pelo STJ nas férias coletivas

A cada ano, o Presidente do STJ e o Diretor-Geral da Secretaria do STF editam portarias, por meio das quais anunciam suspensão dos prazos de 20 de dezembro até 31 de janeiro do ano seguinte e de 2 a 31 de julho do mesmo ano.[2] Tais anúncios fundam-se, certamente, em seus respectivos regimentos internos. Só que os regimentos, como se verá, estão ainda fundados num Código revogado, que não está mais em vigor.

2.2 Relembrando as disposições sobre férias coletivas da Loman

A Lei Complementar 35, de 1979, conhecida como Lei Orgânica da Magistratura Nacional – Loman, em seu art. 66, § 1º, estabelece que, no período de 2 a 31 de janeiro e, igualmente, de 2 a 31 de julho, os membros dos tribunais gozam de férias

---

2. Nesse sentido, por exemplo: Portaria 140, de 10 de junho de 2021, do Diretor-Geral da Secretaria do STF (*DJe* 11.06.2021); Portaria 109, de 20 de junho de 2022, do Diretor-Geral da Secretaria do STF (*DJe* 22.06.2022); Portaria 269, de 17 de novembro de 2021, do Diretor-Geral da Secretaria do STF (*DJe* 22.11.2021); Portaria 230, de 22 de junho de 2022, do Presidente do STJ (*DJe* 23.06.2022); Portaria 400, de 9 de dezembro de 2021, do Presidente do STJ (*DJe* 10.12.2021).

coletivas, podendo a legislação local fixar, num desses períodos, férias coletivas para os juízes de primeira instância.

De acordo com o referido dispositivo, os magistrados dispõem do direito a férias anuais, de sessenta dias, coletivas ou individuais. Ressalvados os membros dos Tribunais Regionais do Trabalho, que sempre tiveram férias individuais, os membros dos demais Tribunais gozavam, nos termos do referido dispositivo, de férias coletivas, nos períodos de 2 a 31 de janeiro e de 2 a 31 de julho. Naqueles dois períodos, também há férias coletivas para os tribunais superiores. Os casos de urgência, nesses períodos de férias coletivas, são analisados, nos tribunais superiores, por seus respectivos presidentes.

2.3 Mudança operada pela EC 45, de 2004: férias coletivas só nos tribunais superiores

O art. 93 da Constituição sofreu algumas modificações pela Emenda Constitucional 45/2004, vindo a ser introduzido o inciso XII, com a seguinte redação: "XII – a atividade jurisdicional será ininterrupta, sendo vedado férias coletivas nos juízos e tribunais de segundo grau, funcionando, nos dias em que não houver expediente forense normal, juízes em plantão permanente".

Atualmente, portanto, não há férias coletivas na primeira e segunda instâncias. Só há férias coletivas nos tribunais superiores, nos períodos de 2 a 31 de janeiro e de 2 a 31 de julho.

As férias coletivas foram abolidas pela EC 45, de 2004, apenas para os juízos de primeira instância e, igualmente, para os tribunais de segunda instância. Quanto aos tribunais superiores, foram mantidas. Então, no âmbito dos tribunais superiores, todas as regras relacionadas com as férias coletivas continuam em vigor.

Na Justiça Federal, a Lei 5.010, de 1966, estabelece um *recesso* entre o dia 20 de dezembro e o dia 6 de janeiro (art. 62, I). Este é um período que se equipara ao das férias, não havendo prática de atos processuais, salvo alguns previstos na legislação processual. O recesso previsto no art. 62, I, da Lei 5.010, de1966, aplica-se também para os tribunais superiores.

2.4 O regramento no CPC de 1973 e os regimentos internos do STF e do STJ

O art. 173 do CPC/73 previa que, durante as férias e nos feriados, não deveriam ser praticados atos processuais, com algumas exceções ali mesmo indicadas. Seu parágrafo único estabelecia que, naqueles casos em que se praticavam atos processuais, "o prazo para a resposta do réu só começará a correr no primeiro dia útil seguinte ao feriado ou às férias".

Não corria, então, prazo durante as férias. O art. 179 do CPC/73 era mais preciso nesse sentido, ao dispor: "A superveniência de férias suspenderá o curso do prazo; o que lhe sobejar recomeçará a correr do primeiro dia útil seguinte ao termo das férias".

Com base nesse art. 179 do CPC/73, o art. 105 do Regimento Interno do STF estabelece que:

"Art. 105. Não correm os prazos nos períodos de férias e recesso, salvo as hipóteses previstas em lei ou neste Regimento.

§ 1º Nos casos deste artigo, os prazos começam ou continuam a fluir no dia de reabertura do expediente.

§ 2º Também não corre prazo, havendo obstáculo judicial ou motivo de força maior comprovado, reconhecido pelo Tribunal.

§ 3º As informações oficiais, apresentadas fora do prazo por justo motivo, podem ser admitidas, se ainda oportuna a sua apreciação.

§ 4º Ficam inalterados, durante os recessos forenses e as férias do Tribunal, os prazos determinados pela Presidência no exercício da competência prevista no art. 13, VIII, deste Regimento Interno".

De igual modo, o art. 106 do Regimento Interno do STJ, apoiado no art. 179 do CPC/73, dispõe que não corre os prazos nas férias. O art. 105 do Regimento Interno do STJ foi alterado pela Emenda Regimental 22, de 2016, para se adaptar ao CPC/2015, mas não houve qualquer adaptação do aludido art. 106.

2.5 O regramento no Código de Processo Civil de 2015

As referidas disposições regimentais estão revogadas pelo atual Código de Processo Civil. No atual sistema processual, as férias não suspendem mais os prazos. Não há mais disposição equivalente ao parágrafo único do art. 173 do CPC/73. Realmente, o art. 214 do CPC/2015 reproduz o art. 173 do CPC/73, não tendo disposição correspondente ao seu parágrafo único. Em outras palavras, o enunciado contido no parágrafo único do art. 173 do revogado CPC não foi repetido no atual CPC. Além do mais, não há qualquer disposição no CPC atual que reproduza o texto do art. 179 do CPC/73. Tal regra foi, efetivamente, revogada.

A superveniência de férias não suspende os prazos no atual sistema processual.

As férias não se confundem com os feriados. Para efeito forense, são feriados os sábados, os domingos, os dias declarados por lei e os dias em que não haja expediente forense (CPC, art. 216). Não se contam prazos durante os feriados. Na contagem de prazos em dias, computam-se apenas os úteis (CPC, art. 219). Não é incomum haver a sequência de feriados consecutivos. Nesse caso, não se contam dias de feriados, computando-se somente os dias úteis.

Nas férias, não se praticam atos processuais, salvo as citações, intimações e penhoras, bem como a tutela de urgência e os atos dos procedimentos relacionados no art. 215. Não se pratica, nas férias, tutela de evidência; só a de urgência. Logo, não há contagem de prazos. Rigorosamente, as férias ocorrem em dias úteis. Se houvesse prática de atos processuais nas férias, os prazos correriam normalmente. Como, porém, não se praticam atos nas férias, não há prazos a serem observados. Durante as férias, podem ser praticados os atos de citação, intimação e penhora, bem como a tutela antecipada e os dos processos mencionados no art. 215. Nesses casos, correm prazos nos dias úteis.

No CPC/73, os prazos eram computados de modo contínuo, em dias úteis e em feriados, suspendendo-se na superveniência de férias. Atualmente, não há mais suspensão de prazos nas férias, pois só se computam prazos em dias úteis e não há prática de atos nas férias. Nos casos em que se praticam atos nas férias, os prazos são computados apenas nos dias úteis.

Assim, proferida, por exemplo, uma decisão por um ministro do STF ou do STJ e, intimada a parte, por exemplo, no dia 17 de dezembro de 2019, inicia-se o prazo no dia 18 de dezembro de 2019, suspendendo-se no dia 20 de dezembro de 2019 e recomeçando a correr, pelo tempo sobejante, a partir de 21 de janeiro de 2020, e não a partir de 3 de fevereiro de 2020. É que os prazos suspendem-se entre 20 de dezembro e 20 de janeiro, inclusive, e as férias não os suspende. Logo, um prazo iniciado antes das férias deve ter sua contagem retomada a partir de 21 de janeiro, e não a partir do primeiro dia útil de fevereiro.

Durante as férias, há expediente normal nos tribunais superiores. Apenas não se praticam atos. E, porque não se praticam atos, não correm prazos. Mas os prazos que já tiveram início antes ficam suspensos a partir de 20 de dezembro, voltando a correr pelo período sobejante a partir do primeiro dia útil após o dia 20 de janeiro. No mês de julho, a superveniência das férias não suspende os prazos já iniciados anteriormente.

As previsões regimentais foram revogadas pelo atual CPC. As férias não suspendem mais os prazos processuais. O expediente, durante seu curso, é regular; os dias de férias são dias úteis. Na definição do art. 216 do atual CPC, férias não se equiparam a feriados, nem há previsão de suspensão de prazos pela superveniência das férias.

3. A segunda hipótese: Suspensão de prazos processuais pelo TJSP em virtude da greve dos caminhoneiros

A greve dos caminhoneiros de 2018 acarretou desabastecimento e uma série de dificuldades, o que fez com que a Presidência do TJSP editasse sucessivos comunicados, quais sejam, os de ns. 77, 79, 87 e 88, assim redigidos:

> **COMUNICADO N. 77/2018**
>
> O Excelentíssimo Senhor Desembargador Presidente do Tribunal de Justiça, em 24/05/2018, no uso de suas atribuições legais, autorizou a antecipação do encerramento do expediente forense, nesta data, a partir das 17 horas, suspendendo os prazos processuais, em razão dos transtornos causados pela paralisação dos caminhoneiros.
>
> **COMUNICADO N. 79/2018**
>
> O Excelentíssimo Senhor Desembargador Presidente do Tribunal de Justiça, em 25/05/2018, no uso de suas atribuições legais, autorizou a antecipação do encerramento do expediente forense, nesta data, a partir das 17 horas, suspendendo os prazos processuais, em razão dos transtornos causados pela paralisação dos caminhoneiros.
>
> **COMUNICADO N. 87/2018**
>
> O Excelentíssimo Senhor Desembargador Presidente do Tribunal de Justiça, em 28/05/2018, no uso de suas atribuições legais, autorizou a antecipação do encerramento do expediente forense, nos dias 28 e 29/05/2018, a partir das 17 horas, suspendendo os prazos processuais, em razão dos transtornos causados pela paralisação dos caminhoneiros.
>
> **COMUNICADO N. 88/2018**
>
> O Excelentíssimo Senhor Desembargador Presidente do Tribunal de Justiça, em 29/05/2018, no uso de suas atribuições legais, autorizou a antecipação do encerramento do expediente forense, no dia 30/05/2018, a partir das 17 horas, suspendendo os prazos processuais, em razão das consequências da paralisação dos caminhoneiros.

Em seguida, a Presidência do TJSP consolidou todos os comunicados num comunicado final, qual seja, o de n. 93, cujo teor assim soa:

> **COMUNICADO N. 93/2018**
>
> A Presidência do Tribunal de Justiça do Estado de São Paulo *COMUNICA* aos senhores Magistrados, Membros do Ministério Público, da Defensoria Pública, das Procuradorias, Advogados, Dirigentes das Unidades Judiciais, Servidores e ao público em geral que autorizou a antecipação do encerramento do expediente forense, nos dias 24, 25, 28, 29 e 30/05/2018, a partir das 17 horas, suspendendo os prazos processuais nas referidas datas, em razão das consequências da paralisação dos caminhoneiros, conforme publicações disponibilizadas no *Caderno Administrativo do Diário da Justiça Eletrônica* da seguinte forma:
>
> Comunicado n. 77/2018, relativo ao dia 24/05/2018, disponibilizado no *DJE* de 25/05/2018, p. 2;
>
> Comunicado n. 79/2018, relativo ao dia 25/05/2018, disponibilizado no *DJE* de 28/05/2018, p. 2;
>
> Comunicado n. 87/2018, relativo aos dias 28 e 29/05/2018, disponibilizado no *DJE* de 29/05/2018, p. 2; e
>
> Comunicado n. 88/2018, relativo ao dia 30/05/2018, disponibilizado no *DJE* de 30/05/2018, p. 4.

Interpretando os comunicados da presidência do TJSP, alguns de seus órgãos fracionários consideram que os prazos processuais naquele período de greve estariam suspensos, implicando, portanto, a suspensão da contagem dos dias úteis para fins de apuração dos prazos processuais, independentemente do seu dia de início ou término, devendo ser desprezados na contagem do prazo processual os dias 24, 25, 28, 29 e 30 de maio/2018 (conforme o disposto no art. 219 do CPC).

Por sua vez, outros órgãos fracionários do TJSP entendem que tais comunicados da Presidência restringiram-se a aplicar o disposto no art. 224, § 1º, do CPC, que se limita a tratar da prorrogação para o próximo dia útil dos prazos processuais que se iniciaram ou terminaram nos dias em que o expediente forense se encerrara antes do horário normal.

Em outras palavras, a controvérsia reside em perquirir se houve efetiva suspensão dos prazos processuais ou se apenas houve simples prorrogação dos dias de início ou de final dos prazos processuais.

Foi, então, instaurado o Incidente de Resolução de Demandas Repetitivas de n. 2217263-95.2021.8.26.0000 perante o órgão especial do TJSP, a fim de dirimir a controvérsia e firmar um precedente obrigatório em torno do tema.[3]

4. Retomando as hipóteses destacadas

A cada ano, o Presidente do STJ e o Diretor-Geral da Secretaria do STF editam portarias, por meio das quais anunciam suspensão dos prazos de 20 de dezembro até 31 de janeiro do ano seguinte e de 2 a 31 de julho do mesmo ano. Tal anúncio funda-se, certamente, em seus respectivos regimentos internos. Só que os regimentos, como se viu, estão ainda fundados num Código revogado, que não está mais em vigor.

A suspensão dos prazos, a partir do primeiro dia útil após o dia 20 de janeiro, não encontra respaldo legal. O problema é que há uma divulgação prévia, habitual, anunciando que os prazos são suspensos até o dia 31 de janeiro. Do mesmo modo ocorre com as férias de julho, quando o STF e o STJ editam portarias suspendendo os prazos no período de férias coletivas.

A Presidência do TJSP, ao editar os Comunicados 77, 79, 87 e 88, de 2018, autorizou a antecipação do encerramento do expediente forense e declarou a suspensão dos prazos. Ao antecipar o encerramento do expediente, fez prorrogar o início e o final da contagem dos prazos (CPC, art. 214, § 1º).

3. A polêmica havida no TJSP acarretou a instauração do IRDR 2217264-95.2021.8.26.0000 perante seu Órgão Especial, vindo a questão a ser assim delimitada: "Processo civil. Prazos processuais. Suspensão. Greve dos Caminhoneiros 2018 fixação da interpretação do cômputo dos prazos processuais suspensos consoante os Comunicados 77/2018, 79/2018, 87/2018 e 88/2018, consolidados pelo Comunicado n. 93/2018, todos da e. Presidência do Tribunal de Justiça do Estado de São Paulo". O IRDR do TJSP foi admitido e está sendo processado.

Por meio do Comunicado 99, de 2018, a Presidência do TJSP consolidou todos os anteriores comunicados e afirmou expressamente que, ao consolidá-los, estaria "suspendendo os prazos processuais nas referidas datas", ou seja, "nos dias 24, 25, 28, 29 e 30/05/2018".

O último comunicado, que consolidou todos os anteriores, esclareceu, expressamente, que os prazos estariam suspensos naquelas datas.

5. Tutela da segurança jurídica

A segurança jurídica consiste num valor fundamental do Estado de Direito.[4] O Direito deve garantir segurança, permitindo que as pessoas possam saber as consequências jurídicas dos fatos ou atos jurídicos.[5]

Há quem considere a segurança como o próprio fim do direito, a ser buscado e garantido. Nesse sentido, o ordenamento jurídico deve ser encarado como uma técnica destinada a eliminar a incerteza e a instabilidade no convívio social.[6] Por outro lado, há quem considere a segurança jurídica como um ideal inalcançável. É bem verdade que existe uma margem de incerteza no Direito, mas a segurança jurídica é ideal a ser alcançado e tutelado. Não há segurança absoluta que elimine a flexibilidade do Direito, que lhe é imprescindível.

Na verdade, a segurança jurídica é norma vocacionada a combater arbitrariedades na construção do direito, garantindo aos cidadãos previsibilidade, estabilidade e cognoscibilidade.[7]

---

4. CABRAL, Antonio do Passo. *Coisa julgada e preclusões dinâmicas:* entre continuidade, mudança e transição de posições processuais estáveis. 2. ed. Salvador: JusPodivm, 2014. p. 305-308.

5. MARTINS-COSTA, Judith. A re-significação do princípio da segurança jurídica na relação entre o Estado e os cidadãos: a segurança como crédito de confiança. *Revista CEJ*, Brasília, n. 27, p. 113, 2004.

6. BOBBIO, Noberto. La certezza del diritto è un mito? *Rivista internazionale di filosofia del diritto*, v. XXVIII, 1951, p. 146-152; NÓBREGA, J. Flóscolo. *Introdução ao direito*. 8. ed. João Pessoa: Edições Linha d'Água, 2007. n. 54, p. 101-102.

7. GOMETZ, Gianmarco. *La certezza giuridica come prevedibilità*. Torino: Giappichelli Editore, 2005. p. 246-247.

A segurança jurídica tem duas dimensões: a *estática* e a *dinâmica*. Enquanto a *estática* diz respeito aos problemas do conhecimento e da qualidade do Direito, a dimensão *dinâmica* refere-se a problemas da ação no tempo e da transição no Direito.[8]

A cognoscibilidade é a dimensão *estática* da segurança jurídica, relacionando-se com a possibilidade de conhecimento prévio das fontes normativas.[9] Para que as normas sejam cumpridas, é preciso que sejam previamente conhecidas. Com isso, concretiza-se a finalidade do Direito de guiar o comportamento dos sujeitos. A cognoscibilidade exige clareza, precisão e inteligibilidade dos textos normativos, que precisam ser escritos de forma coerente e divulgados mediante ampla publicidade. A segurança depende, portanto, da indispensável publicidade,[10] garantindo, assim, cognoscibilidade.

A estabilidade, por sua vez, consiste na dimensão *dinâmica* da segurança jurídica com vistas ao *passado*. É preciso que se garanta estabilidade, sem que se impeça a mudança, sendo talvez mais adequado utilizar a expressão *confiabilidade*.[11] Exatamente por isso, a estabilidade não se confunde com imutabilidade, por pressupor uma "margem permitida de alterabilidade, paradigma a partir do qual não se procura impedir a mudança, mas evitar transições abruptas".[12] Pressupondo certo grau de continuidade, com a convivência com níveis de flexibilidade, a estabilidade de um ordenamento jurídico permite mudança, mas uma mudança sem danos, sem prejuízos. Daí relacionar-se com a exigência de durabilidade, que, por sua vez, não pode ser confundida com exigência de imutabilidade.[13]

---

8. ÁVILA, Humberto. *Teoria da segurança jurídica*. 3. ed. São Paulo: Malheiros, 2014. p. 353.

9. Para mais detalhes, conferir, ÁVILA, Humberto. *Teoria da segurança jurídica* cit., p. 301-352.

10. GOMETZ, Gianmarco. *La certezza giuridica come prevedibilità* cit., p. 248.

11. Ibidem, p. 138-139.

12. CABRAL, Antonio do Passo. *Coisa julgada e preclusões dinâmicas* cit., p. 314.

13. ÁVILA, Humberto. *Teoria da segurança jurídica* cit., p. 358.

Por garantir confiança e permitir a continuidade da produção de efeitos de fatos ocorridos e de atos praticados, talvez seja mais adequado denominá-la de *confiabilidade*. A estabilidade, não custa repetir, não impõe a imutabilidade do Direito, mas impede mudança que atinja situações consolidadas e que seja desprovida de critérios previamente definidos.

Há certa "circularidade" entre as dimensões estática e dinâmica da segurança jurídica. É que a estabilidade garante a cognoscibilidade necessária à segurança jurídica.[14]

A estabilidade assegura a irretroatividade das leis, e a legislação ordinária estabelece a prescrição e a decadência como fatores que têm na segurança seu maior fundamento. Nessas hipóteses, a segurança jurídica constitui o valor levado em conta, para garantir a intangibilidade de situações individuais por razões objetivas, quais sejam, o transcurso do tempo, a consolidação jurídica das situações, a consolidação fática das situações ou a ausência de prejuízo.[15]

Já a previsibilidade consiste na dimensão dinâmica da segurança jurídica com vistas ao futuro.[16] A previsibilidade relaciona-se com o planejamento, conferindo a todos a possibilidade de antever as soluções a serem dadas aos problemas que venham a surgir.[17] Também se relaciona com o futuro a calculabilidade, dizendo respeito à "capacidade de antecipação do espectro de consequências aplicáveis a atos e fatos e o espectro de tempo dentro do qual será a consequência aplicada".[18]

A segurança jurídica exige o conhecimento prévio de quais serão as consequências jurídicas dos atos a serem

---

14. PEIXOTO, Ravi. *Superação do precedente e segurança jurídica*. Salvador: JusPodivm, 2015. p. 52-56.

15. ÁVILA, Humberto. Op. cit., p. 356-374.

16. TORRES, Heleno Taveira. *Direito constitucional tributário e segurança jurídica*. São Paulo: RT, 2011. p. 201; ÁVILA, Humberto. Op. cit., p. 139-140.

17. GOMETZ, Gianmarco. *La certezza giuridica come prevedibilità* cit., p. 224.

18. PEIXOTO, Ravi. Op. cit., p. 58.

praticados. Se os destinatários das normas sabem, prévia e exatamente, qual a consequência de suas condutas, podem pautá-las, programando suas expectativas para a produção dos efeitos estabelecidos nas regras e nos princípios jurídicos.

A segurança jurídica também abrange a proteção de situações de quebra da confiança legítima gerada por atos normativos pretéritos.[19] Grande parte da doutrina considera a proteção da confiança um princípio autônomo,[20] de modo que haveria o princípio da segurança jurídica e também o princípio da proteção da confiança. Quem assim entende geralmente diferencia a confiança da segurança por ser aquela subjetiva, e esta objetiva. O princípio da proteção da confiança seria, portanto, a dimensão subjetiva do conteúdo do princípio da segurança jurídica. Como defende Fredie Didier Jr., "O princípio da segurança jurídica e o princípio da confiança são, pois, facetas que se complementam semanticamente: a segurança é a faceta geral da confiança; a confiança, a face particular da segurança. Trata-se de relação recíproca estrutural entre os conceitos".[21]

A proteção à confiança não é um princípio, mas apenas uma nova hipótese fática abstrata para a concretização do princípio da segurança jurídica. É intuitiva a profunda assimilação da confiança com a própria realidade jurídica; a quebra de expectativas tende a ser valorada como violação ou ruptura do próprio direito e de relações jurídicas.[22] Há vários graus de

---

19. Segundo esclarece Antonio do Passo Cabral, há registros da proteção da confiança em 896, no conhecido episódio do julgamento do Papa Formoso, também se observando sua proteção no direito inglês e na França, no famoso caso *Madame Cachet*, julgado pelo *Conseil d'Etat* em 1922. Na Alemanha, a proteção da confiança originou-se no direito privado e foi ganhando força e autonomia nas discussões do direito público a partir da década de 1960 (*Coisa julgada e preclusões dinâmicas*, cit., n. 1.10.7.2, p. 132-134).

20. MARTINS-COSTA, Judith. Op. cit., p. 113-114; CABRAL, Antonio do Passo. Op. cit., p. 132-134. ÁVILA, Humberto. Op. cit., p. 374-381; TORRES, Heleno Taveira. Op. cit., p. 209-210; DIDIER JR., Fredie. *Curso de direito processual civil*. 17. ed. Salvador: JusPodivm, 2015. v. 1, p. 137-145.

21. Op. cit., p. 137-138.

22. FRADA, Manuel António de Castro Portugal Carneiro da. *Teoria da confiança e responsabilidade civil*. Coimbra: Almedina, 2004. p. 18.

confiança e, por outro lado, de desconfiança. Cabe a qualquer ordem jurídica a missão indeclinável de garantir a confiança dos sujeitos, porque ela constitui um pressuposto fundamental de qualquer coexistência pacífica.[23] A confiança encontra-se, seguramente, na gênese de muitas normas jurídicas.[24]

Não se justifica diferenciar a segurança jurídica da proteção da confiança por uma ser objetiva e a outra subjetiva. Como, a propósito, afirma Lucas Buril de Macêdo, "tanto as hipóteses clássicas da segurança como as que envolvem a confiança legítima são subjetivas, no sentido de que são atribuídas a sujeitos quando há sua incidência; aliás, só uma concepção extremamente racionalista poderia visualizar um princípio exclusivamente objetivo, toda norma necessariamente se subjetiva".[25]

A proteção da confiança também é objeto da aplicação do princípio da boa-fé.[26] A confiança merece ser tutelada; fatos que a revelam servem para a concretização da segurança jurídica e, igualmente, da boa-fé. A proteção da confiança faz aplicar o princípio da segurança, sobretudo na transição entre normas jurídicas.

Não raramente, a segurança jurídica é aplicada para proteger o ato jurídico perfeito, o direito adquirido e a coisa julgada, por serem estabilidades que precisam ser tuteladas. A proteção da confiança exige a concretização da segurança jurídica, mediante a edição de regras de transição. As normas tradicionais de direito intertemporal já não são suficientes para regular as mudanças legislativas que se revelam constantes na contemporaneidade.[27]

---

23. Ibidem, p. 19.

24. Ibidem, p. 24.

25. Op. cit., n. 2.4, p. 137, nota de rodapé n. 68.

26. MARTINS-COSTA, Judith. A re-significação do princípio da segurança jurídica na relação entre o Estado e os cidadãos, cit., p. 114; SILVA, Almiro do Couto e. Os princípios da legalidade da administração pública e da segurança jurídica no Estado de Direito contemporâneo. *Revista da Procuradoria-Geral do Estado*, Publicação do Instituto de Informática Jurídica do Estado do Rio Grande do Sul, v. 18, n. 46, p. 23, 1988.

27. CABRAL, Antonio do Passo. Op. cit., n. 9.6.3.1, p. 560-562.

A proteção das expectativas legítimas é uma preocupação que se mostra presente nas regras de transição.

A tutela da segurança jurídica concretiza-se, enfim, com o impedimento de frustração de expectativas legitimamente fundadas, evitando-se o desfazimento de atos já constituídos e o atingimento dos efeitos deles decorrentes.

6. Sobre o art. 30 da LINDB

O art. 30 da LINDB está assim redigido: "As autoridades públicas devem atuar para aumentar a segurança jurídica na aplicação das normas, inclusive por meio de regulamentos, súmulas administrativas e respostas a consultas". E seu parágrafo único assim acrescenta: "Os instrumentos previstos no *caput* deste artigo terão caráter vinculante em relação ao órgão ou entidade a que se destinam, até ulterior revisão".

Ao regulamentar a LINDB, o Decreto 9.830, de 2019, assim enunciou, em seu art. 19: "Art. 19. As autoridades públicas atuarão com vistas a aumentar a segurança jurídica na aplicação das normas, inclusive por meio de normas complementares, orientações normativas, súmulas, enunciados e respostas a consultas", acrescentando, em seu parágrafo único, que: "Os instrumentos previstos no *caput* terão caráter vinculante em relação ao órgão ou à entidade da administração pública a que se destinarem, até ulterior revisão".

Os referidos enunciados normativos concretizam o princípio da segurança jurídica, exigindo dos gestores públicos que a observem, inclusive quando da elaboração de regulamentos, de súmulas administrativas e de respostas a consultas.[28] Para isso, a Administração deve divulgar seus atos administrativos e normativos, dando ampla publicidade aos administrados.

---

28. NOBRE JÚNIOR, Edilson Pereira. *As normas de direito público na Lei de Introdução ao Direito Brasileiro*. São Paulo: Contracorrente, 2019. p. 241.

A busca da segurança jurídica na interpretação e na aplicação das normas de direito público tem por objetivo proporcionar previsibilidade e estabilidade para os administrados.[29]

Por sua vez, a expectativa legítima dos administrados, decorrente dos atos administrativos e normativos que são amplamente divulgados, deve ser protegida.

A atuação da Administração Pública, de qualquer dos Poderes, desenvolve-se pela interpretação de textos normativos que contêm termos vagos ou indeterminados. Para reduzir a incerteza decorrente dos textos com termos vagos ou indeterminados, a Administração deve editar regulamentos e súmulas administrativas, além de responder a consultas que lhe forem formuladas. Tais atos vinculam a própria Administração.

A Administração Pública autovincula-se a partir dos atos e decisões que pratica. Há autovinculação da Administração quanto à determinação do direito aplicável à hipótese, devendo observar o que divulgou para os atos futuros, em razão da promessa administrativa que causou confiança nos administrados.[30] A autovinculação dos agentes públicos aproxima-se da figura do precedente administrativo:[31] editado o regulamento ou a súmula ou respondida a consulta, as decisões futuras não devem se desviar do regulamento, da súmula ou da resposta à consulta, sob pena de frustrar a expectativa legítima dos administrados e romper com a confiança neles gerada.

29. LUNARDELLI, José Marcos. Art. 30 da LINDB – comentário geral. *In:* CUNHA FILHO, Alexandre José Carneiro da; ISSA, Rafael Hamze; SCHWIND, Rafael Wallbach (coord.). *Lei de Introdução às Normas do Direito Brasileiro – anotada.* São Paulo: Quartier Latin, 2019. v. II, p. 477.

30. MACHADO, João. Baptista. Tutela da confiança e "venire contra factum proprium". *Obra dispersa.* Braga: Scientia Iuridica, 1991. p. 351; VIPIANA, Piera Maria. *L'Autolimite della Pubblica Amministrazione.* L'Attività Amministraziona fra coerenza e flessibilità. Genova: Giuffrè, 1999. p. 55-60.

31. LOPES, Pedro Moniz. *Princípio da boa fé e decisão administrativa.* Coimbra: Almedina, 2011. p. 355, nota de rodapé 828.

Com isso, garante-se estabilidade e igualdade, além de se assegurarem coerência,[32] clareza e precisão no comportamento da Administração Pública.[33]

Os regulamentos administrativos vinculam o próprio órgão que os editou, sobretudo por criarem expectativas legítimas nos seus destinatários, aí incluídos os administrados.

A autovinculação da Administração aos próprios atos e regulamentos atende não apenas à tutela da confiança, mas também aos princípios da igualdade e da impessoalidade.[34] A edição de regulamentos, de pareceres normativos e de resposta a consultas esvazia a discricionariedade da Administração e vincula sua atividade, encontrando fundamento nos princípios da igualdade, da imparcialidade, da tutela da confiança dos administrados e da transparência administrativa.[35]

7. Conclusão

No atual Código de Processo Civil, os prazos suspendem-se entre os dias 20 de dezembro e o dia 20 de janeiro; as férias coletivas não suspendem mais os prazos processuais em curso. Por isso, são ilegais as portarias do STF e do STJ que suspendem os prazos após o dia 20 de janeiro e durante o mês de julho.

Embora seja ilegal a suspensão dos prazos a partir do primeiro dia útil após o dia 20 de janeiro e, também, durante as férias coletivas de julho, é preciso resguardar a segurança jurídica

32. LUNARDELLI, José Marcos. Op. cit., p. 478.

33. LUVIZOTTO, Juliana Cristina. O art. 30 da Lei de Introdução às Normas do Direito Brasileiro e a sua relação com os precedentes administrativos. *In:* CUNHA FILHO, Alexandre José Carneiro da; ISSA, Rafael Hamze; SCHWIND, Rafael Wallbach (coord.). *Lei de Introdução às Normas do Direito Brasileiro – anotada.* São Paulo: Quartier Latin, 2019. v. II, p. 490.

34. No mesmo sentido, mas se referindo à impessoalidade como imparcialidade: LOPES, Pedro Moniz. *Princípio da boa fé e decisão administrativa.* Coimbra: Almedina, 2011. p. 358.

35. OTERO, Paulo. *Legalidade e Administração Pública:* o sentido da vinculação administrativa à juridicidade. Coimbra: Almedina, 2011. n. 18.1.11, p. 851.

dos jurisdicionados. A segurança jurídica também abrange a confiança legítima. É que a segurança jurídica exige o conhecimento prévio de quais serão as consequências jurídicas dos atos a serem praticados. Se os destinatários das normas sabem, prévia e exatamente, qual a consequência de suas condutas, podem pautá-las, programando suas expectativas para a produção dos efeitos estabelecidos nas regras e nos princípios jurídicos.

Já se viu que a Presidência do TJSP, no Comunicado 99/2018, ao consolidar os comunicados anteriores, anunciou que os prazos estariam suspensos nos dias 24, 25, 28, 29 e 30 de maio de 2018. Quer isso dizer que, na contagem dos prazos, tais dias não deveriam ser computados. Os prazos estavam, portanto, suspensos naqueles dias.

Se uma portaria administrativa anuncia que os prazos estarão suspensos, e a parte não computa aquele período na contagem do prazo, estará confiante de que não sofrerá consequências contrárias em sua esfera jurídica, pois obedeceu ao anúncio previamente divulgado.

Os jurisdicionados leram o comunicado e nele confiaram.

Diante da confiança legítima, há de ser considerada a suspensão dos prazos.

A tutela da confiança garante tranquilidade ao jurisdicionado que observou, fiel e corretamente, a previsão administrativa de suspensão dos prazos processuais. A segurança jurídica abrange a proteção de situações de quebra da confiança legítima gerada por atos públicos. Não é admissível a quebra da confiança, expondo a parte que observou uma regra previamente anunciada a consequências que a prejudiquem.

A tutela da confiança, no âmbito público, ainda é mais intensa, pois a Administração Pública, *de qualquer dos poderes,* deve atender ao princípio da moralidade (CF/88, art. 37). A moralidade administrativa contém a necessidade de o Poder Público tutelar a confiança legítima e a integridade do ato jurídico perfeito.

Tudo isso é reforçado pela presunção de legitimidade dos atos administrativos. Não se pode supor, imaginar, deduzir que não houve correção nos atos públicos praticados.

Aliás, o art. 30 da LINDB adensa a necessidade de a Administração Pública – aí inserida a Administração da Justiça – reforçar a segurança jurídica, garantindo previsibilidade dos seus atos, decisões e condutas, inclusive em relação à contagem de prazos. Assim, anunciada a suspensão dos prazos, os jurisdicionados devem ficar tranquilos de que, na sua contagem, os dias abrangidos pela suspensão não são computados.

Não se deve entender diferentemente, sob pena de se quebrar a confiança legítima e afetar a segurança jurídica. Se as partes e os advogados observaram o comunicado do tribunal, não devem ser surpreendidas com decisão contrária, que desconsidere a suspensão do prazo nos dias abrangidos pela suspensão.

Referências

ÁVILA, Humberto. *Teoria da segurança jurídica*. 3. ed. São Paulo: Malheiros, 2014.

BOBBIO, Noberto. La certezza del diritto è un mito? *Rivista internazionale di filosofia del diritto*, v. XXVIII, 1951.

CABRAL, Antonio do Passo. *Coisa julgada e preclusões dinâmicas:* entre continuidade, mudança e transição de posições processuais estáveis. 2. ed. Salvador: JusPodivm, 2014.

DIDIER JR., Fredie. *Curso de direito processual civil.* 17. ed. Salvador: JusPodivm, 2015. v. 1.

FRADA, Manuel António de Castro Portugal Carneiro da. *Teoria da confiança e responsabilidade civil.* Coimbra: Almedina, 2004.

GOMETZ, Gianmarco. *La certezza giuridica come prevedibilità*. Torino: Giappichelli, 2005.

LOPES, Pedro Moniz. *Princípio da boa fé e decisão administrativa.* Coimbra: Almedina, 2011.

LUNARDELLI, José Marcos. Art. 30 da LINDB – comentário geral. *In:* CUNHA FILHO, Alexandre José Carneiro da; ISSA, Rafael Hamze; SCHWIND, Rafael Wallbach (coord.). *Lei de Introdução às Normas do Direito Brasileiro – anotada.* São Paulo: Quartier Latin, 2019. v. II.

LUVIZOTTO, Juliana Cristina. O art. 30 da Lei de Introdução às Normas do Direito Brasileiro e a sua relação com os precedentes administrativos. *In:* CUNHA FILHO, Alexandre José Carneiro da; ISSA, Rafael Hamze; SCHWIND, Rafael Wallbach (coord.). *Lei de Introdução às Normas do Direito Brasileiro – anotada.* São Paulo: Quartier Latin, 2019. v. II.

MACHADO, João. Baptista. Tutela da confiança e "venire contra factum proprium". *Obra dispersa.* Braga: Scientia Iuridica, 1991.

MARTINS-COSTA, Judith. A re-significação do princípio da segurança jurídica na relação entre o Estado e os cidadãos: a segurança como crédito de confiança. *Revista CEJ,* Brasília, n. 27, 2004.

NOBRE JÚNIOR, Edilson Pereira. *As normas de direito público na Lei de Introdução ao Direito Brasileiro.* São Paulo: Contracorrente, 2019.

NÓBREGA, J. Flóscolo. *Introdução ao direito.* 8. ed. João Pessoa: Edições Linha d'Água, 2007.

OTERO, Paulo. *Legalidade e Administração Pública:* o sentido da vinculação administrativa à juridicidade. Coimbra: Almedina, 2011.

PEIXOTO, Ravi. *Superação do precedente e segurança jurídica.* Salvador: JusPodivm, 2015.

SILVA, Almiro do Couto e. Os princípios da legalidade da administração pública e da segurança jurídica no Estado de Direito contemporâneo. *Revista da Procuradoria-Geral do Estado,* Publicação do Instituto de Informática Jurídica do Estado do Rio Grande do Sul, v. 18, n. 46, 1988.

TORRES, Heleno Taveira. *Direito constitucional tributário e segurança jurídica.* São Paulo: RT, 2011.

VIPIANA, Piera Maria. *L'Autolimite della Pubblica Amministrazione.* L'Attività Amministraziona fra coerenza e flessibilità. Genova: Giuffrè, 1999.

A LINDB E A SEGURANÇA JURÍDICA: DESAFIOS PARA A INTERPRETAÇÃO JURÍDICA EM TEMAS DE DIREITO ADMINISTRATIVO

Manocl dc Olivcira Erhardt

Desembargador Federal no TRF da 5ª Região
e Professor da UFPE.
manoelerhardt@hotmail.com

Caio Cézar Marinho de Souza

Pós-graduado em Direito Constitucional; Bacharel em Direito
(UFPE) e Analista Judiciário do TRF da 5ª Região.
ccmsouza0@gmail.com

Resumo: O trabalho pretende refletir sobre o impacto das modificações introduzidas na LINDB pela Lei 13.655/2018, no que toca à tomada de decisões em temas de Direito Administrativo, realçando a importância emprestada à segurança jurídica na novel legislação. Procurou-se demonstrar, mediante análise de dois problemas específicos – a teoria das invalidades dos atos administrativos e os regimes de transição –, como as considerações acerca da segurança jurídica passam a desempenhar papel essencial na tomada de decisões, nas esferas administrativa, controladora e judicial, buscando-se conciliar a agilidade que se espera da Administração com a estabilidade das relações jurídicas. Apurou-se que a nova disciplina legal exige do órgão julgador que leve em conta as consequências práticas das medidas a serem adotadas, a fim de que se promova o interesse público, que nem sempre poderá ser reduzido à aplicação irrestrita da legalidade administrativa, devendo ser confrontada com a necessidade de estabilização das expectativas normativas dos administrados, o que poderá resultar, por exemplo, na conservação de efeitos jurídicos de atos nulos e na adoção de regimes de transição.

Palavras-chave: administrativo; LINDB; segurança; invalidades; transição.

Keywords: administrative; LINDB; security; invalidities; transition.

1. Introdução

É com muita honra e satisfação que recebemos o convite para participar desta obra, em homenagem ao grande jurista, magistrado e administrativista que é o Professor Edilson Nobre, personagem que tem emprestado seu elevado conhecimento jurídico, espraiado em numerosa e alentada bibliografia, ao enriquecimento do estado da arte do Direito Administrativo brasileiro, havendo se dedicado, entre seus estudos, a analisar o impacto de modificações legislativas recentes neste campo jurídico, tais quais as que serão a seguir estudadas, compondo artigos e organizando publicações a esse respeito.

O Direito Administrativo brasileiro contemporâneo tem se caracterizado por bem acolher os influxos axiológicos do neoconstitucionalismo, entendido na acepção que consagra a irradiação das normas constitucionais sobre todo o ordenamento jurídico, emprestando-lhe sentido e valor.

Disso decorre a concepção de que os atos administrativos hão de ser sindicados sob a ótica dos princípios fundamentais, com maior relevo aqueles específicos da Administração Pública, insculpidos na Carta Magna, ótica que provocou – e ainda está a provocar – proveitosas e relevantes releituras de vetustos institutos e critérios interpretativos.

A Lei 13.655/2018 trouxe importantes inovações na Lei de Introdução às Normas do Direito Brasileiro (LINDB), com a positivação de normas jurídicas voltadas à eficiência e à segurança jurídica no direito público.

Este trabalho centrar-se-á nas repercussões atinentes ao princípio da segurança jurídica na atividade decisória das instâncias administrativa, de controle e judicial, a partir dessa inovação legislativa, sem perder de vista aquilo que já se produzira a respeito da temática, nos campos doutrinário e jurisprudencial.

Após expor um breve panorama histórico da LINDB, feitos alguns apontamentos acerca da posição e da função dessa mesma lei no ordenamento jurídico brasileiro, ensaia-se um estudo sobre o princípio da segurança jurídica – seu conceito, origem e positivação no direito pátrio –, guardando os limites e os fins do tema proposto.

Adiante, serão lançadas luzes, com mais alento, sobre as alterações promovidas na LINDB pela Lei 13.655/2018, para, então, chegar ao desfecho deste colóquio mediante apreciação específica de dois temas, a nosso ver, relevantes, que despontaram a partir da leitura aprofundada dos dispositivos legais acrescidos na vetusta lei introdutória, a saber: a manutenção dos efeitos de atos jurídicos declarados nulos e a adoção de regimes de transição no direito administrativo.

Propõe-se, assim, uma contribuição ao debate em torno desse relevante diploma legal, com bases fincadas na atuação decisória das instâncias administrativa, de controle e judicial, diante da aparente dicotomia entre o dinamismo esperado da administração pública, calcado no primado da eficiência, e a garantia da estabilidade das decisões estatais, faceta proeminente do princípio da segurança jurídica.

2. A Lei de Introdução às Normas do Direito Brasileiro – breves histórico e apontamentos

A conceituação do que seja Direito é tarefa das mais árduas e polêmicas. Em boa parte, a dificuldade reside na imprecisa delimitação do objeto do estudo do jurista. É bem aceita, contudo, a ideia de que o Direito, ao menos sob os aspectos formal e estrutural – isto é, isolando as variáveis axiológicas, teleológicas etc. –, é o conjunto de preceitos normativos que, organizados sistematicamente, formam o ordenamento jurídico.

Dentro desse sistema, as normas jurídicas desempenham diferentes funções. Se é verdade, seguindo a doutrina sociológica de Niklas Luhmann, que o Direito se volta precipuamente à redução da complexidade social mediante o controle das expectativas normativas, igualmente é preciso reconhecer que nem todas as disposições normativas cuidam de proibir, facultar ou obrigar comportamentos. Também há aquelas normas que cumprem um papel integrador, garantindo a coesão e a coerência necessárias à própria subsistência do Direito enquanto sistema concatenado.

Em 04 de setembro de 1942, foi editado o Decreto-lei 4.657, que inseriu no ordenamento jurídico nacional, sob a denominação de "Lei de Introdução ao Código Civil" (LICC), um conjunto de normas que dispunham, entre outros, sobre vigência, aplicação da norma jurídica no tempo e no espaço, interpretação e critérios de colmatação de lacunas jurídicas.

A LICC foi gestada e concebida para superar e clarificar dúvidas e polêmicas surgidas com a vigência do Código Civil de 1916, o que explica, sob o viés histórico, o título restritivo emprestado ao diploma legal.

A despeito da nomenclatura eleita pelo legislador, já se reconhecia, desde o seu nascedouro, que a Lei de Introdução não se restringia a regular as normas do Direito Privado, mas estendia-se às normas de todos os ramos jurídicos. Por tal razão, apesar do longo lapso temporal, no ano de 2010, com a edição da Lei 12.376/2010, o diploma legal foi rebatizado, passando a ser conhecido sob o epíteto "Lei de Introdução às Normas do Direito Brasileiro" (LINDB):

"Vale notar que a doutrina jurídica sempre considerou que a lei em apreço é uma norma geral sobre o ordenamento jurídico nacional, mesmo quando ela era denominada de Lei de Introdução ao Código Civil – LICC. Assim, por se tratar de uma *lex legum*, lei das leis, lei de sobredireito, ela '[n]ão disciplina, direta ou imediatamente, relações da vida, não lhes dá colorido jurídico; antes, disciplina as próprias leis, assinalando-lhes a maneira de entendimento e aplicação' (BATALHA, 1957, p. 5), sendo considerada aplicável a todas as divisões do direito pátrio, com a finalidade de conferir uniformidade a aspectos gerais dos diferentes ramos jurídicos nacionais, sejam eles ligados ao direito privado ou ao direito público".[1]

As disposições da LINDB não se destinam a regular comportamentos humanos, eis que não veiculam permissões, proibições ou obrigações, mas a reger a interpretação e a aplicação das normas jurídicas, além das relações entre elas, inclusive as estrangeiras – consubstanciando o diploma nacional de Direito Internacional Privado –, daí serem chamadas de metanormas, normas sobre normas. Nas palavras da jurista Maria Helena Diniz:

"A Lei de Introdução é uma *lex legum*, ou seja, um conjunto de normas sobre normas, constituindo um direito sobre direito (*"ein Recht der Rechsordemung"*, *"Recht ueber Recht"*, *"surdroit"*, *"jus supra jura"*), um superdireito, um direito coordenador de direito. Não rege as relações de vida, mas sim as normas, uma vez que indica como interpretá-las ou aplicá-las, determinando-lhes a vigência e eficácia, suas dimensões espácio-temporais, assinalando suas projeções nas situações conflitivas de ordenamentos jurídicos nacionais e alienígenas, evidenciando os respectivos elementos de conexão".[2]

Importantes acréscimos foram introduzidos na LINDB, no ano de 2018, com a edição da Lei 13.655/2018, incluindo os artigos de 20 a 30, tratando, em suma, sobre critérios a serem observados nas decisões envolvendo a administração pública,

1. ISSA, Rafael Hamze. Âmbito de aplicabilidade da LINDB: fundamento constitucional e aspectos federativos. *In:* CUNHA FILHO, Alexandre José Carneiro da; ISSA, Rafael Hamze; SCHWIND, Rafael Wallbach (coord.). *Lei de Introdução às Normas do Direito Brasileiro – anotada*. São Paulo: Quartier Latin, 2019.

2. DINIZ, Maria Helena. *Lei de Introdução ao Código Civil brasileiro interpretada*. 4. ed. atual. São Paulo: Saraiva, 1998. p. 4.

demonstrando especial cuidado com a transparência, a previsibilidade e a estabilidade das decisões e dos atos administrativos, o que será melhor delineado nos próximos tópicos.

3. O princípio da segurança jurídica: conceituação e positivação no ordenamento jurídico brasileiro

A positivação do direito, como reação à tradição consuetudinária e oralista, deriva e promove, a um só tempo, o valor "segurança". Poder-se-ia dizer que, na escola juspositivista, não sem alguma polêmica, é possível a existência de uma ordem jurídica injusta, mas não de uma ordem jurídica desprovida de segurança, enunciação que singelamente expõe a histórica tensão entre segurança e justiça, enquanto valores básicos do Direito.

Nessa quadra, a codificação do direito surge como epítome de um movimento em direção à suplantação do arbítrio estatal pelo controle da criação e aplicação do direito, através de uma atividade cognitiva calcada no prévio conhecimento seguro das regras e na previsibilidade das decisões, garantindo a necessária segurança do ordenamento jurídico:

"[...] o direito codificado implicou a redução a escrito e o certificar de posições jurídicas face à arbitrariedade do Estado e à inovação jurisprudencial, uma condição essencial da justiça no Estado de direito, tal como hoje o entendemos. A segurança jurídica promovida pelo direito codificado não significa apenas que o comportamento dos tribunais se tornou mais previsível, que o interessado podia estar melhor preparado para a jurisprudência futura, que se podia ler num livro acessível à generalidade das pessoas com que direitos e deveres se podia contar. A segurança jurídica significa também que a correção da ação dos tribunais passou a poder ser controlada de forma mais exata [...]".[3]

---

3. KAUFMAN, Arthur; HASSEMER, Winfried (Org.). *Introdução à filosofia do direito e à teoria do direito contemporâneas.* Lisboa: Fundação Calouste Gulbenkian, 2002. p. 285.

Cumpre esclarecer, entretanto, que o valor jurídico "segurança", embora lhe empreste carga axiológica fundamental, não se confunde com o princípio da segurança jurídica, eis que, enquanto o primeiro precede e exige a positividade do Direito, o segundo é decorrência dessa positivação. Necessária, pois, a distinção entre segurança do direito – que se refere ao direito objetivo – e segurança jurídica – voltada à proteção de situações jurídicas titularizadas por um sujeito, ao direito subjetivo.

Como vetor de um valor fundante da ordem jurídica, o princípio da segurança jurídica vem já insculpido na Lei Maior do Estado, como direito fundamental, irradiando seus efeitos, pois, sobre todas as normas do ordenamento jurídico. Nas palavras do eminente constitucionalista José Afonso da Silva:

"Assim é que o direito constitucional positivo, traduzido na Constituição, é que define os contornos da segurança jurídica da cidadania. Nos termos da Constituição a segurança jurídica pode ser entendida num sentido amplo e num sentido estrito. No primeiro, ela assume o sentido geral de garantia, proteção, estabilidade de situação ou pessoa em vários campos, dependente do adjetivo que a qualifica. Em sentido estrito, a segurança jurídica consiste na garantia de estabilidade e de certeza de negócios jurídicos, de sorte que as pessoas saibam de antemão que, uma vez envolvidas em determinada relação jurídica, esta se mantém estável, mesmo se modificar a base legal sob a qual se estabeleceu".[4]

O princípio da segurança jurídica, em seu sentido estrito, está positivado na Constituição Federal de 1988, no art. 5º, XXXVI, que prevê: "a lei não prejudicará o direito adquirido, o ato jurídico perfeito e a coisa julgada".

A conceituação do que sejam direito adquirido, ato jurídico perfeito e coisa julgada foi delegada ao legislador

4. SILVA, José Afonso da. Constituição e segurança jurídica. *In:* ROCHA, Cármen Lúcia Antunes (Coord.). *Constituição e segurança jurídica:* direito adquirido, ato jurídico perfeito e coisa julgada. Estudos em homenagem a José Paulo Sepúlveda Pertence. 2. ed. rev. e ampl. Belo Horizonte: Fórum, 2009. p. 17.

infraconstitucional, tendo a LINDB o feito com relação aos dois primeiros – vide art. 6º, §§ 1º e 2º – e o Código de Processo Civil, à última – conforme art. 502.

Não é ocioso referir que, para além da positivação da segurança jurídica no plano constitucional, há diplomas outros que também versam questões relacionadas a esse princípio, complementando, clarificando ou especificando o disposto no texto da Constituição Federal.

Especificamente no campo do Direito Administrativo, tem-se a disposição expressa do art. 2º da Lei 9.784/99 – que regula o processo administrativo no âmbito da Administração Pública Federal – determinando a obediência da Administração Pública ao princípio da segurança jurídica.

A Lei 14.133/2021 – Lei de Licitações e Contratos Administrativos –, além de, em seu art. 5º, igualmente incluir a segurança jurídica entre aqueles princípios a serem observados no âmbito das licitações e dos contratos administrativos, prevê, nos arts. 147 e 148, que a suspensão da execução ou a declaração da nulidade do ajuste somente será adotada na hipótese em que se revelar medida de interesse público, conceito que, apesar de multívoco, exprime a preocupação do legislador com a modificação de situações jurídicas consolidadas ou em vias de consolidação.

A importante inovação legislativa consubstanciada na Lei 13.655/2018 – que inclui, na LINDB, disposições sobre segurança jurídica e eficiência na criação e na aplicação do direito público – será tratada a seguir, em tópico apartado.

4. A Lei 13.655/2018 e as alterações promovidas na LINDB

Como já adiantado, o diploma legal que intitula o presente tópico, oriundo de Projeto de Lei cujo texto foi elaborado pelos juristas Carlos Ari Sundfeld (FGV) e Floriano Azevedo Marques Neto (USP), acresceu 11 artigos à LINDB (sendo um deles vetado), consubstanciando a primeira grande reforma dessa lei introdutória, centrada, como se verá, na gestão pública, buscando dar contornos mais precisos aos critérios que devem ser observados na atuação de administradores públicos, órgãos de controle e juízes.

O binômio segurança jurídica e a busca pelo justo estão na base de toda reflexão filosófica do direito. Sem recorrer aos longos antecedentes históricos, a exemplo dos jusnaturalismos e positivismos, e nos limites da temática, importa pôr em causa o atual debate jusfilosófico entre o interpretativismo de Ronald Dworkin e o pragmatismo de Richard Posner.[5]

Em suma, uma atualização do crônico debate entre realismo e idealismo no direito, agora com a vitória parcial do realismo jurídico de inspiração economicista, sob os auspícios do movimento da Análise Econômica do Direito, na sua versão mais recente, capitaneada por Richard Posner, e sua defesa da eficiência como regra hermenêutica de primeira grandeza, na perspectiva da maximização da riqueza global como fim e critério objetivo de justiça.[6]

Os artigos adicionados ao texto da LINDB por meio da Lei 13.655/2018 tem inspiração no consequencialismo defendido pela Análise Econômica do Direito. A propósito, numa pesquisa realizada com os juízes, por meio da Associação dos Magistrados Brasileiros, ao responderem ao quesito racionalidade das decisões judiciais, em todos os graus de jurisdição, os juízes se mostraram consequencialistas e, no detalhamento da quesitação, mostraram-se prioritariamente preocupados com os efeitos ou consequências econômicas de suas decisões.[7]

---

5. DIMOULIS, Dimitri. Positivismo jurídico: significado e correntes. *Enciclopédia jurídica da PUC-SP*. Celso Fernandes Campilongo, Alvaro de Azevedo Gonzaga e André Luiz Freire (Coord.). Tomo: Teoria Geral e Filosofia do Direito. Celso Fernandes Campilongo, Alvaro de Azevedo Gonzaga, André Luiz Freire (Coord. de tomo). São Paulo: Pontifícia Universidade Católica de São Paulo, 2017. Disponível em: https://shre.ink/cAaI.

6. POSNER, Richard A. *Direito, pragmatismo e democracia*. Trad. Teresa Dias Carneiro; rev. téc. Francisco Bilac M Pinto Filho. Rio de Janeiro: Forense, 2010. p. 47.

7. Disponível em: https://shre.ink/cAN0.

Se o processo de verticalização da interpretação das normas jurídicas no Brasil, por meio do direito sumulado e das decisões vinculantes, é constatável como sedimentado nas vias judiciárias, no plano da administração pública, ainda que se perceba essa mesma trilha, o caminho ainda é longo, face à vastidão de situações ainda não alcançadas pelo escopo da LINDB em propiciar coesão, coerência e precisão na interpretação das normas de direito, para atender a vedação de decisões lastreadas em "valores jurídicos abstratos" e "consideradas as consequências práticas da decisão", conforme determina o art. 20, o qual tem seu plano de aplicação nas estratégias previstas no art. 30 da lei em comento.

A inserção de tais dispositivos na LINDB exsurge de uma compreensão mais "moderna" da criação do direito, não mais entendida como atividade exclusiva do legislador, passando-se a compreender, nesse contexto, que a exata conformação da norma jurídica se dá na sua efetiva aplicação ao caso concreto, de modo que se mostrou salutar incorporar ao texto legal soluções e parâmetros a serem seguidos na interpretação das normas jurídicas, em especial as de direito público.

Buscou-se, assim, garantir uma atuação mais realista e consequencialista, preocupada com os efeitos práticos das decisões no âmbito da administração pública, ao tempo em que se pretendeu estender às instâncias revisoras – órgãos de controle e juízes – a carga argumentativa já exigida do gestor público no momento da tomada de decisão e da formulação de políticas públicas:

"As novas normas da LINDB são uma espécie de guia geral para a tomada de decisões na esfera pública. Esse guia tem de valer para a administração e também para quem a controla. A paridade é necessária. O gestor é obrigado a examinar as consequências do que vai fazer e a considerar as melhores alternativas. Como poderia o controlador substituir a opção do gestor sem fazer análise semelhante?".[8]

---

8. SUNDFELD, Carlos Ari. A Lei de Introdução às normas do Direito Brasileiro e sua renovação. *Lei de Introdução às Normas do Direito Brasileiro: anotada*. São Paulo: Quartier Latin, 2019. p. 36.

De fato, é possível perceber um perigoso distanciamento cognitivo entre as instâncias criadora/executora e revisora, elegendo-se, por vezes, pontos de partida – teóricos e práticos – muito diversos, impossibilitando a instauração de uma verdadeira atividade argumentativa capaz de levar ao melhor desfecho do caso sob discussão.

A positivação de parâmetros argumentativos, desta feita, não nasce de esforço revolucionário, mas de estudo e compilação daquilo que já vinha sendo, de alguma forma, aplicado e demonstrado bons resultados, no âmbito das instâncias de controle e no próprio Poder Judiciário, como acima esposado. Não deixa de ser salutar, contudo, a incorporação no texto legal, providência apta a conferir maior clareza acerca dos critérios a serem observados e dos destinatários da prescrição normativa.

Por outro lado, demonstrou-se a clara preocupação em garantir maior segurança jurídica nas relações envolvendo a administração pública, em suas diferentes acepções, introduzindo dispositivos que impõem a adoção de medidas práticas a fim de conciliar a juridicidade das decisões e a conservação de situações fáticas consolidadas:

"A segurança jurídica, pressuposto indispensável para uma ação administrativa eficiente, foi posto em realce em quaisquer de suas vertentes. O legislador – e este certamente é o ponto com mais pitadas de inovação – percebeu a desvantagem das ações espetaculares que, no afã de fazer preponderar a moralidade, engendram abuso de direito por parte da administração, dos órgãos de controle e dos juízes, causando, de forma injusta, prejuízos anormais".[9]

Não seria descabido dizer que todos os dispositivos acrescidos pela lei em comento tocam, em maior ou menor medida, o tema da segurança jurídica, ao traçar moldura de atuação

---

9. NOBRE JÚNIOR, Edilson Pereira. Uma viragem cultural no direito administrativo brasileiro (à guisa de introdução). *In:* NOBRE JÚNIOR, Edilson Pereira (Org.). *O direito administrativo em transformação:* reflexos sobre a Lei 13.655/2018. Rio de Janeiro: Lumen Iuris, 2019. p. 7.

com critérios claros e maior ônus argumentativo. Entretanto, há dispositivos que tratam mais diretamente do referido princípio basilar do direito, são eles: art. 23 (adoção de regime de transição em caso de nova interpretação ou orientação), art. 24 (vedação à invalidação de situações constituídas com base em nova orientação), art. 26 (consensualidade para eliminar irregularidade, incerteza jurídica ou situação contenciosa) e art. 30 (edição de instrumentos normativos para incrementar a segurança jurídica na atuação de autoridades públicas).

Evidentemente que tais dispositivos, por si sós, não serão capazes de extirpar do mundo jurídico decisões conflitantes e certa dose de imprevisibilidade que sempre está a rondar a criação jurisprudencial do direito. Há, entretanto, um perceptível ganho hermenêutico e argumentativo ao se estabelecerem as bases sobre as quais serão travados os embates discursivos, prevendo-se, com isso, a adoção de soluções dotadas de maior racionalidade e transparência, tomando em conta o interesse público em sua acepção contemporânea, aquela que nem sempre o confunde com o interesse subjetivo da Administração.

5. A segurança jurídica e o problema da manutenção de atos administrativos nulos em nome do interesse público

É dos manuais e compêndios jurídicos o clássico ensinamento de que a nulidade é a sanção legal imposta ao ato jurídico praticado em desobediência à norma jurídica, cuja declaração provoca a extirpação de seus efeitos, desde o seu nascedouro – efeito *ex tunc* da declaração de nulidade.

A invalidade – ou nulidade – dos atos jurídicos, enquanto inadequação do ato de vontade à prescrição legal, embora originada e historicamente relacionada ao direito privado, possui uniformidade conceitual nos mais diversos ramos do Direito, sendo, na verdade, matéria afeta à teoria geral do direito.

Como supraexplanado, a clássica lição acerca dos efeitos da declaração de nulidade do ato jurídico é no sentido da plena extinção de seus efeitos, com o retorno ao *status quo ante*.

A replicação dessa máxima, transpondo-se ao campo do Direito Administrativo o regime de invalidades do Direito Civil, em específico quanto aos efeitos delas decorrentes, mormente ante o protagonismo do princípio da eficiência na administração pública, nem sempre será satisfatória:

"Note-se que, enquanto a invalidade é uma categoria lógico-jurídica, pertencente à Teoria Geral do Direito e comum, portanto, a todos os domínios jurídicos, as consequências decorrentes da invalidade configuram categorias jurídico-positivas, pertencentes ao direito positivo e a partir dele edificadas. Por isso, inapropriada mostra-se a aplicação apriorística do regime de invalidades do direito civil no direito administrativo [...]".[10]

Mas sob que baliza hermenêutica seria então possível modular o sistema das nulidades dos atos jurídicos aos preceitos – regras e princípios – característicos do regime jurídico-administrativo?

Partindo-se da premissa de que a administração pública atua com o fim único de satisfazer o interesse público, pode-se admitir que, mesmo em suas relações com um único particular, o ato administrativo por ela editado repercute ou ao menos interessa à generalidade das pessoas, mesmo que em graus distintos.

Daí que, diante da constatação da prática de ato administrativo nulo, tomando-se como vetores interpretativos a eficiência e a tutela do interesse público, caberá perscrutar se a extirpação, por completo e desde a origem, de seus efeitos gerará mais benefícios ou malefícios.

Esse raciocínio, fundado em premissas de ordem consequencialista, é que permeia a positivação, no ordenamento

10. VALIM, Rafael. *O princípio da segurança jurídica no direito administrativo brasileiro*. São Paulo: Malheiros, 2010. p. 89.

jurídico brasileiro, de normas como os arts. 147 e 148 da Lei 14.133/2021 – Lei de Licitações e Contratos Administrativos – e o art. 21 da LINDB – acrescido pela Lei 13.655/2018.

Dentro dessa ordem de ideias, a segurança jurídica assume uma roupagem peculiar, já que não estará voltada à simples garantia da posição jurídica empunhada originalmente por um particular, senão à tutela do interesse público, ainda que em contradição pontual com o princípio da legalidade administrativa:

> "A invariável aplicação do princípio da legalidade da Administração Pública deixaria os administrados, em numerosíssimas situações, atônitos, intranquilos e até mesmo indignados pela conduta do Estado, se a este fosse dado, sempre, invalidar os seus próprios atos [...]. Só há relativamente pouco tempo é que passou a considerar-se que o princípio da legalidade da Administração Pública, até então tido como incontrastável, encontrava limites na sua aplicação, precisamente porque se mostrava indispensável resguardar, em certas hipóteses, como interesse público prevalecente, a confiança dos indivíduos em que os atos do Poder Público, que lhes dizem respeito e outorgam vantagens, são atos regulares, praticados com a observância das leis".[11]

A modulação de efeitos da declaração de nulidades não é nova em nosso direito, já se encontrando positivada no âmbito do controle de constitucionalidade em abstrato de leis – não é demais lembrar que o STF adotou a teoria da nulidade da lei inconstitucional.

No entanto, os dispositivos ora em comento propõem uma cláusula geral, passível de ser utilizada por uma gama muito mais abrangente de autoridades, o que desafiará a própria ideia de segurança jurídica, já que o juízo de proporcionalidade

11. SILVA, Almiro Couto e. Princípios da legalidade da administração pública e da segurança jurídica no estado de direito contemporâneo. *Revista de Direito Público*, n. 84, p. 46, 1987. *Apud:* ARANHA, Márcio Nunes. Segurança jurídica *stricto sensu* e legalidade dos atos administrativos: convalidação do ato nulo pela imputação do valor de segurança jurídica em concreto à junção da boa-fé e do lapso temporal. Revista de Informação Legislativa [Eletrônica], v.34, n.134, p.59-73, abr./jun. 1997.

que se instalará poderá produzir desfechos díspares, sobretudo em virtude da abertura do conceito de interesse público.

Importa salientar que tais dispositivos não buscam subverter a regra geral de que os atos nulos não geram efeitos jurídicos, até mesmo porque a cassação de efeitos de ato inválido, não há dúvidas, está de acordo com o interesse público. A consideração deste de modo a manter os ditos efeitos de atos nulos apenas está reservada a situações peculiares, em que a observância da regra geral seria desprovida de razoabilidade, mediante o sopesamento de valores igualmente relevantes ao direito.

Demais disso, as normas ora em comento impõem um dever argumentativo por parte da autoridade, a quem caberá, diante do quadro fático apresentado, tomando em conta, portanto, o caso concreto, decidir equânime e proporcionalmente acerca das medidas de modulação a serem adotadas. Nas palavras do Professor Edilson Nobre:

"À motivação, por seu turno, caberá explicitar as consequências jurídicas e administrativas da decisão que resultar na invalidade de ato, contrato, ajuste, processo ou norma administrativa. Ao fazê-lo, deverá a autoridade administrativa, órgão de controle ou juiz, observar o interesse público a partir da realidade concreta. A título de exemplo, suponha-se que se encontre em andamento contrato administrativo destinado à realização de uma obra pública, havendo se verificado, ao depois do adiantado início das obras que sucedeu vício ou procedimento de licitação. Indaga-se: a solução há de inclinar-se pela invalidade, pura e simplesmente? Penso que não. Deverão ser sopesados os prejuízos que a suspensão da execução da obra, bem como os decorrentes de uma nova licitação para escolha de outro contratado, poderão acarretar ao ente administrativo. Isso sem prejuízo da responsabilidade administrativa e criminal cabível".[12]

---

12. NOBRE JÚNIOR, Edilson Pereira. *As normas de direito público na Lei de Introdução ao Direito Brasileiro:* paradigmas para interpretação e aplicação do direito administrativo. São Paulo: Contracorrente, 2019. p. 67-68.

Não se trata, pura e simplesmente, de fechar os olhos à nulidade e seguir a trilha desviante do ato nulo, uma vez que os dispositivos preveem uma série de medidas passíveis de serem adotadas, inclusive com limitação temporal, como é o caso do art. 148, § 2º, da Lei 14.133/2021.[13]

O Superior Tribunal de Justiça, aliás, em recente julgado, lançou mão deste último dispositivo, em caso envolvendo a declaração de nulidade de pregão para a contratação dos serviços de oxigenoterapia e ventilação domiciliar.

No caso, entabulado nos autos do Recurso em Mandado de Segurança 62.150/SC, a Primeira Turma do STJ, por maioria, sob relatoria do eminente Min. Sérgio Kukina, declarou a nulidade da decisão que habilitou e classificou a licitante Air Liquide Brasil Ltda., considerada vencedora pela autoridade administrativa, tanto quanto a invalidade dos efeitos que, em desdobramento, dela tenham decorrido.

Entretanto, aplicando expressamente o § 2º do art. 148 da Lei 14.133/2021, estabeleceu a Corte Cidadã: "em ordem a não prejudicar a continuidade da atividade administrativa, com a eventual e abrupta interrupção no fornecimento de equipamentos de oxigenação imprescindíveis aos pacientes atendidos pela Secretaria de Saúde do Estado de Santa Catarina, a anulação do contrato firmado com a Air Liquide Brasil Ltda., concernente ao Pregão Presencial n. 1.511/2018, surtirá efeitos jurídicos somente 3 (três) meses após o trânsito em julgado da presente decisão, tempo suficiente para que

---

13. "Art. 148. A declaração de nulidade do contrato administrativo requererá análise prévia do interesse público envolvido, na forma do art. 147 desta Lei, e operará retroativamente, impedindo os efeitos jurídicos que o contrato deveria produzir ordinariamente e desconstituindo os já produzidos.
§ 1º Caso não seja possível o retorno à situação fática anterior, a nulidade será resolvida pela indenização por perdas e danos, sem prejuízo da apuração de responsabilidade e aplicação das penalidades cabíveis.
§ 2º Ao declarar a nulidade do contrato, a autoridade, com vistas à continuidade da atividade administrativa, poderá decidir que ela só tenha eficácia em momento futuro, suficiente para efetuar nova contratação, por prazo de até 6 (seis) meses, prorrogável uma única vez".

se implemente a contratação de novo fornecedor pelo Estado, considerada, nesse aspecto, a já existência de anterior matriz editalícia; eventual prorrogação desse mesmo prazo, por uma única vez, ficará a cargo da autoridade licitante, mediante idônea justificativa".[14]

A decisão, com os temperamentos propostos pelo eminente relator e seguidos, em maioria, pelos demais pares, vai na esteira do pensamento do Professor Edilson Nobre:

"Portanto, há uma transformação sentida no regime de invalidades do direito administrativo brasileiro. O rigorismo doutrinário, cuja disseminação influenciou a grande maioria dos aplicadores do regime jurídico-administrativo, está suplantado pelo legislador, o qual, além de também se embasar na literatura jurídica, assimilou a experiência prática da jurisprudência da administração controladora, especialmente do TCU. Sendo assim, não se mostra bastante a ilegalidade e a impossibilidade de sua convalidação. Faz-se necessário mais para o desfazimento com efeito retroativo do contrato, consistente na ausência de inconvenientes graves para o interesse público. Daí que a decisão, seja de qual esfera emane (administrativa, controladora ou judicial), há de dispor sobre as condições da regularização, especificando sob que parâmetros há que se manter a avença".[15]

Vê-se, assim, que a norma sob enfoque em nada modifica a análise quanto à caracterização da nulidade do ato – esta permanece sendo a desconformidade da manifestação de vontade com a lei –, porém adiciona um novo critério digno de observância quando da fixação das consequências fático-jurídicas dela advindas, passando (as consequências) a ser elemento informativo e conformador da própria decisão.

14. RMS 62.150/SC, relator Ministro Sérgio Kukina, Primeira Turma, julgado em 08.06.2021, *DJe* 21.06.2021.

15. NOBRE JUNIOR, Edilson Pereira. A invalidação dos contratos administrativos à luz da Lei 14.133/2021. *Revista Brasileira de Pesquisas Jurídicas*, v. 2, n. 3, set./dez. 2021.

A sensibilidade e a prudência diante das circunstâncias específicas do caso concreto é que balizarão as medidas de modulação porventura cabíveis a fim de assegurar a prevalência do interesse público, o que reforça, uma vez mais, a racionalidade do discurso jurídico como possibilidade de controle da previsibilidade das decisões judiciais, no afã de garantir a segurança jurídica, sob o viés da estabilidade, enquanto valor fundante do Estado de Direito.

6. A segurança jurídica e o problema dos regimes de transição

A partir das linhas supraescritas, pode-se traçar um acoplamento entre o princípio da segurança jurídica e a doutrina da proteção da confiança legítima, culminando, em última análise, na ressignificação do próprio princípio da legalidade – traduzido, quiçá, dentro de um panorama mais amplo, como princípio da juridicidade.

Com efeito, demonstrou-se como a compreensão do que seja interesse público e sua consideração no momento da tomada da decisão a respeito de atos administrativos nulos insere um novo critério na gama de valores a serem apreendidos pelo órgão decisório.

Tais considerações restaram centradas, até agora, naquelas hipóteses em que o Estado – seja como administração pública, seja como órgãos de controle ou judiciais – constata que o ato jurídico dele mesmo promanado não se reveste das prescrições legais.

Diversamente, entretanto, se apresenta o problema dos regimes de transição, já que a questão apenas exsurge quando o Estado pretende modificar determinados entendimentos ou interpretações sobre norma jurídica de conteúdo indeterminado, alterando posições jurídicas até então estabelecidas.

O debate não alcança aquelas situações enquadradas nas categorias clássicas do direito adquirido, do ato jurídico perfeito e da coisa julgada, eis que já restam protegidas diretamente pelo texto constitucional, com esteio igualmente no princípio da segurança jurídica.

A temática diz exatamente com a proteção da legítima expectativa depositada pelos cidadãos na estabilidade dos atos editados pelo Poder Público e, via de consequência, do sentido e da aplicabilidade conferidos às normas jurídicas, adentrando no campo da vedação ao comportamento contraditório (*nemo potest venire contra factum proprium*):

"O problema pode ser encontrado em diversos aspectos das relações jurídico-administrativas, como ocorre nas situações, por exemplo, em que mais de um órgão ou mesmo entidade da administração pública possua competência para fiscalizar determinada conduta levada a efeito por um particular, ensejando a possibilidade de serem praticados atos administrativos conflituosos. Ou ainda nos casos em que a Administração, alterando sua interpretação, pratica ato incompatível com o anterior sem que tenha havido modificação no plano fático. [...] Em casos como esses, referidos apenas a título de exemplo, aplica-se a teoria das autolimitações administrativas, que consubstancia a incidência do *nemo potest venire contra factum proprium* no âmbito da administração pública, impedindo que o Poder Público, ante os mesmos elementos de fato, adote entendimentos contraditórios ou em desacordo com os precedentes anteriormente firmados em sede administrativa".[16]

Atento a essa realidade, o legislador conferiu concretude ao brocardo jurídico, ao acrescer o art. 23 na LINDB,[17] que

16. FACCI, Lucio Picanço. *Administração pública e segurança jurídica:* a tutela da confiança nas relações jurídico-administrativa. Porto Alegre: Sergio Antonio Fabris, 2015. p. 72.

17. "Art. 23. A decisão administrativa, controladora ou judicial que estabelecer interpretação ou orientação nova sobre norma de conteúdo indeterminado, impondo novo dever ou novo condicionamento de direito, deverá prever regime de transição quando indispensável para que o novo dever ou condicionamento de direito seja cumprido de modo proporcional, equânime e eficiente e sem prejuízo aos interesses gerais."

prevê a adoção de regime de transição quando a nova interpretação ou orientação impõe novo dever ou condicionamento de direito, a fim de que possam ser cumpridos de modo proporcional, equânime, eficiente e sem prejuízo aos interesses gerais.

Uma vez mais, lança-se mão do binômio proporcionalidade-interesse público (ou geral), a fim de conformar o ambiente discursivo em que se lançarão as teses argumentativas a partir das quais se tomará a decisão pela adoção ou não do regime de transição, acolhendo como ponto de partida o caso concreto a ser avaliado, caminhando rumo ao que proposto por Marilda de Paula Silveira, em alentada tese de doutoramento:

"Abandona-se o sistema que admite apenas o modelo *ex tunc, ex nunc*, para vincular-se ao paradigma em que o princípio da segurança jurídica exige a avaliação motivada da necessidade de um regime de transição. Para viabilizar a concretização dessa proposta, defende-se a utilização de um instrumento jurídico disponível e com importante aplicação em outros ramos do direito: a modulação de efeitos. Não apenas a forma de raciocínio jurídico, mas também o instrumento proposto vão permitir sejam considerados os múltiplos aspectos que podem estar presentes em cada caso, flexibilizando a imposição das respectivas consequências ou sanções".[18]

A medida, dentro do paradigma consequencialista incorporado pela Lei 13.655/2018, alude a uma tentativa de conciliação entre a legalidade administrativa e a segurança jurídica – aqui sob o viés da proteção da confiança legítima ou da justa expectativa do administrado.

Intenta-se, a um só tempo, evitar que mudanças interpretativas ou de orientação repentinas retirem a confiança e a tranquilidade de que devem gozar os cidadãos em relação ao Poder Público, no Estado de Direito, sem inviabilizar os

18. SILVEIRA, Marilda de Paula. *Segurança jurídica e ato administrativo:* por um regime de transição de avaliação cogente. Tese (Doutorado em Direito) – Faculdade de Direito da Universidade Federal de Minas Gerais. Belo Horizonte, 2013. Disponível em: https://shre.ink/cAN3. Acesso em: 2 ago. 2022.

também desejáveis dinamismo e autotutela da administração pública, que não poderia ficar refém *ad eternum* de posições outrora assumidas.

Mais uma vez, embora os regimes de transição constituíssem já medida haurível do arcabouço axiológico que informa o nosso ordenamento jurídico, não deixa de ser salutar a sua positivação, deixando à margem de dúvidas a obrigatoriedade da análise do cabimento da providência, eis que é norma cogente, e, ainda, que poderão ser adotados pelas instâncias administrativa, de controle e judiciais, como leciona o professor Edilson Nobre:

"Trata-se aqui de norma cogente e não de conselho ou recomendação. Somente o legislador, mediante a elaboração de outra norma de igual hierarquia, é possível criar exceções a tal obrigatoriedade. Já quanto ao aplicador do Direito Administrativo, quer no âmbito da administração ativa ou da controladora, tem-se que o estabelecimento de um período de transição ou vacância se afigura inelutável. O cumprimento da lei assim o impõe".[19]

Exemplo prático de aplicação do dispositivo em comento pode ser colhido do Acórdão 2.988/2018 – Plenário, oriundo do Tribunal de Contas da União, julgado em 12.12.2018, em que se adotou regime de transição no tocante à retribuição parcial da função comissionada ("opção") paga a inativos e pensionistas, determinando que fosse transformada em vantagem pessoal, passível de absorção pelos reajustes específicos da carreira.

Consignou o Min. Benjamin Zymler, atuando como Revisor, em proposta a que anuiu a Relatora, Min. Ana Arraes, com a concordância dos demais Pares:

"28. Mais recentemente, a Lei 13.655/2018 promoveu alteração na Lei de Introdução ao Direito Brasileiro (LINDB – Decreto-lei 4.657/42), impondo o estabelecimento de regra

19. NOBRE JÚNIOR, Edilson Pereira. As normas de direito público na lei de introdução ao direito brasileiro: paradigmas para interpretação e aplicação do direito administrativo. São Paulo: Contracorrente, 2019, p. 107.

de transição quando da evolução interpretativa resultar novo dever ou condicionamento de direito, nos seguintes termos:

'Art. 23. A decisão administrativa, controladora ou judicial que estabelecer interpretação ou orientação nova sobre norma de conteúdo indeterminado, impondo novo dever ou novo condicionamento de direito, deverá prever regime de transição quando indispensável para que o novo dever ou condicionamento de direito seja cumprido de modo proporcional, equânime e eficiente e sem prejuízo aos interesses gerais.'

29. Com a modulação proposta, evita-se que os servidores, que vêm recebendo os valores da 'opção' de boa-fé venham a sofrer uma redução imediata de seus estipêndios, mas não perpetua a irregularidade dos pagamentos. Uma vez que existe uma relação de trato sucessivo, as alterações futuras da estrutura remuneratória deverão absorver o pagamento da parcela considerado irregular.

30. Assim, a modulação proposta busca evitar um impacto imediato nos proventos dos servidores, sem, contudo, perpetuar a ilegalidade que vem sendo cometida, em perfeita consonância com a LINDB e o Decreto-lei 200/1967".[20]

Nesse diapasão, não se pode olvidar que o art. 23 da LINDB é um importante ponto de partida, ao delimitar o campo de incidência dos regimes de transição, assim como os critérios e objetivos a serem observados na sua implementação, porém não se prescindirá do inafastável desenvolvimento doutrinário e jurisprudencial da matéria, sendo consabido que, no mais das vezes, caberá ao Judiciário a última voz sobre a juridicidade das regras adotadas.

7. Conclusão

O princípio da eficiência, alçado a fundamento da Administração Pública, demanda desta a adoção de soluções

20. Acórdão 2988/2018 – Plenário do Tribunal de Contas da União. Rel. Min. Ana Arraes. Data da sessão: 12.12.2018.

versáteis e adequadas aos inúmeros desafios que lhe são impostos pela multiplicidade de deveres inerentes ao Estado, de modo a privilegiar o interesse público, sem olvido, naturalmente, da legalidade administrativa.

O maior poder de conformação das decisões no âmbito do direito administrativo não poderia, contudo, suplantar a garantia da segurança jurídica, valor fundante do Estado de Direito, do qual e no qual se espera a adoção de decisões estáveis e que assegurem a tranquilidade e a pacificação dos conflitos sociais.

Nessa esteira de preocupações, cuidou o legislador de positivar, por meio da Lei 13.655/2018, que acresceu 11 artigos à LINDB, dispositivos legais que veiculam, de um lado, prescrições voltadas ao atingimento de maior eficiência na gestão pública, e, de outro, balizam a elaboração de decisões que promovam a segurança jurídica.

Cuidamos, em específico, de duas temáticas ruidosas, envolvendo, de maneira direta, o princípio da segurança jurídica em face da novel legislação.

Foi possível constatar a tendência de ressignificação da segurança jurídica, alinhada à percepção do interesse público como vetor último da tomada de decisões no direito administrativo, o que tornou possível uma melhor dogmatização e sistematização da declaração de nulidade de atos administrativos com a preservação de seus efeitos, total ou parcialmente.

Ademais, demonstrou-se que uma das possíveis soluções para a aparente contradição entre os princípios da legalidade e da proteção da confiança legítima (também compreendida como face do princípio maior da segurança jurídica) reside na implementação de regimes de transição, naqueles casos em que há alteração interpretativa da norma jurídica, desde que o recomende o interesse público.

Finalizamos aludindo que a positivação dos enfocados dispositivos legais, embora não veiculem temáticas inéditas, eis que frutos de profundos debates e caudalosos escritos doutrinários e jurisprudenciais, é salutar, pois clarifica os critérios e lugares argumentativos a serem observados e frequentados pelas instâncias decisórias, contribuindo para uma maior racionalidade das decisões, com vistas a conciliar agilidade (eficiência) e estabilidade (segurança jurídica).

Referências

Bibliografia

AMB. Associação dos Magistrados Brasileiros. *Quem somos*. A magistratura que queremos. Disponível em: https://shre.ink/cAN0.

ARANHA, Márcio Nunes. Segurança jurídica *stricto sensu* e legalidade dos atos administrativos: convalidação do ato nulo pela imputação do valor de segurança jurídica em concreto à junção da boa-fé e do lapso temporal. *Revista de Informação Legislativa* [Eletrônica], v. 34, n. 134, p. 59-73, abr./jun. 1997.

DIMOULIS, Dimitri. Positivismo jurídico: significado e correntes. *Enciclopédia jurídica da PUC-SP*. Celso Fernandes Campilongo, Alvaro de Azevedo Gonzaga e André Luiz Freire (Coord.). Tomo: Teoria Geral e Filosofia do Direito. Celso Fernandes Campilongo, Alvaro de Azevedo Gonzaga, André Luiz Freire (Coord. de tomo). São Paulo: Pontifícia Universidade Católica de São Paulo, 2017. Disponível em: https://shre.ink/cAaI.

DINIZ, Maria Helena. *Lei de Introdução ao Código Civil brasileiro interpretada*. 4. ed. atual. São Paulo: Saraiva, 1998.

FACCI, Lucio Picanço. *Administração pública e segurança jurídica:* a tutela da confiança nas relações jurídico-administrativa. Porto Alegre: Sergio Antonio Fabris, 2015.

GIBSON, Sérgio Armanelli. A ciência jurídica no pós-positivismo: as necessárias repaginações conceituais de segurança jurídica, de regime jurídico-administrativo e do princípio da legalidade administrativa. *Fórum Administrativo: Direito Público,* v. 8, n. 93, p. 60-69, nov. 2008.

ISSA, Rafael Hamze. Âmbito de aplicabilidade da LINDB: fundamento constitucional e aspectos federativos. *In:* CUNHA FILHO, Alexandre José Carneiro da; ISSA, Rafael Hamze; SCHWIND, Rafael Wallbach (coord.). *Lei de Introdução às Normas do Direito Brasileiro – anotada.* São Paulo: Quartier Latin, 2019.

KAUFMAN, Arthur; HASSEMER, Winfried (Org.). *Introdução à filosofia do direito e à teoria do direito contemporâneas.* Lisboa: Fundação Calouste Gulbenkian, 2002.

MARTINS-COSTA, Judith. A re-significação do princípio da segurança jurídica na relação entre o estado e os cidadãos: a segurança como crédito de confiança. *Revista CEJ*, v. 8, n. 27, p. 110-120, out./dez. 2004.

NOBRE JUNIOR, Edilson Pereira. A invalidação dos contratos administrativos à luz da Lei 14.133/2021. *Revista Brasileira de Pesquisas Jurídicas*, v. 2, n. 3, set./dez. 2021.

NOBRE JÚNIOR, Edilson Pereira. *As normas de direito público na Lei de Introdução ao Direito Brasileiro:* paradigmas para interpretação e aplicação do direito administrativo. São Paulo: Contracorrente, 2019.

NOBRE JÚNIOR, Edilson Pereira. Uma viragem cultural no direito administrativo brasileiro (à guisa de introdução). *In:* NOBRE JÚNIOR, Edilson Pereira (Org.). *O direito administrativo em transformação:* reflexos sobre a Lei 13.655/2018. Rio de Janeiro: Lumen Iuris, 2019.

POSNER, Richard A. *Direito, pragmatismo e democracia.* Trad. Teresa Dias Carneiro; rev. téc. Francisco Bilac M Pinto Filho. Rio de Janeiro: Forense, 2010.

SILVA, José Afonso da. Constituição e segurança jurídica. *In:* ROCHA, Cármen Lúcia Antunes (Coord.). *Constituição e segurança jurídica:* direito adquirido, ato jurídico perfeito e coisa julgada. Estudos em homenagem a José Paulo Sepúlveda Pertence. 2. ed., rev. e ampl. Belo Horizonte: Fórum, 2009.

SILVEIRA, Marilda de Paula. *Segurança jurídica e ato administrativo:* por um regime de transição de avaliação cogente.

Tese (Doutorado em Direito) – Faculdade de Direito da Universidade Federal de Minas Gerais. Belo Horizonte, 2013. Disponível em: https://shre.ink/cAN3. Acesso em: 2 ago. 2022.

SUNDFELD, Carlos Ari. A Lei de Introdução às Normas do Direito Brasileiro e sua renovação. *In:* CUNHA FILHO, Alexandre José Carneiro da; ISSA, Rafael Hamze; SCHWIND, Rafael Wallbach (Coord.). *Lei de Introdução às Normas do Direito Brasileiro – anotada.* São Paulo: Quartier Latin, 2019.

VALIM, Rafael. *O princípio da segurança jurídica no direito administrativo brasileiro*. São Paulo: Malheiros, 2010.

Jurisprudência

Acórdão 2.988/2018 – Plenário do Tribunal de Contas da União. Rel.: Min. Ana Arraes. Data da sessão: 12.12.2018.

RMS 62.150/SC, relator Ministro Sérgio Kukina, Primeira Turma, julgado em 08.06.2021, *DJe* 21.06.2021.

EIXO 2

NOVOS MARCOS DO DIREITO ADMINISTRATIVO E AQUELES QUE FALTAM!

ANÁLISE DO DECRETO 11.129/2022 NA REGULAMENTAÇÃO DA LEI 12.846/2013 (LEI DE IMPROBIDADE DAS PESSOAS JURÍDICAS)

José Roberto Pimenta Oliveira

Mestre e Doutor em Direito do Estado pela PUC-SP. Professor de Direito Administrativo da PUC-SP, dos Cursos de Graduação e Pós-graduação em Direito. Líder do Grupo de Pesquisa Direito e Corrupção (PUC-SP/CNPQ). Presidente do Instituto de Direito Administrativo Sancionador Brasileiro (IDASAN). Procurador Regional da República na 3ª Região.

Resumo: Concentrado no domínio da improbidade administrativa, plasmado nas Leis 8.429/92 (alterada recentemente pela Lei 14.230/2021) e 12.846/2013, o presente ensaio enfrentará suas alterações, com o advento do Decreto 11.129/2022. Serão esquadrinhados os aspectos mais relevantes de suas disposições, positivos (aperfeiçoamentos) e negativos (deficiências), tendo como norte que se trata de ato regulamentar a cumprir função constitucional específica, na busca da melhor estruturação do sistema de responsabilidade, previsto no art. 37, § 4º, da CF/88.

Palavras-chave: Decreto 11.129/2022. Lei 12.846. Lei de Improbidade de Pessoas Jurídicas. Lei Anticorrupção.

1. Introdução: uma homenagem ao eminente Professor Edílson Pereira Nobre Júnior

O presente estudo foi produzido para integrar-se em obra coletiva em homenagem ao Professor Edílson Pereira Nobre Júnior. Com uma carreira acadêmica estonteante, apaixonada e maravilhosamente exitosa, Professor Edílson Nobre tem-se notabilizado pelas relevantes contribuições teóricas ao desenvolvimento e aperfeiçoamento do Direito Público no Brasil, sem olvidar a sua incomensurável dedicação ao aprimoramento da administração da Justiça, na condição de Magistrado Federal, hoje no exercício da função de Presidente do Egrégio Tribunal Regional Federal da 5ª Região.

O Mestre pernambucano merece seguidas e seguidas homenagens, dos estudiosos brasileiros, haja vista a vastidão e profundidade de suas criteriosas lições científicas, sempre a revelar a beleza e o vigor da nossa melhor dogmática, com a cor e coragem brasileiras em cada linha que nos oferece. Que as reflexões a seguir possam instigar o pensamento publicista no aperfeiçoamento do Estado Democrático de Direito, como o faz todos os dias o Professor Titular da centenária Faculdade de Direito do Recife.

Edílson Nobre tem-se dedicado à pesquisa do combate à corrupção, desenvolvendo vários Projetos de Pesquisa na temática sobre ela, entre eles o mais recente – "Globalização, controle das funções estatais e combate à corrupção". Este artigo é uma forma de dialogar com os frutos desta bela iniciativa acadêmica, e de sua pesquisa.

A presente abordagem terá como objeto o sistema de responsabilização pela prática de atos de improbidade administrativa, e buscará compreender o novo panorama normativo institucionalizado, em face do novo ato regulamentar da Lei 12.846/2013 (propalada "Lei Anticorrupção"), consubstanciado no Decreto 11.129, de 11.07.2022. O objetivo é apreciar deficiências e aperfeiçoamentos. Como a Lei 12.846 participa do domínio da improbidade, o pensamento incorpora as mudanças promovidas pela Lei 12.430/2021 no texto da Lei Geral de Improbidade Administrativa (doravante LGIA), e pela Lei 14.133/2021 (Lei Geral de Licitações e Contratos Administrativos, doravante LGLC). Esta delimitação do objeto tem relevância dogmática, já que nos permitirá suscitar questionamentos sobre a estrutura legal e infralegal do sistema, que deve atender aos reclamos do art. 37, § 4º, da CF.

Além da presente introdução, no tópico inicial o texto focará a unidade do domínio punitivo da improbidade. No item seguinte, abordará a competência regulamentar no bojo da improbidade, em especial na Lei 12.846. No último item, será analisado o Decreto 11.129/2022. A delimitação da análise se fará conforme a organização da matéria no conteúdo do ato regulamentar, facilitando o conhecimento. Ao final, sucedem conclusões, com referências bibliográficas.

2. Sistema de responsabilização pela prática de atos de improbidade administrativa: a unidade do domínio punitivo, sob a estrutura da LGIA (reformada pela Lei 14.230) e LIPJ (Lei 12.846)

Para compreensão e análise adequada do Decreto 11.129/2022, não se pode perder do horizonte o sistema normativo brasileiro a que pertence, destacadamente o *Sistema Brasileiro Anticorrupção*,[1] bem como ao segmento do Direito Público, a que se aconchega, indubitavelmente o *Direito*

1. A definição de "prática de corrupção" no direito brasileiro deve alinhar-se ao conteúdo da Convenção Internacional da ONU contra a Corrupção (Convenção de Mérida), internalizada no ordenamento brasileiro. Este tratado internacional, ao exigir uma política consistente e congruente dos Estados-Partes, plasma a necessidade de estruturar, nos âmbitos domésticos, um Sistema Anticorrupção, composto por todas as normas jurídicas que visem a prevenção, dissuasão e repressão dos ilícitos, respeitadas as bases de suas respectivas Leis Fundamentais. A concepção sistemática dessas normas é uma exigência para que o enfrentamento desta patologia possa produzir os resultados preconizados pela Comunidade internacional, nos compromissos firmados em Mérida. No caso brasileiro, juntam-se à Convenção de Mérida, as Convenções Anticorrupção da OCDE e da OEA, também internalizados, nos termos da CF.

Administrativo Sancionador[2] (doravante *DAS*). Nestas planícies brota o sistema de responsabilização pela prática de atos de improbidade administrativa, em cujos quadrantes o Decreto institucionalmente opera como norma jurídica infralegal (e, logo, infraconstitucional), resplandecendo a força normativa do comando superior do art. 37, § 4º, do Ordenamento Constitucional brasileiro.[3]

Nesta segunda década do século XXI, já está sedimentada a valoração constitucional de tutela do *interesse público anticorrupção*,[4] a guiar uma necessária (e complexa) formulação de *política pública* reverenciadora e concretizadora da probidade, em todos os meandros da ação e organização estatal, com esteio seguro desde normas de Direito Internacional Público, sobremodo a partir da celebração da *Convenção Internacional da ONU contra a Corrupção* (Convenção de Mérida), com caráter supralegal reconhecido (internalizada pelo Decreto 5.687/2006), política esta com sementes sempre presentes em nossa ordem positiva doméstica, florindo do arcabouço de *princípios constitucionais do Direito Administrativo*, consagrados no marco constitucional em vigor.

Esta *política pública republicana e democrática* exige a concepção, estruturação, organização e operacionalização, em nível otimizado, de todas as normas jurídicas nacionais, a digladiar práticas corruptivas no desempenho de funções e atividades atribuídas ao Estado, e desenvolvidas pelos seus agentes.

No palco desta institucionalidade sistêmica, a denominada *improbidade administrativa* vem, desde a Lei 8.429/92, figurando como modelo sancionador não penal central, pelo

---

2. Conferir: NOBRE JÚNIOR, Edílson Pereira. *Paradigmas do direito administrativo sancionador no Estado constitucional*. São Paulo: Dialética, 2021.

3. Conferir: OLIVEIRA, José Roberto Pimenta; GROTTI, Dinorá Adelaide Musetti. Direito administrativo sancionador. Breve evolução. Identidade. Abrangência e funcionalidades. *Interesse Público*, v. 22, p. 83-126, 2020.

4. Conferir: OLIVEIRA, José Roberto Pimenta. Razoabilidade, proporcionalidade e probidade administrativa. Tutela adequada do interesse público anticorrupção *Princípios de direito administrativo*. 2. ed. Belo Horizonte: Fórum, 2021. p. 227-284.

exercício da potestade sancionadora a cargo da *jurisdição civil*, tendo como instituição legitimada principal o *Ministério Público*, na tutela da probidade, na proteção do patrimônio público e social. Nossa Lei Fundamental tornou o Poder Judiciário guardião maior da probidade que deve ser reverenciada em todos os cantos e recantos da atividade pública (e privada a ela correlacionada).[5]

É inegável o *caráter civil* da improbidade administrativa. Leia-se, com lentes de aumento, responsabilidade plasmada em normas de direito público (normas materiais de Direito Administrativo, donde seu vínculo umbilical com o DAS,[6] e normas processuais de *Direito Processual Civil*),[7] concretizada mediante o devido processo legal processual coletivo, perante a *jurisdição civil comum de primeiro grau* (estadual ou federal), ensejando a condenação de responsáveis (pessoas físicas e jurídicas) em sanções constitucionais (explícitas ou implícitas) e sanções legais, todas especificadas em lei de competência exclusiva da União, a partir do *tipo constitucional basilar*[8] e tipologia legal aderente à tutela eficiente dos bens jurídicos públicos, ao derredor da *probidade constitucional*.

Caráter civil reconhecido pela lei geral regulamentadora (Lei 8.429/92), bem como todas as posteriores legislações específicas (e não foram poucas), inclusive pelo Supremo Tribunal

5. Como bem anotado por Edílson Nobre, "a partir da segunda metade do século pretérito, coube à Constituição, em substituição aos códigos, condensar os princípios e valores que informam e justificam o ordenamento, decorrendo daí o atributo da jurisdição constitucional para concretizar e desenvolvê-los, tarefa para a qual é inevitável o engenho criativo" (NOBRE JÚNIOR, Edílson Pereira. Ativismo judicial: possibilidade e limites. *In*: *A&C – Revista de Direito Administrativo & Constitucional*, Belo Horizonte, ano 11, n. 43, p. 116, jan./mar. 2011).

6. MEDINA OSÓRIO, Fábio. *Direito administrativo sancionador*. 8. ed. São Paulo: RT, 2022.

7. MERÇON-VARGAS, Sarah. *Teoria do processo judicial punitivo não penal*. Salvador: JusPodivm, 2018.

8. Há, pelo menos, na Constituição Federal dois dispositivos que podem ser consideradas normas constitucionais tipificatórias basilares: o art. 37, § 4º (improbidade administrativa) e o art. 85 (infrações político-constitucionais).

Federal, em todos os relevantes julgados nesta matéria sancionadora (e não foram poucos), em sua jurisdição constitucional, em que o Pretório Excelso sempre reverbera esta *natureza jurídica insuprimível* ("responsabilidade civil"),[9] sob pena de descaracterização da criação constitucional.

Bem anotada a firmeza do assentamento do caráter civil da improbidade, não é certo, todavia, dizer que o seu *caráter autônomo*, enquanto sistema de responsabilização, tenha se consolidado. Basta rememorar a controvérsia constitucional sobre a relação entre improbidade e crimes de responsabilidade, tendo o próprio STF julgado pela submissão de condutas ofensivas à probidade imputadas a Ministro de Estado exclusivamente no bojo do sistema de responsabilização político-constitucional, à luz do art. 85, V, do Texto Magno.[10] É certo, todavia, que a Corte Constitucional brasileira já decidiu em sentido diverso, em

---

9. STF, ADI 2797-DJ, Tribunal Pleno, Relator Min. Sepúlveda Pertence, julgamento 15.09.2005, Publicação: 19.12.2006. Destaco: "[...] IV. Ação de improbidade administrativa: extensão da competência especial por prerrogativa de função estabelecida para o processo penal condenatório contra o mesmo dignitário (§ 2° do art. 84 do C Pr Penal introduzido pela L. 10.628/2002): declaração, por lei, de competência originária não prevista na Constituição: inconstitucionalidade. 1. No plano federal, as hipóteses de competência cível ou criminal dos tribunais da União são as previstas na Constituição da República ou dela implicitamente decorrentes, salvo quando esta mesma remeta à lei a sua fixação. 2. Essa exclusividade constitucional da fonte das competências dos tribunais federais resulta, de logo, de ser a Justiça da União especial em relação às dos Estados, detentores de toda a jurisdição residual. 3. Acresce que a competência originária dos Tribunais é, por definição, derrogação da competência ordinária dos juízos de primeiro grau, do que decorre que, demarcada a última pela Constituição, só a própria Constituição a pode excetuar. 4. Como mera explicitação de competências originárias implícitas na Lei Fundamental, à disposição legal em causa seriam oponíveis as razões já aventadas contra a pretensão de imposição por lei ordinária de uma dada interpretação constitucional. 5. De outro lado, pretende a lei questionada equiparar a ação de improbidade administrativa, de natureza civil (CF, art. 37, § 4°), à ação penal contra os mais altos dignitários da República, para o fim de estabelecer competência originária do Supremo Tribunal, em relação à qual a jurisprudência do Tribunal sempre estabeleceu nítida distinção entre as duas espécies. 6. Quanto aos Tribunais locais, a Constituição Federal – salvo as hipóteses dos seus arts. 29, X e 96, III –, reservou explicitamente às Constituições dos Estados-membros a definição da competência dos seus tribunais, o que afasta a possibilidade de ser ela alterada por lei federal ordinária. [...]".

10. STF, Reclamação 2.138-DF, Rel. Min. Originário Nelson Jobim, Rel. Min. p/Acórdão Gilmar Mendes, julgamento 13.06.2007, por maioria.

situações envolvendo imputação de ofensa à probidade a exercentes de cargos políticos (destaque, aos Prefeitos[11]).

A improbidade administrativa constitui uma *esfera geral e autônoma de responsabilidade* de agentes públicos e terceiros (pessoas físicas e jurídicas),[12] por violações materialmente relevantes à probidade. Todas as modalidades de agentes públicos submetem-se ao seu regime, inexistindo limitação no âmbito pessoal de incidência desse sistema sancionador. A autonomia decorre do alicerce constitucional, que desautoriza restrição legislativa injustificada ao exercício independente da jurisdição civil.

---

11. STF, RE 976566, Repercussão Geral - Mérito (Tema 576), Tribunal Pleno, Relator Min. Alexandre de Moraes, julgamento 13.09.2019, Publicação: 26.09.2019: "Constitucional. Autonomia de instâncias. Possibilidade de responsabilização penal e política administrativa (DL 201/1967) simultânea à por ato de improbidade administrativa, devidamente tipificado na Lei 8.429/92. Inexistência de *bis in idem*. 1. 'Fazem muito mal à República os políticos corruptos, pois não apenas se impregnam de vícios eles mesmos, mas os infundem na sociedade, e não apenas a prejudicam por se corromperem, mas também porque a corrompem, e são mais nocivos pelo exemplo do que pelo crime' (CÍCERO, Marco Túlio. *Manual do candidato às eleições*. As leis, III, XIV, 32). 2. A norma constitucional prevista no § 4º do art. 37 exigiu tratamentos sancionatórios diferenciados entre os atos ilícitos em geral (civis, penais e político-administrativos) e os atos de improbidade administrativa, com determinação expressa ao Congresso Nacional para edição de lei específica (Lei 8.429/1992), que não punisse a mera ilegalidade, mas sim a conduta ilegal ou imoral do agente público voltada para a corrupção, e a de todo aquele que o auxilie, no intuito de prevenir a corrosão da máquina burocrática do Estado e de evitar o perigo de uma administração corrupta caracterizada pelo descrédito e pela ineficiência. 3. A Constituição Federal inovou no campo civil para punir mais severamente o agente público corrupto, que se utiliza do cargo ou de funções públicas para enriquecer ou causar prejuízo ao erário, desrespeitando a legalidade e moralidade administrativas, independentemente das já existentes responsabilidades penal e político-administrativa de Prefeitos e Vereadores. 4. Consagração da autonomia de instâncias. Independentemente de as condutas dos Prefeitos e Vereadores serem tipificadas como infração penal (art. 1º) ou infração político-administrativa (art. 4º), previstas no DL 201/67, a responsabilidade civil por ato de improbidade administrativa é autônoma e deve ser apurada em instância diversa. 5. NEGADO PROVIMENTO ao Recurso Extraordinário. Tese de repercussão geral: 'O processo e julgamento de prefeito municipal por crime de responsabilidade (Decreto-lei 201/67) não impede sua responsabilização por atos de improbidade administrativa previstos na Lei 8.429/1992, em virtude da autonomia das instâncias'".

12. OLIVEIRA, José Roberto Pimenta. *Improbidade administrativa e sua autonomia constitucional*. Belo Horizonte: Fórum, 2009.

O tipo constitucional basilar (art. 37, § 4º) está moldado no sedimentado *princípio da independência das instâncias*, nascido e afeiçoado à classificação tradicional da "responsabilidade civil, penal e administrativa", que se reformula no novo panorama do *sistema constitucional geral de responsabilidade de agentes públicos pós-1988*, que deve operar com a observância plena de direitos e garantias fundamentais dos acusados.

O sistema geral está composto de diversos sistemas, cada um com estrutura própria, identificável dogmaticamente pela análise de seus elementos normativos estruturais (bem jurídico tutelado, tipologia de ilicitude, fixação de sanções, devido processo legal). É certo que, na contemporaneidade, os sistemas de responsabilidade estão se renovando com potestades de exercício consensualizado, o que só aperfeiçoa sua robustez constitucional e imprime novos desafios na sua formulação normativo-conceitual e na interpretação-aplicação-concreção. A improbidade ocupa destacado papel no enfrentamento não penal às práticas corruptivas, no ordenamento brasileiro.

Em consonância com o sistema constitucional, o art. 12 da Lei 8.429/92 (versão originária e, inclusive, a atual), contempla a autonomia da improbidade, "independentemente do ressarcimento integral do dano patrimonial, se efetivo, e das sanções penais comuns e de responsabilidade, civis e administrativas na legislação específica".

Credita-se à *complexidade* da estruturação constitucional da improbidade administrativa a enorme dificuldade em alocá-la e aprofundá-la no campo da Dogmática Jurídica, no Direito Público. De fato, é indisfarçável seu *caráter transdisciplinar*, baseado aqui no modo complexo de articulação inédito entre normas materiais (DAS)[13] e normas processuais (*Direito Processual Civil*), assim como na formulação complexa das sanções atreladas à ilicitude.

---

13. Pode-se encontrar uma bela abordagem de princípios gerais no campo das sanções administrativas, em: NOBRE JÚNIOR, Edílson Pereira. Sanções administrativas e princípios de direito penal. *Revista dos Tribunais*, v. 775, p. 449-470, maio 2000.

Do tipo constitucional basilar já se detecta esta característica, porque a ilicitude gera consequências, de *feição administrativa* (perda da função pública), *política* (suspensão de direitos políticos), *civil* (ressarcimento de danos causados ao erário e perdimento de patrimônio ilegalmente acrescido) e *processual* (indisponibilidade de bens). A multa civil e interdição de direitos, prevista na LIA, segue esta complexidade de perto, aumentando os efeitos sancionatórios administrativos. Tudo isso sem olvidar a expressa dicção constitucional em extirpar a improbidade do *Direito Penal* (art. 37, § 4º, *in fine*).

A complexidade do fenômeno normativo em pauta se deixa elucidar – pois, jamais será dissolvida – com o pensamento sistemático, ou seja, com a criação ordenada da nova instituição constitucional, a partir da noção de sistema. Mario G. Losano bem assinala que a noção de sistema é "um pilar da sabedoria ocidental", explicando: "A ela faz referência – consciente ou inconscientemente, por consenso ou por dissenso – qualquer um que empreenda uma descrição científica ou uma construção teórica".[14]

Trata-se de elucidar, como recurso ao conceito de sistema, a organização funcional do conteúdo normativo da improbidade na seara da responsabilidade, o que somente é possível com a construção sistemática do conhecimento de matéria essencial à realização do princípio republicano e democrático.

Esta complexidade da improbidade como "sistema de responsabilização" opera ao nível de *sistema interno* (composição) e ao nível de *sistema externo* (relações externas com outros sistemas). É essencial à racionalidade da atividade sancionadora estatal que esta seja apreendida e apreensível pelo uso da noção de sistema.

A construção e defesa do "sistema da improbidade administrativa", sob esse aspecto, é aspecto da constitucionalização do direito administrativo. Todas as iniciativas legislativas, em

---

14. LOSANO, Mario. G. *Sistema e estrutura no direito*. Volume I. Das origens à escola histórica. Trad. Carlos Alberto Dastoli. São Paulo: Martins Fontes, 2008. Introdução, p. XXIX.

campo extrapenal, devem ser interpretadas em consonância com o sistema constitucional autônomo da improbidade, proposição essencial após o advento da Lei 12.846/2013, e da recente reforma legislativa da Lei 8.429, realizada pela Lei 14.230/2021.

A Lei 12.846 estipulou a "responsabilidade administrativa e civil" de pessoa jurídica (doravante "PJ") por atos lesivos[15] à administração nacional e estrangeira. Conforme exposição de motivos do Projeto, foi concebida para atender a Convenção da OCDE (Decreto 3.678/2000). Inovou em estabelecer a responsabilidade objetiva de PJs envolvidas em práticas de corrupção, fixar efeitos jurídicos à criação de programas de *compliance* anticorrupção e acolher o acordo de leniência. Nela, a responsabilização se divide em duas formas; administrativa e judicial, com correlatas sanções tipificadas, em face de tipo único. Ao seu final, considera o modelo sancionador afastado do sistema da improbidade, conforme o art. 30, I.

Este art. 30, I conduz a afirmação de que a Lei 12.846 cria outro sistema anticorrupção, que se anuncia autônomo. As justificativas do "novo" sistema, apartando-o da improbidade administrativa, residem no motivo maior de que a última estaria fundada na responsabilização subjetiva, ao passo que o "novo" sistema está costurado com as linhas da responsabilização objetiva.

Esse argumento está equivocado, porque não há nenhum obstáculo na Constituição (no art. 37, § 4º), a exigir obrigatória responsabilização subjetiva para PJ. Se esta técnica de imputação é plenamente aplicável à PJ, e houver justificação constitucional para utilizá-la,[16] nada há de se objetar. Certo que a objetivização é exceção no DAS, mas calcada na proporcionalidade esta técnica pode e deve ser positivada em caráter excepcional, mormente para aplacar práticas corruptivas

15. A expressão "atos lesivos" é utilizada no art. 5º da LIPJ, mas se trata de qualificação legal especial de atos ímprobos. Daí que este trabalho utilizará as duas expressões.

16. As justificativas para estruturação da responsabilidade objetiva, no campo extrapenal, no DAS brasileiro, alcançando o sistema de improbidade administrativa estão bem sintetizadas no Preâmbulo da Convenção de Mérida.

disseminadas à exaustão por toda a organização do Estado, no caso brasileiro, mesmo passados já mais de 34 anos da reinauguração da ordem democrática e republicana.

Este dispositivo necessita de *interpretação conforme a Constituição*,[17] no sentido de compatibilizá-lo com o art. 37, § 4º, da CF. Tracejando-se os elementos do sistema (bem jurídico, ilícitos, sanções e processo), a leitura da Lei 12.846 mostra a inviabilidade, sob o ângulo jurídico, de dissociá-la da improbidade administrativa.[18]

Esta análise detalhada deixa impresso o fundamento constitucional da Lei no art. 37, § 4º, da CF. A norma constitucional não admite que a lei possa instituir outros sistemas institucionalizados, com redução da tutela jurídica plena dispensada ao bem jurídico da probidade constitucional. Seguir o cardápio literal apresentado na Lei 12.846 conduz a este despropósito, logo, a ordenação constitucional não o admite, exigindo interpretação conforme, assentando o diploma como *lei especial de improbidade de pessoas jurídicas*, doravante LIPJ.

Atente-se que não há como sustentar a LIPJ em sistemas de responsabilização administrativa, fundados no exercício do "poder de polícia", atividade finalística atribuída à Administração Pública,[19] instituto previsto no art. 145, II, da CF, havendo mesmo conceito legal no art. 78 do CTN.[20]

---

17. Esse princípio recomenda "que os aplicadores da Constituição, em face de normas infraconstitucionais de múltiplos significados, escolham o sentido que as torne constitucionais, e não aquele que resulte na sua declaração de inconstitucionalidade, esse cânone interpretativo, ao mesmo tempo valoriza o trabalho legislativo, aproveitando ou conservando as leis, previne o surgimento de conflitos, que se tornariam crescentemente perigosos casos os juízes, sem o devido cuidado, se pusessem a invalidar os atos legislativos" (cf. COELHO, Inocêncio Mártires. *Interpretação constitucional*. 3. ed. São Paulo: Saraiva, 2007. p. 108).

18. Conferir: OLIVEIRA, José Roberto Pimenta. Desafios e avanços na prevenção e no combate à corrupção, na atuação cível do MPF nos 30 anos da CF. *In*: HIROSE, Regina Tamami (Org.). *Carreiras típicas de Estado*: desafios e avanços na prevenção e no combate à corrupção. Belo Horizonte: Fórum, 2019. v. 1, p. 181-198.

19. Conferir: GROTTI, Dinorá Adelaide Musetti. Poder de polícia. *Boletim de Direito Administrativo*, São Paulo, NDJ, v. 7, p. 753-758, 2006.

20. "Art. 78. Considera-se poder de polícia atividade da administração pública que, limitando ou disciplinando direito, interesse ou liberdade, regula a prática de ato ou

Como anota Celso Antônio Bandeira de Mello,[21] é próprio do poder de polícia o exercício da *supremacia geral* do Estado em face de terceiros, na busca de harmonizar a atividade de particulares, evitando a produção de condutas lesivas a diversos interesses públicos. Na Lei 12.846, não se desenha nenhum poder de polícia, mas simplesmente se fortalece a submissão de pessoas jurídicas que mantêm relações jurídicas com o Estado ao dever de observância da probidade, a fim de evitar práticas corruptivas, não raro levadas a efeito com autoria e participação de agentes públicos.

A tese de que o fundamento da Lei 12.846 está pautado no "poder de polícia" é uma forma de contornar o dever ancilar imposto primariamente ao Estado de tutela da *indisponibilidade dos interesses públicos*, todos aviltados pelas práticas corruptivas contra as quais se arvora este diploma anticorrupção. Práticas corruptivas por PJ contra o Estado estão no campo material da tutela da probidade administrativa, gizada pelo art. 37, § 4º. Este dispositivo agasalha legislação geral ou especial de improbidade administrativa, e, com esta dimensão, a Lei 12.846 deve ser considerada uma *lei especial*.

Na aplicação literal, o art. 30, I, da LIPJ, mantendo-se o afastamento da LGIA, a autonomia da improbidade é visceralmente afetada, pelo caminho de extrair do seu seio parcela relevante da potestade punitiva que a compõe, esvaziando-se a lei geral (Lei 8.429/92), além do retrocesso de querer retornar à Administração Pública a potestade direta de aplicação

---

abstenção de fato, em razão de interesse público concernente à segurança, à higiene, à ordem, aos costumes, à disciplina da produção e do mercado, ao exercício de atividades econômicas dependentes de concessão ou autorização do Poder Público, à tranquilidade pública ou ao respeito à propriedade e aos direitos individuais ou coletivos."

21. "O poder, pois, que a Administração exerce ao desempenhar seus encargos de polícia administrativa repousa nesta, assim chamada, 'supremacia geral', que, no fundo, não é senão a própria supremacia das leis em geral, concretizadas através de atos da Administração. Os doutrinadores italianos distinguem – com proveitosos resultados – esta 'supremacia geral' da 'supremacia especial', que só estará em causa quando existem vínculos específicos travados entre o Poder Público e determinados sujeitos" (Cf. BANDEIRA DE MELLO, Celso Antônio. *Curso de direito administrativo*. 35. ed. São Paulo: Malheiros/JusPodvm, 2021. p. 789).

de sanções gravíssimas (multa e publicação extraordinária do ato sancionador), em face de condutas ímprobas.

Em verdade, a Lei 12.846 pertence ao terreno da improbidade administrativa, e operou a revogação implícita de normas existentes na Lei 8.429/92, que lhes são contrárias em matéria de improbidade imputável a PJ, na forma do art. 2º, § 1º, da LINDB.[22]

Seria de esperar que, submetida à ampla reforma, uma legislação na matéria de improbidade administrativa resolveria o problema sistêmico derivado do art. 30, I. Mas isso não ocorreu. A Lei 14.230/2021 não revogou expressamente tal enunciado, o que demonstra ter sido igualmente constituída com base na existência de sistemas autônomos (LGIA e LIPJ), mas avançou na compreensão do seu inter-relacionamento. O resultado da obra legislativa é inconsistente.[23]

A legislação reformista traceja normas acerca do vínculo existente entre LGIA e LIPJ. Cabe à doutrina apontar a satisfatoriedade dos novos dispositivos nessa matéria, em especial, o art. 3º, § 2º, pelo qual "as sanções desta Lei não se aplicarão à pessoa jurídica, caso o ato de improbidade administrativa seja também sancionado como ato lesivo à administração pública de que trata a Lei 12.846, de 1º de agosto de 2013", e art. 12, § 7º, pelo qual "as sanções aplicadas a pessoas jurídicas com base nesta Lei e na Lei 12.846, de 1º de agosto de 2013, deverão observar o princípio constitucional do *non bis in idem*". A melhor interpretação é a que prestigia a conformação sistemática do domínio da improbidade administrativa, fundado no art. 37, § 4º, da CF.

22. "Art. 2º Não se destinando à vigência temporária, a lei terá vigor até que outra a modifique ou revogue. § 1º A lei posterior revoga a anterior quando expressamente o declare, *quando seja com ela incompatível* ou quando regule inteiramente a matéria de que tratava a lei anterior" (grifos nossos).

23. Conferir: OLIVEIRA, José Roberto Pimenta; POZZO, Augusto Neves Dal (Org.). *Lei de Improbidade Administrativa reformada*. São Paulo: RT – Thomson Reuters, 2022.

A interpretação literal do art. 3º, § 2º, pode suscitar admissibilidade de processos de responsabilização separados e concomitantes, vez que somente não se aplicaria a LGIA se a PJ não tiver sido sancionada (e no momento em que a sanção se torna definitiva) na forma da LIPJ. Mesmo nesta leitura, não se sabe a que tipo de responsabilização (na LIPJ) estaria a se referir este art. 3º da LGIA (se administrativa ou judicial). Com esse significado, teria a lei estabelecido *critério temporal* na relação entre LGIA e LIPJ; se fatos são enquadráveis na LIPJ, deve-se aplicá-la, em princípio; se não couber essa subsunção, restaria a LGIA para qualificação da ilicitude imputada em detrimento da PJ. As duas visões geram distorções na aplicação coerente e racional da LGIA e LIPJ nos casos concretos. O critério temporal, deficientemente figurado na lei, não é suficiente.

Pressupondo que LGIA e LIPJ estão no mesmo campo sancionador autônomo, melhor estabelecer que o art. 3º citado é forma de densificação do princípio do *non bis in idem*, em sua versão processual, ao passo que o art. 12 constitui norma concretizadora do *non bis in idem*, na sua versão material.[24]

Na sua vertente formal, o *non bis in idem* impede a instauração de duas ou mais relações processuais para apuração dos mesmos fatos ilícitos no sistema punitivo. Deveras, o art. 3º disciplina a responsabilidade de terceiros no campo da improbidade, entre os quais está a PJ. O novo § 2º impede novo processo judicial, se a PJ já estiver sendo responsabilizada sob a égide da LIPJ (apenas "no âmbito judicial"), pelos mesmos fatos. Merece atenção que o dispositivo não impede procedimentos extrajudiciais de apuração dos fatos (eficácia plena do *non bis in idem* formal). A razão está em que a LIPJ ressalta a responsabilidade subjetiva de pessoas físicas envolvidas na prática dos atos ilícitos (art. 3º, §§ 1º e 2º). Logo, a LGIA não poderia mesmo negar a possibilidade de apuração.

---

24. Conferir: SABOYA, Keity. *Ne bis in idem*: história, teoria e perspectivas. Rio de Janeiro: Lumen Juris, 2014.

Na sua vertente material, o *non bis in idem* está plenamente acolhido. A LGIA traz comando explícito, pelo qual "sanções aplicadas a pessoas jurídicas com base nesta Lei e na Lei 12.846, de 1º de agosto de 2013" devem observar este princípio constitucional, que pode encontrar amparo na cláusula do Estado Democrático de Direito (art. 1º da CF), ou na cláusula do devido processo legal substantivo (art. 5º, LIV), do rol de garantias fundamentais. Esse enunciado confessa a identidade de fundamento da potestade sancionadora instituída na LGIA e na LIPJ. A conjunção *"e"* no ato normativo é reveladora nesse sentido. Não há sentido em consagrar o *non bis in idem*, sob o ponto de vista legal, caso os sistemas de responsabilidade tivessem fundamentos jurídicos diferenciados.

É verdade que a literalidade do art. 12, § 7º poderia revelar que a norma faz referência a *dois sistemas* (LGIA e LIPJ), mantendo-os em campos diversos. Todavia, o conceito dogmático do *non bis in idem* indica que sua concepção e aplicação se perfazem para evitar a reiteração do exercício de idêntica potestade punitiva, inserida em determinado sistema punitivo estatal. Quando múltiplos sancionamentos decorrem da aplicação de diversas sanções a uma mesma PJ, em razão de *diferentes potestades sancionadoras* (e, logo, distintos sistemas), o correto é solucioná-lo com arrimo dogmático no princípio da proporcionalidade, a fim de cessar situações de excesso sancionatório estatal.

É interessante perceber que o art. 12, § 7º apenas alude as sanções decorrentes da LGIA e da LIPJ, e não faz remissão a outros sistemas de responsabilização administrativa, que podem incidir sobre os fatos ilícitos. Isso corrobora o rigor técnico do conceito adotado na regra. Embora não tenha expressamente enunciado, este art. 12, § 7º revogou, por incompatibilidade superveniente, o art. 30, I, da LIPJ, na forma do art. 2º, § 1º, da LINDB.

Com base no princípio constitucional do *non bis in idem*, mas sem adotar a visão unitária ou integradora (LGIA e LIPJ) defendida neste trabalho, o homenageado Prof. Edílson Nobre bem apostilou que "quanto ao seu aspecto material, o direito pátrio, por força do art. 37, § 4º, da CRFB, é permissivo à cumulação da responsabilidade por improbidade administrativa com a criminal, motivo por que a vedação ao *bis in idem* há que ser aferida apenas na mesma esfera processante, sendo incabível, nesse sentido, a punição pela LIA com a da competência disciplinar, e, especialmente com relação à pessoa jurídica beneficiada, com as sanções das Leis n. 12.846/2013 e 8.666/93".[25]

Este reconhecimento de que LGIA e LIPJ mantêm relação de pertinência a um mesmo segmento do DAS não precisa ser aclarado pelo legislador, no processo de formação da lei, nem mesmo formulado na obra legislativa. Carlos Maximiliano já tecia vigorosa crítica a "doutrina da vontade do legislador" no campo da hermenêutica jurídica.[26]

Neste problema de inter-relacionamento normativo, é impróprio pretender negar o produto da positivação, recorrendo à vontade de quem formula o direito positivo. Cabe à doutrina encontrar-se com o direito positivo, tal como objetivamente posto. A recondução da LGIA e da LIPJ à sua única fonte de legitimação constitucional é firmada em análise sistemática do regime da improbidade.

Resta ainda realçar a pertinência da improbidade ao DAS. A maior controvérsia está em que, umbilicalmente atrelada à jurisdição, as sanções por improbidade desgarram-se das clássicas sanções administrativas (mergulhadas na função administrativa), como provimentos sancionadores editados por órgãos ou entidades públicas ou governamentais. Este é conceito clássico, como ressoa na obra de Celso Antônio Bandeira de Mello.[27]

---

25. NOBRE JÚNIOR, Edílson Pereira. Improbidade administrativa e a proibição do *bis in idem*. *In*: OLIVEIRA, José Roberto Pimenta; POZZO, Augusto Neves Dal. *Lei de Improbidade Administrativa reformada*. São Paulo: RT – Thomson Reuters, 2022. p. 256.

26. MAXIMILIANO, Carlos. *Hermenêutica e aplicação do direito*. 18. ed. Rio de Janeiro: Forense, 1998. p. 32-33.

27. "Sanção administrativa é a providência gravosa prevista em caso de incursão de alguém em uma infração administrativa cuja imposição é da alçada da própria

Ocorre que, na esteira da evolução que impacta o Direito Administrativo, desde a segunda metade do século XX, potestades estatais sancionadoras extrapenais têm sido crescentemente atribuídas, não só a órgãos e entidades exercentes de funções administrativas, mas igualmente às jurisdições ordinárias ou especializadas, a título excepcional. É o que se passa na improbidade, por força de determinação constitucional.

A relevância da tutela da probidade, no tocante à responsabilidade de agentes públicos, chancelou a *jurisdicionalização* (civil) do enfrentamento de práticas corruptivas. Há verdadeiro mandamento constitucional de reprovabilidade judicial de atos de improbidade, que os Poderes constituídos não podem desrespeitar. Cabe ao Direito Administrativo dissecar quaisquer formas de responsabilização de agentes estatais (e terceiros nelas envolvidos). Quando tecidas com cores sancionatórias, cabe ao DAS fazê-lo.

A aplicação de sanções pelo Poder Judiciário não as retira, no plano material, do regime administrativo, que, todavia, está obrigado a enfrentar essa inovação institucional. Diligenciando pela responsabilização decorrente de ilegalidades funcionais (constitucionalmente qualificadas, pelo art. 37, § 4º), a improbidade exsurge como forma genuína de tutela de interesses públicos, no bojo da organização do Estado, o que inteiramente a reconduz para seara dogmática do Direito Administrativo. Normas materiais da LGIA e LIPJ são de direito administrativo.

A improbidade integra o DAS, tal como hoje se encontra estampado no art. 1º, § 4º, da LGIA, como sistema de responsabilidade que almeja prevenção, dissuasão e repressão aos atos de improbidade, sendo que suas normas são de competência

Administração. Isto não significa, entretanto, que a aplicação da sanção, isto é, sua concreta efetivação, possa sempre se efetuar por obra da própria Administração. Com efeito, em muitos casos, se não for espontaneamente atendida, será necessário recorrer à via judicial, como ocorre, por exemplo, com uma multa, a qual, se não for paga, só poderá ser judicialmente cobrada" (cf. BANDEIRA DE MELLO, Celso Antônio. *Curso de direito administrativo* cit., p. 809).

legislativa federal exclusiva, por conta do art. 37, § 4º e art. 22, I (normas de processo civil), todos da CF.

Demonstrado que ambas as legislações citadas integram, de forma sistemática, a mesma parcela do DAS, pode-se avançar na compreensão da regulamentação da LIPJ, pelo Decreto 11.129/2022.

3. Regulamentação da Lei 12.846, Decreto 8.420 e sua revogação pelo Decreto 11.129

Há muito a doutrina se debruça sobre o papel do *regulamento* – entendido como ato de natureza infralegal, de atribuição exclusiva do Chefe do Poder Executivo, nos termos do art. 84, IV, da CF – em face da consagração do princípio da *legalidade* (art. 5º, II e art. 37, *caput*, da CF), na análise das fontes do Direito Administrativo. O exercício de atribuições normativas pelo Poder Executivo, exercente de funções administrativas, interessa diretamente à preservação do sistema de independência das funções estatais (art. 2º da CF), atreladas aos plexos orgânicos fundamentais do Estado.

Como leciona Celso Antônio Bandeira de Mello, seguindo nossa tradição constitucional, a Constituição Federal não confere latitude ampla ao regulamento, nos termos dos arts. 5º, II, 37-*caput*, 84-IV, e art. 25-I, do ADCT. Sua virtualidade jurídica está plasmada ao fiel cumprimento da lei, donde seu objeto está condicionado pela outorga de discricionariedade, seu fundamento está atrelado à posição hierárquica do titular desta específica competência normativa, e sua finalidade está no desiderato de promover isonomia e segurança jurídica na aplicação de lei que exige a intervenção regulamentar.

Em permanente discussão, a classificação mais utilizada na compreensão da relação entre lei e ato regulamentar distingue os regulamentos em independentes, executivos, delegados e de urgência.[28] A controvérsia sobre a forma admitida

28. Há doutrinadores que diferenciam apenas regulamentos executivos (complementares da lei) e regulamentos independentes (fundados diretamente na

pelo direito brasileiro segue forte, antes e depois da atual Constituição, e repercute diretamente sobre a definição do objeto da competência regulamentar. Também interfere o princípio constitucional da reserva legal, com a aptidão de impedir ou limitar disposições regulamentares em determinadas matérias, sob o prisma constitucional.

Na linha de Celso Antônio Bandeira de Mello, a regulamentação compreende (i) ora o desdobramento procedimental e organizatório necessário ao cumprimento da lei; (ii) ora a disciplina da averiguação ou operacionalização técnica dos enunciados legais, mormente quando utilizam conceitos jurídicos indeterminados;[29] (iii) ora a decomposição de conceitos legais, via interpretação administrativa;[30] e (iv) ora o desenvolvimento do conteúdo material da lei, em vista de parâmetros normativos suficientemente densos – "disposições programáticas" ou "diretrizes", referidas por Oswaldo Aranha Bandeira de Mello,[31] com alusão ao regulamento *inter legem*. Não se admitem regulamentos a disfarçar delegação legislativa inconstitucional. No Direito brasileiro não há regulamento autônomo, visto que, mesmo após a EC 32/2001, não se outorgou à Administração Pública a atribuição de inovação primária em situações jurídicas tuteladas pela ordem jurídica (art. 5º, II), no exercício de regulamentação.[32]

Constituição) (cf. DI PIETRO, Maria Sylvia Zanella. *Direito administrativo*. 34. ed. Rio de Janeiro: Forense, 2021. p. 105). Com efeito, é muito tênue assinalar diferenciação entre o regulamento executivo e regulamento delegado. Pode-se indicar a explicitação ou especificação de conteúdo material da disciplina normativa legal, como elemento relevante para apartar os dois conceitos.

29. Conferir: GROTTI, Dinorá Adelaide Musetti. A teoria dos conceitos jurídicos indeterminados e a discricionariedade técnica. *Revista de Direito da UFMS*, v. 1, p. 165-185, 2015.

30. BANDEIRA DE MELLO, Celso Antônio. *Curso de direito administrativo* cit., p. 277-303.

31. BANDEIRA DE MELLO, Osvaldo Aranha. *Princípios gerais de direito administrativo*. 3. ed. São Paulo: Malheiros, 2007. v. 1, p. 373.

32. Nesse sentido: CARVALHO FILHO, José dos Santos. *Manual de direito administrativo*. 35. ed. São Paulo: Atlas, 2021. p. 71.

Atribui-se à atividade de regulação independente, em favor de "agências reguladoras", no processo de *agencificação* vivenciado pelo Estado brasileiro pós-1990, a crescente admissibilidade de conteúdo normativo mais dilatado em favor do regulamento. No cenário contemporâneo, a atividade administrativa normativa encontra-se amplificada, sempre mantendo, todavia, a nota de "atividade subconstitucional e *sub legem*", como prelecionava Lúcia Valle Figueiredo.[33]

O estudo sistemático de potestades administrativas normativas mostra que o regulamento é uma das técnicas institucionalizadas de outorga de função emanadora de normas jurídicas gerais e abstratas, ao nível infralegislativo, em prol da Administração Pública. Ramificação de uma árvore, que historicamente só fortalece e espraia suas raízes ao longo dos anos, com a administrativização da vida social.

Fabrício Motta analisa a função normativa da Administração Pública, na qual a regulamentação desponta como categoria-espécie.[34] A doutrina segue investigando a reconfiguração do princípio da legalidade no Estado Constitucional.[35] Torna-se indiscutível a necessidade de submissão da potestade regulamentar ao escrutínio e controle judicial, como ressalta Vanessa Vieira de Mello.[36] Esta necessidade de controle se avoluma em face da crescente complexidade da competência regulamentar, com o reconhecimento de "regulamentos delegados" e "regulamentos independentes" no Direito brasileiro, consoante aborda José Carlos Francisco.[37]

---

33. FIGUEIREDO, Lúcia Valle. *Curso de direito administrativo*. 9. ed. São Paulo: Malheiros, 2008.

34. MOTTA, Fabrício. Regulamentos administrativos. *In*: DALLARI, Adílson Abreu; NASCIMENTO, Carlos Valder do; MARTINS, Ives Gandra da Silva. (Org.). *Tratado de direito administrativo*. São Paulo: Saraiva, 2013, v. 1, p. 110-165.

35. ESTEFAM, Felipe. *A configuração e reconfiguração do princípio da legalidade*. Rio de Janeiro: Lumen Juris, 2013.

36. MELLO, Vanessa Vieira de. *Regime jurídico da competência regulamentar*. São Paulo: Diatética, 2001.

37. FRANCISCO, José Carlos. *Função regulamentar e regulamentos*. Rio de Janeiro: Forense, 2009.

Ao formalizar uma "responsabilidade administrativa", a LIPJ abriu campo normativo propício à regulamentação, mas identificá-lo e analisá-lo perpassa variados questionamentos. Existe uma única referência a *regulamento* na lei, mas isso não desautoriza que tenha o alcance que autorize a ordem jurídica. O primeiro decreto federal promulgado veio à tona em 2015 (Decreto 8.420/2015), após diversas normas de hierarquia inferior. Em grande medida, a pluralidade de normas de caráter infrarregulamentar, produzidas após o Decreto citado, gerou a necessidade de condensação, o que é um dos grandes méritos do Decreto 11.129/2022.

É necessário fixar outra premissa doutrinária: independentemente do fundamento constitucional da LIPJ, supradiscutido, decreto federal na matéria só deflagra efeitos no âmbito da produção jurídica do Poder Executivo federal.

Tal como o anterior, o atual Decreto pressupõe a constitucionalidade da Lei 12.846/2013, ou seja, a admissibilidade do "novo" sistema de responsabilização anticorrupção nela plasmado, ensejando "responsabilidade administrativa" e "responsabilidade judicial". A Lei faz única e expressa referência a "regulamento" do Chefe do Poder Executivo federal, para efeito do art. 7º, VIII, e parágrafo único (parâmetros de avaliação dos denominados programas de integridade),[38] indicando que este complemento regulamentar extravasaria da órbita federal.

Não basta o propósito do legislador de instituir parâmetros uniformes de *compliance*, na aplicação da LIPJ, para tanto. Ao lado do *compliance,* existem na lei diversos fatores de dosimetria das sanções, concretizáveis na esfera "administrativa e judicial". É incontornável que o regulamento legalmente

38. "Art. 7º Serão levados em consideração na aplicação das sanções: [...] VIII – a existência de mecanismos e procedimentos internos de integridade, auditoria e incentivo à denúncia de irregularidades e a aplicação efetiva de códigos de ética e de conduta no âmbito da pessoa jurídica; [...] Parágrafo único. Os parâmetros de avaliação de mecanismos e procedimentos previstos no inciso VIII do *caput* serão estabelecidos em regulamento do Poder Executivo federal."

referido, em sendo do Presidente da República, só vincula a atividade administrativa ao nível da União Federal.

Se a "responsabilidade administrativa" estivesse respaldada em "poder de polícia administrativa" da União, é certo que a Lei 12.846/2013 teria de observar o princípio da autonomia administrativa dos entes federativos (art. 18 da CF), de modo que não haveria também justificação legítima para limitar qualquer regulamentação administrativa na matéria, em favor da Chefia do Poder Executivo da União.

Da mesma forma, se a "responsabilidade administrativa" gizada na Lei 12.846 tivesse fundamento no art. 23, I (competência material comum de proteção ao patrimônio público), haveria de serem examinadas as normais gerais nela contida, para efeito de observância obrigatória pelos demais entes federativos. Mesmo nesse caso, haveria também competência regulamentar exercitável nas demais esferas da Federação, já que, a título de regulamentar normas gerais, o Chefe do Poder Executivo da União não pode criar normas vinculativas para outros níveis da Federação.

Nas duas fundamentações supracitadas, não haveria como restringir o espaço regulamentar ao Poder Executivo federal. Caberia a cada ente federativo aprovar suas próprias normas regulamentares.

Vislumbrando-se na Lei 12.846/2013 matéria afeta à improbidade (art. 37, § 4º, da CF), há *normas nacionais*, regrando a "responsabilidade administrativa" nela preceituada, de modo que esta deve ser apurada, processada e julgada, conforme as suas disposições, cabendo cada entidade federativa exercer a potestade regulamentar, nos termos da Constituição Federal. De outro lado, devem ser consideradas *normas federais* aquelas que se voltam exclusivamente a regência da atividade de órgãos/entidades da Administração Federal.

Saliente-se que esse entendimento foi observado no bojo da LGIA, relativamente ao seu art. 13, que dispõe sobre a declaração de bens de agentes públicos, bem como no tocante à "sindicância patrimonial" (relacionada ao art. 9º, VII), tendo sido regulamentados pelo Decreto 978/93,[39] com eficácia ao âmbito orgânico do Poder Executivo federal e sua Administração direta e indireta.

Passando em revista a LIPJ, é indubitável que este diploma autoriza concluir, de modo favorável, em prol de habilitação de potestades regulamentares, em todos os aspectos destacados pela melhor doutrina.

De pronto, *aspectos procedimentais e organizatórios* exsurgem como matérias regulamentares principais, relacionadas ao cumprimento da lei, merecendo pontuação: art. 8º, § 1º – hipóteses de delegação da instauração do processo sancionador; art. 8º, § 2º – hipóteses de avocação da CGU de processos já instaurado, no âmbito do Poder Executivo federal; art. 10, *caput* – composição e funcionamento da Comissão que preside o processo administrativo; arts. 11 e 12 – rito procedimental que deverá ser aplicado ao processo administrativo, observados os prazos legais; art. 14 – rito procedimental que deverá ser aplicado ao processo de desconsideração da personalidade jurídica; art. 15 – rito procedimental que deverá ser aplicado à intimação do Ministério Público competente; art. 16 – rito procedimental que deverá ser aplicado à celebração de acordo de leniência, pela prática de atos lesivos tipificados na própria Lei; art. 17 – rito procedimental que deverá ser aplicado à celebração de acordo de leniência, pela prática de infrações administrativas, tipificadas e sancionadas na legislação licitatória; e art. 22 – rito procedimental para inscrição de sanções aplicadas e acordos de leniência celebrados no Cadastro Nacional de Empresas Punidas (doravante "CNEP').

Em segundo lugar, a regulamentação alcança significativos *aspectos pertinentes à averiguação ou operacionalização técnica*, a exemplo do art. 6º, I – conformação da base de cálculo da multa; art. 7º – parâmetros legais de agravamento ou atenuação na

39. Esse decreto foi revogado pelo Decreto 5.483/2005, já revogado pelo atual Decreto 10.571/2020 (em vigor).

aplicação das sanções; e art. 7º, VIII – parâmetros de avaliação de mecanismos e procedimentos de programa de integridade.

Em terceiro lugar, há possibilidade regulamentar em relevantes *aspectos concernentes à decomposição de conceitos legais*, como: art. 5º, V – conceito de "agências reguladoras" e de "órgãos de fiscalização do sistema financeiro nacional"; art. 6º, I – conceito de "tributos" e "vantagem auferida"; art. 7º, IX – conceito de "valor dos contratos"; art. 10, § 1º – conceito de "medidas judiciais"; art. 16, § 5º – conceito de "grupo econômico, de fato e de direito"; e art. 27 – conceito de "responsabilidade penal, civil e administrativa nos termos da legislação específica aplicável".

Last but not least, a regulamentação pode enveredar pela produção de *normas gerais e abstratas complementares* (conferindo maior previsibilidade), em relevantíssima temática, sob a inafastável proporcionalidade, no tocante à *(i)* dissecação de condutas ilícitas tipificadas (art. 5º), bem como na *(ii)* elucidação infralegal da métrica de proporcionalidade na fixação da sanção variável (art. 6º, I e II), nos termos prefigurados na moldura legislativa, da "responsabilidade administrativa". Na mesma linha, também em tese poderia a norma regulamentar ventilar *(iii)* parâmetros mais detalhados acerca da variação nos percentuais de redução, indicados no reconhecimento de benefícios em sede de acordos de leniência (art. 16, § 2º).

Em todos os casos, patente será a função de ato normativo *secundário*, regrando o exercício da discricionariedade e da vinculação, ao nível infralegal, vedada qualquer pretensão de inovação originária no ordenamento jurídico. O primeiro decreto regulamentador foi o Decreto 8.420/2015.

Desde o advento do Decreto 8.420/2015, foram promulgadas as seguintes normas que lhe eram formalmente inferiores, ao nível de escalão normativo: *(i)* Instrução Normativa CGU n. 01, de 07.04.2015, dispondo sobre metodologia para apuração do faturamento bruto e de tributos a serem excluídos, no cálculo da multa; *(ii)* Portaria CGU n. 909, de 07.04.2015, dispondo sobre a avaliação de programas de integridade; *(iii)*

Portaria CGU n. 910, de 07.04.2015, dispondo sobre procedimentos de responsabilidade administrativa e para celebração de acordo de leniência; *(iv)* Portaria Conjunta CGU n. 2.279, de 09.09.2015, versando sobre avaliação de programas de integridade de microempresa e de empresa de pequeno porte; *(v)* Portaria Interministerial CGU-AGU n. 2.278, de 15.12.2016, dispondo sobre procedimento de celebração de acordo de leniência na CGU e participação da AGU; *(vi)* Instrução Normativa CGU/AGU n. 2, de 16.05.2018, dispondo sobre metodologia do cálculo da multa administrativa, em Acordos de Leniência, na CGU; *(vii)* Instrução Normativa CGU n. 13, de 08.08.2019, versando sobre procedimento de apuração de responsabilidade administrativa (revogando a Portaria 910); e *(viii)* Portaria Conjunta CGU-AGU n. 4, de 23.09.2019, disciplinando procedimento de negociação, celebração e acompanhamento de acordos de leniência na CGU e AGU.

O Decreto 11.129/2022 mostra que seu conteúdo foi construído pelas normas já instituídas e aplicadas, no âmbito do Poder Executivo federal, sistematicamente reunidas e ordenadas, com o objetivo nítido de oferecer clareza e unidade sobre a normatividade infralegal, operando a revogação do Decreto anterior, e outras normas hierarquicamente inferiores incompatíveis.

A disciplina foi distribuída em sete capítulos: (i) Disposições Preliminares; (ii) Responsabilização administrativa; (iii) Sanções administrativas e encaminhamentos judiciais; (iv) Acordo de leniência; (v) Programa de Integridade; (vi) Cadastro Nacional de Empresas Inidôneas e suspensas (CEIS) e Cadastro Nacional de Empresas Punidas; e (vii) Disposições Finais. Para fins da presente análise, não serão abordados os três últimos segmentos do ato regulamentar.

4. Análise da nova regulamentação do Decreto 11.129/2022

A análise da nova regulamentação da LIPJ versada pelo Decreto deverá considerar o feixe de princípios constitucionais aplicáveis aos processos administrativos[40] sancionadores, incidentes na relação jurídico-processual sancionadora: devido processo legal, contraditório, ampla defesa, presunção de inocência, garantia da não autoimputação, inadmissibilidade de provas ilícitas, boa-fé,[41] imparcialidade, motivação, recorribilidade, definição *a priori* de competência sancionadora, probidade, eficiência (incluindo eficácia), economicidade, duração razoável do processo, *non bis in idem* processual e *non reformatio in pejus*.

Também não poderá descurar do rol de princípios materiais do DAS brasileiro: legalidade, tipicidade, eficiência, imputabilidade adequada (responsabilidade subjetiva ou objetiva), irretroatividade de norma mais gravosa, retroatividade de norma mais benigna (quando instituída em lei com justificação constitucional), proporcionalidade, razoabilidade, pessoalidade, prescritibilidade, e *non bis in idem* material.

Exigirá cuidadosa análise e compreensão do regime processual previsto na Lei 12.846/2013, com o reconhecimento da aplicação supletiva da Lei 9.784/99 (doravante Lei Geral de Processo Administrativo Federal – LGPA), na matéria.[42]

Para ensejar melhor aprofundamento teórico, e considerando a ordenação normativa estipulada pelo ato regulamentar, a abordagem enveredará por cada parcela do Decreto.

---

40. GROTTI, Dinorá Adelaide Musetti. Devido processo legal e o procedimento administrativo. *Revista dos Tribunais*, v. I, p. 1105-1119, 2012.

41. Conferir: NOBRE JÚNIOR, Edílson Pereira. *O princípio da boa-fé e sua aplicação no direito administrativo brasileiro*. Porto Alegre: Sérgio Antônio Fabris, 2002.

42. A relevância da Lei 9.784/1999 não passou despercebida de Edílson Nobre, para quem "vem, grosso modo e paulatinamente, legando bons resultados, tendo versado sobre aspectos relevantes, tais como o dos valores básicos do nosso direito administrativo, de sorte a transferir ao intérprete a constante tarefa de seu aprimoramento no cotidiano das relações jurídico-administrativas" (cf. PEREIRA JÚNIOR, Edílson Nobre. A Lei 9.784/99 e o procedimento administrativo: 20 anos de um paradigma. *Revista de Direito Administrativo e Infraestrutura*, v. 8, p. 148, jan./mar. 2019).

4.1 Disposições preliminares

O Decreto destina-se à regulamentação da LIPJ (art. 1º). Compreenda-se que sua força normativa está limitada à aplicação da Lei no âmbito da Administração Federal Direta e Indireta, da União. Não há como extravasar o âmbito institucional de aplicabilidade para outras instituições, Poderes e entes federativos. Regulamenta esta atividade administrativa, na prevenção e repressão de atos lesivos à administração nacional (leia-se, federal).

Em consonância com a Convenção de Mérida (arts. 2º e 16), a Lei 12.846 também tutela a "administração pública estrangeira", tal como definida no seu art. 5º, § 1º, abrangendo, por equiparação legal "as organizações públicas internacionais" (§ 2º). Esta responsabilização é assumida pela União Federal, no plano doméstico, em razão da sua condição de sujeito de Direito Internacional Público. Sobre esse aspecto, a LIPJ aperfeiçoa o sistema de improbidade até então restrito à tutela da "administração pública nacional".

O Decreto sistematiza os critérios que gizam a aplicação da LIPJ. Como regra geral de *territorialidade*, a prática de atos lesivos, no todo ou em parte, no território nacional (ou que nele produzam ou possam produzir seus efeitos) ensejará a responsabilidade legal, independentemente de tratar-se de PJ brasileira ou estrangeira, em sintonia com o art. 1º, parágrafo Único, da LIPJ.

O Decreto adota a extraterritorialidade em duas situações específicas: (i) atos lesivos à "administração pública estrangeira" praticados no exterior por PJ brasileira (art. 28 da LIPJ); (ii) atos lesivos à "administração pública nacional" praticados no exterior (seja por PJ brasileira ou estrangeira). Entende-se que esta última hipótese está agasalhada nos arts. 1º e 5º da LIPJ, na tutela assentada em favor da "administração pública nacional", legitimando o critério extraterritorial, inexistindo ofensa ao princípio da legalidade, colhendo base no art. 42 da Convenção de Mérida.[43]

Em ambos os casos, são situações que ensejam a competência exclusiva da União Federal, ensejando a responsabilização administrativa junto à CGU, conforme art. 9º da LIPJ, vez que os atos lesivos ocorrem no exterior, e seguir-se-ão as normas do Decreto.

Nas suas disposições iniciais, também se destaca o reconhecimento infralegal de que a "responsabilização administrativa" se perfaz seja pelo *processo administrativo de responsabilização* (PAR), seja pelo *acordo de leniência* (PAAL). O modo de disposição da matéria da LIPJ pode ensejar dúvida sobre o *status* do processo administrativo de acordo de leniência, como potestade consensualizada no seio do regime sancionador. O art. 2º do Decreto assinala a relevância deste proceder consensualizado, o que permite assinalar que, com o seu *status normativo*, o PAAL também é via institucional de sancionamento (art. 16 da LIPJ). Se o AL vier a ser descumprido, o ato jurídico deve ser executado, tal como pactuado, com as sanções e obrigações nele estabelecidas.

4.2 Responsabilização administrativa

O Decreto sistematiza a matéria em duas Seções, dispondo sobre: (i) investigação preliminar; e (ii) processo administrativo de responsabilização. Interessa registrar que todos os atos administrativos produzidos nesta seara extrajudicial poderão ser escrutinados no âmbito da ação cabível, nos termos do art. 19 da LIPJ. Como se trata de improbidade, este escrutínio judicial é total, na medida em que o sancionamento definitivo pelo cometimento de atos ímprobos está atribuído ao juízo competente (art. 37, § 4º, da CF).

---

43. "Art. 42. Jurisdição. [...] 2. Com sujeição ao disposto no art. 4 da presente Convenção, um Estado Parte também poderá estabelecer sua jurisdição para ter conhecimento de tais delitos quando: [...] d) o delito se cometa contra o Estado Parte."

4.2.1 Investigação preliminar

Nos termos do art. 3º do Decreto, a autoridade competente, tomando ciência de possível ocorrência de ato lesivo, deverá deliberar no sentido de: (i) instauração de investigação preliminar; (ii) indicação de instauração de PAR; ou (iii) arquivamento da matéria. Esta última medida serve à extinção de denúncias ou representações, cujas descrições não oferecem nenhum lastro de logicidade ou congruência sobre o suposto ato ilícito nelas tratado, inexistindo causa para deflagrar qualquer atividade sancionadora.

Investigação preliminar é processo vocacionado a elucidação de atos lesivos, em que há justa causa a sustentar reação sancionadora estatal. Antes do Decreto, estava prevista na IN CGU n. 13/2019.

A norma regulamentar é silente quanto à natureza processual da relação jurídica que se estabelece entre Administração Pública e responsáveis pelo ato lesivo investigado, quando se determina a investigação preliminar. Limita-se a dizer que será "sigilosa e não punitiva", e terá como finalidade "apuração de indícios de autoria e materialidade de atos lesivos" (§ 1º).[44]

Na IN CGU n. 13/2019, a investigação preliminar estava incluída no juízo de prévia admissibilidade (art. 8º), com instauração facultativa (art. 9º, II), estabelecida expressamente a imparcialidade dos membros da Comissão instituída (art. 11, § 1º). No Decreto, tornou-se de instauração obrigatória, para a obtenção de indícios de autoria e materialidade. Não há alusão à imparcialidade, que é referida em norma pertinente à Comissão do PAR (art. 5º, § 2º). O modelo alterado atende melhor à exigência de rito procedimental adequado, apenas com o necessário esclarecimento que a submissão do órgão condutor ao

44. Aplica-se o conceito legal de indícios, nos termos do CPP: "Art. 239. Considera-se indício a circunstância conhecida e provada, que, tendo relação com o fato, autorize, por indução, concluir-se a existência de outra ou outras circunstâncias".

dever de imparcialidade é um corolário da impessoalidade, e, portanto, não desapareceu do regramento do instituto.

O sigilo *supra* é uma imposição constitucional (art. 5º, V), já que o processo se limita a atos apuratórios, e reputa-se desproporcional submetê-lo ao regime da ampla e irrestrita publicidade, pela elevada possibilidade de prejuízos à imagem de pessoa física e/ou jurídica envolvidas. Ressalvada hipótese de comprometimento da atividade de investigação em andamento (*cf.* art. 23, VIII, da Lei 12.527/2011),[45] não se pode limitar o acesso de pessoa investigada a esse processo, mantendo imperativo o sigilo perante terceiros.

O caráter não punitivo deve-se à mesma razão finalística, pelo que atos apuratórios não são provimentos sancionadores, cuja produção jurídica exige devido processo legal, prévio contraditório e ampla defesa (art. 5º, LIV e LV). A investigação preliminar é conduzida, sem a garantia do prévio contraditório e ampla defesa, mas plenamente submetida aos demais princípios norteadores da Administração Pública.

A LIPJ não faz referência à investigação preliminar, mas tão somente ao "processo administrativo para apuração de responsabilidade" (arts. 8º a 15). Todavia, ao conformá-la, o Decreto atende diretamente aos princípios constitucionais da moralidade e da eficiência, bem como ao princípio da finalidade (inerente à legalidade), como vetores da ação administrativa (art. 37, *caput*), já que esta principiologia é comprometida quando se pretende instaurar processo administrativo sancionador, sem indícios razoáveis de autoria e de materialidade de prática ilícita.

O Decreto disciplina o órgão responsável pelo processamento da investigação preliminar. Atribui a "corregedoria da entidade ou unidade competente, na forma estabelecida em

45. "Art. 23. São consideradas imprescindíveis à segurança da sociedade ou do Estado e, portanto, passíveis de classificação as informações cuja divulgação ou acesso irrestrito possam: [...] VIII – comprometer atividades de inteligência, bem como de investigação ou fiscalização em andamento, relacionadas com a prevenção ou repressão de infrações."

regulamento" ou "por comissão composta por dois ou mais membros designados entre servidores efetivos ou empregados públicos" (§ 2º). Admite órgão simples ou colegiado. A LIPJ, quanto ao PAR, exige dois ou mais servidores estáveis (art. 10), donde compatível este dispositivo que não alude à estabilidade.

O Decreto igualmente consigna maior detalhamento de atos de instrução necessários ao atingimento do fim da investigação preliminar (art. 3º, § 3º). A Lei 12.846, em seu art. 10, § 2º, discrimina potestade acautelatória específica em favor da Comissão do PAR, indicando que a Administração Pública dispõe de amplas possibilidades de atuação instrutória, inclusive com fulcro na LGPA.[46]

Disso resulta válido o disposto no art. 3º, § 3º, do Decreto, que arrola: (i) proposta à autoridade instauradora da suspensão cautelar dos efeitos do ato ou do processo objeto da investigação;[47] (ii) atuação de especialistas, de órgãos e entidades públicos ou de outras organizações, para auxiliar na análise da matéria; (iii) informações bancárias sobre movimentação de recursos públicos;[48] (iv) compartilhamento de informações

46. "Art. 29. As atividades de instrução destinadas a averiguar e comprovar os dados necessários à tomada de decisão realizam-se de ofício ou mediante impulsão do órgão responsável pelo processo, sem prejuízo do direito dos interessados de propor atuações probatórias. § 1º O órgão competente para a instrução fará constar dos autos os dados necessários à decisão do processo. § 2º Os atos de instrução que exijam a atuação dos interessados devem realizar-se do modo menos oneroso para estes."

47. A suspensão de "processo ou ato" atingido por prática de corrupção constitui medida acautelatória, e deve observar o regramento administrativo específico na sua produção jurídica. Também deverá atender ao dever expresso de motivação, previsto no art. 50, VIII, da LGPA.

48. Registre relevante precedente do STF: "3. O sigilo de informações necessárias para a preservação da intimidade é relativizado quando se está diante do interesse da sociedade de se conhecer o destino dos recursos públicos. 4. Operações financeiras que envolvam recursos públicos não estão abrangidas pelo sigilo bancário a que alude a Lei Complementar n. 105/2001, visto que as operações dessa espécie estão submetidas aos princípios da administração pública insculpidos no art. 37 da Constituição Federal. Em tais situações, é prerrogativa constitucional do Tribunal [TCU] o acesso a informações relacionadas a operações financiadas com recursos públicos" (MS 33.340-DF, Rel. Min. Luiz Fux, 1ª Turma, por maioria, julgamento 26.05.2015, *DJe* de 03.08.2015)

tributárias da PJ investigada (art. 198, § 1º, II, do CTN);[49] (v) solicitação, ao órgão competente, das medidas judiciais necessárias para a investigação e para o processamento dos atos lesivos, no Brasil ou no exterior; (vi) solicitação de informações a pessoas físicas ou jurídicas, de direito público ou privado, nacionais ou estrangeiras, ou a organizações públicas internacionais.

O Decreto resguarda o dever administrativo de plena instrução da investigação preliminar, bem como o respeito de direitos e garantias fundamentais de PJ envolvida, destaque específico ao sigilo bancário e sigilo fiscal. Não é possível atuação administrativa em descompasso com a legislação específica de regência, sob pena de produção de ilicitude nos elementos indiciários reunidos.

O Decreto elevou o prazo de conclusão, de 60 (sessenta) para 180 (cento e oitenta) dias, admitindo prorrogação (art. 3º, § 4º), desde que devidamente fundamentada por ato da autoridade instauradora do processo. Com o novo figurino normativo, é razoável que se estabeleça esta ampliação de prazo, possibilitando a adoção de providências instrutórias regulares, voltadas ao adequado esclarecimento inicial da autoria e materialidade de atos lesivos.

Muito similar à ON 13/2019, a investigação preliminar finalizará com elaboração de relatório conclusivo (art. 3º, § 5º, do Decreto) sobre a "existência de indícios de autoria e materialidade", a ser remetido para autoridade competente para instauração do PAR. Não há mais previsão de que autoridade possa deliberar sobre "realização de novas diligências", devendo decidir, nos termos do art. 4º.

49. Código Tributário Nacional. "Art. 198. Sem prejuízo do disposto na legislação criminal, é vedada a divulgação, por parte da Fazenda Pública ou de seus servidores, de informação obtida em razão do ofício sobre a situação econômica ou financeira do sujeito passivo ou de terceiros e sobre a natureza e o estado de seus negócios ou atividades. § 1º Excetuam-se do disposto neste artigo, além dos casos previstos no art. 199, os seguintes: [...]; II – solicitações de autoridade administrativa no interesse da Administração Pública, desde que seja comprovada a instauração regular de processo administrativo, no órgão ou na entidade respectiva, com o objetivo de investigar o sujeito passivo a que se refere a informação, por prática de infração administrativa".

Observa-se que a investigação preliminar segue as fases gerais de processos administrativos (instauração, instrução, deliberação, comunicação e integração de eficácia).[50] Todavia, o Decreto nada fala sobre comunicação de PJ afetada pelo processo e possibilidade de recurso administrativo. Entende-se que são aplicáveis as normas gerais, contidas na LGPA, o que se coaduna com a garantia constitucional do devido processo legal.

4.2.2 Processo administrativo de responsabilização (PAR)

O Decreto também aperfeiçoou e atualizou as normas infralegais, no âmbito da Administração Pública Federal, inscritas no Decreto 8.420/2015 e IN CGU n. 13/2019, sobre o PAR.

O Decreto esclarece as fases do processo sancionador, que podem ser assim melhor retratadas; *(i) fase de instauração* (art. 4º e 5º); *(ii) fase de indiciação e defesa* (art. 6º); *(iii) fase de instrução* (art. 8º); *(iv) fase de elaboração do relatório final* (art. 11); *(v) fase de alegações finais* (art. 12); *(vi) fase de julgamento* (art. 13); *(vii) fase de recurso* (art. 15); *(viii) fase de execução.*

Fase de instauração. Quanto à competência de instauração do PAR, está no feixe de atribuições da autoridade máxima do órgão (na Administração Direta) ou da entidade (Administração Indireta) (art. 4º) Há possibilidade de delegação, vedada a subdelegação. O Decreto firma competência concorrente de instauração em favor da CGU (art. 17, I), arrolando condicionantes regulamentares (art. 17, § 1º), os mesmos para válida avocação.

O ato de instauração designará Comissão, esta composta por dois ou mais servidores estáveis (art. 5º, *caput*). Caso não haja quadro de servidores estatutários – o que ocorre sobretudo em PJ de direito privado, o Decreto resolve com a designação de "dois ou mais empregados permanentes, preferencialmente com, no mínimo, três anos de tempo de serviço na

50. Acolhe-se a proposta classificatória de Celso Antônio Bandeira de Mello.

entidade" (art. 5º, § 1º). Este regramento não consta do art. 10 da LIPJ, que, a seu turno, destoa da competência assinalada no seu art. 8º, que nele inclui entidades da Administração Pública Indireta, sabidamente sem quadros de servidores estatutários. Todavia, o Decreto claramente buscou uma simetria de *status* funcional, já que a estabilidade em cargos públicos efetivos é adquirida após três anos de efetivo exercício. Remanesce a crítica ao ventilado caráter preferencial. Entende-se que, na aplicação do Decreto, caberá à autoridade competente justificar objetivamente a situação concreta que autorize afastar a similitude perseguida.

Foram mantidas separadas as competências de instauração e julgamento (art. 4º), e de instrução, esta última reservada à Comissão (art. 5º). Essa dissociação é exigência do devido processo legal adjetivo, no DAS. A segregação viabiliza o exercício da atividade de instrução com "imparcialidade" e observância da legislação, regulamentos e orientações técnicas vigentes (art. 5º, § 2º). Esta forma de segregação de funções no processo sancionador habilita cada órgão exercer sua potestade, oferecendo condições de regular acompanhamento da formação da decisão final.

Não poderá haver igual composição das Comissões, que conduzirão a IP e o consequente PAR. O princípio da imparcialidade exige nova composição do Colegiado, de modo a preservar o exercício funcional independente na formação da convicção dos seus membros, como reflexo do devido processo legal adjetivo.

Diversamente da IP, o PAR submete-se ao princípio da publicidade, com a possibilidade excepcional de decretação de sigilo (art. 5º, § 3º). Aplica-se, sem modulação, o princípio constitucional a impor ampla transparência ativa e passiva da atividade administrativa (art. 37, *caput*, da CF), cumprindo a LIPJ, que só restringe a publicidade ao tratar de processo administrativo de acordos de leniência, e, mesmo assim, quando causar "prejuízo às investigações e ao processo administrativo" (art. 22, § 3º, da LIPJ), bem como observando a Lei 12.527/2011.

Em matéria de enfrentamento da corrupção, não haveria outra solução. Tratando de informação pública, a Convenção de Mérida exige dos Estados-partes "regulamentações que permitam ao público em geral obter, quando proceder, informação sobre a organização, o funcionamento e os processos de adoção de decisões de sua administração pública, com o devido respeito à proteção da intimidade e dos documentos pessoais" (art. 10, "a"). Sem a transparência de processos sancionadores, não há acesso público à atividade institucionalizada punitiva de práticas corruptivas, o que só fortalece a corrupção, e enfraquece as instituições públicas. Certamente que, mesmo decretado o sigilo na forma da lei, a PJ acusada permanece com o direito de acesso pleno aos autos administrativos.

Fase de indiciação e defesa. Como o PAR é antecedido de IP, que tem o objetivo de apurar os indícios de autoria e materialidade de atos lesivos, o Decreto determina que, após a regular instauração, ocorrerá a indiciação e intimação da PJ para apresentação de defesa escrita e especificação de provas (art. 6º). Este artigo impõe à Comissão a prévia "avaliação dos fatos", o que significa possibilidade excepcional de atos de instrução prévios aos provimentos lá previstos. É possível que o Colegiado identifique circunstância fática a merecer esclarecimento, considerando o conteúdo do ato de indiciação desenhado no art. 6º, § 2º. Mesmo sem reproduzir o art. 17, parágrafo único, da IN CGU n. 13/2019, não há como impedir a Comissão de buscar "novas provas antes de lavrar a nota de indiciação, caso julgue necessário".

O conteúdo da indiciação foi mantido: (i) descrição clara e objetiva do ato lesivo, o que implica descrição de suas circunstâncias relevantes; (ii) indicação das provas que sustentam a ocorrência do ato lesivo; e (iii) enquadramento legal do ato lesivo. O dispositivo atrai o dever de motivação tempestiva, clara, suficiente e congruente do provimento administrativo, e seu cumprimento é garantia de previsibilidade da pretensão administrativa acusatória, concretizando aspecto relevante do direito à ampla defesa. Em concursos de pessoas, a indiciação será balizada pela razoável individualização de condutas imputadas.

O Decreto assegura ampla possibilidade de defesa para a PJ processada (arts. 6º e 7º). Poderá "apresentar informações" e requerer provas. Caberá à Comissão avaliar e recusar provas reputadas "ilícitas, impertinentes, desnecessárias, protelatórias ou intempestivas" (art. 8º). Tudo em consonância não só com a LIPJ, mas também com a LGPA, que proclama a "garantia dos direitos à comunicação, à apresentação de alegações finais, à produção de provas e à interposição de recursos, nos processos de que possam resultar sanções e nas situações de litígio" (art. 2º, parágrafo único, X).

O Decreto preocupa-se com as formalidades da intimação, admitindo intimação por Edital cumulada com publicação em sítio eletrônico governamental (art. 6º, § 3º). Da mesma forma, agasalha situação de não resposta, preconizando os seus efeitos processuais administrativos (art. 6º, § 4º). Permitir a intimação não pessoal e reconhecer possibilidade de continuidade da tramitação processual, em situação de não oferta de defesa, são ambas medidas amparadas no dever de impulsionar o processo, atendendo à garantia constitucional da razoável duração do processo (art. 5º, LXXVIII, da CF) e ao princípio da eficiência (art. 37, *caput*, da CF) Nesta senda, segue o art. 7º, detalhando normas sobre intimações processuais.

Válido registrar que "o desatendimento da intimação não importa o reconhecimento da verdade dos fatos, nem a renúncia a direito pelo administrado" (art. 27 da LGPA). Todavia, no prosseguimento do processo, será garantido direito de ampla defesa ao interessado, a partir da sua intervenção nos autos (art. 6º, § 4º, do Decreto). Não se aplicará o efeito de revelia, de que trata o art. 344 do CPC no processo administrativo sancionador.

Essa disciplina atende à natureza repressiva do processo em curso, assegurando continuidade e preservando garantias fundamentais. Nele vigora a garantia constitucional do "direito ao silêncio" (art. 5º, LXIII, da CF) e da "presunção de inocência" (art. 5º, LVII, da CF), com as modulações próprias do DAS.

Fase de instrução. Em termos de processo administrativo, vigora a regra geral de que "as atividades de instrução destinadas a averiguar e comprovar os dados necessários à tomada de decisão realizam-se de ofício ou mediante impulsão do órgão responsável pelo processo, sem prejuízo do direito dos interessados de propor atuações probatórias" (art. 29 da LGPA). Tratando do processo sancionador, o cap. IV da LIPJ deixa ampla margem de aplicação supletiva da LGPA na matéria. Sobre a instrução, após a indiciação e citação, o devido processo legal assegura todos "os meios e recursos inerentes" à ampla defesa (art. 5º, LIV, CF). Disso resulta que somente provas ilícitas, impertinentes, desnecessárias, protelatórias ou intempestivas" possam ser recusadas pela Comissão do PAR (art. 8º do Decreto).

Havendo "provas novas" nessa fase processual, a tramitação seguirá para: (i) preliminarmente, nova avaliação administrativa sobre a indiciação nos autos; neste caso, se houver "nova indiciação ou indiciação complementar", o Decreto determina reabertura de prazo para nova defesa (art. 8º, § 1º, II); e (ii) feita a reavaliação da imputação, e não havendo alteração no indiciamento, o Decreto determina a intimação para a pessoa processada se manifestar sobre os novos elementos de prova (art. 8º, § 1º, I).

Também será ao longo da fase de instrução pós-defesa que a PJ processada deve carrear aos autos os elementos de provas necessários para verificação de circunstâncias legais favoráveis na dosimetria da sanção, incluindo informações e documentos relacionados com a existência e funcionamento do programa de integridade, conforme art. 6º, § 1º, do Decreto, que impõe seja a correlata avaliação, pela Comissão, realizada à luz dos parâmetros contidos em seus arts. 56 e 57.

Ao longo da instrução processual, o ordenamento administrativo distribui o ônus da prova. Conforme art. 36 da LGPA, cabe ao interessado a prova dos fatos que tenha alegado, sem prejuízo do dever atribuído ao órgão competente para a instrução.[51] A distribuição do ônus da prova no processo sancionador

51. Aplica-se igualmente ao processo administrativo, de que trata o Decreto, o disposto no art. 37 da LGPA, segundo o qual, no caso de o interessado declarar que fatos e

deve observar a garantia constitucional da presunção de inocência. De um lado, a atividade probatória da Comissão deve carrear aos autos a prova da autoria e materialidade, sob a égide da responsabilidade objetiva da PJ, plasmada no art. 2º da LIPJ. De outro lado, à defesa incumbirá a prova de suas alegações, visando excluir ou atenuar a responsabilidade.

Com a perspectiva da ampla defesa, "o interessado poderá, na fase instrutória e antes da tomada da decisão, juntar documentos e pareceres, requerer diligências e perícias, bem como aduzir alegações referentes à matéria objeto do processo", na dicção do art. 38 da LGPA. Também não há como refutar produção de prova testemunhal.

Para a instrução podem ser carreadas provas produzidas em outros processos administrativos ou judiciais, cíveis ou criminais, observando as exigências para o seu regular compartilhamento na origem, com submissão de todos os elementos probatórios ao contraditório. O que vale igualmente para elementos comprobatórios obtidos em acordos de leniência.

Fase de elaboração do relatório final. Uma vez finalizada a instrução, exsurge o dever da Comissão em elaborar "relatório final", cujo conteúdo está prefigurado pelo art. 10 do Decreto, exigindo relato dos fatos apurados e de eventual responsabilidade, de forma fundamentada, indicando: (i) sanções a serem aplicadas, com a indicação da dosimetria (ou o arquivamento do processo); (ii) remessa do relatório para instrução de processo específico de reparação de danos, caso instaurado; (iii) remessa do relatório à Advocacia-Geral da União, visando a "responsabilidade judicial" (art. 19 da LIPJ), "como retribuição complementar às do PAR ou para a prevenção de novos ilícitos"; (iv) remessa do processo ao Ministério Público, para os fins do art. 15 da LIPJ; (v) "condições necessárias para a concessão da reabilitação", conforme o caso.

---

dados estão registrados em documentos existentes na própria Administração responsável pelo processo ou em outro órgão administrativo, o órgão competente para a instrução proverá, de ofício, à obtenção dos documentos ou das respectivas cópias.

O art. 10 agasalha interpretação correta sobre o art. 13 da LIPJ, que se refere ao processo administrativo específico de apuração e deliberação sobre a responsabilidade civil decorrente de atos lesivos ao erário federal. Não se trata de *processo de tomadas de contas*, na órbita do exercício do controle interno ou externo. Uma vez ciente da prática de ato lesivo com prejuízo ao erário, o art. 13 impõe processo administrativo de ressarcimento de danos (PARD) visando o acertamento deste dever de reparação integral. Assim,o relatório final do PAR deve instruir o PARD, em curso.

O art. 10 titubeia sobre a obrigatoriedade da propositura de "ação de responsabilização judicial" (art. 21 da LIPJ), após o PAR. Referência à função de obtenção de "retribuições complementares" ou "prevenção de novos ilícitos" não estão impressas no regime legal,[52] segundo o qual esta ação "poderá" ser proposta pelas entidades lesadas e Ministério Público. Todavia, merece registro que não houve outorga de *discricionariedade de atuação* no art. 19 da LIPJ, em cujo bojo o "poderá" está lá pelas diversas possibilidades de sanções arroladas em seus incisos.

Anote-se que a responsabilização judicial é obrigatória, sendo que as sanções judiciais cabíveis serão aquelas reputadas aplicáveis e proporcionais, conforme o caso concreto. Caberá ao Poder Judiciário a avaliação plena da "responsabilidade administrativa" apurada no PAR e a concretização da "responsabilidade judicial". O resultado da primeira não vincula o MP e Juiz competentes, que têm as atribuições de aplicação da LIPJ em cada caso.

Estabelece o art. 15 da LIPJ que "a comissão designada para apuração da responsabilidade de PJ, após a conclusão do procedimento administrativo, dará conhecimento ao Ministério Público de sua existência, para apuração de eventuais

52. No DAS, as sanções desempenham múltiplas funcionalidades, preventivas, dissuasivas e repressivas. A preponderância do caráter dissuasório, em perspectiva prospectiva, é uma nota distintiva, em relação às penas do Direito Penal, que, acentuadamente, operam com caráter retributivo, sob o prisma retrospectivo.

delitos". À luz do art. 129, I e III, da CF, não se deve extrair que esse conhecimento sirva apenas à responsabilização criminal.[53] A legitimação ativa do art. 19 da LIPJ é concorrente, inspirada na indisponibilidade dos interesses públicos. Dadas as suas atribuições constitucionais, o MP competente poderá requisitar, em qualquer oportunidade, cópia de autos administrativos, em que se apurem e julguem práticas corruptivas, para as providências cabíveis, observando hipóteses legítimas de sigilo.

Por fim, o art. 10 reporta-se às condições de reabilitação, "quando cabível". No caso, este ato administrativo está disciplinado no art. 163 da LGLC. Neste sistema, prática de atos lesivos da LIPJ é considerada infração administrativa (art.155, XII). A reabilitação é legalmente condicionada aos seguintes pressupostos cumulativos: (i) reparação integral do dano causado à Administração Pública; (ii) pagamento da multa (prevista na LGLC);[54] (iii) transcurso do prazo mínimo de 3 (três) anos da aplicação da penalidade, no caso de declaração de inidoneidade; (iv) cumprimento das condições de reabilitação definidas no ato punitivo; (v) análise jurídica prévia, com posicionamento conclusivo quanto ao cumprimento dos requisitos definidos no art. 163. Em se tratando de fatos subsumidos à LIPJ, a LGLC exige, como condição de reabilitação, a implantação ou aperfeiçoamento de programa de integridade. Acentue-se que não há previsão de reabilitação na LIPJ, mas apenas na LGLC e, desse modo, somente é cabível para os efeitos desta última.

Da leitura conjunta da LIPJ, LGLC e Decreto, tem-se que à Comissão do PAR cabe sugerir "condições de reabilitação"

---

53. Em 06.08.2020, foi firmado Acordo de Cooperação Técnica entre CGU, AGU, MJSP, e TCU, "em matéria de combate à corrupção no Brasil, especialmente em relação aos acordos de leniência da Lei 12.846, de 2013". Do seu texto é possível extrair que caberá ao MP somente atuar no campo penal, no tocante a ilícitos delatados em acordos, o que merece a devida interpretação conforme a Constituição.

54. Em razão dos mesmos atos ilícitos, a aplicação cumulativa de multa da LIPJ e da multa da LGLC somente não revela inequívoco *bis in idem*, em razão de que são sanções impostas em sistemas de responsabilização distintos. No caso, o ordenamento exige observância do princípio da proporcionalidade, avaliando-se a "situação econômica do infrator" (art. 7º, VI, da LIPJ).

a serem definidas no ato punitivo, a serem apreciadas pela autoridade julgadora, incorporando-as no ato punitivo. Essas condições devem revelar adequação, necessidade e proporcionalidade na sua estipulação e execução, como formas de prevenção e dissuasão de práticas corruptivas, e devem ser primariamente definidas à luz das medidas preventivas já constantes em Convenções Internacionais contra a Corrupção (OCDE, OEA e ONU).

Fase de alegações finais. Como fase terminativa da instrução, o princípio da ampla defesa impõe a garantia de apresentação de alegações finais, que está prevista no art. 12 do Decreto (10 dias). Destaque dado à sua não previsão na LIPJ. Todavia, acompanhando evolução e ampliação do devido processo legal, este direito às alegações finais antes da decisão e merecedoras de serem nelas consideradas está amparado nos arts. 2º, parágrafo único e 3º, III, da LGPA. Na mesma trilha, possuem previsão no art.158, § 2º, da LGLC, no processo sancionador (15 dias úteis). Trata-se da última manifestação de defesa direcionada a influenciar o julgamento sobre as provas existentes e indicativas da inocência. Pontue-se que, como processo sancionador, vigora o *in dubio pro reo*.

Conforme o parágrafo único do art. 12, depois das alegações finais da defesa, a autoridade instauradora determinará à Corregedoria da entidade (ou à Unidade competente) que analise a regularidade e o mérito do PAR. Mesmo que não se trate de atribuição a cargo da Comissão, é certo que se emitirá derradeiro juízo administrativo sobre "legalidade e mérito" da proposta contida no Relatório, incluindo análise da defesa formalizada em memoriais, por órgão sem a função de julgar a pretensão punitiva. Entende-se que há possível violação ao contraditório, já que não há causa jurídica para essa manifestação na tramitação antecedente ao julgamento. Com essa "análise", alegações finais podem não cumprir sua finalidade legal, pois novos fundamentos dessa análise não terão se submetido ao contraditório.

Fase de julgamento. Está delineada pelos arts. 13 a 14 do Decreto. O julgamento deve ser precedido pela manifestação jurídica elaborada pelo órgão de assessoria jurídica competente. Na dicção da LIPJ, a aplicação das sanções do art. 6º será precedida da manifestação jurídica elaborada pela Advocacia Pública ou pelo órgão de assistência jurídica, ou equivalente, do ente público. O art. 13 da LIPJ não pode afastar esta apreciação de órgão de advocacia pública no processo administrativo sancionador, quando aparentemente atrela remessa de relatório ao órgão de julgamento e nada diz sobre assessoramento jurídico prévio deste último.

O Decreto repete a linguagem ambígua da LIPJ, quanto ao órgão institucionalmente encarregado dessa atribuição jurídica, dentro da Administração Direta e Indireta do Poder Executivo Federal. Os arts. 131 e 132 da CF deixam claro que atividades de consultoria e assessoramento do Poder Executivo estão nas mãos da advocacia pública, a ser regularmente organizada em lei. Trata-se de Instituição de Estado que exerce uma função essencial à justiça.

O Relatório tem caráter obrigatório e não vinculativo. De fato, o art. 12 da LIPJ não limita a potestade de julgamento aos termos do relatório, o que legitima o parágrafo único do art. 13 do Decreto, que admite decisão administrativa contrária ao relatório, desde que "fundamentada com base nas provas produzidas no PAR". A conclusão do Colegiado deve ser contrária à prova dos autos, sob pena de esvaziamento da garantia da apreciação imparcial dos fatos.[55] Do mesmo modo, o parecer da advocacia pública é obrigatório e não vinculativo, nos termos do art. 42, § 2º, da LGPA. É inquestionável que decisão com conteúdo sancionador diverso deve ter ampla fundamentação de fato e de direito, sob pena de arbitrariedade.

---

55. A previsão é nitidamente inspirada na Lei 8.112/1990: "Art. 168. O julgamento acatará o relatório da comissão, salvo quando contrário às provas dos autos. Parágrafo único. Quando o relatório da comissão contrariar as provas dos autos, a autoridade julgadora poderá, motivadamente, agravar a penalidade proposta, abrandá-la ou isentar o servidor de responsabilidade".

Quando proposta de condenação cede lugar à decisão absolutória, não haverá questionamentos sobre a observância do contraditório e da ampla defesa. Quando proposta de absolvição é afastada e firma-se o julgamento condenatório, deve o órgão julgador reabrir o contraditório, porque não raro se utilizará de fundamentos que não foram abrangidos pelo relatório submetido às alegações finais.

Cabe invocar a garantia própria do devido processo legal, atrelada à vedação de decisão-surpresa em harmonia com a presunção de inocência. No DAS, órgãos administrativos também não podem decidir, em qualquer instância administrativa, com base em fundamento a respeito do qual não se tenha dado aos interessados oportunidade de se manifestar, ainda que o processo se submeta ao impulso oficial e à obrigatoriedade do exercício da potestade sancionadora.[56]

Quanto à fundamentação do julgamento, aplica-se o art. 50, § 1º, da LGPA, pelo qual a motivação deve ser explícita, clara, suficiente e congruente, além de tempestiva. Em qualquer resultado, favorável ou desfavorável à defesa, exige-se tempestividade, logicidade, suficiência e congruência na enunciação dos motivos de fato e de direito, que sustentam a validade do ato sancionador.

Conforme o art. 14, a decisão administrativa proferida pela autoridade julgadora ao final do PAR será publicada no *DOU* e em sítio governamental "do órgão ou da entidade pública responsável pelo julgamento do PAR". Essa publicação tem caráter ordinário, e não deve ser confundida com a "publicação extraordinária" (art. 6º, II, da LIPJ) que tem caráter de sanção.

No âmbito federal, como a LIPJ contempla a avocação (no Poder Executivo federal, em favor da CGU), pode ocorrer julgamento de atos de improbidade lesivos a órgãos federais (diversos da CGU) e entidades da Administração Indireta e

---

56. CPC: "Art. 10. O juiz não pode decidir, em grau algum de jurisdição, com base em fundamento a respeito do qual não se tenha dado às partes oportunidade de se manifestar, ainda que se trate de matéria sobre a qual deva decidir de ofício".

julgamento do PAR a cargo da CGU. O princípio da publicidade exige publicização ampla, nos sítios governamentais do órgão/ente lesado e do órgão julgador, além da comunicação regular da decisão aos interessados (art. 7º do Decreto).

Sobre a intimação específica do julgamento condenatório, há possível contradição entre o Decreto e a LGPA, visto que não há tratamento legal específico na LIPJ. De fato, o art. 28 da LGPA, incluído no capítulo sobre comunicação de atos, expressamente trata do dever de intimação em caso de atos sancionatórios (art. 28). Nesse regime geral, a regra é adotar os meios previstos em lei, incluindo qualquer "meio que assegure a certeza da ciência do interessado" (art. 27, § 1º). Todavia, "no caso de interessados indeterminados, desconhecidos ou com domicílio indefinido, a intimação deve ser efetuada por meio de publicação oficial", completa o art. 27, § 2º, da LGPA. No campo regulamentar da LIPJ, no Decreto somente há previsão de publicação por edital no art. 6º, na fase de defesa.

A LGPA contém normas gerais. Inexistindo dispositivo legal em contrário, deverão ser observados os seus comandos. De modo que decisão administrativa condenatória, em situação processual colhida no art. 6º, § 4º, do Decreto deve ser publicizada nos termos do art. 6º, § 3º, em razão do regime geral ou comum.

Fase de recurso. Em seu art. 15, o Decreto disciplina, a título recursal, pedido de reconsideração com efeito suspensivo, com prazo de 10 dias. Se não interposto, a PJ sancionadora terá o prazo de 30 dias para cumprimento do ato sancionatório. Se interposto, o Decreto assegura prazo de 30 dias, para autoridade julgadora. Tomada a segunda decisão, abre-se novo prazo de 30 dias, para cumprimento do ato sancionatório, confirmado ou alterado, conforme o caso.

A LIPJ não trata do recurso administrativo manejável em face de sanções administrativas. Logo, a aplicação do Decreto exige harmonia com os comandos da LGPA, que dispõe sobre normas gerais de recursos administrativos. A ampla recorribilidade está presente nos processos sancionadores. Não basta prever pedidos de reconsideração.

Veja-se que, tal como perfilhado na LIPJ, o processo administrativo sancionador tramita em instância única (art. 8º), incluindo quando é instaurado em entidade da Administração Indireta. Entende-se que, inexistindo disposição específica na LIPJ, a temática deve ser regulada pela LGPA, o que exige possibilidade recursal, em máximo de três instâncias (art. 57 da LGPA). Assim, atos administrativos produzidos pelo órgão máximo de entidades governamentais podem ser revisados pelo órgão máximo da Administração Direta, a que estão vinculados.[57] Do mesmo modo, dessa decisão recursal, cabe também outra pretensão recursal posterior à Presidência da República. Isso não prejudica o pedido de reconsideração, previsto no art. 15 do Decreto, que deve ser aplicado em sintonia com o art. 56, § 1º, da LGPA.[58]

A legitimidade recursal no processo sancionador deve seguir o catálogo amplo do art. 58 da LGPA. Em termos de prazos de interposição e apreciação, o Decreto está harmônico com o art. 59 da LGPA, tendo o Decreto não contemplado possível prorrogação de prazo de julgamento.

Como não há disposição legal em contrário, o recurso não tem efeito suspensivo (art. 61 da LGPA). No Decreto, ao pedido de reconsideração foi atribuído efeito suspensivo,[59] o que conflita em tese com as normas gerais, afetando a executividade do ato sancionador, ressalvada interpretação conforme ao art. 61, parágrafo Único, da LGPA, que torna legítimo efeito suspensivo no caso de "justo receio de prejuízo de difícil ou incerta reparação decorrente da execução".

---

57. Nessas hipóteses, deveria ser instituído recurso administrativo no PAR, tendo como autoridade julgadora o Ministro da CGU.

58. "Art. 56. Das decisões administrativas cabe recurso, em face de razões de legalidade e de mérito. § 1º O recurso será dirigido à autoridade que proferiu a decisão, a qual, se não a reconsiderar no prazo de cinco dias, o encaminhará à autoridade superior."

59. A concessão de efeito suspensivo, pelo ato regulamentar, não retirar o dever da autoridade julgadora de apreciação a postulação recursal, dentro das singularidades do caso concreto.

A LGPA assegura o direito de intimação dos demais interessados, pela autoridade competente, para que, no prazo de 5 dias úteis, apresentem alegações (art. 62). Trata-se de desdobramento do devido processo legal administrativo. Aplicam-se no processo sancionador do Decreto as hipóteses de inadmissibilidade recursal, conforme o art. 63 da LGPA.

A LGPA imprime ampla possibilidade de reforma à autoridade julgadora do recurso (art. 64). Entende-se que, entre os conteúdos legalmente habilitados, não é constitucionalmente admitida a *reformatio in pejus*, que ocorre no agravamento das sanções impostas ao recorrente, dentro das balizas legais, por ocasião do exercício da competência revisional.[60] Confirmar, modificar (exceto para agravar) e anular são possibilidades legítimas, na apreciação recursal.[61]

Fase de execução. Recorde-se que a "responsabilização administrativa" na LIPJ resulta na imposição de multa e/ou publicação extraordinária da decisão condenatória, nos termos do seu art. 6º. Em ambos os casos, constituindo provimentos administrativos, estes são dotados de presunção de veracidade e de legitimidade, imperatividade e executividade, mas se lhes nega o atributo da autoexecutoriedade.[62]

A LIPJ nada dispõe sobre a forma de execução dos provimentos sancionatórios. Com igual silêncio, a própria LGPA

60. "Art. 64. O órgão competente para decidir o recurso poderá confirmar, modificar, anular ou revogar, total ou parcialmente, a decisão recorrida, se a matéria for de sua competência. Parágrafo único. Se da aplicação do disposto neste artigo puder decorrer gravame à situação do recorrente, este deverá ser cientificado para que formule suas alegações antes da decisão. Esta parte final, admitindo *reformatio in pejus*, suavizada com prévia intimação da parte para manifestação antes da decisão do recurso, é inconstitucional, já que implicará violação da esfera jurídica do recorrente que manejou pretensão recursal em seu benefício. Entendimento diverso, viola o devido processo legal, e incentiva o cometimento de arbitrariedades no plano recursal."

61. Admite-se, em caráter excepcional, *reformatio in pejus*, se houver pretensão recursal de terceiros no processo administrativo, direcionada ao agravamento de sanção. Nesse caso, despontará a relevância do direito às contrarrazões, pela PJ sancionada.

62. O DAS brasileiro adota, como regra, a executividade judicial de multas punitivas, aplicadas pela Administração Pública. Exceção encontra-se no regime geral de contratos administrativos (art. 156, § 8º, da nova LGLC).

nada disciplina em termos de execução de decisão administrativa final, no terreno do processo administrativo.

Em vista disso, o Decreto trata da cobrança da multa aplicada, em seu art. 29. Fixa-se o prazo de 30 dias para seu integral recolhimento, seguido de comprovação do pagamento junto ao órgão ou entidade que aplicou a sanção. Constatado o não pagamento no prazo, estabelece o encaminhamento do débito para inscrição em Dívida Ativa da União (ou das autarquias e fundações públicas federais). Não se aplicando a inscrição em Dívida Ativa, o valor será cobrado em juízo, independentemente de prévia inscrição.

Em seu art. 24, a LIPJ estipula que a multa será destinada preferencialmente aos órgãos ou entidades públicas lesadas. Por sua vez, o Decreto não trata do destino de multa aplicável em sede de PAR. Todavia, o art. 29 prescreve que a multa, quando aplicada pela CGU em sede de acordo de leniência, deverá ser destinada à União, e o valor recolhido ao Tesouro Nacional.

Tal comando não deve incidir sobre multa em PAR, que deve verter em prol do ente público ou governamental lesado. É certo que a LIPJ admite exceção nesta destinação, na expressão "preferencialmente". Todavia, caberia ao Decreto o desdobramento objetivo das situações fáticas, conferindo maior detalhamento ao uso da margem de decisão na destinação, o que não é observado no Decreto.

4.2.3 Sanções administrativas

Disposições gerais. Em seu capítulo IV, o Decreto formula normas regulamentares sobre as sanções administrativas, reproduzindo no seu art. 19 aquelas tipificadas no art. 6º da LIPJ. Estabelece que, no caso de atos ilícitos que sejam tipificados como infração administrativa na LGLC, o PAR também pode redundar na aplicação de "sanções administrativas que tenham como efeito a restrição ao direito de participar em licitações ou de celebrar contratos com a administração pública" (art. 19, parágrafo único). Guiada pela sua literalidade, a interpretação conduz as sanções tipificadas no art. 156, III e IV, da LGLC (impedimento de licitar e contratar e declaração de inidoneidade para licitar ou contratar), que encontram tipificações assemelhadas em outras normas gerais nacionais.[63]

Entre os atos lesivos tipificados na LIPJ, encontram-se rol específico relacionado com licitações e contratos (art. 5º, IV). Esta lei não desconhece a responsabilização administrativa própria das normas nacionais, com fulcro no art. 22, XXVII, da CF. Conforme seu art. 30, II, as sanções da LIPJ não afetam outras aplicáveis aos mesmos fatos ilícitos, nos termos das normas gerais nacionais. Este panorama cria o problema da aplicação concomitante da LIPJ e LGLC (ou outras normas gerais).

Esse problema foi alvo da LGLC, em 2021. A relação entre os sistemas de responsabilização administrativa da LIPJ e da LGLC foi objeto da Lei 14.133/2021, cujo art. 159 expressamente estipula que ilícitos enquadrados como infrações na LGLC (ou em outras leis de licitações e contratos), igualmente tipificáveis como atos lesivos na LIPJ, "serão apurados e julgados conjuntamente, nos mesmos autos, observados o rito procedimental e a autoridade competente", definidos nesta última. Não havia e não há dispositivo similar na LIPJ, cujo art. 16 trata de acordo de leniência, apenas para o fim de concessão de benefícios legais (no âmbito da LIPJ e LGLC), e cujo art. 30, II, expressamente distingue as instâncias sancionadoras.

O art. 16 do Decreto conflita com o art. 159 da LGLC, já que o primeiro acolhe a possibilidade da existência de "autoridades distintas competentes", assegurando "precedência" ao "julgamento pelo Ministro de Estado competente", no bojo do PAR, no qual se processam apuração e julgamento dos fatos ilícitos.

63. O art. 19 faz referência a infrações a "outras normas de licitações e contratos da administração pública", o que reconduz a infrações e sanções atinentes à Lei 8.666/1993, Lei 10.520/2002, Lei 12.232/2010, Lei 12.462/2011, Lei 13.019/2014 e Lei 13.303/2016. As normas gerais sobre concessões (Lei 8.987/1995, Lei 9.074/1995 e Lei 11.079/2004) não tipificam sanções com o conteúdo indicado no art. 19 do Decreto.

A norma geral refere-se à apuração de julgamento por *única autoridade*, definida pela LIPJ. Descabe norma regulamentar afetar ou dividir potestade fixada em norma legal superior, na LGLC. Se comprovada prática de ato lesivo, a autoridade competente estará habilitada a decidir e sancionar. Não há precedência a ser observada, vez que a LGLC resolve o problema, em favor da autoridade no campo aplicativo da LIPJ.

O art. 16, § 2º, do Decreto estipula o dever de comunicação de infrações da LGLC, quando subsumidos ao seu art.155, IX, à autoridade competente definida pela LIPJ. Correta a providência regulamentar, já que caberá a esta autoridade debruçar-se sobre os fatos cientificados. Inexistente possibilidade de subsunção na LIPJ, em resposta, segue-se aplicação regular do regime geral da LGLC.

Registre-se que o art. 159 não resolve o problema constitucional sobre possível *bis in idem*, na responsabilização administrativa, fundada no art. 5º, IV, da LIPJ, à luz do modelo administrativo sancionador da LGLC. Tomada como "responsabilidade administrativa", é incontestável a ocorrência de *bis in idem*. Esta violação constitucional não ocorrerá se reconhecido o fundamento constitucional da LIPJ no art. 37, § 4º, da CF, revelando que o sistema de "responsabilidade administrativa" da LIPJ está em campo sancionador institucionalizado distinto.

Base de cálculo da multa. Tipificada no art. 6º, I, da LIPJ, a multa será fixada no valor de 0,1% a 20% do "faturamento bruto do último exercício anterior ao da instauração do processo administrativo, excluídos os tributos" (*base de cálculo legal primária*). Dela tratam os art. 20 a 27 do Decreto.

O Decreto inova em agasalhar a metodologia de aplicação da base de cálculo ordinária da multa, em seu art. 20, § 1º, seja para PJ com fins lucrativos (incs. I, II e III), seja para PJ sem fins lucrativos (inc. IV). Para tanto, permite compartilhamento de informações tributárias (nos termos do CTN), agasalha informações a partir de registros contábeis da PJ acusada, admite estimativa da base de cálculo, e, ainda, esclarece como se realizará o cálculo no caso de PJ sem fins lucrativos.

O Decreto ora se reporta a situações de prática de ato lesivo imputável a uma PJ isolada, ora trata de situação específica envolvendo PJs acusadas e integrantes de um mesmo grupo econômico.[64] Impõe "consolidação de faturamentos brutos", no caso de prática de atos lesivos imputados a todas as PJs integrantes do grupo. A *contrario sensu*, limita a somatória, quando a imputação ocorrer em detrimento de PJs específicas.

Nos termos do art. 6º, § 4º, da LIPJ, caso não seja possível utilizar o critério do valor do faturamento bruto da PJ, a multa será de R$ 6.000,00 a R$ 60.000.000,00 (*base de cálculo legal secundária*). Interpreta o art. 21 do Decreto que somente será aplicada esta regra depois de averiguação do "valor do último faturamento bruto apurado pela PJ, excluídos os tributos incidentes sobre vendas", o qual deve sofrer atualização "até o último dia do exercício anterior ao da instauração do PAR". Caso inviável esta avaliação, então será aplicada a *base de cálculo legal secundária*.

Correta a complementação regulamentar, já que não raro pode não haver último faturamento do exercício anterior ao PAR, mas existir faturamento anterior outro, que pode e deve ser utilizado. Veja-se que a norma torna possível o uso do critério legal (valor do faturamento bruto), e, portanto, não promove inovação no regramento sancionador. A utilização do faturamento é dado objetivo que vincula a sanção patrimonial (devida pela prática de corrupção) à atividade econômica da PJ, aperfeiçoando o seu fim dissuasório.

---

64. A LIPJ refere-se a grupo econômico, tratando de acordo de leniência, em seu art. 16, § 5º, pelo qual "os efeitos do acordo de leniência serão estendidos às pessoas jurídicas que integram o mesmo grupo econômico, de fato e de direito, desde que firmem o acordo em conjunto, respeitadas as condições nele estabelecidas". Não há definição legal do conceito de grupo econômico. Do ponto de vista lógico, atos lesivos podem ocorrer: (i) por atuação isolada de PJ, em favor (i.1) dela própria, (i.2) de outra(s) empresa(s) do Grupo, e/ou (i.3) do grupo a que pertence; (ii) por atuação conjunta de PJ e outras PJs do mesmo grupo, em favor (ii.1) delas próprias, (ii.2) de outra(s) empresa(s) do Grupo e/ou (ii.3) do grupo a que pertencem. No caso de acordo de leniência, o grupo de PJs somente poderá ser beneficiado se as PJs componentes todas assinarem o Acordo de Leniência, o que pressupõe possibilidade de celebração com uma ou mais empresas do Grupo, conforme o caso concreto.

Por razões de legalidade, moralidade, impessoalidade e eficiência, é imperativo que a lei estabeleça fatores mínimos de dosimetria das sanções no DAS. No caso da LIPJ, assim estipula o art. 7º: (i) a gravidade da infração; (ii) a vantagem auferida ou pretendida pelo infrator; (iii) a consumação ou não da infração; (iv) o grau de lesão ou perigo de lesão; (v) o efeito negativo produzido pela infração; (vi) a situação econômica do infrator; (vii) a cooperação da PJ para a apuração das infrações; (viii) a existência e/ou efetividade de programas de integridade anticorrupção; (ix) o valor dos contratos mantidos pela PJ com órgão/entidade lesados.

Cabe pontuar que o art. 17-C da LGIA (inserido pela Lei 14.230/2021) também traz disposições atinentes a fatores de dosimetria.[65] Merecem consideração: a extensão do dano causado; proveito material obtido por agente público, a atuação da PJ em minorar os prejuízos e as consequências advindas de sua conduta omissiva ou comissiva, e antecedentes. Também no art. 12 da LGIA, o § 3º prescreve que "na responsabilização da pessoa jurídica, deverão ser considerados os efeitos econômicos e sociais das sanções, de modo a viabilizar a manutenção de suas atividades". Efeitos econômicos já são valorados na situação econômica do infrator. "Efeitos sociais" carecem de densificação normativa.

Trata-se de conceitos jurídicos indeterminados, exigindo valoração pela Comissão e autoridade julgadora, reverberando em exercício de discricionariedade, abrindo campo relevante de detalhamento regulamentar na matéria. Não apenas sobre como cada fator interfere no cálculo geral (percentagens), mas o próprio significado normativo de cada fator, com

65. "Art. 17-C. A sentença proferida nos processos a que se refere esta Lei deverá, além de observar o disposto no art. 489 da Lei 13.105, de 16 de março de 2015 (Código de Processo Civil): [...] IV – considerar, para a aplicação das sanções, de forma isolada ou cumulativa: a) os princípios da proporcionalidade e da razoabilidade; b) a natureza, a gravidade e o impacto da infração cometida; c) a extensão do dano causado; d) o proveito patrimonial obtido pelo agente; e) as circunstâncias agravantes ou atenuantes; f) a atuação do agente em minorar os prejuízos e as consequências advindas de sua conduta omissiva ou comissiva; g) os antecedentes do agente."

vistas a oferecer maior objetividade na fixação, e, logo, previsibilidade e imparcialidade na aplicação da LIPJ. Certamente que o quadro regulamentar não deve atingir situação em que se engessa a reação sancionatória patrimonial, permitindo inclusive precificação do seu *quantum*, possibilitando fixação de conteúdo adequado aos casos concretos.

Metodologia do cálculo da multa. Reproduzindo a metodologia do Decreto anterior, os arts. 22 a 26 do Decreto trouxe algumas inovações. Em síntese, apuram-se coeficientes de fatores favoráveis à PJ acusada (art. 22); em sequência, levantam-se os coeficientes de fatores desfavoráveis (art. 23); o resultado do valor final da multa à luz das circunstâncias do caso (arts. 24 e 25), por fim, é contrastado com teto mínimo e teto máximo, com destaque ao conceito legal de "vantagem auferida ou pretendida" (art. 26) e à redução prevista na celebração de acordo de leniência (art. 27), ambos referidos na LIPJ.

Comparando-se anterior e novo regimes, a distribuição de percentuais (redução ou acréscimo) e elenco de circunstâncias desfavoráveis foram alterados, ressaltando-se: (i) a eliminação da "continuidade dos atos lesivos no tempo"; (ii) a inclusão de "concurso de atos lesivos"; (iii) a inclusão de "descumprimento de requisitos regulatórios"; (iv) a inclusão de faixa de contratos até R$ 500.000,00 com percentual próprio; (v) a exclusão de faixa de contratos acima de R$ 1 bilhão com percentagem própria. Entende-se que as circunstâncias ora encartadas no art. 22 do Decreto estão na margem de valoração deixada pelo art. 7º da LIPJ, mas podem e devem ser objeto de contínua avaliação regulamentar.

No caso de circunstâncias favoráveis – cuja somatória implicará possível redução de até 10% –, também houve alteração de percentagens e arrolamento, enfatizando-se: (i) eliminação da "comunicação espontânea" pela PJ da ocorrência do ato lesivo antes da instauração do PAR; (ii) inclusão de "devolução espontânea" pela PJ da vantagem auferida; (iii) inclusão da "inexistência ou falta de comprovação de vantagem auferida e de danos resultantes do ato lesivo"; (iv) inclusão da "admissão voluntária pela PJ da responsabilidade objetiva" decorrente do ato lesivo; (v) elevação para 5% na comprovação sobre existência e aplicação de programa de integridade anticorrupção.[66]

O Decreto também inova indicando circunstâncias complementares, no tocante aos inc. II, IV e V, as quais, restando configuradas no caso concreto, implicará no *direito público subjetivo* da PJ ao correlato percentual máximo no cálculo (art. 23, parágrafo único).

De um lado, o Decreto indica o teto mínimo da multa, em aderência ao art. 6º, I e seu § 4º (valor da vantagem auferida/R$ 6.000,00/0,1% do valor do faturamento). De outro lado, respeita os limites legais também colhidos no mesmo dispositivo, mas inclui a quantia correspondente a "três vezes o valor da vantagem pretendida ou auferida" (o que for maior entre os dois valores), no exame do teto máximo, conforme o art. 25 do Decreto.

Definição de vantagem auferida (ou pretendida). A comparação entre velho e novo regime mostra que houve aperfeiçoamento desta definição legal, constante ora no art. 26 do Decreto, segundo o qual o valor da vantagem auferida ou pretendida corresponde ao equivalente monetário do produto do ilícito, correspondendo aos proveitos obtidos ou pretendidos pela PJ em decorrência direta ou indireta da prática do ato lesivo. São estabelecidas metodologias de estimação desta vantagem.

Impor multa baseada, no mínimo, no valor do "produto do ilícito" é medida condizente com a LIPJ, e Convenções Internacionais Anticorrupção. Uma PJ envolvida com práticas de corrupção deve ter prévia ciência de que não logrará manter qualquer proveito (direto ou indireto) da prática ilícita.

---

66. Esse baixo percentual aplicado ao fator atrelado aos programas de integridades acaba por comprometer o mecanismo legal de incentivo à sua adoção e efetiva implementação pelas PJ destinatárias da norma. Na medida em que o cumprimento das exigências de *compliance* não é causa excludente de responsabilidade, entende-se que o coeficiente a ser empregado na dosimetria deve ser elevado, com a garantia de avaliações amplas, minudentes e objetivas dos "programas de integridade", em cada caso, à luz dos componentes já preordenados no ato regulamentar.

Em primeiro lugar, tratando-se de práticas corruptivas, relacionados com celebração e execução de contratos administrativos (e seus aditivos), estima-se pelo valor total da receita contratual auferida, deduzidos custos efetivamente atribuíveis ao objeto contratado, regularmente demonstrados. Essa forma de estimativa é relevante para atos lesivos tipificados no art. 5º, IV, da LIPJ. A dedução referida deriva da vedação ao enriquecimento ilícito do ente público ou governamental, já que, em havendo prestações contratuais efetivas, não pode ignorar os seus correlatos custos.

Em segundo lugar, tratando-se de práticas corruptivas atreladas a outras atividades administrativas, em que se revela viável estimar custos evitados (como proveito da corrupção), inclusive no campo de atividade tributária ou regulatória, será pelo valor total de despesas ou custos evitados.

Em terceiro lugar, estima-se pelo valor do lucro adicional auferido pela PJ decorrente de ação ou omissão na prática de ato do Poder Público "que não ocorreria sem a prática do ato lesivo", ou seja, que revela nexo de causalidade com a prática corruptiva imputada. Tal como o anterior, buscar lucros adicionais gerados por determinada prática corruptiva também oferece base objetiva de estabelecer o seu proveito.

Estas últimas formas de estimativa são relevantes para atos lesivos tipificados no art. 5º, I ao III. Exigem, no entanto, constante detalhamento e aperfeiçoamento metodológico, dada a rica e complexa variedade tipológica.

Válido registrar que, nos termos do art. 19, I, haverá em sede judicial perdimento de bens "que representem vantagem ou proveito direta ou indiretamente obtidos da infração, ressalvado o direito do lesado ou de terceiro de boa-fé". Correto o Decreto ao interpretar a "vantagem auferida" (art. 6º, I), com o significado de vantagem auferida "ou pretendida", conforme a dicção do art. 7º, II, ambos da LIPJ, já que sobre ambos pode incidir estimativa. O relevante é alicerçar a objetividade na metodologia da estimação, e as definições regulamentares o fazem, adequando-se ao amplo conteúdo da sanção citada.

Pontue-se que "vantagem auferida" pela PJ infratora no art. 6º, I, não é "vantagem indevida ofertada/dada" para agentes públicos (art. 5º, I) na LIPJ. Este é motivo pelo qual não se aplica nenhum redutor no valor de "vantagens auferidas ou pretendidas", relacionado com valor de "vantagens indevidas" endereçadas a agentes públicos (em nome próprio ou de terceiros), como expressa o art. 26, § 2º, do Decreto.

O valor indevidamente direcionado a agentes públicos para ação ou omissão, atinentes ao exercício de função pública, não há como estar vinculado a "vantagem auferida ou pretendida" para a PJ. Trata-se de enriquecimento ilícito de agente público, que também deve ser objeto de perdimento, conforme estipula o art. 12 da LGIA.[67]

Publicação extraordinária da decisão sancionadora. Relativamente a esta sanção, o art. 6º, II, da LIPJ traz mínima delimitação do conteúdo sancionador do ato. Trata-se de publicação na forma de extrato, a expensas da PJ, em meios de comunicação de grande circulação na área da prática da infração e de atuação da PJ ou, na sua falta, em publicação de circulação nacional, bem como por meio de afixação de edital, pelo *prazo mínimo* de 30 (trinta) dias, no próprio estabelecimento ou no local de exercício da atividade, de modo visível ao público, e no sítio eletrônico na rede mundial de computadores. A norma deixou de indicar *prazo máximo*.

O ato sancionador estipulará as condições específicas, observando o princípio da proporcionalidade, à luz dos fatores de dosimetria supratratados. Em caso de não cumprimento pela PJ responsabilizada, o Decreto sinaliza que será promovida a execução do ato, em juízo, a cargo da advocacia pública competente (art. 30).

---

67. O valor de propina ou suborno solicitado/recebido no crime de corrupção passiva (art. 317) ou oferecido/prometido no crime de corrupção ativa (art. 333) deve ser considerado produto de delito, sendo objeto de perda em favor da Administração Pública, conforme art. 91, II, "b", do CP.

Há, pois, evidente campo de regulamentação na fisionomia legal da publicação extraordinária. Há aspectos do conteúdo da norma passíveis de serem detalhados, para assegurar isonomia e segurança jurídica na sua aplicação. Entretanto, esta atribuição é privativa do Chefe do Poder Executivo (art. 84, IV, da CF). Não pode ser delegada em prol de seus auxiliares diretos (art. 84, parágrafo único, da CF).

Em seu art. 28, o Decreto limita-se a reproduzir o conteúdo legislado. Regulamentar não é meramente reproduzir o texto normativo superior. O art. 67 do Decreto atribui ao Ministro da CGU competência para editar orientações, normas e procedimentos complementares no que diz respeito a "forma e regras para o cumprimento da publicação extraordinária da decisão administrativa sancionadora". É necessário que Decreto estipule o regramento na matéria, sob pena de delegação ilegal da potestade regulamentar.

Enquanto não aperfeiçoada a regulamentação, seguirá a sanção aplicável conforme as circunstâncias de cada caso, no bojo do qual se fixarão prazo, "meios de comunicação de grande circulação", "publicação de circulação nacional" e "local de exercício da atividade", conceitos legais a exigir densificação.

4.2.4 Acordo de leniência

O acordo de leniência encontra-se disciplinado nos arts. 16 e 17 da LIPJ. Trata-se de *potestade consensualizada* inexistente no sistema de improbidade administrativa até o advento da Lei 12.846, vez que a Lei 8.429/92 tinha dispositivo que vedada transação, acordo ou conciliação no domínio da improbidade (art. 10, § 1º, ora revogado), alterado somente pela Lei 13.964/2019, com a previsão do acordo de não persecução cível.

Com a fisionomia e teologia conferidas por lei, o acordo de leniência é ato jurídico consensualmente formado pela união de vontades da Administração Pública competente e PJ envolvida com práticas corruptivas, servindo de meio para formalizar *colaboração substancial* entre as partes, na busca de aumentar a capacidade institucional de investigação e punição de ilícitos, tendo, como contrapartida, efeitos sancionatórios favoráveis no sistema de improbidade,[68] conforme possibilidades e limitações legais. Esse desenho legal atende ao compromisso do Brasil, indicado no art. 37 da Convenção de Mérida, pelo qual Estados-Partes devem fomentar "cooperação substancial na investigação ou no indiciamento dos delitos", com a previsão de "mitigação de pena", incluindo "imunidade judicial", em favor de pessoas que formalizem com os Estados esta relação jurídica singular.

Para alcançar ou realizar a sua finalidade legal, é necessário que se reconheça, à luz do art. 129, I e III, da CF, a legitimação ativa do MP na sua celebração autônoma, na esfera não penal. As condutas ilícitas de PJs tipificadas na LIPJ indicam prática de crime por pessoas físicas, de modo que, sem esta legitimação do MP a celebrar ou intervir em acordos de leniência, a cooperação substancial não raro se tornará inviável de ser dimensionada em sua efetividade.

Para lograr efetividade na proteção da PJ delatora, que se manifesta por ações e omissões de pessoas físicas, revela-se imprescindível que o instituto seja concebido em sintonia com os institutos penais de justiça negocial (delação premiada e colaboração premiada). Todavia, a LIPJ não trata destes aspectos essenciais da "cooperação substancial" na alavancagem investigatória e acusatória de práticas corruptivas, o que fomenta insegurança jurídica, relativa à deficiente previsibilidade legal dos efeitos do acordo.

O Decreto anterior regulamentou o instituto nos arts. 28 a 40,[69] encontrando-se a matéria regulamentada pelos arts. 32

68. Considerando que o acordo é moldado para incentivar a delação de ilícitos no campo da improbidade, a interpretação sistemática, sob a égide do art. 37, § 4º, fundamento da LGIA e LIPJ, autoriza concluir que o acordo pode assegurar benefícios na aplicação da LGIA, mesmo que esta tenha sido afastada na literalidade do art. 30, I, da LIPJ.

69. O Poder Executivo editou a Medida Provisória 703, de 18.09.2015, que, todavia, não foi convertida em lei, tendo sua vigência encerrada em 29.05.2016 (Ato declaratório do Presidente da Mesa do Congresso Nacional n. 27, de 2016).

a 55 do Decreto atual. Adotou-se a seguinte ordem de aspectos regulamentados: objetivos sistêmicos (art. 32), resultados categoriais (art. 33), competência da CGU (art. 34), infrarregulamentação (art. 35), delegação para CGU na matéria (art. 36), pressupostos de válida celebração (art. 37), condições de propositura da leniência (art. 38), admissibilidade da proposta (art. 39), relação entre processo administrativo de leniência e PAR (art. 40), avocação de processo administrativo pela CGU (art. 41), (prazo de conclusão (art. 42), desistência (art. 43), conteúdo (art. 44), cláusulas (art. 45), competência sancionadora na LGLC para fatos objeto de leniência (art. 46), redução de multa (art. 47), acesso, publicidade e sigilo (art. 48), prescrição (art. 49), efeitos (art. 50), monitoramento (art. 51), cumprimento (art. 52), descumprimento e rescisão (art. 53), alteração (art. 54), e publicação na internet (art. 55).

Como leciona Edílson Nobre, em tema de consensualização:

"Especialmente no que concerne à consensualidade administrativa, é de se lembrar, tal como faz Ricardo Martins, que, diferentemente do que sucede no contrato de direito privado, onde se tem a predominância da autonomia privada, o agente público não dispõe de um livre-arbítrio para celebrar ou não o ajuste. Esse exerce uma competência, ou seja, um atributo funcional, que não se guia pela mesma lógica da manifestação volitiva negocial".[70]

Objetivos sistêmicos da leniência. O art. 32 qualifica o acordo como "ato administrativo negocial",[71] estipulando as

70. NOBRE JÚNIOR, Edílson Pereira. Improbidade administrativa e o acordo de não persecução civil. *Revista de Direito Administrativo e Infraestrutura*, v. 21, p. 301-307, abr./jun. 2022.

71. Registre-se que a definição dessa categoria jurídica é fonte de controvérsia doutrinária no Direito Administrativo. Formais consensuais na atividade finalística sancionadora do Estado, que se expandiram no campo penal e não penal, constituem desafios dogmáticos às classificações doutrinárias, já que não se encaixam com perfeição na estrutura de "atos administrativos" (unilaterais ou bilaterais), tampouco na estrutura de "contratos administrativos". Sobre este tema, cf. PALMA, Juliana Bonacorsi de. Sanções e Acordo na Administração Pública. São Paulo: Malheiros, 2015. Também vale registrar que, no direito penal, a colaboração premiada é "negócio jurídico processual e meio de obtenção de prova", nos termos da Lei 12.850/2013 (art. 3º-A).

seguintes finalidades: (i) o incremento da capacidade investigativa da administração pública; (ii) a potencialização da capacidade estatal de recuperação de ativos; e (iii) o fomento da cultura de integridade no setor privado. Obtenção de elementos comprobatórios sobre autoria e materialidade dos ilícitos descritos no art. 5º da LIPJ são finalidades legais primárias do acordo de leniência, bem retratados na melhoria da "capacidade investigativa" e "recuperação de ativos". Afastar-se dessa teleologia é praticar desvio de finalidade.[72]

O Decreto deveria igualmente se referir ao ressarcimento de danos causados ao erário pelos ilícitos delatados, como objetivo sistêmico, mesmo que a LIPJ adote a premissa de que a celebração não elimina o dever de reparação integral, o que supõe que este objetivo não alberga a integralidade do dano, mas a negociação pode e deve adentrar na sua averiguação e possível quantificação.

Na Convenção de Mérida, existe amplo leque de normas que visam aperfeiçoar os mecanismos institucionais de "recuperação de ativos" (Cap. V, arts. 51 a 59), de "produto de delito", correspondente aos "bens de qualquer índole derivados ou obtidos direta ou indiretamente da ocorrência de um delito" (art. 2º, "e"). O acordo de leniência é uma forma de obter "informação útil com fins investigativos e probatórios" e informações que, efetiva e concretamente, possam "contribuir a privar os criminosos do produto do delito, assim como recuperar esse produto" (art. 37).

Em razão dos benefícios, bem como natureza ilícita dos fatos delatados, o acordo de leniência também visa, de forma secundária, a aperfeiçoar programa de integridade anticorrupção da PJ signatária, atendendo ao incentivo cristalizado

---

72. Conferir: GROTTI, Dinorá Adelaide Musetti. O desvio de poder em atos administrativos. *In*: MARQUES NETO, Floriano de Azevedo; ALMEIDA, Fernando Dias Menezes de; NOHARA, Irene Patrícia; MARRARA, Thiago. (Org.). *Direito e administração pública*. Estudos em homenagem a Maria Sylvia Zanella Di Pietro. São Paulo: Atlas, 2013. p. 795-821.

no art. 7º, VIII, da LIPJ.[73] Este objetivo, como fundamento único, não legitima a celebração do acordo, mas sua avaliação gera uma medida incontestavelmente com efeito dissuasório relevante para evitar novas práticas corruptivas no setor privado, nas suas interfaces com setor público.

Resultados da colaboração em leniência. Para legitimar a celebração de leniência, reproduzindo o art. 16 da LIPJ, o art. 33 do Decreto estabelece os resultados preconizados com o instituto, em cada caso concreto: (i) identificação de envolvidos (PJs e PFs) nos ilícitos, e (ii) obtenção célere de informações e elementos comprobatórios dos ilícitos. Esses pressupostos finalísticos são as notas distintivas dos acordos de leniência, que os apartam de Termos de Ajustamento de Conduta (LACP), Termos de Ajustamento de Gestão (controle interno/controle externo), Termos de Ajustamento Disciplinar, e de Acordos de Não Persecução Civil (LGIA), entre outros, no bojo do DAS Anticorrupção, no sistema brasileiro anticorrupção.

Leniência e responsabilidade na LIPJ e na LGLC. Dada a redação confusa dos arts. 16 e 17 da LIPJ (indicativo de acordos diversos), o Decreto logo estipula que, em havendo acordo de leniência, discorrendo sobre práticas corruptivas em matéria de licitação e contratação, deverá ser celebrado *acordo único* a desencadear efeitos sancionatórios nas duas legislações.

O art. 33 do Decreto torna obrigatória esta celebração única, logo, formalizada em processo administrativo único, perante uma autoridade competente, abarcando os ilícitos previstos na LIPJ e na LGLC (ou outras normas de licitação e contratação). Isso significa que os elementos comprobatórios produzidos também poderão servir à instrução de processos administrativos posteriores nos dois sistemas sancionadores, desde que não direcionados contra a PJ signatária, nos termos acordados. Por outro lado, o dispositivo reproduz o art. 16 da

73. Conferir: LIMA, Ana Júlia Andrade Vaz de. *Programa de Integridade e Lei 12.846/13*. O *compliance* na Lei Anticorrupção brasileira. 2. ed. Rio de Janeiro: Lumen Juris, 2022.

LIPJ, o que significa que "isenção ou atenuação" de sanções administrativas devem observar o marco legal e regulamentar.

Competência exclusiva da CGU em leniência anticorrupção. Nos termos do art. 34 (*ex vi* o art. 16, § 10, da LIPJ), compete à CGU[74] celebrar acordos de leniência no âmbito do Poder Executivo federal e nos casos de lesão à administração pública estrangeira. As normas estabelecem competência concorrente em determinadas situações para o PAR, mas firmam competência exclusiva no caso de leniência. No Decreto, esta concentração de atribuição favorece o acúmulo de conhecimento e experiência institucionais na entabulação de acordos, mas exige reforço de corpo técnico-profissional na atividade, para que a concentração não venha a paralisar pedidos. Acordo celebrado no Poder Executivo federal, por autoridade diversa, é nulo, impossibilitando qualquer forma de convalidação, exigindo refazimento do ato.

Como estabelece a LGPA (art. 11), a competência é irrenunciável e se exerce pelos órgãos administrativos a que foi atribuída como própria, salvo os casos de delegação e avocação legalmente admitidos. Não podem ser objeto de delegação as matérias de competência exclusiva do órgão (art. 13, III), o que se aplica na competência de entabular leniências.

---

74. A Convenção de Mérida exige de cada Estado-Parte, "políticas coordenadas e eficazes contra a corrupção que promovam a participação da sociedade e reflitam os princípios do Estado de Direito, a devida gestão dos assuntos e bens públicos, a integridade, a transparência e a obrigação de prestar contas (art. 5º, item 1), A Convenção de Mérida exige "um ou mais órgãos, segundo procede, encarregados de prevenir a corrupção", nos Estados-Partes (art. 6º). Caberá ao órgão a aplicação, supervisão e coordenação da política anticorrupção, bem como aumento e difusão de conhecimento (art. 6º, item 1). Este órgão ou órgãos devem ter "independência necessária [...] para que possam desempenhar suas funções de maneira eficaz e sem nenhuma influência indevida", o que exige garantia de recursos materiais e o pessoal especializado, inclusive capacitação. (art. 6º, item 2). Competência em celebração de leniências a cargo de órgãos que integram, sem independência, a estrutura da Administração Pública, exigem máxima proteção jurídica na sua estruturação procedimental, a fim de garantir probidade, transparência, objetividade, imparcialidade e isenção no seu exercício.

Participação da AGU em leniências do Poder Executivo Federal. Atento apenas ao comando do art. 16, § 10, da LIPJ, o intérprete poderia concluir que, no âmbito federal, o único órgão envolvido com a negociação, celebração, acompanhamento e execução de acordos de leniência seria a CGU.

Todavia, a interpretação sistemática aponta outra direção, no sentido de validar a participação em qualquer das etapas da advocacia pública na União – no caso, Advocacia Geral da União – na matéria, por diversas razões, entre outras: (i) a leniência alcança a sanção judicial de interdição de direitos, prevista no art. 19, IV, que somente é aplicável em ação civil pública, a cargo justamente da AGU; (ii) o art. 6º, § 2º exige prévia manifestação da advocacia pública na "responsabilização administrativa" tratada na LIPJ; (iii) os arts. 18 e 19, § 4º, expressamente distinguem a "responsabilidade administrativa" e "responsabilidade judicial", previstas em lei, atribuindo à advocacia pública competente a atribuição de propositura de medidas judiciais visando assegurar a efetividade das sanções tipificadas. Logo, a LIPJ requer interpretação que legitime a AGU como *parte signatária* de acordos de leniência, cabendo ao regulamento (e demais normas infrarregulamentares) disciplinar como esta relação interorgânica será formalizada.

Até o advento do Decreto, encontra-se a Portaria Conjunta CGU/AGU n. 4, de 09.08.2019, regendo os procedimentos para negociação, celebração e acompanhamento dos acordos, e dispondo sobre a participação da AGU. Com efeito, o Decreto incorpora ao nível regulamentar normas já alinhadas ao nível destas Instituições, no Poder Executivo federal. Quanto mais transparente e delimitada estiverem as atribuições de cada qual no processo de leniência, a União oferecerá padrões mais robustos de segurança jurídica, em razão da previsibilidade de fatos e órgãos intervenientes no *iter* procedimental do qual resultará a leniência.

Conforme o art. 35, ratifica-se a previsão de ato conjunto, pela CGU-AGU, na matéria, estipulando que normas infrarregulamentares deverão nortear a participação da AGU no processo de leniência, bem como operacionalizar o modo de celebração pelos respectivos Ministros, na assinatura de acordos de leniência.

É relevante perceber que LIPJ e Decreto não tratam da possibilidade de acordos de leniência distintos ou separados, por cada uma das Instituições. Trata-se de órgãos despersonalizados, que devem compor a forma de cooperação intra-administrativa, ao final da qual a União entabulará, por único acordo, a relação jurídico-administrativa singularizada no bojo do sistema de improbidade administrativa.

Delegação de leniências para a CGU. A autoridade máxima de cada órgão ou entidade pública dos Poderes Executivo, Legislativo e Judiciário, no âmbito da União, dos Estados, do Distrito Federal e dos Municípios tiveram sua legitimidade para celebração de leniências firmadas no art. 16 da LIPJ. A seu turno, o art. 8º, § 1º, admite delegação de competência, quando trata de instauração e o julgamento do PAR. Esse dispositivo é suficiente para lastrear a mesma possibilidade, no tocante à potestade leniencial. Tais dispositivos poderiam respaldar o art. 36 do Decreto, habilitando a CGU aceitar delegações na matéria (negociação, celebração e monitoramento). Há, todavia, aspectos a serem apreciados.

Delegações no plano federativo na União atraem o art. 12 da LGPA, pelo qual admite delegações em favor de "outros órgãos ou titulares, ainda que estes não lhe sejam hierarquicamente subordinados, quando for conveniente, em razão de circunstâncias de índole técnica, social, econômica, jurídica ou territorial". O que permaneceria controverso, neste caso, é saber se a delegação pode mesmo abranger a decisão final sobre o acordo, sobremodo quando envolver acordos relacionados com atos lesivos à administração, no bojo de outros Poderes (Legislativo e Judiciário) e Instituições constitucionais autônomas (TCU, MPU e DPU).

De todo modo, a delegação administrativa deverá observar todas as formalidades previstas ou amparadas em lei e atos infralegais, na órbita administrativa destes órgãos delegantes, sob pena de invalidade.

Delegações no plano interfederativo também podem ensejar controvérsias sobre o escopo da delegação, em prol da CGU, mormente sobre a decisão final do acordo, e o modo de relacionamento entre atividade delegada à CGU e atividade própria da advocacia pública da entidade pública/governamental delegante. É válido recordar que cada ente federativo, observadas as normas gerais da LIPJ, pode aprovar sua própria legislação processual administrativa, atendendo a suas especificidades. Esta delegação deverá ter respaldo na legislação local, senso insuficiente o disposto no art. 36 do Decreto.

Condições normativas para celebração de leniência. O art. 37 do Decreto empreende o desdobramento dos requisitos previstos para o acordo de leniência na LIPJ. Refere-se aos seguintes:

(i) a PJ deve ser a *primeira* a manifestar interesse em cooperar para a apuração de ato lesivo específico, quando tal circunstância for relevante. Está em consonância com o art. 16, I, da LIPJ. Quando práticas corruptivas envolvem diversos sujeitos de direito (pessoas físicas e/ou pessoas jurídicas), a lei incentiva a leniência em favor da primeira a declinar e materializar efetivamente esta pretensão cooperativa junto à autoridade administrativa sobre o ilícito, atrelado à sua responsabilidade. Esse condicionante exige o adequado registro de pretensões lenitivas, e acompanhamento de propostas, de modo a controlar a preferencialidade em caso de múltiplas manifestações;

(ii) a PJ deve ter cessado completamente seu envolvimento no ato lesivo a partir da data da propositura do acordo. Está em sintonia com o art. 16, II, da LIPJ, que alude ao "envolvimento na infração investigada". A cessação deve ocorrer em situação de atos lesivos já consumados. De igual modo, deve-se examiná-la nas circunstâncias fáticas de ilícito em execução. Torna-se essencial uma valoração da oportunidade para que esta cessação se concretize, considerando a formação e obtenção de elementos comprobatórios. Esse cenário não deve inviabilizar a cooperação substancial, mas apenas modular o termo de cessação;

(iii) a PJ deve admitir sua responsabilidade objetiva quanto aos atos lesivos. Essa previsão está disposta no art. 16, § 1º, III, da LIPJ, que se refere à admissão de participação no ilícito. A LIPJ está fundada na responsabilidade objetiva, pelo que admitir participação é reconhecer a responsabilidade plasmada em lei, perfilhando que a prática corruptiva desenrolou-se "em seu interesse ou benefício, exclusivo ou não" (art. 2º da LIPJ). Por razões de proporcionalidade, há necessidade de admitir autoria ou participação nos ilícitos objeto do acordo, por parte da PJ proponente, já que esta será beneficiada pela atenuação ou exclusão de sanções legais;

(iv) a PJ deve cooperar plena e permanentemente com as investigações e o processo administrativo, e comparecer, sob suas expensas e sempre que solicitada, aos atos processuais, até o seu encerramento. Reproduz o art. 16, § 1º, III, da LIPJ. Trata-se de demonstração de conduta cooperativa permanente tanto no processo de leniência (celebração e execução) quanto no PAR (instrução e execução), em curso ou a ser instaurado após a leniência. É *pressuposto* da leniência, mas também constitui *dever da signatária* do acordo, até sua execução integral. Persiste como dever até "encerramento" do PAR, ou seja, até a definitividade da decisão nele tomada. Como a LIPJ está no sistema de improbidade, esta cooperação difunde-se para todos os processos administrativos e judiciais pertinentes aos fatos objeto do acordo;

(v) a PJ deve fornecer informações, documentos e elementos que comprovem o ato ilícito. O art. 16, II, da LIPJ legitima a leniência exatamente para "obtenção célere de informações e documentos que comprovem o ilícito sob apuração". Este *dever de instrução* é faceta do *dever de cooperação processual*. Recusas injustificadas da PJ podem redundar na rejeição da proposta, ou, conforme a gravidade, rescisão de acordo já celebrado, com os seus consectários.

(vi) a PJ deve reparar integralmente a "parcela incontroversa do dano causado", o que preconiza o art. 37, VI, do Decreto, em atenção ao art. 16, § 3º, da LIPJ, que faz expressa a alusão a processo específico de reparação de danos decorrentes de atos lesivos (art. 13). Conforme o caso concreto, torna-se inviável pretender apurar o valor integral do dano material causado por ato lesivo. Como o ressarcimento total não é pressuposto do acordo (diferente do ANPC, da LGIA, art. 17-B), o Decreto adota diretriz adequada, permitindo que a negociação verse sobre esta verba e as partes signatárias possam chegar a determinado *quantum*, considerada então *parcela incontroversa*, sem que isso implique quitação total[75] do dever de indenizar, que deverá seguir nas vias administrativas ou judiciais próprias.

Entende-se aplicável em sede de leniência o pressuposto procedimental fixado pelo art. 17-B, § 3º, da LGIA (incluído pela Lei 14.230). Em outros termos, a Comissão[76] deve

75. O art. 320 do Código Civil, preceitua que "a quitação, que sempre poderá ser dada por instrumento particular, designará o valor e a espécie da dívida quitada, o nome do devedor, ou quem por este pagou, o tempo e o lugar do pagamento, com a assinatura do credor, ou do seu representante". Na leniência, é a LIPJ que impede quitação total, observando a indisponibilidade constitucional de interesses públicos.

76. O art. 17-B da LGIA (incluído pela Lei 14.230) se refere ao Ministério Público. A aplicação extensiva do dispositivo, como defendido no texto, implica identificar, na órbita administrativa, o órgão promovente e oportunidade da "oitiva" da Corte de

promover a notificação do TCU (na esfera federal), ensejando abertura de prazo (de até 90 dias) para possível manifestação institucional sobre as consequências indenizatórias do ato lesivo. Essa providência deve auxiliar as partes signatárias na identificação e consenso sobre a *parte incontroversa*. Essa norma estabelece relevante função da Corte de Contas, compatível com suas atribuições constitucionais. Em sendo o prazo diminuto para atendimento, a Corte deve comunicar às partes o fato, indicando o prazo necessário para sua manifestação.[77]

O § 2º do art. 37 do Decreto estabelece que a parcela incontroversa do dano corresponde *(i)* aos valores dos danos admitidos pela PJ. Para além desta previsão, fundada na voluntariedade, também indica, sob o mesmo título, *(ii)* os valores "decorrentes de decisão definitiva no âmbito do devido processo administrativo", ou *(iii)* valores destacados em processo judicial. Relativamente às duas últimas definições contêm ambiguidades.

De um lado, não se sabe se valores averiguados na órbita administrativa referem-se ao processo administrativo específico de reparação (art. 13 da LIPJ), ou outro com similar resultado, ou se também abrange eventuais decisões administrativas proferidas em sede de controle externo sobre os fatos. De outro lado, não se sabe se valores gizados em processo judicial exigem o manto da coisa julgada material, e se PJ deve ser parte da demanda judicial. O Decreto merece interpretação dirigida pela boa-fé das partes signatárias, detentoras de informações sobre as consequências patrimoniais do ilícito.

O art. 37, VII, do Decreto oferece a interpretação que, tal como o ressarcimento de danos, acordo de leniência disporá sobre "perdimento dos bens, direitos ou valores que representem vantagem ou proveito direta ou indiretamente

---

Contas. Entende-se que este encargo recai sobre a Comissão (de que trata o art. 5º do Decreto), já que responsável pela instrução do PAR.

77. O TCU aprovou a Instrução Normativa 74, de 11 de fevereiro de 2015, tendo por objeto a fiscalização de leniência pelo Poder Executivo federal, revogada pela atual IN 83, de 12 de dezembro de 2018.

obtidos da infração" (art. 19, I, da LIPJ). A verba corresponderá ao "proveito ou vantagem indevidos" amealhados pela PJ, em razão dos atos ilícitos. As vantagens indevidas pagas a agentes públicos (em nome próprio ou de terceiros), não se confundem com a primeira categoria, enquadrando-se como ressarcimento de dano em sentido amplo, também a ser "revertido" em favor do ente público ou governamental lesado.

Por fim, o § 3º do art. 37 faz alusão à situação excepcional em que "dano [material] ao ente lesado e acréscimo patrimonial indevido à pessoa jurídica" são identificados, de forma unitária ou mutuamente correlacionados no contexto do ilícito. Nessas situações, o Decreto já veda dupla inclusão de valores, no bojo da leniência, resolvendo que o valor será qualificado como "ressarcimento de danos para fins contábeis, orçamentários e de sua destinação para o ente lesado".

O art. 37, § 1º relaciona, de forma expressa, avaliação da conduta cooperativa (como pressuposto de celebração e dever na execução) com a boa-fé da PJ, no tocante ao reporte (e comprovação) da totalidade de atos lesivos conhecidos pela mesma, até o "total cumprimento" do acordo.

O dispositivo *supra*, portanto, vai além de mero pressuposto da válida celebração, incursionando nas condições de execução leniencial. Após a proposta dirigida à autoridade pública, não raro a PJ continua a recolher elementos de comprovação dos ilícitos delatados. Por dever de boa-fé, a PJ deve encaminhar essas informações e correlatos elementos de corroboração ao processo de leniência. Não se pode, entretanto, estender este dever para ilícitos não abrangidos na proposta leniencial, salvo se pretenda voluntariamente alargar o escopo da leniência.

Podem ser identificadas as seguintes fases do processo administrativo de leniência: *(i) fase de instauração; (ii) fase de admissibilidade da proposta; (iii) fase de negociação; (iv) fase de deliberação consensual; (v) fase de execução.* Merece pontuação o fato de que não raro este *processo administrativo de leniência* pode caminhar concomitantemente ao *processo administrativo de responsabilização* (PAR), *processo administrativo de reparação de danos* (PARD)[78] e *processo de avaliação de programa de integridade* (PAIT).

Fase de instauração. Condicionantes do recebimento da proposta. A leniência inicia com recebimento de "proposta" de acordo (art. 16, § 6º da LIPJ), por parte da PJ interessada, regularmente presentada e representada, nos termos do art. 38 do Decreto. Versada por escrito, esse ato "declarará expressamente que foi orientada a respeito de seus direitos, garantias e deveres legais" (§ 1º). As consequências sancionatórias exigem a plena ciência dos direitos, sobremodo as garantias fundamentais da presunção de inocência e do "direito ao silêncio" no campo punitivo. Válido registrar que, pela leniência, a PJ abdica da garantia da não autoimputação de ilícitos, em troca de benefícios legais, nos termos exclusivamente do acordo.

O recebimento de proposta implica o dever de instauração de processo administrativo específico, no bojo do qual será analisada e instruída, contendo o registro dos atos praticados na negociação (§ 5º). O Decreto exige a processualização de todos os atos atrelados à proposta leniencial, o que viabiliza controle de legalidade.

No ato de sua instauração, impõe-se a decretação de sigilo e acesso restrito aos autos administrativos, nos termos do art. 16, § 6º, da LIPJ, e art. 38, § 3º, do Decreto. Este caráter de informação sigilosa também encontra respaldo no art. 23, VIII, da Lei 12.527/2011. Sob o crivo da proporcionalidade rigorosa, deve ser aplicado o art. 38, § 4º, do Decreto, que prevê autorização para proponente "divulgar ou compartilhar a existência da proposta ou de seu conteúdo". Trata-se de transferência de sigilo, devendo a PJ trazer aos autos o respectivo termo de confidencialidade de terceiros. Contudo, se o sigilo interessar à atividade pública de investigação dos ilícitos delatados, será caso de rejeição desta pretensão.

---

78. OLIVEIRA, José Roberto Pimenta. Comentários ao art. 13. *In*: MARRARA, Thiago; DI PIETRO, Maria Sylvia Zanella. *Lei Anticorrupção comentada*. 3. ed. Belo Horizonte: Fórum, 2020.

A LIPJ não trata expressamente sobre o limite temporal de apresentação de proposta de leniência. Na pressuposição de que esteja relacionado a PAR, o art. 38, o § 2º estabelece que ela poderá ser feita "até a conclusão do relatório a ser elaborado no PAR". Resultados e pressupostos do acordo, todos envoltos na alavancagem investigatória e probatória de ilícitos, oferecem sustentação a este termo. Como o AL deve gerar elementos comprobatórios, caso o PAR seja conduzido e se obtenham provas suficientes de autoria/materialidade de ilícito contra a PJ, não haverá em tese mais utilidade na celebração do acordo, com a instrução processual encerrada.[79]

Inobstante, a admissibilidade do acordo de leniência, fora do limite demarcado, deve sujeitar-se à circunstancialidade de cada caso, cujo contexto irá demonstrar a legitimidade do recurso ao pacto leniencial, à luz dos seus objetivos sistêmicos e resultados categoriais perseguidos.

A estrutura consensual do instituto pode conduzir, conforme a gravidade da conduta, que "o não atendimento às determinações e às solicitações durante a etapa de negociação importará a desistência da proposta" (art. 38, *caput*, *in fine*). As determinações/solicitações não podem desfazer a voluntariedade própria do acordo. Prazos assinalados devem ser razoáveis. Dentro desse escopo, caso não atendidas pela PJ, em rigor, será uma forma de desistência tácita, o que legitimará a rejeição da proposta, solução afastada se houver justificativa e necessidade de prorrogação de prazo administrativo.

Fase de admissibilidade da proposta. Memorando de entendimentos. Como potestade consensualizada, instaurar processo leniencial pressupõe atendimento aos princípios da

79. Os arts. 16 e 17 da LIPJ não acolhem a possibilidade de que PJs, delatando outros atos lesivos praticados, possam obter benefícios legais no PAR, similarmente ao art. 87, § 7º, da Lei 11.529/2011 ("leniência *plus*"). No campo penal, o art. 3-C, § 3º, da Lei 12.850 estipula que, no acordo de colaboração premiada, "o colaborador deve narrar todos os fatos ilícitos para os quais concorreu e que tenham relação direta com os fatos investigado". Atos ilícitos diversos podem ser delatados, mas o serão em processo leniencial próprio.

finalidade, impessoalidade[80] e proporcionalidade, desde sua fase inicial, o que redunda na necessária avaliação da proposta recebida. Correto o Decreto em fixar uma "análise de juízo de admissibilidade", com o fito de "verificação da existência dos elementos mínimos que justifiquem o início da negociação", conforme art. 39.

Na praxe administrativa, os elementos mínimos são descritivos de práticas de corrupção, conforme a tipificação legal, organizados e relatados por fatos em histórico de condutas. Ao longo da negociação, é previsível que esse histórico seja aperfeiçoado até a sua versão definitiva, com a adequada compreensão da teia de acontecimentos. Aperfeiçoar a narrativa de ilícitos não significa alterar ilícitos ou delatar outros, a qualquer momento, na marcha processual.

Não há direito público subjetivo de proponentes à instauração do processo, bem como à celebração de leniência pretendida. O regime jurídico processual está sedimentado em discricionariedade. Com a devida justificação, a Administração poderá recusar-se a negociar. Isso já se extrai da LIPJ, nos casos em que se deve aplicar a sanção de dissolução compulsória de PJ, em duas situações: (i) ter sido a personalidade jurídica utilizada de forma habitual para facilitar ou promover a prática de atos ilícitos; ou (ii) ter sido constituída para ocultar ou dissimular interesses ilícitos ou a identidade dos beneficiários de atos lesivos (art. 19, § 1º).

O juízo positivo de admissibilidade resulta na produção de memorando de entendimentos (§ 1º), que, a seu turno, indicará ao proponente os "parâmetros da negociação" do acordo,

---

80. Como bem assinalado por Edílson Nobre, "a impessoalidade evoca a concepção de que a atividade administrativa deve se pautar por decisões fundadas em critérios objetivos, as quais hão de ponderar os interesses envolvidos, de modo a permitir a concretização do interesse público, sem que se distinga injustificadamente entre administrados, de sorte que, na sua essência, se identifica com os princípios da finalidade e da igualdade, sem que se possa desconhecer os seus pontos de contato com outros princípios" (cf. NOBRE JÚNIOR, Edílson Pereira. Considerações sobre o princípio constitucional da impessoalidade administrativa. *Revista de Direito Administrativo e Infraestrutura*, v. 9, p. 116, abr./jun. 2019).

salientando os condicionantes ou exigências legais/regulamentares. O juízo negativo de admissibilidade comunica a rejeição administrativa preliminar. Nesse caso, não há impedimento legal ou regulamentar para reapresentação de nova proposta, que se sujeitará igualmente a novo juízo de processamento.

Com o juízo positivo, memorando de entendimentos com a PJ proponente definirá os parâmetros da negociação do acordo de leniência, concernentes ao seu objeto, confidencialidade, cooperação processual, programa de integridade, possibilidade de ressarcimento, direito de "resilição" das partes, e representantes na negociação.

O Decreto, em seu art. 39, § 2º, preocupa-se em firmar a possibilidade de desistência da leniência, por ato unilateral, de quaisquer das partes, "a qualquer momento". Esta desistência não deverá ser interpretada como confissão sobre ilicitudes objeto de tratativas, devendo todos os elementos comprobatórios produzidos no processo administrativo ser devolvidos a PJ desistente, vedada sua utilização administrativa para quaisquer finalidades.

Ao tratar da admissibilidade, o Decreto também aborda o efeito da celebração do memorando sobre a prescrição punitiva (§ 3º). Estipula que a assinatura interromperá a prescrição (seguindo o art. 16, § 9º da LIPJ), mantendo-a suspensa "pelo prazo da negociação, limitado, em qualquer hipótese, a trezentos e sessenta dias" (§ 3º), efeito não vislumbrado na LIPJ.

Essa hipótese de suspensão está inspirada no art. 3º, I, da Lei 9.873/99, que, com normas gerais, disciplina a prescrição para o exercício de ação punitiva pela Administração Federal, referindo-se ao termo de cessação de condutas, atualmente previsto na Lei 12.529/2011 (art. 85, § 9º), bem como em norma sobre prescrição da LGIA, não dedicada à consensualidade (art. 23, § 1º).[81]

81. A Lei 8.429/1992, tratando da prescrição (art. 23), dispõe em seu § 1º que "A instauração de inquérito civil ou de processo administrativo para apuração dos ilícitos referidos nesta Lei suspende o curso do prazo prescricional por, no máximo, 180

Entende-se que somente a lei pode estabelecer hipótese de suspensão da pretensão punitiva, já que promove alargamento sobre o período em que esta pode ser exercida, em detrimento de possível responsável, não cabendo ao ato regulamentar inovar na matéria. Considerando que há diferença categorial entre o AL e ANPC, não há base para aplicação analógica da LGIA, *in malam partem*, tornando mais prejudicial o regime sancionador em detrimento dos responsáveis.

O art. 49 do Decreto busca embasamento para suspensão de prazo prescricional no art. 34 da Lei 13.140/2015, que dispõe sobre "a autocomposição de conflitos no âmbito da administração pública". Entretanto, esse artigo não versa sobre exercício de potestades sancionadoras.

Fase de admissibilidade da proposta e suspensão do PAR. Pela literalidade da LIPJ, mesmo prevendo o acordo (art. 16), não há previsão de suspensão do PAR (arts. 8º ao 15). Todavia, ofenderia ao princípio da cooperação e da boa-fé que o PAR tivesse continuidade regular em face da PJ colaboradora, uma vez admitida validamente a postulação leniencial. Este é o fundamento da possibilidade de suspensão do PAR, acolhida no art. 40 do Decreto. Em havendo várias PJ investigadas, a medida deve se restringir ao proponente.

Essa suspensão do processo sancionador terá caráter excepcional, já que a regra é a impulsão oficial do processo administrativo, conforme art. 2º, parágrafo único, XII, da LGPA, que contém dispositivos afastando a suspensão do curso processual (arts. 61 e 67). A hipótese pode ser assimilada a causa de suspensão inscrita no art. 313, V, do CPC, bem como nos arts. 92 e 93 do CPP, que também disciplinam hipóteses de questões prejudiciais ao julgamento. No Decreto, instaurando processo de leniência, impõe-se finalizá-lo, para dar seguimento ao julgamento do PAR.

(cento e oitenta) dias corridos, recomeçando a correr após a sua conclusão ou, caso não concluído o processo, esgotado o prazo de suspensão".

Fase de admissibilidade da proposta e medidas acauteladoras. Veja-se que o parágrafo único afirma que a suspensão do PAR não afetará: *(i)* a continuidade de medidas investigativas necessárias para o esclarecimento dos fatos; e *(ii)* adoção de medidas processuais cautelares e assecuratórias indispensáveis *(ii.1)* para se evitar perecimento de direito *(ii.2)* ou garantir a instrução processual. Com efeito, o art. 10, § 2º, da LIPJ autoriza que "a comissão poderá, cautelarmente, propor à autoridade instauradora que suspenda os efeitos do ato ou processo objeto da investigação". Reconhece, pois, potestades acautelatórias, cuja adoção deve ser analisada e requerida à autoridade julgadora, a quem cabe decidir na matéria.

É deveras fundamental pontuar que essas medidas não podem ser amparadas nos elementos de corroboração colacionados pela PJ colaboradora, em seu detrimento. Devem estar fundamentadas em elementos probatórios de origem independente, relativamente à leniência, sob pena de ostensivo uso ilegal da leniência. A mesma objeção não se pode levantar, quando as medidas assecuratórias produzem efeitos na situação jurídica de terceiros (pessoas físicas e outras pessoas jurídicas), com aplicação do art. 45 da LGPA.[82]

Fase de admissibilidade da proposta e avocação de "outros processos administrativos" pela CGU. A LIPJ, em seu art. 8º, § 2º, atribui à CGU competência "para avocar os processos instaurados com fundamento nesta Lei, para exame de sua regularidade ou para corrigir-lhes o andamento". Na LGPA, a avocação exsurge como medida "temporária", possui "caráter excepcional" e legitima-se "por motivos relevantes devidamente justificados", afetando "competência atribuída a órgão hierarquicamente inferior" (art. 15).

O art. 41 do Decreto não pode desbordar dessas limitações legais, merecendo interpretação restritiva à referência genérica a "processos administrativos em curso em outros órgãos ou

82. "Art. 45. Em caso de risco iminente, a Administração Pública poderá motivadamente adotar providências acauteladoras sem a prévia manifestação do interessado."

entidades da administração pública federal relacionados com os fatos objeto do acordo em negociação", reproduzindo o disposto no art. 49, § 5º, *in fine*, da MP 1.154/2023, que, organizando a Administração Federal, estabelece as competências da CGU.[83]

Medida de suspensão de outros processos administrativos até finalização da apuração de práticas corruptivas passadas ou em curso é providência diversa de "avocação genérica de competências administrativas", legalmente estabelecidas em favor de outros órgãos ou entidades, trilha seguida pelo art. 41.

A LIPJ só admite avocação, em caráter excepcional, de processos relacionados com a aplicação da LIPJ. Logo, descabe ao Decreto expandir este escopo, na via regulamentar, devendo-se observar a limitação legal, na aplicação de seus arts. 17 e 41.

Fase de negociação. Prazo de conclusão. A LIPJ nada dispõe sobre limite máximo temporal para finalizar o processo leniencial. Na mesma trilha, a LGPA não trata de prazo máximo de instrução processual, consignando, todavia, finda a instrução, prazos máximos de deliberação (30 dias, prorrogáveis por igual período, nos arts. 48 e 49).

Vigora a garantia inscrita no art. 5º, LXXVIII, da CF, reconhecendo a todos, no âmbito administrativo, a razoável duração do processo e os meios que garantam a celeridade de sua tramitação, salientando-se que a colaboração tratada no acordo deve ser "efetiva" e "útil", no tocante ao processo sancionador (art. 16, § 4º, da LIPJ). Sob essas balizas, o Decreto fixa o prazo de 180 dias, para conclusão da negociação, contado da data da assinatura do memorando de entendimentos, com permissivo excepcional de prorrogação (art. 42), idêntico prazo máximo assinalado ao PAR (art. 5º, § 4º).

---

83. "§ 5º Os procedimentos e os processos administrativos de instauração e avocação facultados à Controladoria-Geral da União incluem aqueles de que tratam o Título V da Lei 8.112, de 11 de dezembro de 1990, o Capítulo V da Lei 8.429, de 2 de junho de 1992, o Capítulo IV da Lei 12.846, de 1º de agosto de 2013, e outros a serem desenvolvidos ou já em curso em órgão ou entidade da administração pública federal, desde que relacionados a lesão ou a ameaça de lesão ao patrimônio público."

Este prazo se mostra razoável em razão das tratativas inerentes ao acordo de leniência, e seus condicionantes legais/regulamentares, com previsível variabilidade elevada nos diversos casos concretos. De um lado, descabe o abandono do processo de consensualização após a sua instauração. De outro, descabem soluções consensuais apressadas, sob a lógica do atingimento de resultados inconsistentes, que não oferecem cláusulas com conteúdo adequado e proporcional à singularidade de cada situação. Acordos de leniência exigem análise cuidadosa dos diversos fatores que os tornam legítimos no sistema sancionador, exigindo duração adequada para sua maturação.

Fase de negociação. Desistência/rejeição da proposta. Não importará em reconhecimento da prática do ato ilícito a proposta de acordo de leniência rejeitada, nos termos do art. 16, § 7º, da LIPJ. Tanto a desistência da proponente quanto a rejeição administrativa não geram efeito confessional, preconiza o art. 43 do Decreto. Em ambos os casos, *(i)* não se fará divulgação pública do processo (§ 1º) e *(ii)* veda-se a utilização administrativa de informações e documentação recebidas na negociação (§ 2º).

A não divulgação pública se volta a preservar a imagem do proponente, de modo que, sob a perspectiva da informação pública, a Administração deve divulgar relatórios estatísticos com identificação de autos e quantitativo de leniências rejeitadas.

Torna-se ilícita a apuração dos fatos ilícitos, no sistema de improbidade (LGIA e LIPJ) com fundamento em elementos comprobatórios obtidos em leniência interrompida por desistência/renúncia. Somente através de "indícios ou provas autônomas que sejam obtidos ou levados ao conhecimento da autoridade por qualquer outro meio" é que poderá autoridade estatal competente promover a regular apuração (§ 3º)

Este § 3º preserva o exercício regular da Administração Pública da potestade de autotutela administrativa, incidente sobre a fiscalização das condições de validade do processo de produção jurídica, a cargo de seus órgãos e entidades. Uma proposta de leniência não é barreira à autotutela. O que ela obsta é o uso de informações da leniência pelos órgãos competentes, de forma a direcioná-los, estrategicamente, para o ilícito delatado e desconhecido do aparelho administrativo. Com esse tratamento jurídico, o exercício de autotutela exige adequada processualização, para que se possa controlar e impedir o aproveitamento ilícito de propostas lenienciais.

Fase de negociação. Conteúdo do acordo. Conforme o art. 44 do Decreto, o acordo estipulará as condições para "assegurar a efetividade da colaboração" (versada pela proponente) e o "resultado útil do processo" (processo sancionador), "nas circunstâncias do caso concreto". Deverá conter as cláusulas e obrigações que, diante das circunstâncias do caso concreto, reputem-se adequadas, exigíveis, proporcionais e razoáveis.

De um lado, informações robustecidas por meios comprobatórios idôneos, aumentando a capacidade de investigação estatal sobre práticas de corrupção; informações dotadas de utilidade no caso concreto para atingir os objetivos sistêmicos e resultados imanentes à leniência, e fruto de efetiva cooperação substancial entre as partes (Estado e pessoa jurídica). De outro lado, fixação de benefícios legais sob o prisma sancionador (art. 16, § 2º, da LIPJ, e art. 3º, § 3º, da LGIA). Entre essas duas perspectivas, uma exigência de proporcionalidade que possa demonstrar atendimento ao interesse público, revelando dissuasão, prevenção especial e repressão individualizada em nível razoável.

Fase de negociação. Formalização e cláusulas do acordo. A leniência exige formalização específica, tendo o Decreto indicado cláusulas a serem observadas, conforme o caso (art. 45): (i) cumprimento dos requisitos previstos no art. 37. Mesmo que não referido, o inciso I do art. 37 deve ser reconhecido pela Administração no texto do acordo; (ii) perda de benefícios legais pactuados, em caso de descumprimento do acordo. Operada esta perda, sem os respectivos redutores ou isenções, o Estado poderá dar continuidade à pretensão punitiva, inclusive utilizando os elementos comprobatórios em face da PJ colaboradora; (iii) o acordo deve firmar sua natureza de título executivo extrajudicial. Esta condição deve ser ancorada, por analogia, no art. 5º, § 6º, da LACP, e art. 17-B da LGIA, na medida em que se trata de solução consensual na tutela coletiva de direitos, com escopo sancionador, em c/c o art. 784, IV, do CPC, e não apenas o inc. II, citado no Decreto; (iv) deveres de instituição ou melhoria de programa de integridade, incluindo prazos de execução e condições de monitoramento. O dispositivo reitera a leniência como veículo de difusão da cultura da integridade no setor privado, certo que tal cláusula não poderá eximir a PJ de responsabilidade; (v) pagamento de multa aplicável e de ressarcimento de dano ajustado (parcela incontroversa).

Como essa parcela incontroversa do ressarcimento se faz a título de responsabilidade civil da PJ, o Decreto, acertadamente, autoriza (art. 45, VI) que o acordo admita, em favor da PJ, a "utilização da parcela" para "compensação com outros valores" que sejam "apurados em outros processos sancionatórios", ou processos "de prestação de contas", condicionando que se trate, em qualquer caso, de apurações atinentes "aos mesmos fatos que compõem o escopo do acordo".

Seria despropósito pretender a duplicidade de pagamento de valores a título de ressarcimento de danos causados ao Erário pela prática de atos lesivos. De modo que, regularmente recolhidos na forma da lei, a PJ colaboradora sempre poderá comprovar perante outras instituições públicas qualquer pagamento já realizado, com caráter indenizatório. O acordo não elimina o dever de reparação integral dos danos, mas os valores nele ajustados e pagos fazem prova, após a devida certificação na leniência.

Esse art. 45, VI, tem o ostensivo propósito de resguardar a PJ colaboradora, em face sobretudo do Ministério Público (que possui legitimidade para celebração de leniência) e do Tribunal de Contas (que possui atribuição na apuração de dano causado ao erário), evitando duplicidade ressarcitória. Em rigor, a cláusula da leniência junto ao Poder Executivo não é a fonte desse direito, mas o próprio ressarcimento efetuado em prol do ente lesado – como fato jurídico – é que não pode ser ignorado no ordenamento jurídico, sob pena de violação à boa-fé e proporcionalidade.

Negociação. Infrações licitatórias ou contratuais delatadas em leniência e competência da CGU. Para harmonizá-lo com o art. 159 da LGLC, [84] e arts. 16 e 17 da LIPJ, entende-se que a competência sancionadora da CGU só poderá abranger infrações administrativas que decorram dos mesmos fatos ilícitos, passíveis de subsunção na LIPJ, sobre cuja autoria e materialidade versa o acordo de leniência.

O mero fato de infração administrativa, tipificada na LGLC (ou outra norma geral), ter sido noticiada na leniência, conforme o art. 46 do Decreto, não é o suficiente para firmar a competência da CGU, considerando que essa situação não afasta a previsão de competências administrativas de normas gerais de licitação e contratos (*v.g.*, art. 156 da LGLC). Aplicar entendimento diverso sobre o art. 159 da LGLC é interpretação descontextualizada, e extravasa o campo semântico dos enunciados legais.

Mantendo-se dentro do quadro legal, o art. 46 incrementa eficiência e segurança jurídica nos processos administrativos sancionadores, cujos fatos ilícitos remontam a determinado acordo de leniência. A norma favorece a aferição da efetividade e utilidade dos elementos comprobatórios da responsabilidade administrativa da PJ e terceiros, que são abrangidos pela leniência. Concentrando-se as potestades consensualizadas em único processo, o dispositivo assegura uniformidade de interpretação dos regimes sancionadores, fortalecendo segurança jurídica na sua aplicação.

---

84. "Art. 159. Os atos previstos como infrações administrativas nesta Lei ou em outras leis de licitações e contratos da Administração Pública que também sejam tipificados como atos lesivos na Lei 12.846, de 1º de agosto de 2013, serão apurados e julgados conjuntamente, nos mesmos autos, observados o rito procedimental e a autoridade competente definidos na referida Lei."

A previsão regulamentar (art. 46) sinaliza, por outro lado, a obrigatória e cuidadosa avaliação dos fatos abrangidos pela negociação leniencial, no campo das normas gerais de licitações e contratos, tarefa essencial à correta aplicação do art. 159 da LGLC.

Fase de negociação. A leniência visa assegurar tratamento sancionador diferenciado e benéfico a PJ colaboradora. Este escopo deve ser perseguido mediante processo de negociação que, sucessivamente, versará sobre aspectos essenciais, pavimentando a solução final acordada.

A negociação de acordo de leniência deve, primeiramente, voltar-se para a fixação dos ilícitos objetos do acordo (e correlatas sanções), conforme as tipologias legais aplicáveis (LGIA, LIPJ e normas gerais de licitação e contratação aplicáveis). Contrastam-se fatos delatados à luz da tipificação formal e material em lei. Em segundo lugar, esta negociação se debruçará sobre os elementos comprobatórios obtidos em razão da colaboração substantiva da PJ colaboradora, a fim de aferir sua idoneidade, utilidade e efetividade. Em terceiro lugar, com a demarcação de todos os elementos relevantes na mesa de negociação, as partes devem se debruçar sobre a aplicação *devida* da legislação sancionadora à PJ, examinando pormenorizadamente a dosimetria. Em quarto lugar, as possíveis consequências favoráveis que o acordo pode produzir, nas esferas de responsabilização sob exame, atendendo-se aos princípios da legalidade, proporcionalidade e razoabilidade.[85]

A demarcação do ilícito na fase inicial é fundamental para o *iter* procedimental. É certo que elementos de corroboração podem surgir ao longo da negociação, na medida de sua disponibilidade pela PJ para introdução no processo, sob o signo da boa-fé. Também este *iter* permite compreender como se

85. Conferir: OLIVEIRA, José Roberto Pimenta. Os princípios da razoabilidade e da proporcionalidade como normas conformadoras e limitadoras da atuação da Administração Pública. *Tratado de direito administrativo*. São Paulo: Saraiva, 2013. v. I, p. 213-255.

realiza a dinamicidade própria da negociação, ao mesmo tempo que engendra isenção na sua condução e imparcialidade na sua desenvoltura.

Fase de negociação. LIPJ e LGIA. Nos termos do art. 16, § 2º, da LIPJ, "a celebração do acordo de leniência isentará a pessoa jurídica das sanções previstas no inciso II do art. 6º e no inciso IV do art. 19 e reduzirá em até 2/3 (dois terços) o valor da multa aplicável". Referindo à Lei 8.666/93, o art. 17 se refere à "isenção ou atenuação das sanções administrativas estabelecidas em seus arts. 86 a 88", o que corresponde às sanções do 156 da LGLC.

Mesmo com o disposto no art. 30, I, da LIPJ, há entendimento de que acordos de leniência fundados em seus arts. 16 e 17 podem versar sobre o enquadramento dos fatos no bojo da LGIA. Todavia, não há legislação sobre benefícios afetos à LGIA. Nem mesmo a Lei 14.230/2021, reformando a LGIA, trouxe expressamente regramento sobre esta matéria, pois tratou do ANPC (art. 17-B), e nada trouxe sobre a leniência prevista na LIPJ.

A essa omissão junta-se norma da qual se pode extrair parâmetros de benefícios em leniência na LGIA, prevista no novo art. 3º, § 2º (redação da Lei 14.230), pelo qual as sanções da LGIA "não se aplicarão à pessoa jurídica, caso o ato de improbidade administrativa seja também sancionado como ato lesivo à administração pública" (tipificados na Lei 12.846).

Dentro desse contexto, à luz desse enunciado, várias interpretações são possíveis:

(i) no caso de fatos ilícitos, passíveis de subsunção concomitante na LGIA e na LIPJ, a celebração de acordo de leniência, com a fixação consensual de sanções à PJ (art. 6º da LIPJ), implica *tout court* na impossibilidade de responsabilização da PJ no bojo da LGIA (art. 12);

(ii) no caso de fatos ilícitos, passíveis de subsunção concomitante na LGIA e na LIPJ, a celebração de acordo de leniência, com a fixação consensual de sanções à PJ (art. 6º), poderá versar sobre as sanções previstas na LGIA, admitindo cumulatividade sancionatória;

(iii) no caso de fatos ilícitos, passíveis de subsunção concomitante na LGIA e na LIPJ, a celebração de acordo de leniência deverá versar sobre as sanções previstas na LGIA, respeitado o *non bis in idem*, impedindo, se cumprido, postulação e condenação da PJ posterior fundadas em ambas.

A última interpretação pontua solução condizente com o fato de que LGIA e LIPJ integram o mesmo sistema de responsabilização, inaugurado pelo art. 37, § 4º, da CF. O fundamento superior único impede cogitar de dupla punição em perdimento de bens, multas e interdições de direito, no bojo do acordo de leniência.

Fase de negociação. Redução do valor de multa. Na fase devida, após o cálculo do valor de multa no caso concreto, encontra-se a fixação de percentual de redução, "em até 2/3 (dois terços)". Tanto LIPJ quanto Decreto não autorizam redução a zero, da multa devida.

O art. 47 do Decreto impõe a consideração dos seguintes critérios, nesta redução: (i) a tempestividade da autodenúncia; (ii) o ineditismo dos atos lesivos; (iii) a efetividade da colaboração da PJ; e (iv) o compromisso de assumir condições relevantes para o cumprimento do acordo. Será *tempestiva* a denúncia que impede a consumação da prática corruptiva. Será *inédita* a prática de ato lesivo, que é desconhecido no âmbito do sistema de improbidade administrativa (LGIA e LIPJ), bem como de outros sistemas de responsabilização. Será *efetiva* a colaboração da qual resulte elementos comprobatórios significativos para providências sancionadoras a serem adotadas em face de responsáveis, revelando efetividade na aplicação do modelo sancionador. *Condições relevantes* relacionam-se com conteúdo de obrigações, deveres e ônus assumidos.

Veja-se que o art. 47, III, serve de cláusula geral, mantendo o núcleo de discricionariedade na aferição e dosimetria do redutor, sepultando qualquer forma de precificação de benefício. Os conceitos indeterminados e cláusula geral do dispositivo exigem complementação normativa, o que é atribuída à CGU (parágrafo único). Margem de valoração e de apreciação nos casos concretos são insuprimíveis, e devem ser manejadas com objetividade e proporcionalidade.

Fase de negociação. Publicidade e confidencialidade. A prática de atos lesivos ocorrerá com frequência rara no bojo do desenvolvimento da atividade econômica da PJ. Logo, seu desvelamento poderá exigir a transferência de informações privadas sigilosas da PJ para a Administração Pública, no curso da negociação. O art. 48 oferece garantia de confidencialidade sobre informações e documentos, com sigilos comercial e/ou industrial ("segrego de negócio"), conforme o caso concreto, referidos como "comercialmente sensíveis" no *caput*. Em verdade, esse sigilo tem fundamento constitucional (art. 5º, *caput*, da CF), e deverá ser mantido, "durante a negociação e após a celebração do acordo de leniência", inclusive na execução e extinção do acordo.

O envolvimento de pessoas jurídicas, em cujo benefício ou proveito são executadas práticas de corrupção, tem o condão de provocar relevante abalo na imagem da PJ no mercado. Como o direito à imagem é tutelado (art. 5º, V, da CF), processos administrativos lenitivos devem resguardar a identidade de PJ signatária até a sua celebração, conforme dispõe o art. 48, § 1º. A divulgação da celebração atende à publicidade dos atos administrativos, a desencadear efeito preventivo geral no sistema sancionador.

Em seu art. 22, a LIPJ trata do CNEP, exigindo registro da celebração de leniência, "salvo se esse procedimento vier a causar prejuízo às investigações e ao processo administrativo" (§ 3º). O dispositivo reza que, depois do cumprimento integral do acordo e da reparação do dano causado, o registro deve ser excluído do Cadastro (§ 5º).[86]

Fase de negociação. Compartilhamento de elementos comprobatórios. A leniência visa aumentar o conhecimento do ente público/governamental lesado sobre prática de corrupção, que se lhe revela lesiva. Em razão da tipologia do art. 5º da LIPJ, sempre haverá responsabilização de terceiros, em diversos sistemas de responsabilidade, destacadamente no de contas, improbidade, civil, penal, administrativo, tributário, econômico etc., que deverão ser beneficiados com os elementos comprobatórios obtidos na leniência.

Constitui garantia fundamental de acusados a não autoimputação de ilícitos, o que se deve estender às pessoas jurídicas, no plano penal e extrapenal. No DAS, a lógica da leniência afasta, voluntariamente, essa garantia para os fatos objeto do acordo, que, sob esta perspectiva, favorece e incrementa a atividade investigatória do Estado. Para que se cumpra os objetivos da leniência, o sistema normativo proíbe ao Estado (através de suas instituições) utilizar-se dos elementos produzidos sob o manto da colaboração substancial, em detrimento da PJ colaboradora.

Disso resulta o art. 48, § 2º, do Decreto, pelo qual esses elementos "poderão ser compartilhados com outras autoridades, mediante compromisso de sua não utilização para sancionar a própria PJ em relação aos mesmos fatos objeto do acordo de leniência, ou com concordância da própria pessoa jurídica". Apropriada a dicção regulamentar, mesmo que não expressa no texto da LIPJ, visto que amparada em garantia fundamental e princípios estruturantes da cooperação substancial no DAS.

Fase de negociação. Celebração do Acordo. Prescrição. O art. 49 segue a mesma solução contemplada no art. 39 do Decreto, no tocante à assinatura de memorando de entendimento,

---

86. A lei não usa a expressão "reparação de dano integral" no art. 22, §5º. Logo, pode admitir-se cumprimento da parcela incontroversa do dano causado, ajustada na leniência, como fato jurídico a legitimar a exclusão do AL do CNEP.

relativamente à prescrição. Neste último, a assinatura interrompe e prazo será suspenso, em qualquer hipótese, até 360 dias. No primeiro, a celebração exsurge como novo marco de interrupção da prescrição da pretensão punitiva, que é suspensa "o cumprimento dos compromissos firmados no acordo ou até a sua rescisão", invocando-se o art. 34 da Lei 13.140/2015, que dispõe autocomposição de conflitos no âmbito da administração pública.

É preciso cautela nessa aplicação analógica, vez que não há regramento na Lei 13.140 que indique sua aplicação em potestades sancionadoras da Administração Pública, que, invariavelmente, estabelecem uma contraposição de interesses entre autoridades competentes e responsáveis, em torno da verificação de infração ou ilícito e seu correlato sancionamento. Todavia, mesmo se referindo à celebração de Termo de Ajustamento de Conduta – previsto, a título geral, no art. 5º, § 6º, da LACP – o art. 32 não preconiza que a matéria passível de autocomposição adentre ao campo sancionador de sistemas de responsabilização administrativa. Em outros termos, o art. 49 não pode instituir hipótese de suspensão de prescrição punitiva, ao nível regulamentar.

Também não é dado ao ato regulamentar criar dois marcos interruptivos da pretensão punitiva, em favor da Administração Pública, em matéria de leniência (arts. 39 e 49). A celebração do acordo de leniência interrompe o prazo prescricional, nos termos do art. 16, § 9º, da LIPJ. Portanto, somente a celebração do ato desencadeará o efeito interruptivo, a partir do qual novo prazo se reiniciará.

Fase de negociação. Tratamento benéfico pactuado. Como já visto, a leniência é forma de colaboração substantiva que justifica tratamento benéfico em favor de PJ colaboradora. Leniente é o titular da potestade sancionadora, o qual, após a tratativa cooperativa, abranda as sanções devidas, em razão da alavancagem probatória verificada.

O art. 50 do Decreto está compatível com a LIPJ, pelo menos, na sua literalidade (arts. 6º, 16, 17, 19 e 30, I), posto que reitera a incidência de benefícios sancionatórios em face de sanções legais, conforme arts. 6º e 19 da LIPJ, e art. 156 da LGLC. Entretanto, o Decreto deveria também agasalhar as sanções previstas no art. 12 da LGIA, sendo inequívoca sua pertinência ao sistema de improbidade.

O tratamento legal e regulamentar, supraexposto, deve ser criticamente avaliado, já que há sanções com conteúdo variável que, injustificadamente, desde o art. 16, § 2º, da LIPJ, são objeto de "isenção", ou seja, de total desconsideração, como efeito de AL. Tanto a publicação extraordinária do ato sancionador (prazo mínimo de 30 dias e sem prazo máximo fixado em lei), quanto a multa (teto mínimo e teto máximo, fixados em lei), bem como a proibição de receber incentivos, subsídios, subvenções, doações ou empréstimo (prazo mínimo de 1 ano e máximo de 5 anos), admitem expressa variabilidade, conforme as circunstâncias do caso concreto. Logo, não há razão jurídica objetiva para que, em leniência, a lei singelamente as exclua totalmente, sem habilitar exame de possível redução, sob a égide do princípio da proporcionalidade.

Essa perspectiva crítica também cabe na sanção prevista no art.19, II, da LIPJ (suspensão ou interdição parcial de suas atividades), que não se vinculam a acordos de leniência, fazendo supor que essas sanções poderiam ser aplicadas a PJ colaboradora, inclusive em sede de PAR. Falta racionalidade interna no art. 16, § 2º, da LIPJ.[87]

Essa conclusão também pode ser respaldada no tratamento conferido à cooperação substancial, nos termos do art. 37 da Convenção de Mérida, que admite "mitigação de pena" e "imunidade" (itens 1, 2 e 3), revelando disciplina proporcional

87. Seria extrema irracionalidade interna cogitar de sanção de dissolução compulsória em face de PJ colaboradora, considerando os pressupostos erigidos no art. 19, § 1º, da LIPJ. Se reunidas essas condições para determinada proponente de leniência, a única providência cabível é a rejeição da proposta.

no exercício de potestades estatais no tocante à "cooperação com as autoridades encarregadas de fazer cumprir a lei".

Lançada essa crítica, reputa-se que o princípio da legalidade implica a observância do tratamento benéfico esposado em lei.

Fase de negociação. Ações judiciais versando sobre os fatos lenitivos. O art. 50, § 1º, ao tratar da negociação, e dispor sobre o seu possível conteúdo, estipula que "poderá ser pactuada a resolução de ações judiciais que tenham por objeto os fatos que componham o escopo do acordo". Essa abertura material propiciada pelo ato regulamentar deve ser interpretada à luz dos objetivos sistêmicos e resultados colimados.

Para a correta aplicação desse dispositivo, é fundamental distinguir o plano das condutas ilícitas (agentes públicos e terceiros), envolvidas com práticas corruptivas, e o plano da validade/eficácia de atos jurídicos. Poderão ser apuradas ações judiciais que demandam responsabilização sancionadora (*v.g.*, ação prevista na LGIA e na própria LIPJ), ou ações judiciais em que se postula desconstituição de atos jurídicos, com eventual ressarcimento de danos (materiais ou morais) ao erário (*v.g.*, ação popular, ou ação civil pública ressarcitória, ou ação civil pública visando a tutela de diretos difusos e coletivos). Também é fundamental divisar, neste panorama judicial, demandas em que a colaboradora integra a relação processual, de outras em que não há nenhuma participação. Por fim, torna-se essencial igualmente avaliar a modalidade de ilícito, na tipologia da LGIA/LIPJ, depreendida a partir dos fatos delatados, e seu relacionamento estrito com a causa de pedir de demandas judiciais em curso.

Em princípio, serão admissíveis pedidos relacionados com ações judiciais próprias do sistema de improbidade administrativa (LGIA e LIPJ). Caso se revelem inadequados à negociação do acordo de leniência, pedidos de dilatação do escopo devem ser rejeitados pela Administração Pública. No caso de insistência pela colaboradora, será hipótese legítima de rejeição da leniência.

Fase de negociação. Inclusão de PJ do mesmo grupo econômico. O art. 16, § 5º, da LIPJ possibilita leniência firmada com "pessoas jurídicas que integram o mesmo grupo econômico, de fato e de direito", sob a condição de que "firmem o acordo em conjunto, respeitadas as condições nele estabelecidas". O art. 50, § 2º, do Decreto reproduz o comando legal.

Em rigor, além de disposição relativa à avaliação de programa de integridade (art. 50), o Decreto pouco esclarece sobre a negociação de leniências com grupos econômicos. Único destaque cabe ao art. 20, § 2º, que impõe, "para o cálculo da multa, a consolidação dos faturamentos brutos de todas as pessoas jurídicas pertencentes de fato ou de direito ao mesmo grupo econômico que tenham praticado os ilícitos" ou "concorrido para a sua prática". Esta é uma consequência lógico-jurídica, derivada diretamente do quadro societário envolvido na prática corruptiva, em concurso.

Em princípio, a delimitação de PJs signatárias deve ocorrer na fase de instauração do processo administrativo, mas, na ausência de regramento legal e regulamentar, ela pode, excepcionalmente, ter sua conformação definitiva ao longo da instrução, incluindo a negociação.

Caso os próprios elementos de corroboração – obtidos/detalhados ao longo das tratativas – indiquem autoria/participação em detrimento de outras PJ do mesmo grupo econômico, deve a Administração reportar o fato na instrução, para deliberação da PJ proponente. Não pode, todavia, exigir venha outra PJ integrar a relação processual leniencial, porquanto ela é marcada pela voluntariedade. Essa situação também não pode descaracterizar a boa-fé da colaboradora.

Por outro lado, tomada a decisão pela PJ colaboradora de inclusão de outras PJs do mesmo grupo, no todo ou em parte, certo é que não poderá a tratativa seguir sem o envolvimento formal de PJ, em desfavor da qual há elementos comprobatórios, sob pena de macular a boa-fé da atuação processual do grupo. Nesta hipótese, haverá justificativa para recusa de celebração conjunta pela Administração, sem enveredar em arbitrariedade.

Relembre-se que o art. 4º, § 2º, da LIPJ estabelece responsabilidade solidária entre "sociedades controladoras, controladas, coligadas ou, no âmbito do respectivo contrato, as consorciadas", pela prática de atos lesivos, "restringindo-se tal responsabilidade à obrigação de pagamento de multa e reparação integral do dano causado". Não há exigência de que se comprove ato lesivo delatado em benefício ou interesse do grupo empresarial. A responsabilidade solidária está instituída dentro do regime de responsabilidade objetiva. Quando presente, esta circunstância específica é apenas sinalizadora da conveniência de ampliar o escopo subjetivo da leniência.

O art. 50, § 2º, impulsiona leniências com o Grupo, em face dos benefícios sancionatórios (isenções e reduções sancionatórias). Não se pode desprezar também o fato de que na leniência se forme possível consenso sobre "parcela incontroversa" de valor devido a título de ressarcimento do dano causado, o que é de interesse jurídico de todas as PJs passíveis de responsabilização.

Fase de deliberação. Foi visto que o art. 35 habilita, por meio de "ato conjunto", os Ministros da CGU e AGU a dispor sobre a celebração conjunta de acordos de leniência. Na atualidade, essas normas constam da Portaria Conjunta CGU/AGU 4, de 23.09.2019. Observa-se que, no Poder Executivo federal, a proposta de leniência é endereçada à Secretaria de Combate à Corrupção (SCC-CGU) (art. 3º), que será analisada pela CGU e AGU.

O memorando de entendimentos será firmado pelo titular da SCC-CGU e pelo Procurador Geral da União (AGU). Caberá ao titular da SCC designar "comissão de negociação" (art. 5º) da qual participarão membros de carreiras da CGU e membros da AGU (indicados pelo DPP), com atribuições indicadas no art. 7º.

A comissão deve submeter "relatório conclusivo acerca das negociações" à Diretoria de Acordos de Leniência (DAL), no âmbito da SCC-CGU. Na sequência, haverá manifestação conjunta do Procurador Geral da União (AGU) e do Consultor Jurídico da CGU, e posterior submissão aos Ministros da CGU e AGU, para fins de decisão final e assinatura do ato.

Fase de execução. Monitoramento do cumprimento da leniência. Mesmo que não agasalhada em norma específica da LIPJ, o tema da execução do acordo pode e deve ser detalhado em sede regulamentar, visando conferir previsibilidade e isonomia.

O art. 51 esclarece como o monitoramento se realizará, em especial, de obrigações ou deveres relacionados com a criação ou aperfeiçoamento de programas de integridade. Tal monitoramento pode ocorrer de forma direta (pelo aparelho administrativo), ou indiretamente (por terceiros), havendo mesmo previsão de dispensa de monitoramento, a depender de "características do ato lesivo" e de "medidas de remediação adotadas pela pessoa jurídica", conforme o caso concreto. A dispensa terá caráter excepcional.

O fomento da cultura de integridade está entre os objetivos sistêmicos da leniência, e, por conseguinte, a regular criação e implementação efetiva de programas de integridade é medida do interesse público (arts. 32, IV e 51). Disso decorre a exigência de transparente processualização na matéria. Exigirá "análise de relatórios, documentos e informações fornecidos pela pessoa jurídica" (§ 1º), que poderão ser obtidos "de forma independente", ou por meio de reuniões, entrevistas, testes de sistemas e de conformidade com as políticas, e visitas técnicas, documentadas ou formalizadas nos autos.

A transparência desse monitoramento – aplicável ao cumprimento de todas as cláusulas da leniência, e não apenas de compromissos de *compliance* – consta do art. 51, § 2º, que a inclui na política de "transparência ativa" do órgão celebrante, utilizando-se sítio eletrônico da CGU na internet. Ao seu final, este dispositivo recorda que serão observadas hipóteses de "sigilos legais", e de interesse público, relacionado com investigações de ilícitos em curso.

Fase de execução. Cumprimento de leniência. O art. 52 do Decreto exige o cumprimento regular dos pressupostos, condições e conteúdo da leniência para que a autoridade celebrante possa produzir ato administrativo declaratório, atestando a adimplemento integral, com o reconhecimento da regularidade na implementação do acordo.

Após a regular celebração do acordo, o processo administrativo seguirá para sua fase de execução, no qual deverão ser formalizados todos os atos relacionados ao cumprimento de todos os deveres, ônus e obrigações acordados, bem como direitos nele contemplados. Verificado o adimplemento, é direito público subjetivo da PJ colaboradora que se produza ato administrativo declaratório sobre o cumprimento de cláusulas acordadas, tenham ou não caráter financeiro

Fase de execução. Descumprimento injustificado da leniência. Em seu art. 16, § 8º, a LIPJ institui sanção administrativa específica à(s) PJ(s) signatária(s), na hipótese de "descumprimento do acordo de leniência", consistente no impedimento "de celebrar novo acordo pelo prazo de 3 (três) anos contados do conhecimento pela administração pública do referido descumprimento".

Certamente que a apuração desta infração e correlata aplicação da sanção exige o devido processo legal administrativo, pressupondo *grave inadimplência* do acordo a justificar sua rescisão e concomitante sancionamento. Por simetria, a competência sancionadora é do órgão celebrante da leniência, que deverá instaurar processo sancionador próprio, submetido às normas gerais da LGPA, já que não há normas específicas na LIPJ.

Entende-se que rescisão e imposição de sanção não devem ser reunidas no processo de execução leniencial, que, primeiramente, deve apurar causas de rescisão, e, conforme o caso, pronunciá-la, com as suas consequências, em cada caso concreto. O processo sancionador deverá ser instaurado de forma autônoma, *a posteriori*. Em ambos, observância do devido processo legal e todos os seus corolários. A responsabilidade da PJ sancionada será lastreada pelo critério subjetivo, e não objetivo.

Mas essa solução não foi agasalhada no ato regulamentar. O art. 53 do Decreto consigna tratamento para hipóteses de rescisão da leniência, por "descumprimento injustificado", arrolando seus efeitos: (i) perda de "benefícios pactuados" (no tocante à redução ou isenção de sanções); (ii) apuração de valores pecuniários devidos, para fins de execução; (iii) imposição de sanção administrativa; e (iv) registro do descumprimento no CNEP. No mesmo processo, a decisão abrangerá rescisão e sanção.

A não dissociação entre rescisão leniencial e processo de sanção é o que aparentemente justifica a alteração regulamentar do termo inicial do impedimento previsto no art. 16, § 8º, da LIPJ, que alude à data do "conhecimento pela administração pública do referido descumprimento", ao passo que no Decreto (art. 53) o termo inicial conta-se "da data em que se tornar definitiva a decisão administrativa que julgar rescindido o acordo". A lei é formalmente superior ao Decreto, que deve ser ajustado.

A rescisão por "descumprimento injustificado" grave – o que significa apuração de conduta no campo de responsabilidade subjetiva – ensejará a possibilidade de utilização dos elementos comprobatórios produzidos na leniência em face da própria PJ colaboradora, diante do rompimento do vínculo colaborativo, afastando-se o efeito previsto no art. 48, § 2º, do Decreto. Ao lado dos efeitos arrolados no art. 53, essa consequência possui inequívoca relevância, com a não cobertura oferecida pelo acordo, na proteção da situação jurídica da PJ colaboradora.

Fase de execução. Alteração de cláusulas da leniência. É certo que, por meio da leniência, PJ colaboradora assume relevantes e vultosas obrigações de conteúdo pecuniário, e outros deveres, que também possuem implicações econômicas, em razão de seus custos internos de implementação. Acordos são não raro firmados com cronogramas extensos de pagamento de obrigações pactuadas. Esta complexidade não é abrangida expressamente pelos arts. 16 e 17 da LIPJ. A praxe administrativa, no entanto, impõe situações de pretensões à mutabilidade do acordo originário.

O art. 54 do Decreto admite "pedido de alteração ou de substituição de obrigações pactuadas", impondo condicionantes: (i) manutenção dos resultados e requisitos originais que fundamentaram o acordo de leniência; (ii) vantajosidade da alteração, em comparação ao reconhecimento de "descumprimento e a rescisão do acordo"; (iii) imprevisibilidade da circunstância ensejadora do pedido; (iv) impossibilidade de cumprimento das condições originalmente pactuadas; (v) comunicação da signatária da impossibilidade de cumprimento de obrigação antes do vencimento do prazo, revelando boa-fé; (vi) manutenção da higidez das garantias do acordo.

Conforme preceitua o parágrafo único, o requerimento está submetido à avaliação do "grau de adimplência da PJ com as demais condições pactuadas, inclusive as de adoção ou de aperfeiçoamento do programa de integridade", pelo que se extrai a inexistência de direito público subjetivo à alteração, uma vez prevista discricionariedade administrativa.

A toda evidência, esse tratamento regulamentar está inspirado no regime geral dos contratos administrativos, conforme legislação nacional. Em rigor, é uma norma que exige, na gestão do acordo, que suas "cláusulas econômico-financeiras" sejam aplicadas *rebus sic standibus,* ou seja, com a necessária consideração das circunstâncias (e suas imprevisíveis ou inevitáveis alterações) ao longo da vigência da leniência.

O disposto no art. 54 do Decreto está compatível com a LIPJ, considerando que seus incisos I e II oferecem garantia de observância do art. 16 da Lei, em face de alterações posteriores pretendidas, e seus inc. III, IV e V densificam o princípio da boa-fé, que sustenta o vínculo de colaboração substantiva.

Como o acordo de leniência é um instituto que visa primordialmente fortalecer a efetividade da legislação anticorrupção, é de interesse público que as partes signatárias possam, excepcionalmente, alterar cláusulas com obrigações pecuniárias, em razão de fatos supervenientes (casos de força maior, caso fortuito ou fatos imprevisíveis ou previsíveis de consequências incalculáveis, na dicção do art. 124, II, "d", da LGLC), impeditivos do seu cumprimento regular.

Caberá à PJ colaboradora a demonstração cabal dos condicionantes já esboçados no ato regulamentar (art. 54), no curso do processo de execução, observando-se o devido processo legal, com ampla defesa e contraditório, bem como todas as limitações materiais decorrentes de princípios constitucionais sobre a decisão administrativa.

Fase de execução. Publicação do acordo. Como visto anteriormente, o art. 22 da LIPJ exige o registro de informações sobre a leniência no CNEP. Em seu art. 55, o Decreto amplifica o dever de publicidade, estipulando que o acordo de leniência será publicado em transparência ativa no sítio eletrônico da CGU, observado sigilo conforme hipóteses e limites estabelecidos em lei.

Essa determinação regulamentar atende às diretrizes da Lei de Acesso à Informação Pública, nos termos do art. 3º da Lei 12.527/2011: (i) observância da publicidade como preceito geral e do sigilo como exceção; (ii) divulgação de informações de interesse público, independentemente de solicitações; (iii) utilização de meios de comunicação viabilizados pela tecnologia da informação; (iv) fomento ao desenvolvimento da cultura de transparência na administração pública; (v) desenvolvimento do controle social da administração pública.

5. Conclusões

1. O Decreto 11.129/2022 consolidou e aperfeiçoou normas infralegais, no campo de aplicação da "responsabilidade administrativa" da Lei de Improbidade das Pessoas Jurídicas. A sua adequada interpretação exige observância do princípio da legalidade, à luz das disposições da LGIA, LGLC, LIPJ e Convenções Internacionais Anticorrupção (ONU, OEA, OCDE).

2. O Decreto não reconhece a pertinência da Lei 12.846/2013 ao terreno da improbidade administrativa. Com isso, deixa sem disciplina adequada o relacionamento da sua aplicação, pelo Poder Executivo federal, em face das atribuições constitucionais do Ministério Público Federal (MPF), no campo da tutela coletiva e na área criminal, bem como do Tribunal de Contas da União (TCU), em matéria de ressarcimento de danos causados ao erário público federal.

3. O Decreto não reconhece a legitimidade do Ministério Público Federal na celebração de acordos de leniência, o que está respaldada no art. 129, I e III, da CF, gerando insegurança jurídica para colaboradores, reduzindo a atratividade e segurança jurídica nesta potestade consensualizada no domínio da improbidade administrativa.

4. O Decreto altera o regime da investigação preliminar, do processo administrativo de responsabilização, e processo administrativo de acordo de leniência.

5. O Decreto deveria aprofundar a processualização da fase de negociação do acordo de leniência.

6. Oferece *iter* procedimental estruturado da atuação cooperativa da CGU e da AGU, nos processos a que se destina regulamentar, oferecendo maior previsibilidade na atuação do Poder Executivo federal. Porém, não trouxe aperfeiçoamentos necessários de caráter interinstitucional, sobretudo em face da atuação do MPF e do TCU na matéria.

7. Detalha e incrementa normas e conceitos essenciais à metodologia de cálculo da multa, pelo Poder Executivo federal, nos termos do art. 6º da LIPJ.

8. Consigna maior densificação de parâmetros atinentes ao processo administrativo de leniência, dentro da organização administrativa federal, o que merece atenção redobrada, na medida em que conteúdos normativos não encontram direta previsão nos arts. 16 e 17 da LIPJ.

9. O aprimoramento do Sistema Brasileiro Anticorrupção, em sintonia com as Convenções Internacionais Anticorrupção (OCDE, OEA e ONU) é um desafio permanente para o setor público e setor privado, no quadro institucional, social, econômico, político e cultural, vivenciado pela sociedade brasileira.

10. O DAS Anticorrupção exerce uma função central, no campo extrapenal, para a adequada interpretação e aplicação de normas anticorrupção, com vistas e elevar o grau de prevenção, dissuasão e repressão de práticas corruptivas.

Referências

BANDEIRA DE MELLO, Celso Antônio. *Curso de direito administrativo*. 35. ed. São Paulo: Malheiros/JusPodvm, 2021.

BANDEIRA DE MELLO, Osvaldo Aranha. *Princípios gerais de direito administrativo*. 3. ed. São Paulo: Malheiros, 2007. v. 1.

CARVALHO FILHO, José dos Santos. *Manual de direito administrativo*. 35. ed. São Paulo: Atlas, 2021.

COELHO, Inocêncio Mártires. *Interpretação constitucional*. 3. ed. São Paulo: Saraiva, 2007.

DI PIETRO, Maria Sylvia Zanella. *Direito administrativo*. 34. ed. Rio de Janeiro: Forense, 2021.

ESTEFAM, Felipe. *A configuração e reconfiguração do princípio da legalidade*. Rio de Janeiro: Lumen Juris, 2013.

FIGUEIREDO, Lúcia Valle. *Curso de direito administrativo*. 9. ed. São Paulo: Malheiros, 2008.

FRANCISCO, José Carlos. *Função regulamentar e regulamentos*. Rio de Janeiro: Forense, 2009.

GROTTI, Dinorá Adelaide Musetti. A teoria dos conceitos jurídicos indeterminados e a discricionariedade técnica. *Revista de Direito da UFMS*, v. 1, p. 165-185, 2015.

GROTTI, Dinorá Adelaide Musetti. Devido processo legal e o procedimento administrativo. *Revista dos Tribunais*, v. I, p. 1105-1119, 2012.

GROTTI, Dinorá Adelaide Musetti. O desvio de poder em atos administrativos. *In:* MARQUES NETO, Floriano de Azevedo; ALMEIDA, Fernando Dias Menezes de; NOHARA, Irene Patrícia; MARRARA, Thiago. (Org.). *Direito e administração pública*. Estudos em homenagem a Maria Sylvia Zanella Di Pietro. São Paulo: Atlas, 2013. p. 795-821.

GROTTI, Dinorá Adelaide Musetti. Poder de polícia. *Boletim de Direito Administrativo*, São Paulo, NDJ, v. 7, p. 753-758, 2006.

LIMA, Ana Júlia Andrade Vaz de. *Programa de Integridade e Lei 12.846/13.* O *compliance* na Lei Anticorrupção brasileira. 2. ed. Rio de Janeiro: Lumen Juris, 2022.

LOSANO, Mario. G. *Sistema e estrutura no direito.* Volume I. Das origens à escola histórica. Trad. Carlos Alberto Dastoli. São Paulo: Martins Fontes, 2008. Introdução, p. XXIX.

MAXIMILIANO, Carlos. *Hermenêutica e aplicação do direito.* 18. ed. Rio de Janeiro: Forense, 1998.

MEDINA OSÓRIO, Fábio. *Direito administrativo sancionador.* 8. ed. São Paulo: RT, 2022.

MELLO, Vanessa Vieira de. *Regime jurídico da competência regulamentar.* São Paulo: Diatética, 2001.

MERÇON-VARGAS, Sarah. *Teoria do processo judicial punitivo não penal.* Salvador: JusPodivm, 2018.

MOTTA, Fabrício. Regulamentos administrativos. *In:* DALLARI, Adílson Abreu; NASCIMENTO, Carlos Valder do; MARTINS, Ives Gandra da Silva. (Org.). *Tratado de direito administrativo.* São Paulo: Saraiva, 2013, v. 1, p. 110-165.

NOBRE JÚNIOR, Edílson Pereira. A Lei 9.784/99 e o procedimento administrativo: 20 anos de um paradigma. *Revista de Direito Administrativo e Infraestrutura*, v. 8, p. 129-149, jan./mar. 2019.

NOBRE JÚNIOR, Edílson Pereira. Considerações sobre o princípio constitucional da impessoalidade administrativa. *Revista de Direito Administrativo e Infraestrutura*, v. 9, p. 103-118, abr./jun. 2019.

NOBRE JÚNIOR, Edílson Pereira. Improbidade administrativa e a proibição do *bis in idem. In:* OLIVEIRA, José Roberto Pimenta; POZZO, Augusto Neves Dal. *Lei de Improbidade Administrativa reformada.* São Paulo: RT – Thomson Reuters, 2022.

NOBRE JÚNIOR, Edílson Pereira. Improbidade administrativa e o acordo de não persecução civil. *Revista de Direito Administrativo e Infraestrutura*, v. 21, p. 301-307, abr./jun. 2022.

NOBRE JÚNIOR, Edílson Pereira. *O princípio da boa-fé e sua aplicação no direito administrativo brasileiro*. Porto Alegre: Sérgio Antônio Fabris, 2002.

NOBRE JÚNIOR, Edílson Pereira. *Paradigmas do direito administrativo sancionador no Estado constitucional*. São Paulo: Dialética, 2021.

NOBRE JÚNIOR, Edílson Pereira. Sanções administrativas e princípios de direito penal. *Revista dos Tribunais*, v. 775, p. 449-470, maio 2000.

OLIVEIRA, José Roberto Pimenta; GROTTI, Dinorá Adelaide Musetti. Direito administrativo sancionador. Breve evolução. Identidade. Abrangência e funcionalidades. *Interesse Público*, v. 22, p. 83-126, 2020.

OLIVEIRA, José Roberto Pimenta; POZZO, Augusto Neves Dal (Org.). *Lei de Improbidade Administrativa reformada*. São Paulo: RT – Thomson Reuters, 2022.

OLIVEIRA, José Roberto Pimenta. Comentários ao art. 13. *In:* MARRARA, Thiago; DI PIETRO, Maria Sylvia Zanella. *Lei Anticorrupção comentada*. 3. ed. Belo Horizonte: Fórum, 2020.

OLIVEIRA, José Roberto Pimenta. Desafios e avanços na prevenção e no combate à corrupção, na atuação cível do MPF nos 30 anos da CF. *In:* HIROSE, Regina Tamami (Org.). *Carreiras típicas de Estado:* desafios e avanços na prevenção e no combate à corrupção. Belo Horizonte: Fórum, 2019. v. 1, p. 181-198.

OLIVEIRA, José Roberto Pimenta. *Improbidade administrativa e sua autonomia constitucional*. Belo Horizonte: Fórum, 2009.

OLIVEIRA, José Roberto Pimenta. Os princípios da razoabilidade e da proporcionalidade como normas conformadoras e limitadoras da atuação da Administração Pública *Tratado de direito administrativo*. São Paulo: Saraiva, 2013. v. I, p. 213-255.

OLIVEIRA, José Roberto Pimenta. Razoabilidade, proporcionalidade e probidade administrativa. Tutela adequada do interesse público anticorrupção *Princípios de direito administrativo*. 2. ed. Belo Horizonte: Fórum, 2021. p. 227-284.

PALMA, Juliana Bonacorsi de. *Sanções e acordo na Administração Pública*. São Paulo: Malheiros, 2015.

PEREIRA JÚNIOR, Edílson Nobre. A Lei 9.784/99 e o procedimento administrativo: 20 anos de um paradigma. *Revista de Direito Administrativo e Infraestrutura*, v. 8, p. 148, jan./mar. 2019.

SABOYA, Keity. *Ne bis in idem:* história, teoria e perspectivas. Rio de Janeiro: Lumen Juris, 2014.

DEFINIÇÃO DO SUJEITO ATIVO NAS OBRIGAÇÕES TRIBUTÁRIAS DE CONTRIBUIÇÕES PARAFISCAIS: ESTUDO DA COBRANÇA DIRETA DAS CONTRIBUIÇÕES DESTINADAS AO SENAI DIANTE DA SUPERVENIÊNCIA DA LEI 11.457/2007 E DA JURISPRUDÊNCIA DO STJ

Paulo de Barros Carvalho

Professor Titular de Direito Tributário da PUC-SP e da USP.

Lucas Galvão de Britto

Bacharel em Direito pela UFRN. Mestre e Doutor em Direito Tributário pela PUC-SP. Professor PUC-SP e IBET.

1. Introdução

O presente estudo investiga a licitude da "cobrança direta" das contribuições destinadas ao Senai.[1] Por esse fenômeno,

1. A pesquisa que orienta este texto foi inicialmente concebida para elaboração de Parecer que foi juntado aos autos do EREsp 1.571.933, que trata especificamente dessa matéria e, ao tempo em que entregamos este escrito, aguarda julgamento pela Corte Superior.

compreende-se o exercício, por aquela entidade, do direito subjetivo de exigir o tributo devido sem a participação de órgãos da União.

Trata-se de mecanismo normativo instaurado na década de 60, porém que hoje vem sendo objeto de questionamentos em torno de três itens: (i) sua recepção pela Carta de 1988; (ii) revogação por obra do Decreto sem número de 10.05.1991; e (iii) revogação tácita pela Lei 11.457/2007.

Nossa pesquisa, no entanto, mostrou que nenhuma das três objeções supraindicadas se sustentam, não resistindo à crítica fundada na interpretação sistemática do Texto Constitucional de 1988 e na jurisprudência recente do STJ, especialmente a de sua Primeira Seção.

2. A regra-matriz de incidência tributária como técnica para sistematizar o exame do direito vigente e sua aplicação aos tributos instituídos pelo Decreto-Lei 4.048/1942

Em meio à complexidade do conjunto de disposições normativas que dá forma ao sistema tributário brasileiro, há de se reconhecer o papel nuclear das normas que falam do fenômeno da incidência dos tributos. Não é por acaso que Dino Jarach entrevia ali o conceito central para o estudo do direito tributário substantivo.[2]

Ocorre que a dinâmica legislativa de nosso ordenamento conduz a frequentes mudanças no acervo de diplomas cuja leitura se mostra necessária à compreensão dessas normas.

2. "Es éste, en efecto, el centro del derecho tributario sustantivo, como el delito lo es del derecho penal o el hecho jurídico, en general, y el negocio jurídico o el acto ilícito, en particular, son el centro del derecho civil. Al hecho imponible se vincula toda la problemática jurídica de las relaciones entre derecho civil y derecho tributario, todas las cuestiones referentes a las maniobras de evasión fiscal, a las exenciones tributarias, a los sujetos activos y pasivos de los impuestos. Por esta razón, este trabajo lleva por título el de EL HECHO IMPONIBLE, y como subtítulo el de Teoría general del derecho tributario sustantivo" (JARACH, Dino. *El hecho imponible*. Buenos Aires: Abeledo-Perrot, 1982. p. 6).

Com efeito, são raras – raríssimas até – as oportunidades em que se pode alcançar boa interpretação da norma de incidência de um tributo a partir de um só documento. No mais das vezes, deve-se recorrer a diferentes textos legais, por vezes dispersos ao longo de muitos anos, para, a partir do entrelace de seus enunciados, compreender o todo deôntico de significação. É precisamente o que ocorre no caso ora examinado, que envolve diversos diplomas, publicados entre 1942 e 2007, além, é claro, de múltiplas manifestações judiciais e administrativas que registram a *interpretação autêntica*, em acepção kelseniana,[3] desses dispositivos.

Para auxiliar esse processo de articulação dessas tantas disposições jurídicas em estrutura normativa uma e única, capaz de sistematizar a inteireza do comando deôntico de modo mínimo e irredutível, utilizaremos a regra-matriz de incidência tributária. Seu esquema lógico permite saturar os cinco critérios de sua fórmula com a significação construída a partir dos enunciados legais, resultando em um "mapa" proveitoso ao exame analítico da norma-padrão de incidência de cada tributo. Não há de ser diferente com as duas contribuições destinadas ao Senai.

Com efeito, ao instituir o tributo, a autoridade que legisla introduz no sistema norma geral e abstrata que estatui, na *hipótese*, o fato que, se verificado, dará ensejo ao dever de pagar o tributo e, no *consequente*, às condições em que esse dever deve ser constituído, ou seja, o modo como será instaurado o vínculo obrigacional entre o Estado (ou quem lhe faça as vezes nessa relação) na condição de sujeito ativo, e uma pessoa qualquer, física ou jurídica, particular ou pública, como sujeito passivo.

Desmembrando seus termos antecedente (hipótese) e consequente em critérios, temos que a fórmula da regra-matriz de incidência tributária será assim composta:

---

3. *Teoria pura do direito*. São Paulo: Martins Fontes, 1995. p. 245 e ss.

No antecedente:

Critério material: formado por um verbo e seu complemento que determinam o agir que caracteriza um fato tributável;

Critério espacial: indica as condições geográficas nas quais o acontecimento deve se realizar para ser considerado tributável;

Critério temporal: demarca o instante no qual se deve verificar se houve o fato a ser tributado;

No consequente:

Critério pessoal: permite identificar os sujeitos que figuram nas posições de sujeito ativo e sujeito passivo da obrigação tributária;

Critério quantitativo: indica base de cálculo e alíquota, permitindo objetivar, mensurar e confirmar a materialidade tributada.

Pois bem, esse será o primeiro passo neste texto: partindo da leitura dos enunciados da legislação pertinente, empregaremos esse esquema normativo para construir as regras-matrizes das contribuições destinadas ao Senai.

2.1 As regras-matrizes de incidência tributária das contribuições destinadas ao SENAI

De início, deve-se notar que a expressão "Contribuição ao Senai" denota *não uma, mas duas contribuições* que, apesar de apresentar notável semelhança, são entidades normativas diferentes, cada qual com particularidades em seu modo de incidir.

A instituição de ambas remonta ao mesmo diploma que criou essa entidade. Trata-se do Decreto-lei 4.048/1942 que, ao lado de traçar as atribuições iniciais do Senai, instituiu duas cobranças para seu custeio:

1. no *art. 4º*, estipulou contribuição mensal, devida por todos os estabelecimentos industriais, que neste texto denominaremos *contribuição geral*;

2. no *art. 6º*, determina o pagamento de contribuição adicional de 20% para todos os estabelecimentos que possuíssem mais de 500 operários, neste estudo chamada de *contribuição adicional*.

Essa legislação foi objeto de diversas modificações ao longo dos anos, destacando-se entre elas, ainda na década de 1940, os Decretos-lei 4.936/1942, 6.246/1944 e, na década de 60, pelos Decretos 494/1962 e 60.466/1967.

Salta à vista que os diplomas supracitados são, todos eles, anteriores à Constituição de 1988. No entanto, suas disposições foram expressamente acolhidas pelo Constituinte originário no art. 240, que recepcionou essa e outras contribuições destinadas aos diferentes serviços sociais.[4] Tal dispositivo dá a tais contribuições fundamento de validade até os dias de hoje e lhes confere, ainda, regime competencial diverso do aplicável às contribuições destinadas à seguridade social previstas no art. 195.

Após a superveniência da Lei Maior de 1988, importa ainda destacar a edição do Decreto 99.350/1990 e da Lei 11.457/2007 que, respectivamente, substituíram o Instituto Nacional de Previdência Social – INPS pelo Instituto Nacional do Seguro Social – INSS e, em 2007, trocou este pela Secretaria da Receita Federal do Brasil. Trata-se dos órgãos encarregados de realizar o recolhimento das contribuições sobre folha de salários, bem como as "contribuições de terceiros".

Submetendo tais diplomas ao esquema da Regra Matriz de Incidência Tributária – RMIT, podem-se articular os diferentes enunciados prescritivos que dão corpo às duas

4. Transcrevo o dispositivo: "Art. 240. Ficam ressalvadas do disposto no art. 195 as atuais contribuições compulsórias dos empregadores sobre a folha de salários, destinadas às entidades privadas de serviço social e de formação profissional vinculadas ao sistema sindical".

normas-padrão, vistas enquanto comandos deônticos completos. A seguir, registro os respectivos delineamentos, colocando em nota de rodapé os dispositivos normativos citados, destacando, quando oportuno, os trechos que melhor registram os contornos semânticos dados a cada critério. Vejamo-las:

2.1.1 Contribuição geral ao Senai

No antecedente:

Critério material: pagar salários a operários (art. 4º, *caput*, do Decreto-lei 4.048/1942[5] c/c art. 1º do Decreto 6.246/1944[6]);

Critério espacial: estabelecimento industrial empregador (art. 4º, *caput*, do Decreto-lei 4.048/1942[7]);

Critério temporal: pagamento da remuneração (art. 4º, *caput*, do Decreto-lei 4.048/1942[8] c/c art. art. 1º, *caput*, do Decreto-lei 6.246/1944[9]);

---

5. "Art. 4º Serão os estabelecimentos industriais das modalidades de indústrias enquadradas na Confederação Nacional da Indústria obrigados ao *pagamento de uma contribuição mensal* para montagem e custeio das escolas de aprendizagem" (grifos nossos).

6. "Art. 1º A *contribuição de que tratam os Decretos-Lei 4.048, de 22 de janeiro de 1942*, [...] passará a ser arrecadada na base de um por cento *sôbre o montante da remuneração paga pelos estabelecimentos* contribuintes a todos os seus empregados" (grifos nossos).

7. "Art. 4º Serão os *estabelecimentos industriais* [...] obrigados ao pagamento de uma contribuição mensal para montagem e custeio das escolas de aprendizagem" (grifos nossos).

8. "Art. 4º Serão os estabelecimentos industriais [...] obrigados ao pagamento de uma contribuição mensal [...] § 1º A *contribuição referida neste artigo será de dois mil réis, por operário e por mês.*"

9. "Art. 1º A contribuição de que tratam os Decretos-Lei 4.048, de 22 de janeiro de 1942 [...] passará a ser arrecadada na base de um por cento *sôbre o montante da remuneração paga pelos estabelecimentos contribuintes* a todos os seus *empregados*" (grifos nossos).

No consequente:

Critério pessoal:

- **Sujeito ativo:**

  - **União** (art. 4º, § 2º, do Decreto-lei 4.048/1942[10], c/c art. 3º do Decreto-lei 4.936/1942[11], art. 1º do Decreto 90.350/1990[12], hoje por meio de seu órgão Receita Federal, cf. arts. 2º e 3º, § 2º, da Lei 11.457/2007[13]); **ou**

  - **Senai**, caso o contribuinte exerça a **opção**[14] conferida a ele pelo art. 50 do Decreto 494/1962[15];

---

10. "Art. 4º [...] § 2º A *arrecadação* da contribuição de que trata este artigo *será feita pelo Instituto de Aposentadoria e Pensões dos Industriários*, sendo o produto posto à disposição do Serviço Nacional de Aprendizagem dos Industriários" (grifos nossos).

11. "Art. 3º [...] § 1º A arrecadação das contribuições, a que ficam obrigadas essas empresas, *será feita pelos institutos de previdência ou caixas de aposentadoria e pensões*, a que elas estiverem filiadas, pondo-se o produto à disposição do Serviço Nacional de Aprendizagem Industrial" (grifos nossos).

12. "Art. 1º É criado o *Instituto Nacional do Seguro Social (INSS)*, [...] *mediante fusão* do [...] (Iapas) com o *Instituto Nacional de Previdência Social (INPS)*" (grifos nossos).

13. "Art. 2º Além das competências atribuídas pela legislação vigente à *Secretaria da Receita Federal*, cabe à Secretaria da Receita Federal do Brasil [...] fiscalização, arrecadação, cobrança e recolhimento das contribuições sociais [...]
Art. 3º As atribuições de que trata o art. 2º desta Lei se estendem às *contribuições devidas a terceiros*, assim entendidas outras entidades e fundos, na forma da legislação em vigor, aplicando-se em relação a essas contribuições, no que couber, as disposições desta Lei. [...]
§ 2º O disposto no *caput* deste artigo *abrangerá exclusivamente contribuições cuja base de cálculo seja a mesma das que incidem sobre a remuneração paga*, devida ou creditada a segurados do Regime Geral de Previdência Social ou instituídas sobre outras bases a título de substituição" (grifos nossos).

14. O recolhimento ao Senai deve ser objeto de deliberação do contribuinte, colocando-se como regime alternativo pelo qual o contribuinte pode optar. Hoje, tal opção é registrada por Termo de Cooperação Técnico e Financeira. Perceba-se, porém, que a adesão não cria, mas apenas determina a submissão à regra da cobrança direta que é instituída nos termos do art. 50 do Decreto 494/1962.

15. "Art. 50. Visando ao atendimento de situações especiais, determinadas emprêsas poderão recolher as suas contribuições diretamente aos cofres do SENAI."

- **Sujeito passivo**: titular do estabelecimento industrial (art. 4º, *caput*, do Decreto-Lei 4.048/1942[16]);

Critério quantitativo:

- **Base de cálculo:** remuneração paga (art. 1º, *caput*, do Decreto-lei 6.246/1944[17]);
- **Alíquota:** um por cento (art. 1º, *caput*, do Decreto-lei 6.246/1944[18]).

2.1.2 Contribuição adicional

No antecedente:

Critério material: pagar salários a mais de 500 operários (art. 6º do Decreto-lei 4.048/1942[19]);

Critério espacial: estabelecimento industrial empregador (art. 6º do Decreto-lei 4.048/1942);

Critério temporal: pagamento da remuneração (art. 6º do Decreto-lei 4.048/1942 c/c art. 3º do Decreto-Lei 6.246/1944[20]);

---

16. "Art. 4º Serão os *estabelecimentos industriais* das modalidades de indústrias enquadradas na Confederação Nacional da Indústria obrigados ao pagamento de uma contribuição mensal [...]" (grifos nossos).

17. "Art. 1º A contribuição [...] passará a ser arrecadada na base de um por cento *sôbre o montante da remuneração paga* pelos estabelecimentos contribuintes a todos os seus empregados" (grifos nossos).

18. "Art. 1º A contribuição [...] passará a ser arrecadada na *base de um por cento* sôbre o montante da remuneração paga [...]"(grifos nossos).

19. "Art. 6º A contribuição dos *estabelecimentos que tiverem mais de quinhentos operários*" (grifos nossos).

20. Vide notas 13 *supra* e o art. 3º do Decreto-lei 6.246/1944: "Art. 3º A contribuição adicional de vinte por cento, a que se refere o art. 6º do Decreto-Lei 4.048, de 22 de janeiro de 1942, *será calculada sôbre e importância da contribuição geral* devida pelos empregadores ao Serviço Nacional de Aprendizagem Industrial, na forma do art. 2º dêste Decreto-lei" (grifos nossos).

No consequente:

- **Critério pessoal:**
  - o **Sujeito ativo:** Senai (art. 10 Decreto 60.466/1967[21]);
  - o **Sujeito passivo:** titular do estabelecimento industrial (art. 6º, *caput*, do Decreto-lei 4.048/1942[22]);
- **Critério quantitativo:**
  - o **Base de cálculo:** total da contribuição geral devida (art. 3º do Decreto-lei 6.246/1944[23]);
  - o **Alíquota:** vinte por cento (art. 6º do Decreto-lei 4.048/1942[24]).

2.2 Reconhecimento na práxis jurídica das distinções entre as RMITs da contribuição geral e a adicional destinadas ao Senai

Desde sua origem comum, no Decreto-lei 4.048/1942, percebem-se muitas semelhanças entre as duas contribuições acima esboçadas. Seu desenho normativo, porém, evidencia significativas diferenças entre elas, que justificam seu tratamento como normas tributárias diversas.

---

21. "Art. 10. *A taxa adicional de 20% (vinte por cento)* devida ao Serviço Nacional de aprendizagem Industrial (SENAI) pelos *estabelecimentos que tiverem mais de 500 (quinhentos) empregados*, [...], *será recolhida diretamente ao SENAI, a quem incumbirá sua fiscalização*" (grifos nossos).

22. "Art. 6º A *contribuição dos estabelecimentos* [...]"(grifos nossos).

23. "Art. 3º A contribuição adicional de vinte por cento, a que se refere o art. 6 do Decreto-Lei 4.048, de 22 de janeiro de 1942, será *calculada sôbre e importância da contribuição geral* devida pelos empregadores ao Serviço Nacional de Aprendizagem Industrial, na forma do art. 2º dêste Decreto-lei" (grifos nossos).

24. "Art. 6º *A contribuição* dos estabelecimentos que tiverem mais de quinhentos operários *será acrescida de vinte por cento*" (grifos nossos).

Nesse ponto, ingressa uma reflexão de superlativa importância para o entendimento do assunto. Trata-se do binômio *base de cálculo/hipótese de incidência*, ferramenta constitucional que oferece ao intérprete meio seguro para discernir as espécies e subespécies tributárias, umas das outras. Sua origem é constitucional pois nasce da conjunção dos arts. 145, § 2º e 154, I, consagrando a fixação dessas duas entidades, base de cálculo e hipótese de incidência, como traços caracterizadores da "natureza" específica da figura impositiva.

Pois bem, o exame comparativo das regra-matrizes acima, valendo-se da técnica do binômio constitucional, evidencia que estamos diante de duas percussões distintas. Vale conferir o quadro comparativo:

	Contribuição geral (art. 4º do DL 4.048/1942)	Contribuição adicional (art. 6º do DL 4.048/1942)
Hipótese de incidência	Pagar remuneração a operários	Pagar remuneração **a mais de 500 operários**
Base de cálculo	**Total de remunerações** pagas	Valor da **contribuição geral**

E nem se diga que o fato de que a base de cálculo da contribuição adicional ser diretamente influenciada pela base de cálculo da contribuição geral retira sua autonomia. Muito ao contrário, a jurisprudência do STF reconhece inexistir licitude em equiparações dessa sorte.[25]

25. Expressiva a jurisprudência do STF ao impedir equiparações entre bases de cálculo quando os elementos para o cômputo de uma delas é utilizado no cômputo da outra, a exemplo de taxa municipal que toma por base de cálculo a área de imóvel: "Ementa: AGRAVO INTERNO. RECURSO EXTRAORDINÁRIO. TRIBUTÁRIO. TAXA DE LOCALIZAÇÃO E FUNCIONAMENTO. BASE DE CÁLCULO. ÁREA DO IMÓVEL. CONSTITUCIONALIDADE. 1. A jurisprudência reiterada do STF é no sentido da legitimidade da cobrança de taxa de localização e funcionamento cuja base de cálculo se vincula à área do imóvel. 2. Agravo interno a que se nega provimento. Não se aplica o art. 85, § 11, do Código de Processo Civil de 2015, tendo em vista que o julgado recorrido foi publicado antes da vigência da nova codificação processual" (STF. RE 658.884. Primeira Turma. Rel. Min. Alexandre de Moraes. *DJe* 22.06.2018.)

Na tradição jurídica brasileira a diferença na base de cálculo das duas contribuições ora examinadas foi continuamente reafirmada e até mesmo potencializada pelo exercício da competência tributária nos anos seguintes à sua instituição.[26] Entre os aprofundamentos da crescente distinção entre elas, houve a instauração de regimes diversos de fiscalização e arrecadação, chegando ao ponto de traçar até mesmo sujeitos ativos diferentes nas correspectivas obrigações tributárias. Retomando a comparação das regra-matrizes, vimos no critério pessoal:

	Contribuição geral (art. 4º do DL 4.048/1942)	Contribuição adicional (art. 6º do DL 4.048/1942)
Sujeito ativo	União (mediante Receita Federal) ou Senai (se *optar* o contribuinte pela cobrança direta desta)	Senai (cobrança direta)

É certo que a cobrança direta tem sido praticada desde a década de 1960, inclusive com reconhecimento de outros órgãos oficiais, como a própria Receita Federal do Brasil[27] e validação judicial pelas mais altas cortes do país.[28]

26. Os dispositivos normativos expedidos desde então as tratam como contribuições diversas, a exemplo do art. 3º do Decreto-lei 4.936/1942, dos arts. 1º e 3º do Decreto-lei 6.246/1944, bem como do art. 10 do Decreto 60.466/1967, que impõe a obrigação do recolhimento direto ao Senai apenas para a contribuição adicional, sem fazê-lo para as contribuições gerais que, na forma do art. 50 do Decreto 494/1962.

27. A título de exemplo, veja-se o art. 6º da IN/RFB nº 2.055/2021: "Art. 6º Compete à RFB efetuar a restituição dos valores recolhidos para outras entidades ou fundos, *exceto no caso de arrecadação direta*" (grifos nossos).

28. Assim sucede, por exemplo, com o entendimento da Segunda Turma do STJ: "AÇÃO DE COBRANÇA. CONTRIBUIÇÃO ADICIONAL AO SERVIÇO NACIONAL DE APRENDIZAGEM INDUSTRIAL (SENAI). DECRETO-LEI 4.048/1942. OFENSA AO ART. 1.022 DO CPC NÃO CARACTERIZADA. EMPRESA COM MAIS DE 500 EMPREGADOS, CONSIDERANDO-SE TODAS AS FILIAIS. ENQUADRAMENTO DA EMPRESA. [...] 1. Cuida-se, na origem, de Ação de Cobrança proposta pelo Serviço Nacional de Aprendizagem Industrial (Senai) contra empresa, com o objetivo de condená-la ao pagamento de contribuição adicional instituída pelo Decreto-lei 4.048/1942. [...] 4. Com efeito, a jurisprudência do STJ é firme no sentido de que a regra legal constante do Decreto-lei 4.048/1942, que

2.3 Isolamento do tema: licitude da capacidade tributária ativa do Senai fundada nos art. 50 do Decreto nº 494/1962 e art. 10 do Decreto-lei 60.466/1967

As distinções no desenho da incidência dessas duas contribuições, reiteradas na práxis jurídica das últimas décadas, acentuam a relevância de tratá-las como entidades autônomas, apesar de compartilharem origem e certa similitude.

E é precisamente sobre diferença registrada no critério pessoal, precisamente no tópico do sujeito ativo, que reside a questão nuclear deste estudo: à luz do direito positivo vigente, seguem válidos o art. 50 do Decreto 494/1962, que cria o regime optativo de recolhimento direto da contribuição geral, e, também, o art. 10 do Decreto 60.466/1967, que atribuiu capacidade tributária ativa ao Senai, com exclusividade,[29] para cobrança da contribuição adicional?

Antecipamos que a resposta é positiva. Pois:

(i) a recepção expressa, pelo art. 240 da Constituição de 1988, que hoje serve de fundamento de validade para os diplomas editados antes da atual Lei Maior, não faz qualquer reserva à possibilidade de que entidades diversas dos órgãos previdenciários federais realizem a arrecadação direta das contribuições, como já determinava a legislação então vigente (especialmente os Decretos 494/1962 e 60.466/1967), o

---

impõe às sociedades empresárias com mais de quinhentos empregados o recolhimento de contribuição adicional ao Sesi/Senai, abrange o estabelecimento como um todo, e não cada filial isoladamente" (STJ. AgInt no AREsp 2.106.830. Segunda Turma. Rel. Min. Herman Benjamin. *DJe* 30.09.2022).

29. Tal exclusividade é reconhecida até mesmo pela Receita Federal do Brasil, como evidencia a Solução de Consulta DISIT/SRRF04, n. 66 de 20.09.2012: "A *contribuição adicional a que se refere o art. 6º do Decreto-Lei 4.048, de 1942*, equivalente a 20% (vinte por cento) da contribuição geral devida ao Serviço Nacional de Aprendizagem Industrial (SENAI) pelas empresas que tiverem mais de 500 (quinhentos) empregados, na forma da legislação aplicável, *é arrecadada, fiscalizada e cobrada pelo próprio SENAI, e não pela Secretaria da Receita Federal do Brasil*". Perceba-se que, então, já vigorava a Lei 11.457/2007.

que também é respaldado na prática institucional desde aquele instante até a presente data, inclusive mediante atos do Poder Judiciário e de órgãos do Poder Executivo, notadamente da Receita Federal;

(ii) a recepção de diplomas tributários anteriores à ordem constitucional vigente assimila-os enquanto manifestações legítimas do exercício da competência tributária atual, desse modo, somente veículo introdutor hoje habilitado para versar sobre a mesma matéria, segundo a ordem constitucional vigente, pode dispor em sentido contrário ao que foi recepcionado, por exemplo, para revogar disposições dos diplomas anteriores;

(iii) em vista da recepção dos dispositivos que dão corpo à RMIT da contribuição adicional de que tratamos, somente lei ordinária poderá dispor em sentido diverso, sobrepondo-se ao disposto nos diplomas recepcionados, ou mesmo vir a revogá-los. Por isso, o Decreto sem número de 10.05.1991, veículo introdutor secundário ao qual, em regra, não se dá poderes para inovar no desenho de tributos, não é expediente apto para revogar o disposto no art. 10 do Decreto nº 60.466/1967, que outorgou capacidade tributária ativa para o Senai, moldando o tópico de sujeito ativo da RMIT da contribuição adicional;

(iv) quanto à Lei 11.457/2007, naquilo que versa sobre contribuições destinadas a terceiros, abrange apenas as verbas que a legislação federal já atribuía expressamente à fiscalização e arrecadação pelo extinto INSS, sem avançar sobre a regra-matriz de tributos que tinham regras específicas para delinear seus sujeitos ativos, como ocorre com a contribuição adicional ao Senai e, também, com a contribuição geral dos contribuintes que tenham optado pelo regime instituído pelo art. 50 do Decreto 494/1962. Isso porque, mesmo sendo *lei* e *posterior*, ainda assim institui comando dotado de

> maior generalidade em relação àqueles do art. 50 do Decreto 494/1962 e do art. 10 do Decreto 60.466/1967. Portanto, não se pode sobrepor aos comandos anteriores mais específicos (art. 2º, § 2º, da LINDB).

Desse breve resumo, vê-se que a justificação de cada um desses itens perpassa alguns conceitos fundamentais da Teoria do Direito, como as noções de *fontes do direito*, *revogação* e *direito subjetivo*, e, em particular, da Teoria Geral do Direito Tributário, como ocorre com a distinção entre *competência tributária*, *capacidade tributária ativa* e *sujeição ativa* da obrigação tributária.

3. Sobre as categorias competência tributária, capacidade tributária ativa e sujeição ativa

A expressão "competência tributária" é um bom exemplo de como um mesmo termo pode ser bastante ambíguo na linguagem técnica jurídica tributária. Numa primeira acepção, coincide com a aptidão que tem as pessoas jurídicas de direito público (e só elas[30]) para, com fundamento nas normas taxativamente arroladas pela Constituição, exercer o poder de legislar para instituir normas inaugurais sobre a incidência de tributos. Essa é a significação que encontra maior prestígio no meio científico, sendo vários os textos que reservam a locução "competência tributária" para designar apenas esse fenômeno.

A linguagem da técnica administrativa e judicial, no entanto, muitas vezes usa essa mesma expressão ("competência tributária") para se referir a fenômenos outros, como: (i) a aptidão que tem uma pessoa, indicada em lei, para promover a constituição da norma individual e concreta que instaura o direito subjetivo de cobrar o crédito tributário; (ii) o exercício desse direito subjetivo perante o contribuinte e o Poder Judiciário, mediante ações de cobrança e outras tutelas processuais; (iii) o

30. A exclusividade deriva da contingência de que nossa Constituição não outorgou tais poderes a qualquer outra entidade que não as pessoas de direito público.

período de apuração de determinado tributo; (iv) a técnica contábil para o reconhecimento de receitas; ou mesmo (v) a faixa de vigência de uma certa legislação no espaço.

Para bem isolar analiticamente os fenômenos que podem influir neste Estudo é proveitoso discernir três situações:

a. **Competência tributária** é a aptidão legislativa que apenas as pessoas de direito público recebem, diretamente do Texto Constitucional, para *elaborar textos legais* cujos enunciados serão utilizados pelos intérpretes para construir o sentido das normas gerais e abstratas que versam a incidência tributária;

b. **Capacidade tributária ativa**, com essa expressão boa parte da doutrina e jurisprudência reconhecem a *posição, determinada em norma geral e abstrata*, que tem uma pessoa, de direito público ou privado, para *ocupar a posição de sujeito ativo* das obrigações tributárias decorrentes da incidência dessa norma; e

c. **Sujeição ativa** é a posição ocupada pelo *titular do direito subjetivo* no interior de uma obrigação tributária já instituída;[31] verificar-se-á, portanto, *no interior de uma norma individual e concreta*, ou seja, na norma que instaura protocolarmente o fato jurídico tributário e a correspectiva obrigação.

Essa separação conceptual permite segregar os respectivos fenômenos jurídicos e, ao mesmo tempo, melhor descrever suas ligações. De fato, uma coisa é poder legislar, desenhando o perfil jurídico de um gravame ou regulando os expedientes necessários à sua funcionalidade; outra é reunir credenciais para integrar a relação jurídica, no tópico de

31. Parece especialmente proveitosa aqui a expressão de Pontes de Miranda: "Rigorosamente, só se devia tratar das pessoas, depois de se tratar dos sujeitos de direito; porque ser pessoa é apenas ter a possibilidade de ser sujeito de direito. *Ser sujeito de direito é estar na posição de titular de direito.* [...] *Se alguém não está em relação de direito não é sujeito de direito:* é pessoa; isto é, o que pode ser sujeito de direito" (*Tratado de direito privado*. Rio de Janeiro: Borsoi, 1972. t. 1, p. 153. Grifos nossos).

sujeito ativo. O estudo da competência tributária aponta para um comando normativo que precede a existência mesma do tributo, seus enunciados têm assento no plano constitucional. Já a capacidade tributária ativa é tema a ser considerado no ensejo do desempenho daquelas competências, quando o legislador, consignando certas pessoas nos diplomas normativos que versam a incidência de um tributo, coloca-as em vínculo deôntico, ainda abstrato.

A distinção apresenta importantes desdobramentos, sendo um deles o exame de sua delegabilidade. Isso porque enquanto o titular da competência tributária não pode transferi-la a outro, esse mesmo sujeito pode transferir a capacidade tributária ativa a qualquer pessoa,[32] desde que o faça por meio dos veículos introdutores de normas de competência.

---

32. "O sujeito ativo, que dissemos ser o titular do direito subjetivo de exigir a prestação pecuniária, no direito tributário brasileiro pode ser uma pessoa jurídica pública ou privada, mas não visualizamos óbices que impeçam venha a ser pessoa física. Entre as pessoas jurídicas de direito público, temos aquelas investidas de capacidade política – são as pessoas políticas de direito constitucional interno – dotadas de poder legislativo e habilitadas, por isso mesmo, a inovar a organização jurídica, editando normas. Há outras, sem competência tributária, mas credenciadas à titularidade de direitos subjetivos, como integrantes de relações jurídicas obrigacionais. Entre as pessoas de direito privado, sobressaem as entidades paraestatais que, guardando a personalidade jurídico-privada, exercitam funções de grande interesse para o desenvolvimento de finalidades públicas. Por derradeiro, e como já adiantamos, há possibilidade jurídica de uma pessoa física vir a ser sujeito ativo de obrigação tributária. A hipótese traz como pressuposto que tal pessoa desempenhe, em determinado momento, atividade exclusiva e de real interesse público. Concorrendo os requisitos, nada conspiraria contra a indicação de sujeito de direitos, pessoa física, para arrecadar taxas, por exemplo.
A redação do art. 119 do CTN aparenta desmentir o que foi exposto. Prescreve que sujeito ativo da obrigação é a pessoa jurídica de direito público titular da competência para exigir o seu cumprimento. O preceptivo suprime, descabidamente, gama enorme de possíveis sujeitos ativos, reduzindo o campo de eleição, única e tão somente, às pessoas jurídicas de direito público, portadoras de personalidade política. Estamos diante de uma formulação legal que briga com o sistema. Há mandamentos constitucionais que permitem às pessoas titulares de competência tributária a transferência da capacidade ativa, nomeando outro ente, público ou privado, para figurar na relação, como sujeito ativo do vínculo. A despeito dessas autorizações constitucionais, que já estudamos em capítulos anteriores, insiste o legislador em dizer que só a União, os Estados, o Distrito Federal e os Municípios têm legitimidade para ocupar o tópico de sujeito pretensor nas obrigações tributárias. Levada a sério a letra do art. 119, ruiriam todas as construções relativas à parafiscalidade, jogadas ao desconfortável reduto das normas eivadas de invalidade. Não é tarde para reconhecermos que o art. 119 do CTN é letra morta no sistema do direito positivo

3.1 Parafiscalidade e as relações jurídicas tributárias

Com efeito, em nosso sistema tributário, quem recebeu poderes para legislar pode ou não os exercer.[33] Todavia, em caso de não aproveitamento da faculdade legislativa, a pessoa competente está impedida de transferi-la a qualquer outra. Trata-se do princípio da *indelegabilidade da competência tributária*, que se põe entre as diretrizes implícitas e que é uma projeção do postulado genérico da tripartição dos poderes (art. 2º da CR), aplicável, por isso, a todo o campo da atividade legiferante.

A esse limite não está submetida a definição legislativa da capacidade tributária ativa. É perfeitamente possível que a pessoa habilitada para legislar sobre tributos edite a lei e, no texto legal, nomeie outra entidade para compor o liame obrigacional, na condição de sujeito titular de direitos subjetivos, o que nos propicia reconhecer que *a capacidade tributária ativa é transferível*. Tal circunstância é rica em exemplos na nossa experiência: assim ocorre no ITR que pode ser recolhido pelos Municípios após a celebração de convênios com a União, nas contribuições de interesse de categorias profissionais, instituídas pela União e recolhidas pelos respectivos conselhos, além das ora cogitadas contribuições geral e adicional que, nos termos dos art. 50 do Decreto 494/1962 e do art. 10 do Decreto 60.466/1967, respectivamente, atribuem capacidade tributária ativa ao Senai para que ele figure como sujeito ativo das correspondentes obrigações tributárias.

Ora, sempre que isso ocorrer, apontando a lei sujeito ativo diverso do portador da competência impositiva, estará o estudioso habilitado a reconhecer duas situações juridicamente distintas:

---

brasileiro. Dele nada se aproveita, com exceção, naturalmente, de admitirmos a ponderação óbvia de que as pessoas jurídicas titulares de competência para instituir tributos também podem ser sujeitos ativos" (CARVALHO, Paulo de Barros. *Curso de direito tributário*. São Paulo: Noeses, 2022. p. 335-336).

33. Com exceção do ICMS, que há de ser instituído e mantido, obrigatoriamente, pelas pessoas políticas competentes (Estados-membros e Distrito Federal), as demais previsões constitucionais são postas como permissões bilaterais.

"a. o sujeito recebe atribuições de arrecadar e fiscalizar o tributo, executando as normas legais correspondentes (CTN, art. 7º), com as garantias e privilégios processuais que competem à pessoa que legislou (CTN, art. 7º, § 1º), mas *não fica com o produto arrecadado*, isto é, transfere os recursos ao ente político competente ou outra entidade detalhada em norma de direito financeiro; ou

b. o sujeito ativo indicado recebe as mesmas atribuições do item precedente, acrescidas da ***titularidade*** *sobre tais valores arrecadados* e, portanto, deles passa a dispor para o desempenho de suas atividades específicas".

Na primeira hipótese, cuida-se de incidência do tributo seguida de norma de direito financeiro que atribui dever de repasse, em ato posterior e diverso cujo descumprimento acarretará uma série de ilícitos, até mesmo criminais.

Na segunda, temos o fenômeno jurídico da *parafiscalidade*. Firmado o preâmbulo, já podemos definir "parafiscalidade" como fenômeno jurídico que consiste na circunstância de a lei tributária nomear sujeito ativo diverso da pessoa que a expediu, atribuindo-lhe também a disponibilidade dos recursos auferidos, tendo em vista o implemento de seus objetivos peculiares. Isso em nada desnatura o conceito de tributo, como adverte Paulo Ayres Barreto:

"A não coincidência entre a titularidade da competência impositiva e a indicação do sujeito ativo da relação jurídica não desnaturam o caráter tributário da exigência. Da mesma forma, a disponibilidade do recurso ao eleito para figurar no polo ativo dessa mesma relação jurídica, com o objetivo de aplicação nos propósitos que motivaram a sua exigência, não modifica a sua natureza tributária. A parafiscalidade harmoniza-se plenamente com o conceito de tributo".[34]

---

34. BARRETO, Paulo Ayres. *Contribuições:* regime jurídico, destinação e controle. São Paulo: Noeses, 2006. p. 99.

Dois aspectos, por conseguinte, hão de ser atendidos para que possamos isolar o tributo parafiscal: (i) sujeito ativo indicado expressamente na lei instituidora da exação, diferente da pessoa política que exerceu a competência; e (ii) atribuição, também expressa, do produto arrecadado, à pessoa apontada para figurar como sujeito ativo.

Sempre que houver divergência entre o sujeito ativo da obrigação tributária e o destinatário dos recursos, vemos a interface de uma norma de direito tributário e outra, de direito financeiro. Mesmo havendo relações importantes entre elas, essas normas não se confundem (art. 4º do CTN). De fato, opera-se assim também o surgimento não só de uma, mas de duas obrigações jurídicas, com seus respectivos sujeitos ativo e passivo, direitos subjetivos e deveres jurídicos.

Em termos esquemáticos, no primeiro caso, vemos o seguinte entrelaçamento de normas, exatamente como ocorre com a *contribuição geral* ora examinada (cf. art. 3º, § 1º, do Decreto-lei 4.936/1942 e art. 3º, § 2º, da Lei 11.457/2007), sem que exista a opção do contribuinte pela arrecadação direta prevista no art. 50 do Decreto 494/1962:

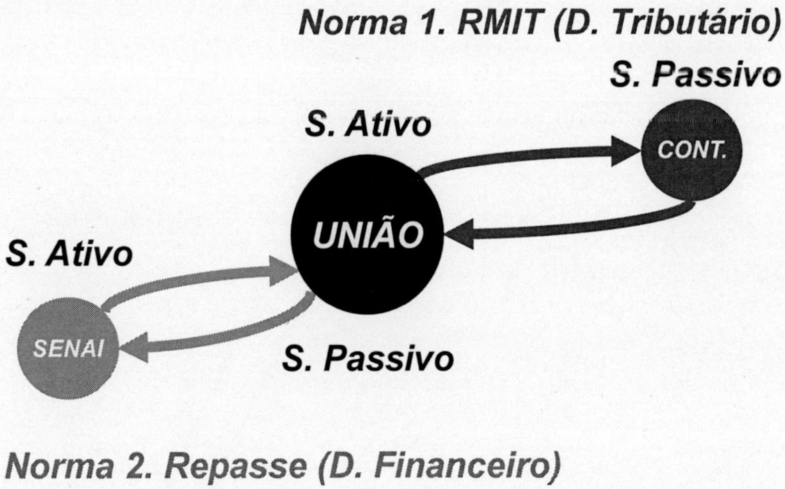

Se, por outro lado, a legislação reúne na mesma pessoa tanto a aptidão para titularizar o *direito subjetivo de exigir o tributo do contribuinte* (objeto da RMIT) quanto o poder de *dispor sobre aqueles recursos para a consecução de suas finalidades institucionais*, como ocorre no caso da contribuição adicional nos termos do art. 10 do Decreto 60.466/1967, inexiste norma de direito financeiro prescrevendo repasse posterior. Assim, temos o seguinte desenho normativo:

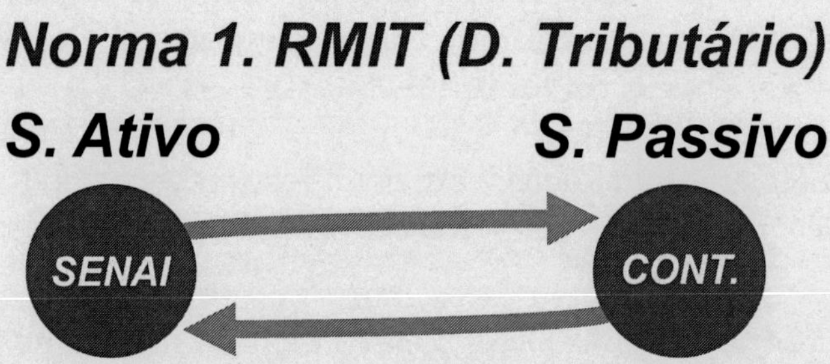

Nesse cenário, o surgimento de um dever jurídico de recolher diretamente ao Senai a contribuição adicional, tal como posto expressamente no texto do art. 10 do Decreto-lei 60.466/1967, faz com que, em contrapartida ao fato jurídico tributário, surja o direito subjetivo de exigir tal quantia. A relação, assim traçada, perfaz todos os requisitos exigidos para que seja qualificada como integrante do direito tributário, sendo essa sua natureza: obrigação tributária em sentido estrito, na qual o Senai comparece como sujeito ativo (credor).

O mesmo cenário ocorre quando a *contribuição geral* é recolhida pelo Senai. Com efeito, a opção do contribuinte pelo regime prescrito no art. 50 do Decreto 494/1962, coloca-o em linha com o desenho da RMIT que tem como sujeito ativo o Senai, dispensando a existência de uma norma de repasse.

3.2 Desdobramentos analíticos da parafiscalidade e o alcance da tese firmada pelo EREsp 1.619.954

Ao isolar os direitos subjetivos envolvidos nas duas dinâmicas acima traçadas, podemos bem identificar como o contribuinte se relaciona com sua contraparte nos dois casos. Isso, por sua vez, permite tecer interessantes paralelos da presente situação com a jurisprudência das mais altas cortes do país.

Com efeito, sempre que há o desdobramento da norma tributária e a de repasse, o contribuinte que pleiteia repetição de indébito viu-se lesado diante do cumprimento indevido de um pretenso dever jurídico de recolher o tributo. Retomando o gráfico anterior, podemos identificar a ilicitude a ser reparada da seguinte forma:

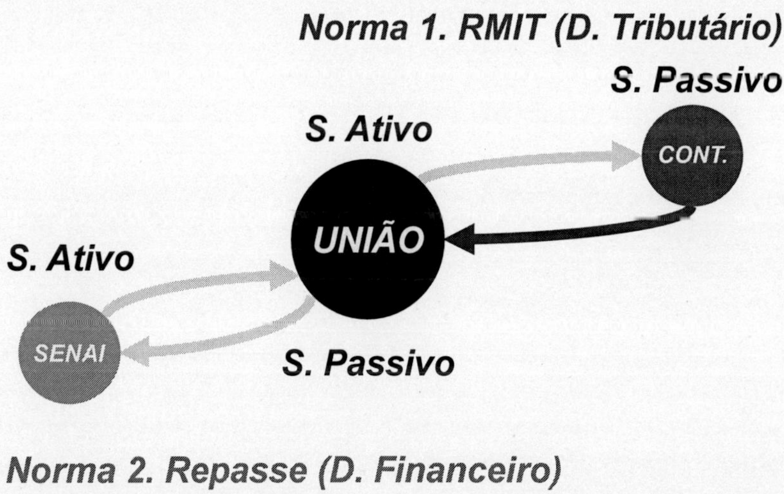

Nesses termos, não cabe ao contribuinte se insurgir contra a pessoa que, na norma de direito financeiro, figura como destinatária do recurso. Mesmo porque o contribuinte sequer integra na relação jurídica correspondente em qualquer de seus polos.[35] Pode, tão somente, pleitear a reparação do

35. Tenho sustentado que o contribuinte poderá requerer o reconhecimento do indébito diante da tredestinação do produto arrecadado por contribuição não porque

indébito ante aquele que detinha o direito subjetivo de cobrar o tributo.[36]

Nesse sentido também caminha a jurisprudência do STJ no EREsp 1.619.954,[37] como evidencia trecho do voto do relator, Min. Gurgel de Faria:

"Como cediço, o reconhecimento da legitimidade *ad causam está vinculado à relação de direito material discutido na ação judicial.*

[...]

Pode-se afirmar, então, que o ente federado detentor da competência tributária e aquele a quem é atribuído o produto da arrecadação de tributo, bem como as autarquias e entidades às quais foram delegadas a *capacidade tributária ativa*, têm, em princípio, legitimidade *passiva ad causam* para as ações declaratórias e/ou condenatórias.

[...]

Na capacidade tributária ativa, como se sabe, há arrecadação do próprio tributo, o qual ingressa, nessa qualidade, no caixa da pessoa jurídica.

Porém, *arrecadado o tributo e, posteriormente, destinado seu produto a um terceiro, como no caso específico dos autos*, há uma espécie de subvenção e, por isso, destaco, desde logo, *não ser correto concluir que os valores recebidos pelos serviços sociais autônomos possam ser por eles devolvidos na hipótese de o tributo ser declarado inconstitucional ou, de forma mais ampla,*

---

ele integre a relação de direito financeiro, mas porque a destinação é regra exigida pela Carta como condição de validade para a introdução desse tipo de tributo em nosso ordenamento. Inexistente a destinação legal, não há motivo que torne legítimo o exercício da competência para essa modalidade impositiva.

36. Seria possível cogitar-se de posterior direito de regresso da União para com o Senai, porém esse exame está além dos limites do objeto traçados para este trabalho.

37. STJ, EREsp 1.619.954. Primeira Seção. Rel. Min. Gurgel de Faria. *DJe* 16.04.2019.

de ser declarada a inexistência de relação jurídico-tributária entre o contribuinte e a União Federal" (grifos nossos).

Com efeito, as modalidades de vício elencadas pelo julgador, em princípio, contaminam apenas a relação jurídica tributária, afetando as partes dessa relação, mas não as partes de relação jurídica de direito financeiro que se dá após a tributária. Esse é o sentido do art. 4º, II, do CTN.[38]

O recurso especial ali apreciado cuidava de contribuições destinadas ao Sebrae e à Apex, cujo desenho normativo impõe recolhimento pela União e posterior destinação, mediante norma de direito financeiro, para aquelas entidades. Foi o que reconheceu o Ilustre Relator, examinando os respectivos diplomas normativos:

"Como relatado, a controvérsia se refere a 'contribuições destinadas a terceiros' (serviços sociais autônomos), *anteriormente arrecadadas e repassadas pelo INSS e agora pela União Federal.*

[...]

Esses registros são relevantes, uma vez que tais *serviços sociais autônomos são meros destinatários de parte das contribuições sociais* instituídas pela União, parcela nominada, via de regra, de 'adicional à alíquota' (art. 8º da Lei 8.029/1990), cuja natureza jurídica, contudo, como anotado, é de contribuição de intervenção no domínio econômico, que, por opção política, tem um percentual a eles (serviços sociais) destinado como espécie de receita para execução das políticas correlatas a cada um.

Para melhor visualização, eis os §§ 3º e 4º do art. 8º da Lei 8.029/1990, na redação em vigência:

'Art. 8º É o Poder Executivo autorizado a desvincular, da Administração Pública Federal, o Centro Brasileiro de Apoio

---

38. "Art. 4º A natureza jurídica específica do tributo é determinada pelo fato gerador da respectiva obrigação, sendo irrelevantes para qualificá-la: [...] II – a destinação legal do produto da sua arrecadação."

à Pequena e Média Empresa – CEBRAE, mediante sua transformação em serviço social autônomo.

[...]

§ 3º Para atender à execução das políticas de apoio às micro e às pequenas empresas, de promoção de exportações, de desenvolvimento industrial e de promoção do setor museal, fica instituído adicional às alíquotas das contribuições sociais relativas às entidades de que trata o art. 1º do Decreto-lei 2.318, de 30 de dezembro de 1986, de:

a) um décimo por cento no exercício de 1991;

b) dois décimos por cento em 1992; e

c) três décimos por cento a partir de 1993.

§ 4º O adicional de contribuição a que se refere *o § 3º será arrecadado e repassado mensalmente pelo órgão ou entidade da administração pública federal ao Serviço Brasileiro de Apoio às Micro e Pequenas Empresas – Sebrae*, à Agência de Promoção de Exportações do Brasil – Apex-Brasil, à Agência Brasileira de Desenvolvimento Industrial – ABDI e à Agência Brasileira de Museus – Abram, na proporção de setenta e nove inteiros e setenta e cinco centésimos por cento ao Sebrae, doze inteiros e vinte e cinco centésimos por cento à Apex-Brasil, dois inteiros por cento à ABDI e seis por cento à Abram'" (grifos nossos).

Os trechos indicados permitem entrever uma importante *distinção em relação às contribuições destinadas ao Senai* de que tratamos neste texto. Com efeito, o "adicional à alíquota" referido na legislação examinada no acórdão, mais especificamente no art. 8º, § 4º, da Lei 8.029/1990, não coincide, no que se refere à capacidade tributária ativa, com o regramento prescrito nos art. 50 do Decreto 494/1962 e art. 10 do Decreto 60.466/1967. Enquanto o primeiro atribui expressamente o poder de arrecadar à União (por seu órgão ou entidade federal), os Decretos de que cuidamos atribuíram tal poder ao Senai. Vejamos as redações lado a lado:

Lei 8.029/1990	**Decreto nº 494/1962**	**Decreto nº 60.466/1967**
Art. 8º [...] *§ 4º* O adicional de contribuição a que se refere o § 3º *será arrecadado e repassado mensalmente pelo órgão ou entidade da administração pública federal ao Serviço Brasileiro de Apoio às Micro e Pequenas Empresas – Sebrae*, à Agência de Promoção de Exportações do Brasil – Apex-Brasil, à Agência Brasileira de Desenvolvimento Industrial – ABDI e à Agência Brasileira de Museus – Abram, na proporção de setenta e nove inteiros e setenta e cinco centésimos por cento ao Sebrae, doze inteiros e vinte e cinco centésimos por cento à Apex-Brasil, dois inteiros por cento à ABDI e seis por cento à Abram.	Art. 50. Visando ao atendimento de situações especiais, determinadas emprêsas poderão *recolher as suas contribuições diretamente aos cofres do Senai.*	Art. 10. A taxa adicional de 20% (vinte por cento) devida ao Serviço Nacional de aprendizagem Industrial (Senai) pelos estabelecimentos que tiverem mais de 500 (quinhentos) empregados, conforme dispõe o artigo 6º do Decreto-lei 4.048, de 22 de janeiro de 1942, e o artigo 3º do Decreto-lei 6.245, de 5 de fevereiro de 1944, *será recolhida diretamente ao SENAI, a quem incumbirá sua fiscalização.*
1. Sujeito ativo da *norma de incidência*: órgão ou entidade da administração pública federal (hoje União). Sujeito Passivo: contribuinte; 2. Sujeitos ativos da *norma de repasse (direito financeiro)*: Sebrae, Apex-Brasil, ABDI, Abram. Sujeito passivo: União.	1. Sujeito ativo da *norma de incidência*: Senai, Sujeito passivo: contribuinte. 2. *Não há norma de repasse.*	1. Sujeito ativo da *norma de incidência*: Senai, Sujeito passivo: contribuinte. 2. *Não há norma de repasse.*

Vê-se, no desenho do art. 8º, § 4º, da Lei 8.029/1990 precisamente o desdobramento das duas normas, a de incidência e a de repasse, com a respectiva segregação das obrigações:

(i) a tributária, que tem a União como titular do direito subjetivo de exigir o tributo do contribuinte; e

(ii) a de repasse, com natureza de direito financeiro que tem as entidades ali arroladas como titulares do direito subjetivo de receber, da União, as verbas arrecadadas.

É, portanto, acertada a conclusão do STJ de que o vício na relação tributária não pode ser exigido em desfavor das entidades de serviço social ali listadas, visto que elas nunca integraram a obrigação tributária.

Se, por outro lado, a legislação impuser a presença da entidade destinatária do recurso também como instituição arrecadadora, estaremos diante do fenômeno da parafiscalidade tal como descrito no item anterior. Com isso, será correto afirmar que essa pessoa efetivamente exerce a condição de titular do direito subjetivo de exigir o tributo. Portanto, se houver a *cobrança direta*, a pessoa destinatária deverá ser demandada em ação de repetição de indébito diante de qualquer vício na obrigação tributária. Esse, aliás, foi o posicionamento consignado pela Min. Assusete Magalhães em seu voto-vista:

"Considerando-se que, de acordo com as disposições normativas atualmente em vigor, a restituição de contribuições destinadas a terceiros, nas hipóteses de pagamento ou recolhimento indevido ou maior que o devido, ocorre nos termos e condições estabelecidos pela Secretaria da Receita Federal do Brasil, e levando-se em consideração, ainda, que compete à Receita Federal do Brasil efetuar a restituição dos valores recolhidos para outras entidades ou fundos, *exceto nos casos de arrecadação direta, realizada mediante convênio*, impõe-se a conclusão de que, em ação judicial que contenha pedido de restituição ou compensação de contribuições de terceiros, arrecadadas pela Receita Federal do Brasil, a União possui legitimidade exclusiva para figurar no polo passivo da demanda, não havendo que se falar em litisconsórcio passivo dos três serviços sociais autônomos, envolvidos no presente feito.

Com efeito, após o advento da Lei 11.457/2007, a União passou a ter legitimidade exclusiva para responder às ações que visam a declaração de inexigibilidade de contribuições de terceiros, assim como a restituição e/ou compensação de valores recolhidos, a esse título, supostamente de modo indevido ou a maior, *exceto nos casos de arrecadação direta, realizada mediante convênio*" (grifos nossos).

A distinção é fundamental. Se algum reparo merece, fica por conta de que *não é o convênio que atribui a capacidade tributária ativa* à entidade que realiza a "cobrança direta". *Somente a lei pode fazê-lo.*

No caso das contribuições destinadas ao Senai as previsões legislativas para a cobrança direta se encontram nos termos dos art. 50 do Decreto 494/1962, para a contribuição geral, e nos do art. 10 do Decreto 60.466/1967, para a contribuição adicional. O papel do convênio, muitas vezes denominado *Termo de Cooperação*, é o de registrar protocolarmente uma opção por regime que a legislação cria e faculta ao contribuinte. Efetivamente o convênio não cria o regime jurídico de cobrança direta (capacidade tributária ativa), apenas o instrumenta no plano individual (determina a sujeição ativa).

Interpretação semelhante foi conferida pela Receita Federal do Brasil em sua IN 2.055/21, documento que registra os procedimentos relativos à restituição de tributos pelo órgão federal e que foi produzido após o julgado do STJ.[39] No art. 6º desse diploma, reconhece a entidade que: "Compete à RFB efetuar a restituição dos valores recolhidos para outras entidades ou fundos, *exceto no caso de arrecadação direta*". Eis aí

39. Faço notar, ainda, que semelhante redação também figurava no art. 5º da IN 1.717/2017, diploma que antecedeu a IN 2.055/2021, vejamos: "Compete à RFB efetuar a restituição dos valores recolhidos para outras entidades ou fundos, exceto nos casos de arrecadação direta, realizada mediante convênio".

mais um reconhecimento não só da arrecadação direta como conduta que permanece lícita em nossa ordem jurídica, mas também de que se cuida de norma de incidência tributária em que não há a presença da União, como sujeito ativo, por qualquer de seus órgãos.

Desse modo, a interpretação da orientação jurisprudencial firmada no EREsp 1.619.954 deve também reconhecer a necessária distinção entre os casos de cobrança direta e cobrança pela União, que decorre exclusivamente do formato de recolhimento traçado pela legislação para cada contribuição. No caso das contribuições destinadas ao Senai mais especificamente pelo art. 50 do Decreto 494/62 e pelo art. 10 do Decreto 60.466/67, que atribuíram capacidade tributária ativa àquela entidade para a cobrança das contribuições geral e adicional, traçando regime que, nesse ponto, não coincide com o delineado pela lei para as contribuições destinadas às entidades referidas no acórdão ora examinado.

Esmiuçados os efeitos dos Decretos 494/1962 e 60.466/1967 na RMIT da contribuição adicional, passo a examinar a condição desses diplomas perante o ordenamento vigente.

4. Dinâmica e consistência do sistema do direito positivo: recepção, revogação e antinomias a partir da edição de novas normas

O direito, sabemos, é fenômeno complexo. Uma forma, porém, de estudá-lo é isolar as manifestações normativas. Ali onde houver direito, haverá normas jurídicas. E onde houver normas jurídicas haverá, certamente, uma linguagem em que tais normas se manifestam. Não se trata, contudo, de algo estático, imutável. Ao contrário, o direito está em constante movimento, em que o legislador (em sentido lato), partindo de normas jurídicas de hierarquia superior, produz novas regras. Tudo nos moldes previstos pelo próprio sistema jurídico.

Entre os muitos modos que o direito promove mudanças no conjunto de normas, interessa para esta pesquisa, considerando a problemática instaurada em torno do art. 50 do Decreto 494/1962 e do art. 10 do Decreto 60.466/1967, importam especialmente os temas *recepção*, *revogação expressa* e *revogação tácita*, transpondo as observações gerais para o caso particular da contribuição adicional ao Senai.

4.1 Antes, algumas categorias de fontes do direito proveitosas à elucidação do presente caso: veículo introdutor e norma introduzida

Os avanços epistemológicos proporcionados pelo emprego da semiótica e da análise do discurso ao estudo da hermenêutica permitem-nos afirmar que a norma jurídica não se confunde com os expedientes textuais imediatamente dados. Apesar de carecerem, sempre, de algum suporte material para serem comunicadas,[40] as normas são significações e não coincidem com seus suportes físicos em si mesmos. Elas são, isso sim, resultado de um labor interpretativo realizado *a partir do texto legislado* (tomado aqui em expressão amplíssima).

40. A bem do rigor, descabe falar-se em norma implícita, que "estarão elas sempre, e invariavelmente, na implicitude dos textos positivados. As regras do direito posto, pertencendo ao campo das significações, serão necessariamente implícitas, pelo que, de acordo com esse modelo conceitual, não caberia falar-se em normas implícitas, já que, por suposto, todas elas o são" (assim escrevi em meu *Curso de direito tributário*. São Paulo: Noeses, 2022. p. 13-14), também teci reservas semelhantes em comentário à obra de J. J. Gomes Canotilho: "Gomes Canotilho percorre o mesmo caminho epistemológico, firmado, entre outros, na posição daquele jurista italiano. Todavia, acaba por acolher doutrina que não me parece rigorosa, ao conceber a possibilidade de norma sem base em enunciados prescritivos. Ao citar como exemplo o princípio do procedimento justo (*due process*), arremata: "Este princípio não está enunciado linguisticamente; não tem disposição, mas resulta de várias disposições constitucionais [...]". Ora, se resulta de várias disposições constitucionais, assenta-se não em um enunciado apenas, mas em vários, o que infirma o pensamento do autor português. Sucede que as construções de sentido têm de partir da instância dos enunciados linguísticos, independentemente do número de formulações expressas que venham a servir-lhe de fundamento. Haverá, então, uma forma direta e imediata de produzir normas jurídicas; outra, indireta e mediata, mas sempre tomando como ponto de referência a plataforma textual do direito posto" (CARVALHO, Paulo de Barros. *Direito tributário, linguagem e método*. São Paulo: Noeses, 2022. p. 134).

A distinção entre disposição (enunciados) e norma (produto interpretativo ao qual se atribui significado deôntico) permite-nos dar especial encaminhamento ao estudo das fontes do direito e da nomodinâmica. Com isso, a pesquisa das fontes do direito pode ser desdobrada em dois eixos, um mais afeito à investigação sobre as condições de elaboração dos textos normativos (teoria da enunciação jurídica) e, outro, que concentra seus esforços na identificação dos documentos que estão aptos a inserir enunciados prescritivos dentro do sistema, permitindo apontar quais textos devem ser considerados pelos agentes como aptos a construir o sentido das normas (teoria das fontes formais).

Passando então ao exame mais analítico das fontes do direito, percebe-se que tais textos ingressam no ordenamento jurídico – e, portanto, podem ser interpretados como norma jurídica – somente após a produção de outra norma jurídica. Trata-se da *norma introdutora*, expediente geral e concreto que, registrando protocolarmente o cumprimento dos preceitos moldados na norma de competência (daí sua concretude) prescreve a todos (daí sua generalidade) o dever de utilizar aqueles enunciados quando da construção de sentido de outras normas, estas, as chamadas de *normas introduzidas*.

A identificação do veículo introdutor, por exemplo, permite-nos avaliar se os enunciados introduzidos naquele documento podem ou não ser utilizados para versar sobre certas normas. Pois certas matérias somente podem ser objeto de prescrições veiculadas por instrumentos específicos, como ocorre com os componentes da regra-matriz de incidência tributária: seus enunciados delineadores, em nossa ordem Constitucional, devem ser exarados, em regra,[41] por meio de lei ordinária (art. 150, I, da Constituição). A precisa identificação dos procedimentos aptos para versar sobre cada tributo

41. Há exceções no Texto Constitucional que permitem a introdução de certos dispositivos mediante o uso de Decreto (*e.g.*, art. 150, § 1º) ou que exigem o manejo de Lei Complementar (art. 154, I), mas como delas não irei me ocupar neste escrito, deixo o registro em nome da precisão do discurso.

há, em última análise, de ser indicada no Texto Constitucional. Com isso, se o texto normativo, ainda que verse sobre a RMIT de algum tributo específico, não cumpriu os procedimentos exigidos pela Carta, há de se reconhecer que suas disposições são imprestáveis para o intérprete que deseja dar cumprimento ao comando deôntico tributário.

Por outro lado, além dos *limites de ordem procedimental* (muitas vezes chamados pelos juristas de *formais*), as normas de competência também restringem a liberdade estipulativa dos legisladores circunscrevendo a *matéria* que poderá ser versada em cada veículo introdutor. Isto é, as normas de competência circunscrevem não só procedimentos para a produção de veículos introdutores apropriados, mas também os contornos das *normas introduzidas* que podem ser por eles versadas.

Desse modo, por exemplo, ainda que edite *lei própria* (veículo introdutor em princípio válido), seguindo à risca as regras procedimentais, mesmo assim não poderá o Estado, com tal lei, introduzir norma que faça recair ICMS sobre operação que não configure circulação de mercadoria, pois ao fazê-lo ultrapassará os *limites materiais* de sua competência, outorgada pelo art. 155, II, da Constituição.

Em mais um exemplo, fosse editado decreto para traçar novas alíquotas de imposto sobre a renda, tal veículo introdutor descumpre os requisitos procedimentais para tal modificação na RMIT daquele imposto e, portanto, não poderiam os agentes competentes dele se servir para promover incidências hígidas. Seguiriam incólumes os comandos prescritos na lei anterior como fundamento hábil para a construção da norma-padrão aplicável.

Assim, ao examinar um diploma normativo qualquer, o estudo de seu veículo introdutor é proveitoso para melhor compreender se foram respeitados *limites procedimentais ou formais* postos pelas normas de competência. Por outro giro, o estudo de seu vínculo com as *normas introduzidas* mostra-se profícuo para o cotejo da norma com os limites *materiais* da ordem jurídica.

Se houver desrespeito aos ritos do procedimento legiferante ou se verificado descompasso entre a matéria da *norma introduzida* e o *veículo introdutor* exigido pela Constituição para versá-la, diz-se estar diante de *vício formal*. Se, de outro modo, o *veículo introdutor* é adequado à norma introduzida, seu rito de elaboração se deu sem omissões ou falhas, mas a matéria versada (as normas introduzidas) não se atém aos limites da outorga da competência tributária, haverá *vício material*.

Seja em sua feição formal, seja em sua feição material, o sistema jurídico brasileiro prevê instrumentos para que os intérpretes, examinando os veículos introdutores de normas, selecionem os textos adequados, recheassem os inapropriados. Além disso, o ordenamento permite às autoridades competentes expurgar as normas quando for necessário, garantindo a supremacia da Constituição e a higidez do sistema normativo como um todo.

4.2 A recepção de normas tributárias pela Constituição de 1988

Entre as sucessivas mudanças experimentadas pelo ordenamento jurídico brasileiro, vimos a sucessão de sete textos constitucionais. Importa destacar que mesmo após cada uma das trocas de Constituição em nossa história, em nenhuma delas os textos legais expedidos sob a ordem anterior foram completamente abandonados.

No Brasil, como também em diversos países, os textos jurídicos elaborados sob o manto de uma dada ordem constitucional são assimilados pela nova ordem naquilo que não forem incompatíveis. É o conhecido "princípio da recepção", meio pelo qual se evita intensa e árdua movimentação dos órgãos legislativos para o implemento de normas jurídicas que já se encontram prontas e acabadas, irradiando sua eficácia em termos de compatibilidade plena com o teor dos novos preceitos constitucionais. Porventura inexistisse a aplicabilidade de tal princípio e, certamente, o Poder Legislativo não faria outra coisa durante muito tempo, senão reescrever no seu modo prescritivo regras já conhecidas, nos vários setores do convívio social.

No contexto do direito tributário brasileiro, diversas são as normas acolhidas pelo regime da Constituição de 1988. Talvez o exemplo mais vistoso seja o Código Tributário Nacional, editado sob o manto da Constituição de 1946 e assimilado, junto a toda a legislação tributária em vigor, pela nova ordem nos termos do art. 34, § 5º, do Ato das Disposições Constitucionais Transitórias.[42]

Uma importante característica do fenômeno da recepção é o de que as normas recebidas pela nova ordem podem ter sido introduzidas por veículo introdutor que, conforme as regras de competência vigentes, seria inadequado. Isso ocorre, por exemplo, com o CTN, originariamente editado como lei ordinária e que versa sobre matéria que, à luz do art. 146 da Constituição de 1988, compete apenas à Lei Complementar.

A solução desse problema consiste em conferir ao diploma recebido o reconhecimento próprio de um documento normativo expedido pela atual ordem jurídica. Por isso mesmo, a recepção não deve ser impedida pelas regras competenciais exigidas pela Constituição em vigor para editar novas normas sobre a mesma matéria. Para que seja recebido o comando emitido sob a Carta anterior, basta o reconhecimento de sua *compatibilidade material* com a ordem ora vigente. O dispositivo anterior ingressa em nossa ordem mesmo que seu veículo introdutor seja inadequado pelo crivo procedimental presente, basta que fosse apto à luz da ordem jurídica em que foi produzido.

Uma vez recepcionado o texto antigo, considera-se que ele é manifestação autêntica da competência tributária e, como tal, somente pode ser objeto de modificações caso seja cumprido o procedimento exigido pela atual ordem para versar sobre a mesma matéria. Por essa razão, qualquer modificação no CTN, após 1988, precisa se dar por meio de Lei Complementar. Assim

---

42. "Art. 34. [...] § 5º Vigente o novo sistema tributário nacional, fica assegurada a aplicação da legislação anterior, no que não seja incompatível com ele e com a legislação referida nos § 3º e § 4º."

também deve acontecer com toda a legislação tributária recepcionada nos termos do art. 34, § 5º, do ADCT, ou com qualquer outro diploma oriundo de ordem constitucional anterior, mesmo os Decretos-leis e Decretos recepcionados nos termos do art. 240 da Constituição.

4.2.1 Da recepção dos Decretos 494/1962 e 60.466/1967 pela nossa ordem constitucional

Pois bem, no caso de toda a legislação relativa às duas contribuições destinadas ao Senai, sua recepção pela atual ordem constitucional se deu nos termos do art. 240 da Constituição: "Art. 240. Ficam ressalvadas do disposto no art. 195 as atuais contribuições compulsórias dos empregadores sobre a folha de salários, destinadas às entidades privadas de serviço social e de formação profissional vinculadas ao sistema sindical".

Tal dispositivo, combinado ao art. 34, § 5º, do ADCT e ao amplo reconhecimento jurisprudencial e doutrinário de que tais contribuições seguem vigentes tornam indisputável a assertiva de que elas foram recepcionadas pela ordem atual.

Resta, então, falar especificamente do art. 50 do Decreto 494/1962 e do art. 10 do Decreto 60.466/1967. Nesse particular, deve-se notar que a Lei Magna de 1988 não veda a instituição de tributos que tenham entidades não estatais na condição de sujeito ativo de obrigações tributárias. Muito ao contrário, é possível encontrar diversos exemplos na experiência jurídica brasileira, como os citados no item 3.1 deste escrito, além de ao menos um dispositivo constitucional que dá competência explícita à União para que crie contribuições de interesse das categorias profissionais a ser arrecadadas e empregadas pelos respectivos conselhos profissionais (art. 149).

Desse modo, não há qualquer incompatibilidade entre o comando ali versado e a presente ordem constitucional. Parecem compartilhar desse entendimento a expressiva jurisprudência pretérita do STJ que reconhece a competência do Senai para a cobrança da contribuição adicional, bem como as manifestações da própria RFB sobre o assunto que reconhece sua própria incompetência para promover tal cobrança (vide item 2.2).

Concluímos este breve tópico para afirmar que todos os dispositivos que integram a RMIT da contribuição geral e a norma-padrão da contribuição adicional, ambas originalmente instituídas em 1942, foram recepcionados pela atual Constituição e, portanto, devem ser tratados, pelo legislador e todos os intérpretes, como expressões legítimas da competência tributária titularizada pela União. Sua modificação ou supressão somente pode se dar mediante o manejo de expedientes credenciados pela atual ordem para versar sobre a mesma matéria, ou seja, mediante lei ordinária.

4.3 Revogação e antinomias

Ao regular sua própria criação, o Direito institui o modo pelo qual se opera a produção, modificação e extinção de suas normas, fazendo-o por meio das denominadas *regras de estrutura*, as quais representam, para o direito positivo, o mesmo papel que as regras da gramática cumprem num idioma historicamente dado. Prescrevem estas últimas a forma de combinação dos vocábulos e das expressões para produzirmos orações, isto é, construções com sentido. À sua semelhança, as chamadas regras de estrutura determinam os órgãos do sistema e os expedientes formais necessários para que se editem normas jurídicas válidas no ordenamento, bem como o modo pelo qual são elas alteradas e desconstituídas.

Conquanto o sistema do direito positivo, sendo composto por linguagem prescritiva, admita a existência de contradições entre as unidades do conjunto, o próprio ordenamento costuma trazer estipulações que determinam qual entre as normas contraditórias há de ser aplicada. Vale lembrar a lição de Lourival Vilanova,[43] no sentido de que:

43. *Causalidade e relação no direito*. 4. ed. São Paulo: Revista dos Tribunais, 2001. p. 212.

"O só fato da contradição não anula ambas as normas. Nem a lei de não-contradição, que é lei lógica e não norma jurídica, indicará qual das duas normas contradizentes prevalece. É necessária a norma que indique como resolver antinomia: anulando ambas ou mantendo uma delas".

A solução das antinomias porventura existentes no sistema resolve-se pelos critérios estabelecidos pelo ordenamento e não por outros meios. Nesse sentido, a Teoria Geral do Direito construiu três critérios de solução de conflitos de normas, os quais também foram insculpidos no sistema do direito positivo brasileiro pela Lei de Introdução às Normas do Direito Brasileiro, por seu art. 2º, nos seguintes termos:

"Art. 2º Não se destinando à vigência temporária, a lei terá vigor até que outra a modifique ou revogue.

§ 1º A lei posterior revoga a anterior quando expressamente o declare, quando seja com ela incompatível ou quando regule inteiramente a matéria de que tratava a lei anterior.

§ 2º A lei nova, que estabeleça disposições gerais ou especiais a par das já existentes, não revoga nem modifica a lei anterior.

§ 3º Salvo disposição em contrário, a lei revogada não se restaura por ter a lei revogadora perdido a vigência".

Observa-se, com esse dispositivo, que "revogação" pode se dar *com* ou *sem* conflito de normas. No segundo caso, deve-se operar *revogação expressa*, que se faz pela introdução de nova norma cujo comando atinge diretamente um ou alguns enunciados de outro diploma normativo (*v.g.*, "fica revogado o artigo X da lei Y" ou "revoga-se a lei Y"), enquanto na primeira hipótese opera-se a chamada *revogação tácita*, em que, diante da ausência de indicativo de que o dispositivo ou lei anterior foi revogado, instaura-se conflito entre as duas legislações, a antiga e nova.

Importa ainda consignar mais um dispositivo do direito positivo brasileiro relativo à "revogação expressa". Ao disciplinar a dinâmica normativa, o direito positivo brasileiro determina a necessidade de indicação exata do dispositivo ou o diploma legal que a norma revogadora pretende retirar do sistema jurídico. É o que prescreve o art. 9º da Lei Complementar 95/1998, diploma que dispõe sobre a elaboração, redação, alteração e consolidação das leis, com fundamento no art. 59, parágrafo único, da Constituição:[44]

"Art. 9º A cláusula de revogação deverá enumerar, expressamente, as leis ou as disposições legais revogadas".

Em vista desse preceito, alguns estudiosos defendem que a *revogação há de ser sempre expressa*.[45] A revogação tácita, vista por esse prisma, não é mais do que a *verificação de uma antinomia* cuja sua superação se dará sempre com o propósito de aplicar a norma a um caso. Ao solucionar tal contraposição de enunciados o intérprete atua no plano da eficácia e não no da vigência, pois lhe falta a generalidade do comando que decide pela aplicação de um dispositivo em relação a outro.

4.3.1 Especialidade e generalidade como critérios para solução de antinomias ("revogação tácita")

Não tendo havido revogação expressa, é preciso averiguar se existe algum conflito de normas inerentes ao tema. Tal conclusão decorre do preceito veiculado no art. 2º, § 2º, da LINDB, segundo o qual a lei nova pode tratar do assunto regulado por lei anterior sem, no entanto, abranger alguns dos aspectos referidos pela lei antiga em relação ao mesmo assunto. A matéria regulada aparenta ser a mesma, mas a extensão das normas jurídicas aplicáveis, bem como os respectivos efeitos, pode diferir substancialmente. Nesse caso, ambas disciplinas jurídicas coexistirão, conforme explica Maria Helena Diniz:[46]

---

44. "Art. 59. O processo legislativo compreende [...] Parágrafo único. Lei complementar disporá sobre a elaboração, redação, alteração e consolidação das leis."

45. Entre os vários trabalhos que assim o fazem, destaco *Fontes do direito tributário*, de Tárek Moysés Moussallem (São Paulo: Noeses, 2006).

46. *Lei de Introdução ao Código Civil brasileiro interpretada*. 9. ed. São Paulo: Saraiva, 2002. p. 75-76.

"A mera justaposição de disposições legais, gerais ou especiais, a normas existentes não terá o condão de afetá-las. Assim sendo, lei nova que vier a contemplar disposição geral ou especial, a par das já existentes, não revogará, nem alterará a lei anterior. Se a nova lei apenas estabelecer disposições especiais ou gerais, sem conflitar com a antiga, não a revogará. A disposição especial não revoga a geral, nem a geral revoga a especial, senão quando a ela se referir alterando-a explícita ou implicitamente. Para que haja revogação será preciso que a disposição nova, geral ou especial, modifique expressa ou insitamente a antiga, dispondo sobre a mesma matéria diversamente. Logo, lei nova geral revoga a geral anterior, se com ela conflitar. A norma geral não revoga a especial, nem a nova especial revoga a geral, podendo com ela coexistir [...]".

Disposição especial é aquela que veicula regulamentação específica, singular, ou mesmo excepcional em relação à disciplina comum e de caráter geral. Uma regra apresenta o atributo da especialidade em relação a outra quando a excepcionar para adaptá-la a circunstâncias particulares. Por isso, não há que falar em conflito entre norma geral e especial, inocorrendo, por conseguinte, revogação de qualquer delas pela superveniência da outra. A disciplina geral não toma em conta as particularidades que justificam o tratamento diferençado e especial de certo comando jurídico. Diante disso, não há como pretender suprimir um regime de tributação especial em virtude de ter havido modificação do regime geral.

Com efeito, a configuração do sistema jurídico brasileiro torna inconcebível concluir pela revogação dos preceitos especiais diante da superveniência de preceitos genéricos, como bem esclarece Vicente Rao:[47]

"De todos os preceitos expostos, resulta que se uma lei nova reproduz a norma geral constante da lei anterior, sem se referir às exceções por esta consagradas, não se poderá

47. *O direito e a vida dos direitos*, v. 1., 4ª ed., São Paulo: Revista dos Tribunais, 1997, p. 339 (grifos meus).

sustentar, em caso de dúvida, que a confirmação da velha regra contenha a abolição das velhas exceções. E o princípio segundo o qual a revogação de uma lei não importa, só por si, a revogação de todas as exceções que, em relação à mesma, haviam sido estabelecidas, desdobra-se, segundo Unger, nas conseqüências seguintes, inclusive a acima mencionada: [...] d) se a lei não se declarar absoluta, deve-se inferir que o legislador pretendeu abolir, tão-somente, aquilo que, até então, vigorava como regra e, em conseqüência, com esta desaparecerão os seus corolários. Mas continuarão a subsistir as exceções".

Traçadas essas linhas, passemos ao exame das alegadas revogações dos Decretos 494/1962 e 60.466/1967.

4.3.2 Ilicitude da revogação expressa do Decreto 60.466/1967 pelo Decreto sem número de 10.05.1991: veículo introdutor inapto a intervir em dispositivo que versa sobre RMIT de tributo recepcionado pela ordem constitucional vigente

Como tratamos no item 4.2. *supra*, prevalece em nosso ordenamento jurídico a interpretação de que o art. 240 da Constituição, ao recepcionar as normas formadoras da RMIT da contribuição adicional ao Senai, assimilou o art. 10 do Decreto 60.466/1967 como enunciado que indica a capacidade tributária ativa da respectiva norma padrão de incidência.

No entanto, cogita-se da revogação desse diploma pela edição do Decreto sem número de 10 de maio de 1991, em cujo art. 4º foi determinada a revogação de vários decretos indicados em anexo, entre eles estando o Decreto 60.466/1967.

No entanto, se atinarmos para o fato de que o fenômeno da recepção assimila as disposições advindas do regime constitucional anterior como manifestações legítimas do exercício da competência tributária, teremos de assentir que a revogação de enunciado normativo que verse sobre a RMIT, como é o art. 10 do Decreto 60.466/1967, somente se poderá dar por meio do veículo introdutor reconhecido pela Constituição vigente ao tempo do ato revogatório. Nesse caso, em 1991, somente Lei poderia revogar ou modificar os contornos da contribuição adicional ao Senai.

Por essa razão, ao menos quanto o disposto no art. 10 do Decreto 60.466/1967, por ser elemento integrante da RMIT da contribuição adicional ao Senai, não se pode afirmar que o Decreto sem número de 10.05.1991 tenha operado sua revogação expressa, pois somente lei poderia ter suprimido tal dispositivo.

4.3.3 Não há revogação tácita dos Decretos 494/1962 e 60.466/1967 pela Lei 11.457/2007: trata-se de disposições específicas que não podem ser suprimidas por cláusula geral nova

Um segundo argumento pela revogação, dessa vez na modalidade tácita, afirma que o art. 3º, § 2º, da Lei 11.457/2007 teria regulado a matéria de modo diverso e, ao fazê-lo, atribuiu à União a capacidade tributária ativa para arrecadar essa contribuição.

Assim determina o novo dispositivo:

"Art. 3º As atribuições de que trata o art. 2º desta Lei se estendem às contribuições devidas a terceiros, assim entendidas outras entidades e fundos, na forma da legislação em vigor, aplicando-se em relação a essas contribuições, no que couber, as disposições desta Lei.

[...]

§ 2º O disposto no *caput* deste artigo abrangerá exclusivamente contribuições cuja base de cálculo seja a mesma das que incidem sobre a remuneração paga, devida ou creditada a segurados do Regime Geral de Previdência Social ou instituídas sobre outras bases a título de substituição".

Vê-se, desde logo que a construção "*contribuições devidas a terceiros*" reflete fórmula de muito maior abrangência do que as fórmulas veiculadas no art. 50 do Decreto 494/1962 e no art. 10 do Decreto 60.466/1967. As prescrições dos decretos conferem tratamento particularíssimo à contribuição geral e à contribuição adicional devidas ao Senai, excepcionando até mesmo do tratamento dado às contribuições similares destinadas a outras entidades.

O tom excepcional do referido art. 10, em oposição à regra geral de capacidade tributária ativa da União para arrecadar as contribuições destinadas a terceiros mostra-se até mesmo na leitura recontextualizada da íntegra do Decreto 60.466/1967, que dava um tratamento às "*contribuições arrecadadas pelo Instituto Nacional de Previdência Social das emprêsas que lhe são vinculadas e destinadas a outras entidades ou Fundos*" (arts. 1º a 9º) e outro, excepcionalíssimo, apenas a contribuição adicional devida ao Senai (art. 10).

Algo semelhante se verifica em relação ao art. 50 do Decreto 494/1962, que insere dispositivo sobre a capacidade tributária ativa em meio a diploma que trata exclusivamente sobre as atribuições do Senai, instituindo o regimento interno dessa entidade. Difícil pensar em situação que pudesse evidenciar ainda mais a especificidade de um comando jurídico.

Da mesma maneira, se examinarmos o contexto da enunciação da Lei 11.457/2007 logo veremos em sua exposição de motivos que seu principal objetivo foi ampliar a competência da Receita Federal para que ela arrecadasse os *tributos que estavam sob a competência do Ministério da Previdência Social*, extinguindo a Secretaria da Receita Previdenciária. Senão vejamos:

"4. Seu objeto central é a unificação nos órgãos do Ministério da Fazenda (MF) aos quais compete à administração tributária e aduaneira – particularmente [a]s atividades de arrecadação, fiscalização e normatização, bem assim as de atividade jurídica de consultoria e representação judicial e extrajudicial – da administração *de todos os tributos e contribuições constitucionalmente atribuídos e destinados à União, inclusive e especialmente as contribuições sociais que atualmente se encontram sob a esfera de competência do Ministério da Previdência Social (MPS),* nos termos do art. 11 da Lei 8.212, de 24 de julho de 1991, e da Lei 11.098, de 13 de janeiro de 2005. Por conseguinte, extingue-se a Secretaria da Receita Previdenciária" (grifos nossos).

Nesse compasso, vê-se que o propósito foi reunir no mesmo órgão a *capacidade tributária ativa que já estava legalmente atribuída à União*, mas distribuída em diferentes órgãos federais. Até mesmo no que se refere às contribuições destinadas a terceiros, os poderes conferidos à Receita Federal estão restritos àqueles cuja arrecadação já se dava por atos de órgãos federais, como é o caso, entre outras, da contribuição geral destinada ao Senai, quando não há opção do contribuinte pelo regime de "cobrança direta", *mas não é o caso da contribuição adicional ou mesmo da contribuição geral para aqueles que optaram pela "cobrança direta" nos termos do art. 50 do Decreto 494/1962*.

Com efeito, em nenhum momento do percurso legislativo que resultou na Lei 11.457/2007 houve sequer referência textual à contribuição adicional destinada ao Senai, o que desautoriza a assertiva de que o comando geral do art. 3º, § 2º, abrange esse tributo em particular, suplantando as regras especiais positivadas nos arts. 50 do Decreto 494/1962 e 10 do Decreto 60.466/1967, ambas recepcionadas pela nossa ordem constitucional.

Referências

BARRETO, Paulo Ayres. *Contribuições:* regime jurídico, destinação e controle. São Paulo: Noeses, 2006.

CARVALHO, Paulo de Barros. *Curso de direito tributário*. São Paulo: Noeses, 2022.

CARVALHO, Paulo de Barros. *Direito tributário, linguagem e método*. São Paulo: Noeses, 2022.

DINIZ, Maria Helena. *Lei de Introdução ao Código Civil brasileiro interpretada*. 9. ed. São Paulo: Saraiva, 2002.

JARACH, Dino. *El hecho imponible*. Buenos Aires: Abeledo-Perrot, 1982.

KELSEN, Hans. *Teoria pura do direito*. São Paulo: Martins Fontes, 1995.

MOUSSALLEM, Tárek Moysés. *Fontes do direito tributário*. São Paulo: Noeses, 2006.

PONTES DE MIRANDA, Francisco Cavalcanti. *Tratado de direito privado*. Rio de Janeiro: Borsoi, 1972. t. 1.

RAO, Vicente. *O direito e a vida dos direitos*. 4. ed. São Paulo: Revista dos Tribunais, 1997. v. 1.

VILANOVA, Lourival. *Causalidade e relação no direito*. 4. ed. São Paulo: Revista dos Tribunais, 2001.

ADVOCACIA PÚBLICA, INTERPRETAÇÃO VINCULANTE E SEGREGAÇÃO DE FUNÇÕES

Ricardo Marcondes Martins

Doutor em Direito Administrativo pela PUC-SP.
Professor de Direito Administrativo da PUC-SP.
ricmarconde@uol.com.br
ORCID: //orcid.org/0000-0002-4161-9390

1. Introito

Neste breve estudo pretende-se relacionar as bases conceituais da atuação da Advocacia Pública com a regra fixada no art. 30 da Lei de Introdução às Normas do Direito Brasileiro (Decreto-lei 4.657/42). Para tanto, faz-se necessário estabelecer, de início, a razão de ser da Advocacia Pública, compreendendo-a como Advocacia de Estado e não de Governo. Dito isso, será possível compreender o caráter vinculante de suas manifestações para toda respectiva entidade federativa. Compreendido esse caráter vinculante, será possível examinar a relação da atuação da Advocacia Pública com o princípio da segregação de funções, princípio esse expressamente previsto no art. 5º da nova Lei de Licitações e Contratos Administrativos (Lei 14.133/2021). Espera-se que este estudo contribua, de algum modo, para a compreensão da atuação da Advocacia Pública e o aprimoramento do seu exercício funcional.

2. Advocacia pública

A atividade jurídica da administração pública deve ser exercida pela Advocacia Pública. Esta é integrada por servidores públicos formados em Direito (a), aprovados no exame da Ordem dos Advogados (b), aprovados em concurso público (c) para cargo público efetivo (d), e, por isso, dotados, após aprovados em estágio probatório, de estabilidade (e). Os cinco requisitos exigem uma breve explicação.

A Advocacia Pública tem por missão exercer a atividade jurídica da Administração Pública. Costuma-se diferenciar essa atividade em dois grupos: atividade judicial, referente à atuação nas ações judiciais em que o Poder Público seja autor, réu, assistente ou opoente, e extrajudicial, referente à atuação consultiva e de assessoramento.[1] Adota-se, porém, um conceito mais amplo: toda interpretação jurídica a ser realizada pela Administração Pública é de incumbência da Advocacia Pública. Cabe a ela, por definição, realizar a jurisdição – no sentido etimológico de "dizer o direito", *jurisdictio*, *jus dicere*, *juris dictio* – no âmbito administrativo. Para tanto, os agentes que a integram precisam ser formados em Direito.

Discute-se na doutrina se o estudo do Direito consiste em um estudo técnico ou científico.[2] Isso porque muitos não acreditam que a interpretação jurídica corresponda a um conhecimento científico.[3] Em que pese essa divergência, segundo o

1. Sobre o tema, por todos: DI PIETRO, Maria Sylvia Zanella. *Direito administrativo*: pareceres. Rio de Janeiro: Forense, 2015. p. 55.

2. O discurso técnico pretende chegar a um resultado, mas não, necessariamente, por um método correto; o discurso científico busca enunciar afirmações corretas, verdadeiras, sobre dado objeto. Acerca da distinção, por todos: FERRAZ JR., Tercio Sampaio. *A ciência do direito*. São Paulo: Atlas, 1980. p. 10 et seq.

3. Sobre o tema vide: MARTINS, Ricardo Marcondes. Produção científica do direito administrativo. *Revista Colunistas de Direito do Estado*, www.direitodoestado.com.br, n. 393, 22.04.2018. Disponível em: https://goo.gl/f2U4oC. Acesso em: 13 set. 2022. Para Carlos Ari Sundfeld, por exemplo, o Direito seria equiparável à culinária: assim como não há ciência na elaboração de alimentos saborosos, não haveria ciência na exegese de textos normativos (*Direito administrativo para céticos*. 2. ed. São Paulo: Malheiros, 2014. p. 179-203, em especial p. 191).

Ministério da Educação, o Curso de Direito é um curso de nível superior; e não um curso técnico, considerado de nível médio. Essa orientação do Ministério é acertada: em que pese o ceticismo de muitos, a interpretação jurídica envolve um discurso correto sobre a disciplina de conduta vigente.[4] Trata-se, pois, de um estudo científico, que exige formação universitária.

Nos termos do inciso XIII do art. 5º da CF/88, o legislador restringiu o exercício da atividade jurídica profissional. O exercício da advocacia, nos termos do inciso IV do art. 8º da Lei Federal 8.906/94, exige aprovação prévia em exame realizado pela Ordem dos Advogados do Brasil. Trata-se de verificação estatal, realizada pelo respectivo Conselho Profissional, de que os formados em Direito possuem o conhecimento mínimo para o exercício da profissão.

Não basta, porém, que os integrantes da Advocacia Pública se formem na Faculdade de Direito e sejam aprovados no Exame da Ordem. Devem integrar cargo público de provimento efetivo e, nos termos do inciso II do art. 37 da CF/88, a investidura nesse tipo de cargo exige a prévia aprovação em concurso público. Os integrantes da Advocacia Pública precisam, portanto, ser aprovados em concurso público, justamente porque essa é uma exigência constitucional para investidura em cargo público de provimento efetivo. Contudo, qual a razão da necessidade dessa investidura?

A resposta a essa questão exige diferenciar a Advocacia de Estado da Advocacia de Governo.[5] Para tanto, faz-se necessá-

4. Adotadas as premissas teóricas de Carlos Santiago Nino e Ronald Dworkin há, sim, interpretação *correta*. Para o primeiro, a dogmática jurídica impõe ao intérprete pressupor que o conjunto normativo seja *coerente* (*Introdução à análise do direito*. Trad. Elza Maria Gasparotto. São Paulo: WMF Martins Fontes, 2015. p. 387). Segundo sua "teoria do legislador racional", o intérprete deve pressupor que o Legislador seja único, imperecível, consciente, onisciente, operante, justo, coerente, onicompreensivo e preciso (Idem, p. 386-387). Para Dworkin, existem dois princípios de integridade política, um destinado ao editor normativo, outro destinado ao aplicador, segundo os quais as normas jurídicas devem ser vistas como um "sistema único e coerente de justiça e equidade na correta proporção" (*O império do direito*. Trad. Jefferson Luiz Camargo. São Paulo: Martins Fontes, 2003. p. 264).

5. Sobre o tema vide: MARTINS, Ricardo Marcondes. Aspectos controvertidos da

rio atentar para o próprio conceito de Administração Pública: por definição, ela existe para realizar o interesse público, compreendido como o correto cumprimento do ordenamento jurídico.[6] Toda pessoa que diz respeito à Administração Pública (União, Estados, Distrito Federal, Municípios, bem como todas as entidades da Administração Indireta) não possui, por definição, liberdade.[7] A associação desta palavra às entidades públicas é conceitualmente equivocada: essas pessoas têm apenas e tão somente o interesse de cumprir o ordenamento jurídico. Logo, não possuem uma esfera de atuação livre, a ser definida pelo livre-arbítrio das pessoas que as tornam presentes nas relações jurídicas. Os espaços decisórios na função pública, quando existentes, importam no exercício de competência discricionária, que nada tem a ver com a situação de liberdade.[8]

A atividade jurídica exercida nessas entidades não se dá para satisfazer o interesse pessoal dos governantes, dos superiores hierárquicos, dos titulares de cargos eletivos. Dá-se para satisfazer os interesses das entidades, interesses correspondentes, sempre, ao correto cumprimento da Constituição, das Leis e dos Regulamentos. Daí a distinção entre "Advocacia de Governo" – existente para defender os interesses pessoais dos governantes, nem sempre afinado com o ordenamento vigente – e "Advocacia de Estado" – existente para defender o interesse da Administração Pública. Se o Governante pratica um crime ou um ato de improbidade, precisará contratar um advogado para defendê-lo. A Administração Pública, para definição das questões jurídicas que lhe são afetas, também depende de um profissional da advocacia: o Advogado Público integrante da Advocacia Pública.

Advocacia Pública. *Revista de Direito Administrativo e Infraestrutura – RDAI*, São Paulo, ano 3, n. 09, p. 367-394, abr.-jun. 2019, p. 375 et seq.

6. Por todos: BANDEIRA DE MELLO, Celso Antônio. *Curso de direito administrativo brasileiro*. 35. ed. São Paulo: Malheiros, 2021. p. 57.

7. Cf. MARTINS, Ricardo Marcondes. *Teoria jurídica da liberdade*. São Paulo: Contracorrente, 2015. p. 106 et seq.

8. Idem, ibidem.

Entendida essa distinção, é possível perceber a razão pela qual esses profissionais precisam ser titulares de cargo público de provimento efetivo. Só essa investidura lhes assegura estabilidade, nos termos do art. 41 da CF/88. Trata-se de uma prerrogativa indispensável para imunização à malévola influência política e econômica, imunização essa imprescindível para o bom desempenho funcional.[9] Se o ganha-pão do profissional estivesse comprometido cada vez que ele fosse obrigado a contrariar o interesse do superior hierárquico, é de se supor a dificuldade em superar esse constrangimento. Sem a estabilidade ínsita aos cargos de provimento efetivo, a Advocacia de Estado reduz-se a Advocacia de Governo. Em contextos sociais assolados por graves índices de corrupção, os profissionais da advocacia acabam, sem essa prerrogativa funcional, tornando-se escravos de corruptos. Todos os integrantes da Advocacia Pública necessitam, portanto, da estabilidade obtida após a aprovação no estágio probatório,[10] subsequente à aprovação em concurso público.

Essas exigências se aplicam a todos que exercem atividade jurídica na Administração Pública. Para a União e para os Estados, a instituição está expressamente prevista nos arts. 131 e 132 da Constituição Federal de 1988. O art. 131 previu, para a União, a Advocacia-Geral da União (AGU) e, para a execução de sua dívida ativa de natureza tributária, a Procuradoria Geral da Fazenda Nacional (PGFN). O art. 132 previu, para os Estados e Distrito Federal, a carreira de Procuradores. Não houve previsão expressa da Advocacia Pública para os Municípios, o que, por evidente, configura verdadeira "lacuna constitucional".[11] É

9. Sobre essa imunização, própria do regime estatutário, vide o pioneiro trabalho de BANDEIRA DE MELLO, Celso Antônio. *Revista de Direito Administrativo e Infraestrutura – RDAI*, ano 4, n. 14, p. 439-449, jul.-set. 2020. Vide também: MARTINS, Ricardo Marcondes. *Estudos de direito administrativo neoconstitucional*. São Paulo: Malheiros, 2015. p. 161 et seq.

10. O estágio probatório vem sendo mal compreendido pela comunidade jurídica brasileira. Sobre o tema vide: MARTINS, Ricardo Marcondes. Estágio probatório e avaliação de desempenho. *Revista Brasileira de Estudos da Função Pública – RBEFP*, Belo Horizonte, ano 5, n. 13, p. 9-35, jan.-abr. 2016.

11. A *lacuna constitucional* configura-se quando a norma constitucional é considerada implícita, por extensão ou restrição do texto literal da Constituição, em

de evidência solar que também os Municípios necessitam de Advocacia de Estado, e não de Governo.

Para terminar esse tópico, faz-se necessário examinar um ponto ainda não bem compreendido pela comunidade jurídica em geral. As entidades integrantes da chamada Administração Indireta também são Administração Pública. Aceita-se, com tranquilidade, que os Advogados Públicos de autarquias e fundações públicas sejam titulares de cargos públicos efetivos. Em relação às empresas estatais,[12] porém, vem prevalecendo o entendimento de que seu regime de pessoal é o celetista, de modo que seus Advogados, no caso, seriam empregados públicos. Esse entendimento é equivocado: em decorrência da redação atribuída ao *caput* do art. 41 da CF/88 pela EC 19/98, empregados públicos não gozam de estabilidade. Logo, nem todos os profissionais das empresas estatais podem ser submetidos ao regime celetista. Os advogados de empresas estatais, por integrarem a Advocacia Pública, devem, também, ser titulares de cargo público efetivo. Dessarte: a única exegese compatível com a Constituição é a de que nem

decorrência de uma análise global, holística, do texto. Não se confunde com o *silêncio constitucional*, norma implícita decorrente do sentido contrário do texto expresso, nem com a *omissão constitucional*, matéria não tratada na Constituição. Sobre os três institutos: MARTINS, Ricardo Marcondes. *Regulação administrativa à luz da Constituição Federal*. São Paulo: Malheiros, 2011. p. 66-71. Sobre a exigência constitucional de Advocacia Pública para os Municípios vide: MARTINS, Ricardo Marcondes. Contratação de advogados por pessoas jurídicas de direito público. *In:* TAVARES, Gustavo Machado. *A obrigatoriedade constitucional das procuradorias municipais*. Belo Horizonte: Fórum, 2022. p. 237-255, em especial p. 240-243.

12. Registram-se duas observações. Consideram-se as Fundações estatais regidas pelo direito privado verdadeiras *contradictio in terminis*. Fundações estatais são, por definição, autarquias (Cf. BANDEIRA DE MELLO, Celso Antônio. *Natureza e regime jurídico das autarquias*. São Paulo: Revista dos Tribunais, 1968. p. 363 et seq.). A previsão legislativa de submissão das Fundações estatais ao direito privado é inconstitucional. Ademais, consideram-se todas as empresas estatais que não exploram atividade econômica contrafações de autarquias, ou seja, autarquias disfarçadas, invalidamente, de empresas estatais. Cf. MARTINS, Ricardo Marcondes. Teoria constitucional das empresas estatais – 1ª parte. *Revista de Direito Administrativo e Infraestrutura – RDAI*, São Paulo, ano 4, n.14, p. 211-262, jul.- set. 2020. Logo, o problema restringe-se às Empresas Estatais exploradoras de atividade econômica, únicas em que o regime jurídico, em boa parte, é composto por normas extraídas de textos normativos de Direito Privado, por força do art. 173, parágrafo único, da CF/88.

todo regime de pessoal de empresas públicas e de sociedades de economia mista é celetista. Impõe-se, necessariamente, um regime misto, pois os advogados devem ser titulares de cargo público efetivo, e não de emprego, pois devem ser detentores da prerrogativa da estabilidade inerente a esse tipo de cargo.[13]

3. Interpretação jurídica e Advocacia Pública

Fixadas as bases conceituais da Advocacia Pública, é possível compreender melhor sua função. A Administração Pública, nos termos antecipados, tem por interesse jurídico cumprir corretamente a Constituição, as Leis, os Regulamentos. Em suma: cumprir corretamente o Direito, globalmente considerado. Ocorre que para cumprir corretamente o Direito e, pois, exercer sua missão institucional, faz-se necessário interpretar os textos normativos vigentes. Em rigor, pode-se afirmar que toda e qualquer atividade da Administração Pública pressupõe, de algum modo, a hermenêutica jurídica, atividade que, nos termos também antecipados, exige diploma universitário. Trata-se de uma atividade científica, que envolve estudo e dedicação.

3.1 Competência vinculada e discricionária

Há dois tipos de competência: vinculada e discricionária.[14] A vinculada se configura quando o Direito, globalmente consi-

---

13. No passado já admitimos que os advogados de empresas estatais integram a Advocacia Pública: MARTINS, Ricardo Marcondes. Aspectos controvertidos da Advocacia Pública, op. cit., p. 372-373, rodapé 11. Em sua tese de doutoramento Claudio Madureira defendeu que a atividade jurídica dessas entidades deve ser atendida pela Advocacia Pública da administração direta (*Advocacia pública*. Belo Horizonte: Fórum, 2015, p. 126-129). Seu entendimento é mais apropriado do que prevalente na prática. Propõe-se, porém, outro entendimento: a autonomia ínsita à personalidade desses entes não justifica que toda sua atividade jurídica seja exercida pelos órgãos jurídicos da administração direta. A solução mais apropriada é que seu próprio corpo de advogados seja investido em cargos públicos de provimento efetivo, vale dizer, seja submetido ao regime estatutário.

14. Sobre elas: MARTINS, Ricardo Marcondes. Ato administrativo. In: MARTINS, Ricardo Marcondes; MARTINS, Ricardo Marcondes; BACELLAR FILHO, Romeu Felipe. Tratado de direito administrativo – v. 5: Ato administrativo e procedimento

derado, apresenta uma única solução como correta, do ponto de vista objetivo, ou seja, independente da divergência de opiniões. Nesse caso, a definição da conduta administrativa dá-se tão somente pela interpretação dos textos normativos vigentes – "atividade cognitiva". Esquematicamente, na competência vinculada, a solução "X" é a única admitida pelo Direito. A competência discricionária configura-se quando a definição sobre a melhor forma de realizar o interesse público dá-se tão somente por critérios subjetivos, variáveis de acordo com a visão de mundo de cada pessoa, vale dizer, ínsitos ao pluralismo político. Nesse caso, a definição da conduta administrativa não depende apenas da interpretação, mas de uma escolha entre duas ou mais alternativas possíveis – "atividade volitiva". Esquematicamente, o Direito admite tanto a solução "X" como a solução "Y", cabendo ao agente competente escolher. Esta não é livre, não se assenta no livre-arbítrio, pois o agente tem o dever de escolha a opção que, segundo suas convicções subjetivas, seja a melhor forma de realizar o interesse público.

Em ambas as hipóteses, cientificamente, sempre há uma única solução: no primeiro caso – competência vinculada – essa solução é a identificada pela interpretação jurídica; no segundo – competência discricionária – a solução decorre da escolha pelo agente competente entre as hipóteses cabíveis, hipóteses essas definidas pela interpretação jurídica. Em ambos, o papel da Advocacia Pública é fundamental: no primeiro, para definição da única solução admissível; no segundo, para que seja apurado se, de fato, a competência é discricionária. Em muitas hipóteses as pessoas divergem sobre a configuração do espaço decisório. É a interpretação dos textos normativos que indicará se é ou não possível a escolha. Ademais, verificado que existe discricionariedade – ou seja, campo para escolha –, cabe descobrir, também pela interpretação jurídica, quais alternativas são juridicamente admissíveis. Também aqui são comuns divergências: alguns pensam ser

administrativo. 3. ed. São Paulo: Revista dos Tribunais, 2022. p. 133-142; MARTINS, Ricardo Marcondes. *Teoria jurídica da liberdade* cit., p. 112 et seq.

cabível escolher, por exemplo, "X", "Y" ou "Z", e só é possível escolher "X" ou "Y". A interpretação jurídica, nesse caso, é fundamental para apurar se há espaço para escolha e, havendo, quais as alternativas possíveis.[15]

3.2 Interesse primário e secundário

Segundo consagrado pela doutrina, interesse público primário é o interesse decorrente do correto cumprimento do Direito vigente; interesse secundário é o interesse da pessoa jurídica, enquanto pessoa autônoma.[16] O que muitos esquecem é que o interesse secundário, quando se trata da Administração Pública, só é tutelado pelo Direito quando for coincidente com o primário.[17] "Coincidência" significa equivalência absoluta. Logo, o único interesse da Administração Pública, compatível com o Direito, é o primário, pois o secundário só é admitido quando coincidir com o primário.

Em relação à Advocacia Pública, há quem pense que cabe a ela defender o interesse secundário mesmo que não coincidente com o primário.[18] O entendimento é claramente equivocado: não se pode admitir que os agentes públicos tenham a missão de buscar a violação do Direito vigente. Ocorre que se o Advogado público individualmente considerado tivesse a prerrogativa de definir, sob seu entendimento pessoal, qual o interesse jurídico a ser perseguido no caso concreto, muitas

15. Sobre o tema: MARTINS, Ricardo Marcondes. "Políticas públicas" e Judiciário: uma abordagem neoconstitucional. A&C *Revista de direito administrativo & constitucional*, Belo Horizonte, ano 18, n. 71, p. 145-165, jan./mar. 2018, em especial p. 150-153.

16. Por todos: BANDEIRA DE MELLO, Celso Antônio. *Curso de direito administrativo brasileiro* cit., p. 55-58.

17. É a lição de ALESSI, Renato. *Principi di diritto amministrativo*. Milano: Giuffrè, 1966. v. I, § 126, p. 200-201. No mesmo sentido, BANDEIRA DE MELLO, Celso Antônio. *Curso de direito administrativo* cit., Cap. I-45, p. 56. Sobre o tema vide ainda: MARTINS, Ricardo Marcondes. Arbitragem administrativa à luz da Constituição Federal. *Revista de Direito Administrativo e Infraestrutura*. São Paulo, ano 05, n. 18, p. 153-181, jul.-set. 2021, em especial p. 162-168.

18. Cf. MARTINS, Ricardo Marcondes. Aspectos controvertidos da Advocacia Pública cit., p. 377-380.

vezes o interesse público restaria comprometido.[19] A adequada tutela do interesse público exige, por isso, que a atuação da Advocacia Pública contrária ao interesse secundário, por exigência do interesse primário, submeta-se aos condicionamentos institucionais.[20]

Noutras palavras: o fato de o Procurador, individualmente considerado, não ter a prerrogativa de deliberar ou por não contestar uma ação judicial ou por não recorrer de uma sentença de improcedência, não significa que seja válida sua atuação quando a Administração Pública não tenha razão. Dessarte: cabe ao Poder Público atuar de acordo com o Direito; insistir na violação do Direito é violá-lo mais intensamente. Ocorre que essas decisões, que contrariam o interesse secundário por exigência do primário, precisam ser adotadas com as cautelas que a Instituição impõe. Logo, faz-se necessária autorização da superior hierarquia para reconhecer juridicamente o pedido, não contestar, não recorrer.[21] Essa autorização é fruto da interpretação do Direito vigente e, por isso, é de competência exclusiva da própria Advocacia Pública, questão examinada adiante.

3.3 Burocracia e ponderação

Há dois tipos de decisões jurídicas. Boa parte delas não envolve grandes controvérsias, pois decorre do já estabelecido na literalidade dos textos normativos vigentes. Um exemplo trivial é a multa administrativa imposta ao condutor de veículo automotor que ultrapassa o sinal semafórico vermelho, sanção administrativa definida no art. 208 do Código de Trânsito Brasileiro (Lei 9.503/97). A atuação da Administração Pública só é, em grande parte, viável porque, regra geral, dá-se nestes termos:

19. Idem, p. 382-383.

20. Idem, p. 383.

21. Sem embargo, em respeito ao entendimento individual do Advogado Público, quando a Instituição diverge de seu entendimento pessoal, cabe a ele atuar como *longa manus* do Superior Hierárquico (Aspectos controvertidos da Advocacia Pública cit., p. 386-388.

observa padrões fixados em abstrato, cumpridos em concreto de modo burocrático. O cumprimento burocrático é tranquilamente realizado por agentes não formados em Direito.

Excepcionalmente, porém, o cumprimento do Direito é mais complexo. Diferenciam-se três situações: a) subsunção legal com controvérsia interpretativa; b) ponderação administrativa sem afastamento da ponderação legislativa; c) ponderação administrativa com afastamento da ponderação legislativa. No primeiro caso, é aplicável em concreto o padrão abstrato, mas a definição desse padrão envolve controvérsia, caso em que a própria compreensão da literalidade dos textos normativos é problemática. Faz-se, por exemplo, necessário interpretar a lei para entender seu sentido e alcance. Em termos técnicos, o princípio formal que dá primazia às ponderações do Legislador (PFl) não é afastado em concreto, de modo que a Administração deva executar a lei vigente (PF1 + PFl > PF2); porém, não basta ler o que nela está escrito, a execução da lei exige a atuação da Advocacia Pública encarregada de estabelecer a interpretação jurídica a ser adotada pela Administração Pública.

É possível, outrossim, que não haja padrão em abstrato e o Direito exija da Administração uma conduta em cumprimento direto da Constituição – ponderação administrativa sem afastamento da ponderação legislativa. Nesse caso, o princípio formal que dá primazia às ponderações do Legislador (PFl) é afastado em concreto por um princípio oposto ao concretizado pela inação estatal, exigindo a adoção de uma medida administrativa, mesmo na falta de lei expressa (P2 > PF1 + PFl). É possível, ademais, que haja um padrão em abstrato e o Direito exija que a Administração adote solução parcial ou totalmente diversa – ponderação administrativa com afastamento da ponderação legislativa. Nesse caso, o princípio formal que dá primazia às ponderações do Legislador (PFl) é afastado em concreto por força de um princípio material oposto ao concretizado pela Lei, exigindo o parcial ou total afastamento da lei em concreto (P2 > PF1 + PFl). Nesses dois casos, a ponderação administrativa exige a interpretação constitucional, e, pois, a atuação da Advocacia Pública.

Suponha-se, por exemplo, que alguém passe no sinal de trânsito vermelho porque levava alguém ao hospital, alguém que sofria um ataque cardíaco, de modo que a espera de minutos pudesse resultar em sua morte. O afastamento da multa administrativa exige a ponderação concreta e, por meio dela, a apuração de que o princípio constitucional que determina a proteção da vida tem mais peso do que o princípio concretizado pelo respeito à sinalização do trânsito. Essa ponderação, por óbvio, pressupõe a interpretação constitucional.

No caso de dúvida sobre a compreensão da regra legislativa abstrata, a aplicação dá-se por subsunção, após a interpretação fixada pela Advocacia Pública; no caso de edição de norma concreta sem prévia edição de regra legislativa abstrata, ou de afastamento, em concreto, de regra legislativa abstrata, a aplicação dá-se por ponderação das circunstâncias fáticas e jurídicas. No primeiro caso, a Advocacia Pública compreende a ponderação feita pelo Legislador (*interpretação da ponderação legislativa*); no segundo e terceiro casos, a Advocacia Pública explicita a ponderação a ser feita pelo Administrador Público tendo em vista a interpretação da Constituição (*ponderação administrativa*).

A ponderação realizada à luz do caso concreto implica, segundo a lei doutrinária da colisão, proposta por Robert Alexy, a explicitação de uma "regra de precedência condicionada".[22] Enunciada essa regra, os demais órgãos administrativos passarão a aplicá-la, nos casos futuros, de modo burocrático, por subsunção. Assim, caso se considere que nas circunstâncias fáticas "X", prevalece "P2" sobre "P1", explicita-se uma regra abstrata que tem por hipótese "X" e por consequência a prevalência de "P2" sobre "P1".[23] No futuro, portanto, sempre

---

22. ALEXY, Robert. *Teoria dos direitos fundamentais*. Trad. Virgílio Afonso da Silva. São Paulo: Malheiros, 2008. p. 94-99.

23. Idem, ibidem.

que se configurar "X", burocraticamente os órgãos da Administração devem aplicar essa regra. Do mesmo modo, afastada a dúvida sobre a compreensão de uma regra abstrata, esta torna-se passível de aplicação burocrática.

Havendo qualquer controvérsia, todo e qualquer agente público deve ter a prerrogativa de requerer a elucidação da questão jurídica pela Advocacia Pública. Sensível a isso, o Legislador tornou expresso, no § 3º do art. 8º da Lei 14.133/2021, que o agente de contratação e a equipe de apoio têm a prerrogativa de contar com o apoio dos órgãos de assessoramento jurídico para o desempenho de suas funções essenciais; no § 3º do art. 117 estabeleceu o Legislador que o fiscal do contrato administrativo tem a prerrogativa de ser auxiliado pelos órgãos de assessoramento jurídico, "que deverão dirimir dúvidas e subsidiá-lo com informações relevantes para prevenir riscos na execução contratual"; no parágrafo único do art. 168 preconizou o Legislador que a autoridade competente para deliberar sobre recursos administrativos e pedidos de reconsideração será auxiliada pelo órgão de assessoramento jurídico, "que deverá dirimir dúvidas e subsidiá-la com as informações necessárias". Trata-se de uma "reiteração enfática" de regra implícita do sistema normativo, extensível a todos os agentes públicos: a prerrogativa – quase sempre, o dever – de submeter, diante de dúvida sobre a correta interpretação do direito, e observada a hierarquia administrativa,[24] a questão ao crivo da Advocacia Pública.

3.4 Interpretação vinculante

Cabe, portanto, à Advocacia Pública a missão de dizer, para a respectiva Administração Pública a que está vinculada, o Direito, ou seja, a missão de exercer, no âmbito administrativo, a "jurisdição", ou, ainda, de realizar a interpretação

---

24. Por força da hierarquia administrativa, na falta de previsão normativa em sentido contrário, o subalterno deve encaminhar sua dúvida ao superior imediato, e não diretamente à Advocacia Pública.

jurídica, seja a interpretação ínsita ao exercício da competência vinculada, seja a necessária ao exercício da competência discricionária. Essa missão institucional leva a uma consequência que vem sendo desprezada por boa parte da comunidade jurídica: sendo a Advocacia Pública o órgão encarregado de realizar essa atividade, os demais órgãos administrativos estão vinculados à orientação jurídica por ela definida.

Trata-se de uma conclusão lógica: a entidade administrativa, para realizar suas funções, deve interpretar o Direito; a interpretação do Direito exige o exercício de uma atividade científica, própria de quem realizar curso universitário de Direito; para o exercício dessa atividade impõe-se a realização de concurso público e a investidura, dos aprovados, em cargo de provimento efetivo; cabe aos aprovados fixar, para a respectiva entidade administrativa, a interpretação jurídica a ser adotada. Logo, a orientação jurídica definida pela Advocacia Pública tem "efeito vinculante" para todos os órgãos e agentes da respectiva Administração Pública. Esse efeito foi definido pelo Supremo Tribunal Federal quando da compreensão da ação declaratória de constitucionalidade: a questão passa a estar decidida – *stare decisis* – para todos os demais agentes.[25]

Essa orientação condiciona a compreensão do art. 30 da Lei de Introdução às Normas do Direito Brasileiro (Decreto-lei 4.657/42), introduzido pela Lei 13.655/2018. Segundo o dispositivo, "as autoridades públicas devem atuar para aumentar a segurança jurídica na aplicação das normas, inclusive por meio de regulamentos, súmulas administrativas e respostas a

25. STF, ADC 1 QO, Rel. Min. Moreira Alves, Tribunal Pleno, j. 27.10.1993, *DJ* 16.06.1995, p. 18212. Sobre o tema, leciona o Min. Gilmar Mendes: "O traço vinculante dos precedentes superiores para a futura atuação das demais cortes de justiça é conhecido como o *stare decisis*, cuja expressão completa é *stare decisis et non quieta movere*: ficar com o que foi decidido e não mover o que está em repouso" (MENDES, Gilmar Ferreira. A ação declaratória de constitucionalidade e a inovação da Emenda Constitucional 03, de 1993. *In:* MARTINS, Ives Gandra da Silva; MENDES, Gilmar Ferreira (coord.). *Ação declaratória de constitucionalidade*. 1. ed. 3. tir. São Paulo: Saraiva, 1996. p. 51-119, em especial p. 83). O tema é aprofundado em: MENDES, Gilmar Ferreira. *Controle abstrato de constitucionalidade*: ADI, ADC e ADO. São Paulo: Saraiva, 2012. p. 680-694.

consultas". Na verdade, sempre que houver uma dúvida jurídica, a autoridade deve dirimi-la formulando consulta à Advocacia Pública. Porém, dirimida a dúvida, a segurança jurídica exige o respeito a essa solução para os casos futuros. Nos termos explicados no item anterior, a resposta jurídica dada em concreto leva à enunciação de uma regra abstrata, aplicável aos casos futuros idênticos. Logo, a solução jurídica dada pela Advocacia Pública deve ser adotada de modo vinculante para os casos futuros. Daí a previsão do parágrafo único do referido art. 30: "os instrumentos previstos no *caput* deste artigo terão caráter vinculante em relação ao órgão ou entidade a que se destinam, até ulterior revisão".[26]

A dúvida jurídica pode suscitar ou da interpretação da ponderação legislativa ou da realização da ponderação administrativa em decorrência da interpretação constitucional, nos termos antecipados. No primeiro caso, explicita-se qual a regra abstrata extraída da lei – subsunção legal controversa; no segundo, explicita-se qual a regra abstrata extraída da Constituição em decorrência da ponderação administrativa – aplicação direta da Constituição por ponderação. No primeiro caso, ocorre vinculação à interpretação administrativa sobre a subsunção legal; no segundo ocorre vinculação à interpretação administrativa sobre a interpretação constitucional. Em ambos, a interpretação jurídica é de competência privativa da Advocacia Pública. Deveras: o legislador ao estabelecer essa vinculação no referido parágrafo único do art. 30, explicitou uma vinculação que já estava implícita no sistema normativo, ínsita à missão institucional da Advocacia Pública.

Por evidente, essa vinculação pode ser afastada em duas hipóteses. Primeiro: compreende-se que o caso futuro, apesar de aparentemente subsumido à hipótese da regra abstrata vinculante, não se adéqua a essa hipótese; vale dizer, entende-se

---

26. O valor concretizado por essas normas é, principalmente, a *segurança jurídica*. Cf. NOBRE JÚNIOR, Edilson Pereira. *As normas de direito público na Lei de Introdução ao Direito Brasileiro*: paradigma para interpretação e aplicação do direito administrativo. São Paulo: Contracorrente, 2019. p. 217 et seq.

que há uma peculiaridade do caso que o torna não abrangido pela hipótese da regra abstrata (*distinguish*). Segundo: caso se compreenda que houve um equívoco na interpretação anteriormente realizada – seja a ínsita à subsunção legal, seja a ínsita à ponderação administrativa (*overruling*).[27] Ambas as hipóteses exigem nova manifestação da Advocacia Pública.

Existem dois tipos de vinculação: formal e material. Esta é ditada pelos valores da segurança jurídica e da igualdade, que geram um ônus argumentativo para não observância do precedente. Quando a vinculação é material, a autoridade que não o editou pode afastar o precedente, caso o considere equivocado, desde que enfrente o referido ônus argumentativo. Na vinculação formal, o afastamento é privativo de quem o estabeleceu.

Daí a diferença entre uma súmula vinculante e uma não vinculante. Quando não for formalmente vinculante, o magistrado, caso entenda que é equivocada, pode, em novo caso concreto submetido a sua apreciação, afastá-la; para tanto, em decorrência da vinculação material, deve superar o ônus argumentativo, ou seja, necessita explicitar as razões pelas quais considera que o entendimento sumulado é equivocado. No caso da súmula vinculante só o próprio órgão encarregado de editar a súmula pode alterá-la. As súmulas vinculantes editadas pelo Supremo Tribunal Federal só podem ser alteradas ou canceladas pela própria Corte, ou por ofício ou por provocação de um dos legitimados discriminados no art. 3º da Lei 11.417/2006.

O parágrafo único do art. 30 – na verdade a própria compreensão da missão institucional da Advocacia Pública – estabelece uma vinculação formal: no âmbito da respectiva Administração Pública, só a própria Advocacia Pública pode afastar o erro de interpretação ou ponderação anteriormente cometido. Assim, fixado um entendimento jurídico pela

27. Sobre ambas: BUSTAMANTE, Thomas da Roda de. *Teoria do precedente judicial*: a justificação e aplicação de regras jurisprudenciais. São Paulo: Contracorrente, 2012. p. 387 et seq.; MARINONI, Luiz Guilherme. *Precedentes obrigatórios*. São Paulo: Revista dos Tribunais, 2010. p. 326 et seq.

Advocacia Geral da União, Procuradoria do Estado ou do Município, esse entendimento é, respectivamente, vinculante para toda União, Estado e Município.

Por óbvio, esse caráter vinculante da interpretação administrativa não é absoluto. Ele pode ser afastado por decisão jurisdicional. O Judiciário é o oráculo do Direito:[28] é o órgão encarregado de dar, quando provocado, a última palavra sobre a interpretação jurídica. Logo, a interpretação fixada pelo Judiciário prevalece e substitui a interpretação dada pela Advocacia Pública.[29] Assim, a vinculação formal das interpretações jurídicas fixadas pela Advocacia Pública, estabelecida pelo parágrafo único do art. 30 da LINDB, é vinculante para os órgãos da Administração Pública enquanto não for alterada pela própria Advocacia Pública ou pelo Judiciário.

Essa relatividade da vinculação gera outro efeito. Quando a autoridade administrativa desconsidera a vinculação e, ao final, os órgãos de controle considerarem que agiu corretamente, a autoridade estará isenta de responsabilização. Suponha-se que a Advocacia Pública fixe o entendimento "X", e o governante adote o entendimento "Y". Demandado, o governante não terá a prerrogativa de ser defendido pela Advocacia Pública (art. 10 da Lei 14.133/2021). Por evidente, caso observe a orientação "X", como o Direito o vincula a ela, se demandado, tem a prerrogativa de ser defendido pela Advocacia Pública, mesmo que não esteja mais no exercício da função. Em decorrência da vinculação, além de ter a prerrogativa de ser defendido pela Advocacia Pública,[30] estará, se não provada a

28. Cf. BANDEIRA DE MELLO, Celso Antônio. Mandado de segurança contra denegação ou concessão de liminar. *Revista de Direito Administrativo e Infraestrutura*, São Paulo, ano 3, n. 11, p. 441-449, out.-dez. 2019, p. 445-446; BANDEIRA DE MELLO, Celso Antônio. Juízo liminar: poder-dever de exercício do poder cautelar nessa matéria. *Revista Trimestral de Direito Público*, São Paulo, n. 3, p. 106-116, 1993, p. 114

29. Sobre essa vinculação administrativa às decisões judiciais vide: MARTINS, Ricardo Marcondes. Prescrição da pretensão tributária. *Revista Tributária e de Finanças Públicas*, São Paulo, ano 16, n. 78, p. 202-233, jan.-fev. 2008, p. 220-223.

30. Cf. MARTINS, Ricardo Marcondes. Aspectos controvertidos da Advocacia Pública cit., p. 389-391.

má-fé, isento de responsabilização. Adotado o entendimento "Y", terá que se defender às suas próprias expensas. Porém, se o órgão de controle – Judiciário, Tribunal de Contas – entender que o correto era "Y", e não "X", não será responsabilizado por descumprir a vinculação.

4. Advocacia Pública e segregação das funções

Quando se trata de atividade técnica ou científica, o sistema normativo não tolera a confusão de papéis.[31] Apesar de comumente desprezada, essa regra sempre esteve presente no ordenamento jurídico. Por força dela, um magistrado que seja formado em Engenharia não pode dispensar a perícia de engenharia, quando do exame de uma questão técnica, e utilizar-se de seus conhecimentos pessoais.[32] Como magistrado, é juridicamente habilitado a realizar a atividade judicante, ou seja, a atividade jurídica. Atividade contábil, de engenharia, de medicina, ainda que o magistrado também seja formado em Ciências contábeis, Engenharia ou Medicina, não pode ser por ele exercida. Proíbe-se a confusão de papéis.

A regra impõe-se também para a atividade jurídica administrativa. Suponha-se que um agente político seja formado em Direito. Ele pode realizar a interpretação jurídica, em substituição à Advocacia Pública? Não pode, em decorrência da proibição de confusão de papéis. O papel do Presidente da República, Governador, Prefeito não é estabelecer, de modo vinculante, a interpretação jurídica para a União, Estados e Municípios. A hermenêutica jurídica cabe ao respectivo profissional: o Advogado Público. Dessarte: assim como não pode o magistrado substituir o perito, mesmo quando possua

31. Sobre o tema vide: MARTINS, Ricardo Marcondes. Teoria geral da interpretação jurídica: considerações críticas à obra de Black. *Revista de Direito Administrativo e Infraestrutura*. São Paulo, ano 1, v. 3, p. 299-331, out.-dez. 2017, em especial p. 320-322.

32. Foi o que definiu, com maestria, o saudoso professor ARRUDA ALVIM NETTO, José Manoel de. Apontamentos sobre a perícia. *Revista de Processo,* São Paulo, v. 23, p. 9-35, jul./set. 1981.

conhecimento técnico, o Chefe do Executivo, quando for formado em Direito, não pode substituir o Advogado Público. Essa regra não se aplica apenas ao Chefe do Executivo, mas a todos os agentes administrativos.

O Legislador, na Nova Lei de Licitações e Contratos Administrativo (Lei 14.133/2021), denominou essa norma de "princípio da segregação das funções". Previu-o expressamente no art. 5º, e o conceituou no § 1º do art. 7º: é "vedada a designação do mesmo agente público para atuação simultânea em funções mais suscetíveis a riscos, de modo a reduzir a possibilidade de ocultação de erros e de ocorrência de fraudes na respectiva contratação". Assim, um agente público não pode cumular a função de Advogado Público e agente de contratação ou fiscal do contrato. A autoridade superior, igualmente, não pode atuar como Advogado Público, agente de contratação ou fiscal do contrato. O sistema não tolera a confusão de papéis, norma legalmente denominada de princípio da segregação das funções.

5. Conclusões

1. Concluiu-se que toda atividade jurídica da administração pública deve ser exercida pela Advocacia Pública, instituição integrada por servidores públicos formados em Direito, aprovados no exame da Ordem dos Advogados, aprovados em concurso público para cargo público de provimento efetivo, e, por isso, dotados, após aprovados em estágio probatório, de estabilidade.

2. A necessidade de serem providos em cargo público de provimento efetivo decorre do fato de que a Advocacia de Estado, diversa da Advocacia de Governo, tem por missão defender o interesse da administração pública, muitas vezes dissociado do interesse do governante. Para bem exercer sua função, esses profissionais necessitam das prerrogativas inerentes ao regime estatutário, entre elas a estabilidade, inerente aos cargos públicos de provimento efetivo.

3. Concluiu-se que o regime dos advogados das empresas estatais exploradoras de atividade econômica deve, necessariamente, ser o estatutário, pois, também eles, devem ser investidos em cargos de provimento efetivo. A Administração indireta também é Administração Pública e, portanto, também pressupõe a Advocacia de Estado e não de Governo.

4. A missão da Advocacia Pública é dizer o direito para a Administração Pública, vale dizer, realizar, no âmbito administrativo, a jurisdição. A interpretação jurídica é necessária tanto para o exercício da competência vinculada, quanto para o exercício da competência discricionária.

5. O interesse secundário, próprio da pessoa estatal, só é tutelado pelo Direito quando for coincidente com o primário. Por isso, não é juridicamente válido que a Advocacia Pública persiga interesse secundário autônomo. Contudo, quando o interesse primário exigir a contrariedade ao secundário, a adequada tutela do interesse público exige que o Advogado Público se submeta às restrições institucionais.

6. A atuação administrativa dá-se, em geral, por meio de agentes não formados em direito graças ao cumprimento burocrático de regras abstratas. Quando, porém, houver dúvida sobre a interpretação de uma regra legislativa abstrata, ou necessidade de edição de uma regra administrativa em cumprimento direto da Constituição, impõe-se a atuação da Advocacia Pública.

7. Os agentes públicos têm a prerrogativa, e o dever, de consultar a Advocacia Pública tanto sobre a interpretação controversa das normas abstratas como sobre a ponderação administrativa a ser realizada em concreto.

8. Concluiu-se que a interpretação jurídica fixada pela Advocacia Pública é vinculante para todos os órgãos e agentes da respectiva Administração Pública. A vinculação explicitada no parágrafo único do art. 30 da LINDB extrai-se implicitamente da própria missão institucional da Advocacia Pública.

9. A orientação pode ser afastada ou porque o caso é considerado não abrangido por ela ou porque foi considerada equivocada. Ambos os casos exigem nova consulta à Advocacia Pública. A vinculação não é apenas material, mas formal.

10. A interpretação fixada pela Advocacia Pública não prevalece sobre a interpretação jurisdicional. Assim, a vinculação de suas manifestações é afastada quando houver manifestação contrária do Judiciário.

11. Se a autoridade, de boa-fé, seguir a orientação da Advocacia Pública, não poderá ser responsabilizada. Caso questionada, tem a prerrogativa de ser defendida pela própria Advocacia Pública, mesmo que não esteja mais no exercício da função. Caso contrarie a orientação, terá que se defender às suas expensas. Porém, se o órgão de controle entender que a contrariedade foi juridicamente acertada, a autoridade não será responsabilizada por violar a vinculação à interpretação da Advocacia Pública.

12. O sistema normativo não tolera a confusão de papéis: assim como o magistrado não pode substituir o perito na análise de uma questão técnica alheia à questão jurídica; a autoridade administrativa não pode substituir o Advogado Público na realização da interpretação jurídica. A vedação da confusão de papéis foi denominada pelo legislador de princípio da segregação das funções.

Referências

ALESSI, Renato. *Principi di diritto amministrativo*. Milano: Giuffrè, 1966. v. I.

ALEXY, Robert. *Teoria dos direitos fundamentais*. Trad. Virgílio Afonso da Silva. São Paulo: Malheiros, 2008.

ARRUDA ALVIM NETTO, José Manoel de. Apontamentos sobre a perícia. *Revista de Processo*. São Paulo, v. 23, p. 9-35, jul./set. 1981.

BANDEIRA DE MELLO, Celso Antônio. *Curso de direito administrativo brasileiro*. 35 ed. São Paulo: Malheiros, 2021.

BANDEIRA DE MELLO, Celso Antônio. *Revista de Direito Administrativo e Infraestrutura* – RDAI, ano 4, n. 14, p. 439-449, jul./set. 2020.

BANDEIRA DE MELLO, Celso Antônio. *Natureza e regime jurídico das autarquias*. São Paulo: Revista dos Tribunais, 1968.

BANDEIRA DE MELLO, Celso Antônio. Mandado de segurança contra denegação ou concessão de liminar. *Revista de Direito Administrativo e Infraestrutura*, São Paulo, ano 3, n. 11, p. 441-449, out.-dez. 2019.

BANDEIRA DE MELLO, Celso Antônio. Juízo liminar: poder--dever de exercício do poder cautelar nessa matéria. *Revista Trimestral de Direito Público*, São Paulo, n. 3, p. 106-116, 1993.

BUSTAMANTE, Thomas da Roda de. *Teoria do precedente judicial*: a justificação e aplicação de regras jurisprudenciais. São Paulo: Contracorrente, 2012.

DI PIETRO, Maria Sylvia Zanella. *Direito administrativo*: pareceres. Rio de Janeiro: Forense, 2015.

DWORKIN, Ronald. *O império do direito*. Trad. Jefferson Luiz Camargo. São Paulo: Martins Fontes, 2003.

FERRAZ JR., Tercio Sampaio. *A ciência do direito*. São Paulo: Atlas, 1980.

MADUREIRA, Claudio. *Advocacia pública*. Belo Horizonte: Fórum, 2015.

MARINONI, Luiz Guilherme. *Precedentes obrigatórios*. São Paulo: Revista dos Tribunais, 2010.

MARTINS, Ricardo Marcondes. Produção científica do direito administrativo. *Revista Colunistas de Direito do Estado*, www.direitodoestado.com.br, n. 393, 22.04.2018. Disponível em: https://goo.gl/f2U4oC. Acesso em: 13.09.22.

MARTINS, Ricardo Marcondes. Aspectos controvertidos da Advocacia Pública. *Revista de Direito Administrativo e Infraestrutura – RDAI*, São Paulo, ano 3, n. 09, p. 367-394, abr.-jun. 2019.

MARTINS, Ricardo Marcondes. *Teoria jurídica da liberdade*. São Paulo: Contracorrente, 2015.

MARTINS, Ricardo Marcondes. *Estudos de direito administrativo neoconstitucional*. São Paulo: Malheiros, 2015.

MARTINS, Ricardo Marcondes. Estágio probatório e avaliação de desempenho. *Revista Brasileira de Estudos da Função Pública – RBEFP*, Belo Horizonte, ano 5, n. 13, p. 9-35, jan.--abr. 2016.

MARTINS, Ricardo Marcondes. *Regulação administrativa à luz da Constituição Federal*. São Paulo: Malheiros, 2011.

MARTINS, Ricardo Marcondes. Contratação de advogados por pessoas jurídicas de direito público. *In:* TAVARES, Gustavo Machado. *A obrigatoriedade constitucional das procuradorias municipais*. Belo Horizonte: Fórum, 2022, p. 237-255.

MARTINS, Ricardo Marcondes. Teoria constitucional das empresas estatais – 1ª parte. *Revista de Direito Administrativo e Infraestrutura* – RDAI, São Paulo, ano 4, n.14, p. 211-262, jul./set. 2020.

MARTINS, Ricardo Marcondes. Atos administrativos. *In*: MARTINS, Ricardo Marcondes; BACELLAR FILHO, Romeu Felipe. *Tratado de direito administrativo* – v. 5: Ato administrativo e procedimento administrativo. 3. ed. São Paulo: Revista dos Tribunais, 2022, p. 33-409.

MARTINS, Ricardo Marcondes. "Políticas públicas" e Judiciário: uma abordagem neoconstitucional. A&C *Revista de Direito Administrativo & Constitucional*, Belo Horizonte, ano 18, n. 71, p. 145-165, jan./mar. 2018.

MARTINS, Ricardo Marcondes. Arbitragem administrativa à luz da Constituição Federal. *Revista de Direito Administrativo e Infraestrutura*. São Paulo, ano 05, n. 18, p. 153-181, jul./set. 2021.

MARTINS, Ricardo Marcondes. Prescrição da pretensão tributária. *Revista Tributária e de Finanças Públicas*, São Paulo, ano 16, n. 78, p. 202-233, jan.-fev. 2008.

MARTINS, Ricardo Marcondes. Teoria geral da interpretação jurídica: considerações críticas à obra de Black. *Revista de Direito Administrativo e Infraestrutura*, São Paulo, ano 1, v. 3, p. 299-331, out./dez. 2017.

MENDES, Gilmar Ferreira. A ação declaratória de constitucionalidade e a inovação da Emenda Constitucional 03, de 1993. *In:* MARTINS, Ives Gandra da Silva; MENDES, Gilmar Ferreira (Coord.). *Ação declaratória de constitucionalidade*. 1. ed. 3. tir. São Paulo: Saraiva, 1996. p. 51-119.

MENDES, Gilmar Ferreira. *Controle abstrato de constitucionalidade*: ADI, ADC e ADO. São Paulo: Saraiva, 2012.

NOBRE JÚNIOR, Edilson Pereira. *As normas de direito público na Lei de Introdução ao Direito Brasileiro*: paradigma para interpretação e aplicação do direito administrativo. São Paulo: Contracorrente, 2019.

SANTIAGO NINO, Carlos. *Introdução à análise do direito*. Trad. Elza Maria Gasparotto. São Paulo: WMF Martins Fontes, 2015.

SUNDFELD, Carlos Ari. *Direito administrativo para céticos*. 2. ed. São Paulo: Malheiros, 2014.

EIXO 3

DIREITO ADMINISTRATIVO 4.0

A VALIDADE DO ATO ADMINISTRATIVO NO CIBERESPAÇO

Marco Bruno de Miranda Clementino

Professor da Universidade Federal do Rio Grande do Norte.
Juiz Federal. Doutor em Direito.

Maíra Arcoverde Barreto Pinto

Mestranda em Direito pela Universidade Federal do
Rio Grande do Norte. Assessora Jurídica do Tribunal
Regional Federal da 5ª Região.

1. Introdução

A partir de um cenário de globalização que tem se consolidado nas últimas décadas, os avanços da tecnologia e da internet têm impactado consideravelmente o cotidiano social. Os sistemas informáticos e a internet constituem parte significativa das atividades humanas e das relações interpessoais, no contexto da sociedade da informação. Por essas razões, é importante compreender de que forma a ciência jurídica reflete as transformações sociais.

Constitui desafio da administração pública estar sempre atualizada com as melhores práticas, em prestígio ao princípio da eficiência. É fato que a administração não pode se olvidar dos benefícios oferecidos pela tecnologia, de maneira a aprimorar a prestação de serviços públicos. Aliás, em paralelo às formas tradicionais de atuação administrativa, a evolução digital já tem empreendido significativas modificações no modo como se enxerga e acessa a administração pública.

A título de exemplo, hoje é possível que se realize o agendamento para expedição da carteira de habilitação virtualmente, o que constitui um aprimoramento do serviço público com base no princípio da eficiência. Por outro lado, discute-se também o alcance de serviços públicos digitais a parcela massiva da população sem acesso a computador, celular ou mesmo à internet.

O presente trabalho visa debater de que forma a administração pública age na internet e como o ato administrativo é impactado pela realidade digital. A partir dessa reflexão, o conceito de ciberespaço é essencial para o que se passa a analisar. O direito administrativo, na qualidade de ramo do direito público essencialmente vinculado ao Estado, é historicamente delineado pelos conceitos de soberania e territorialidade. Contudo, o que se pretende investigar neste trabalho é de que forma o direito administrativo – e particularmente o ato administrativo –, passa a se comportar em uma realidade transfronteiriça de ciberespaço.

Sob essa perspectiva, estuda-se a relevância da prática administrativa no ciberespaço, haja vista estar intimamente relacionada à evolução da administração pública no cotidiano social. Ainda, é importante entender de que forma o Estado brasileiro tem aplicado as novas tecnologias, identificando como se deu essa evolução nas últimas décadas.

Também é essencial ao presente trabalho averiguar como os elementos do ato administrativo – quais sejam, a competência, a finalidade, a forma, o motivo e o objeto – se comportam no contexto do ciberespaço, para que aquele possa ser dotado de validade jurídica. Isso porque a realidade transfronteiriça do ciberespaço afasta a territorialidade, essencialmente vinculada ao tradicional direito administrativo, razão pela qual é necessário identificar de que modo os elementos do ato administrativo nele se manifestam. No mais, este texto também pretende refletir sobre a acessibilidade dos atos administrativos no ciberespaço, reconhecendo-se a inclusão digital como direito fundamental.

2. A sociedade da informação e o ciberespaço no contexto do direito administrativo

A comunicação é parte essencial na disseminação de informações e conhecimentos pela sociedade, tornando possíveis as relações.[1] A linguagem funciona como veículo da comunicação e proporcionou o amadurecimento das relações humanas com o passar dos séculos. É nesse ponto que se percebe o quanto o desenvolvimento tecnológico das últimas décadas revolucionou as formas de produção e transmissão do conhecimento. Para exemplificar, na própria prática jurídica, a busca por jurisprudência algumas décadas atrás era muito mais complexa do que é agora, quando a pesquisa pode ser feita *online* nos portais dos tribunais.

Dessa forma, a potencialização da comunicação através da internet passou a afetar a vida social em vários aspectos: economia, Estado, cidadãos. Fato é que esse crescimento exponencial das novas formas de comunicação e a necessária troca de informações entre esses sujeitos sociais caracterizam a sociedade da informação. De acordo com José Fernando Ferreira Brega, no contexto da sociedade da informação, a tecnologia constitui eixo da atividade econômica e componente da vida cotidiana.[2]

Em razão da sociedade da informação, a atuação da administração pública precisou se reinventar. Aqui é importante

---

1. BREGA, José Fernando Ferreira. *Governo eletrônico e direito administrativo*. 2012. 336 f. Tese (Doutorado) – Curso de Direito, Universidade de São Paulo, São Paulo, 2012.

2. BREGA, José Fernando Ferreira. *Governo eletrônico e direito administrativo* cit.

dizer que isso não significa apenas que as formas tradicionais do serviço público e do ato administrativo migraram para o universo digital. Em outras palavras, não se trata somente da possibilidade de se reconhecer válida uma assinatura digital que existe no campo físico e agora também se faz existir no ciberespaço. Mais do que isso, a administração pública criou serviços e uma nova gama de atos administrativos em benefício da eficiência e da transparência como eixo na vida cotidiana. A título de exemplo, o próprio Portal da Transparência[3] passa a existir num contexto de sociedade cada vez mais informada.

Dessa forma, a administração pública não é apenas influenciada pela revolução tecnológica, mas protagonista da sociedade da informação.[4] Por esse motivo, é essencial identificar de que forma a atuação do Estado no ciberespaço tem se manifestado, em particular no que diz respeito aos atos administrativos nele editados.

2.1 A evolução da tecnologia na administração pública

Inicialmente, é essencial reconhecer que a evolução da tecnologia na administração pública não se dá com a mesma velocidade do setor privado. Esse é um fato decorrente dos princípios da legalidade e moralidade, que exigem processos decisórios mais complexos no âmbito da administração.

A esse respeito, convém lembrar que, há aproximadamente quatro décadas, os computadores eram utilizados apenas com finalidade interna, sem que se aplicasse qualquer funcionalidade de comunicação entre o Estado e a população. Já no fim do século XX, tem-se um ciclo de mudanças, em que se verifica o desenvolvimento dos sistemas de comunicação, que permitem aos meios eletrônicos substituir o papel não apenas na documentação, mas também na atividade telemática,[5]

---

3. Disponível em: https://www.portaltransparencia.gov.br/

4. BREGA, José Fernando Ferreira. *Governo eletrônico e direito administrativo* cit.

5. Ibidem.

passando então a ser possível para a administração pública dialogar com a sociedade através do meio digital. Nesse ponto, a conexão interna entre computadores possibilitou a criação de redes que permitiram o acesso instantâneo a informações (BARNÉS VÁSQUEZ, 2010). Depois disso, identifica-se uma administração pública que, através da internet, é capaz não apenas de permitir o acesso a informações pela sociedade, mas também receber informações dos cidadãos através da internet.

No Brasil, em especial no Governo Federal, o que se vê é uma espécie de integração entre os órgãos da administração em ambiente digital. O GOV.BR é um portal que tem como objetivo reunir em um só lugar todas as informações e serviços do Poder Executivo Federal,[6] o que já constituiu uma nova etapa da evolução do que se denomina "governo eletrônico" ou "administração eletrônica".[7] Para este trabalho, em razão da Lei 14.129/2021 que estabeleceu princípios, regras e instrumentos para a administração pública na internet, utiliza-se a nomenclatura atualizada de governo digital.

Nesse sentido, apesar de algumas décadas atrás ter sido considerado apenas extensão da administração pública, com instrumento para potenciais benefícios de velocidade, acessibilidade e conveniência, as análises mais recentes vislumbram o *e-government*, ou "governo digital", como a combinação entre tecnologias de informação e o aparato público administrativo.[8] Assim, verificam-se repercussões para o aprimoramento de serviços públicos, arcabouços políticos, eficiência de operações governamentais, engajamento civil em processos democráticos, entre outros.

---

6. Disponível em: https://www.gov.br/pt-br/por-dentro-do-govbr/perguntas-frequentes. Acesso em: 2 nov. 2022.

7. RAMPELOTTO, A.; LÖBLER, M. L.; VISENTINI, M. S. Avaliação do sítio da Receita Federal do Brasil como medida da efetividade do governo eletrônico para o cidadão. *Revista de Administração Pública*, 2015.

8. MEDEIROS, Breno Pauli *et al.* O uso do ciberespaço pela administração pública na pandemia da COVID-19: diagnósticos e vulnerabilidades. *Revista de Administração Pública [online]*. 2020, v. 54, n. 4, p. 650-662. Disponível em: https://doi.org/10.1590/0034-761220200207.

Na análise de Breno Medeiros, Luiz Rogério Goldoni, Eliezer Batista Junior e Henrique Ribeiro da Rocha, os processos de *e-government* consistem na capitalização das peculiaridades do ciberespaço pela administração pública. Em outras palavras, passa-se a utilizar a desterritorialização e interconexão do ciberespaço para aprimorar e agilizar processos administrativos. Para os autores, *e-government* deve ser reconhecido como facilitador das relações entre Estado e sociedade, haja vista que, através da racionalização da gestão, é possível priorizar a prestação de informações e serviços para os cidadãos.

Concomitantemente, a administração pública torna-se mais suscetível à participação e ao controle social, o que consiste num contributivo democrático, em conformidade com o princípio constitucional da publicidade, previsto no artigo 37, *caput*, da Constituição (1988).

Importa destacar que a atuação da administração pública, na qualidade de parte integrante da sociedade da informação, é reconhecida pela própria Lei Geral de Proteção de Dados (LGPD). A Lei 13.709/2018 estabelece, já em seu art. 1º, que o dever de guarda de informações pessoais se aplica a pessoas jurídicas de direito público e privado. A partir desse cenário, não há qualquer dúvida sobre a prestação de serviços públicos e atividades administrativas no ciberespaço que merecem atenção da doutrina jurídica.

2.2 O conceito de ciberespaço

O ciberespaço é compreendido como domínio de interação humana, artificial, dotado de peculiaridades únicas, desenvolvido mediante o interligamento de camadas físicas (pessoas e *hardware*) com camadas digitais (*software* e informações).[9] Em razão de sua artificialidade, ou seja, por se tratar de um espaço

---

9. VENTRE, D. Ciberguerra. In Academia General Militar. In La Academia General Militar, & Universidad de Zaragoza (Eds.), Seguridad global y potencias emergentes en un mundo multipolar. 2012. Madrid, España: Autor. Recuperado de https://publicaciones.defensa.gob.es/seguridad-global-y-potencias-emergentes-en-un-mundo-multipolar-4267.html.

que se materializa apenas em razão da ação humana, o ciberespaço só existe mediante sua operacionalização por indivíduos e instituições,[10] tendo na sua forma mais evidente a internet.

A internet e o ciberespaço têm natureza transfronteiriça. Ou seja, o ciberespaço existe sem que nele possam se identificar territórios, afastando-se do conceito de territorialidade sedimentado no direito. Esclareça-se, por relevante, que a natureza transfronteiriça não é objeto de enfrentamento deste trabalho, porque se entende que a ausência de fronteiras é intrínseca à atividade e não merece ser afastada, haja vista ser essencial para preservar a liberdade de expressão e a livre-iniciativa, princípios essenciais para a internet, inclusive com fundamento no art. 6º do Marco Civil da Internet. Dessa forma, a atividade administrativa, vinculada à existência do Estado em sua manifestação mais tradicional, como instituição soberana, passa a existir num espaço no qual não há limites territoriais ou fronteiras.

A competência soberana do Estado é exercida sobre o seu território, qualificado como a "expressão dominial" da qual o Estado-Nação precisa para existir. Por isso, trata-se de uma constatação irrecusável de que a soberania do Estado é exercida na delimitação geográfica do seu território,[11] consistente, essencialmente, em certa área, alguma faixa de mar e determinado espaço aéreo.[12]

Entretanto, segundo Michael Schmitt, é inescusável a necessidade de se compreender que já existem novas formas virtuais de poder e que elas precisam ser compreendidas no direito.[13] O poder do Estado se adapta a uma nova realidade e,

---

10. MEDEIROS, Breno Pauli *et al.* O uso do ciberespaço pela administração pública na pandemia da COVID-19: diagnósticos e vulnerabilidades cit.

11. MAZZUOLI, Valério de Oliveira. *Curso de direito internacional público.* São Paulo: Revista dos Tribunais, 2016.

12. Ibidem.

13. SCHMITT, Michael N. Computer Network Attack and the Use of Force In International Law: Thoughts on a Normative Framework. *The Columbia Journal of Transnational Law*, v. 3, p. 885-937, 1999.

em razão disso, atos administrativos podem ser novas formas de utilização do poder estatal desde que observados os pressupostos de validade a serem discutidos adiante.

A soberania, por si só, constitui um requisito basilar à composição de um Estado. Trata-se de característica que lhe é inerente, por meio da qual é possível que o Estado seja dotado de legitimidade. É através desse princípio que se sustenta a carga axiológica em torno do direito administrativo.

Tem-se, portanto, que o ciberespaço possui natureza incontestavelmente transfronteiriça, enquanto o ato administrativo parte do pressuposto essencial de soberania do Estado, cujo exercício se dá na área geográfica do seu território. Apesar de se parecer juridicamente inaplicável um ato administrativo produzido em um espaço sem fronteiras, o que se passa a demonstrar é a validade jurídica dentro desse contexto.

3. A validade e a base jurídica do ato administrativo no ciberespaço

Para uma análise efetiva do ato administrativo no ciberespaço, é preciso antes de tudo identificar as bases jurídicas para a utilização de tecnologia e meios digitais pela administração pública. A Constituição brasileira, promulgada de 1988, não poderia antecipar a proporção que a internet viria a ter e o desenvolvimento da comunicação dela derivado. Entretanto, já estabelecera a referência à informática (art. 22, IV), à comunicação de dados (art. 5º, XII) e mesmo à eletrônica.[14]

A ausência de menção às novas tecnologias, em especial acerca da comunicação telemática, não pode ser vista como vedação à utilização desses instrumentos, senão apenas omissão decorrente do contexto tecnológico em que o poder constituinte foi exercido. Sobre essa perspectiva, José Fernando

14. BREGA, José Fernando Ferreira. *Governo eletrônico e direito administrativo* cit.

Ferreira Brega[15] defende que "a compatibilidade das novas tecnologias com o ordenamento jurídico pátrio só depende de uma visão que atualize as normas constitucionais em face da sociedade de informação".

Entretanto, é interessante destacar a edição de algumas normas aplicáveis ao tema, como a Lei 13.709/2018, que diz respeito à proteção de dados pessoais, inclusive pelas pessoas jurídicas de direito público, bem como o Decreto 8.539/2015, sobre o uso do meio eletrônico para a realização de processo administrativo no âmbito dos órgãos e das entidades da administração federal direta, autárquica e fundacional. Além desses atos normativos, o legislador brasileiro definitivamente reconhece a relevância de firmar a administração pública no ciberespaço a partir da Lei 14.129/2021 que estabelece as regras e instrumentos para o governo digital.

A legislação brasileira, portanto, não veda de forma alguma a edição de atos administrativos no ciberespaço, mas tampouco estabelece os aspectos de sua validade. Dessa forma, cumpre à doutrina se debruçar sobre o tema e demonstrar os pressupostos de validade do ato administrativo nesse contexto.

3.1 As modalidades de atos administrativos digitais

A forma do ato administrativo, elemento essencial à sua existência e validade, implica o conjunto de providências relacionadas à sua exteriorização. Dessa forma, o ato administrativo, numa visão mais tradicional, passaria a existir validamente quando formalizado por escrito.[16] Antes de formalizado, o ato administrativo não ingressa no universo jurídico.

Há alguns anos, a formalização do ato administrativo através da modalidade escrita se dava necessariamente em papel, ainda que com a utilização de um computador ou máquina de

15. Ibidem.

16. MEIRELLES, Hely Lopes. *Direito administrativo brasileiro*. 39. ed. São Paulo: Malheiros, 2013. 161 p.

escrever. Não havia a formalização de um ato administrativo no espaço digital gerando seus efeitos sem, em nenhum momento, tocar o papel. Entretanto, essa realidade tem sido constantemente alterada. Na atualidade, os atos administrativos são formalizados em um suporte diverso do papel ou sem a intervenção humana direta na definição de seu conteúdo.[17]

Sob essa perspectiva, José Fernandes Ferreira Brega[18] conceitua ato administrativo em forma eletrônica (ou digital) como aquele que surge diretamente no ciberespaço, não sendo exigível a impressão em papel ou assinatura manuscrita para que se reconheça a forma. Caso transposto para o papel, a impressão constituirá cópia, enquanto o original será digital.

Já os atos administrativos automatizados são aqueles em que a máquina não apenas dá suporte à autoridade na elaboração do ato, mas o conteúdo do ato em si decorre da atuação de um sistema algorítmico que, a partir das funções determinadas pelo programador, chega a determinada conclusão.

Segundo Marcos Castilho, Fabiano Silva e Daniel Weingaertner, algoritmo: "[...] é uma sequência extremamente precisa de instruções que, quando lida e executada por uma outra pessoa, produz o resultado esperado, isto é, a solução de um problema. Esta sequência de instruções é nada mais nada menos que um registro escrito da sequência de passos necessários que devem ser executados para manipular informações, ou dados, para se chegar na resposta do problema".[19]

A partir desses esclarecimentos, tem-se que José Fernandes Ferreira Brega[20] conceitua os atos administrativos eletrônicos em dois grupos. A propósito, em razão de ser a Lei do Governo Digital posterior à tese do autor, entende-se por utilizar a terminologia de atos administrativos digitais.

---

17. BREGA, José Fernando Ferreira. *Governo eletrônico e direito administrativo* cit.

18. BREGA, José Fernando Ferreira. *Governo eletrônico e direito administrativo* cit.

19. CASTILHO, Marcos; SILVA, Fabiano; WEINGARTNER, Daniel. *Algoritmos e estrutura de dados 1*. Curitiba: Universidade Federal do Paraná, 2020. 325 p.

20. BREGA, José Fernando Ferreira. *Governo eletrônico e direito administrativo* cit.

O primeiro grupo é composto pelos atos administrativos eletrônicos (neste trabalho científico, denominados digitais) em sentido estrito, nos quais ocorre uma atuação combinada entre o ser humano e a tecnologia, cabendo ao primeiro a decisão final. Por outro lado, os atos administrativos automatizados, consistentes no segundo grupo, estabelecem-se por meio de uma decisão constituída pelo *software* a partir de um algoritmo programado pela administração pública.

Com relação ao ato administrativo automatizado, tem-se que, através do algoritmo, há uma substituição humana para utilização da máquina. Nesse ponto, José Fernandes Ferreira Brega[21] faz uma distinção de dois momentos do ato automatizado. Num primeiro momento, há a definição das etapas e regras que a inteligência humana programa para execução do algoritmo. O segundo momento, por sua vez, consiste na execução de atividades que constituem atos administrativos pelo sistema, sem interferência humana.

Tem-se, portanto, que, embora o ato administrativo automatizado não exija o exercício de racionalidade humana no momento da sua prolação, esta existe na constituição das etapas que estabelecem a escolha da administração pública. Como se demonstrou no conceito de algoritmo, a decisão através de um processo algorítmico decorre de uma série de regras estabelecidas pelo programador. Essas regras da programação são estabelecidas pela administração pública.

Dessa forma, cabe à administração pública demonstrar a necessidade de uma interpretação automatizada que a sustente. A decisão de automatizar determinado ato administrativo precisa de uma avaliação detalhada da atividade a que se presta, sendo exigido que a administração se pronuncie acerca dos elementos do ato administrativo estabelecidos pelo sistema. Em razão de ser o ato administrativo automatizado programado pela própria administração pública, sua validade jurídica está, a princípio, resguardada. Todavia, na

---

21. BREGA, José Fernando Ferreira. *Governo eletrônico e direito administrativo* cit.

sua constituição devem ser observados todos os elementos de validade: competência, finalidade, forma, motivo e objeto.

Quanto à competência, ela é exercida no momento em que o administrador decide estabelecer as regras de programação do *software*. Entretanto, é fato que não há racional humano imediato no ensejo da tomada de decisão expressa no ato administrativo. Por esse motivo, em prestígio do elemento da competência, os atos automatizados não podem prejudicar o administrado e, ainda, devem sempre viabilizar que o cidadão possa acessar a autoridade competente para resguardar a ampla defesa.

No que diz respeito à finalidade, os atos automatizados devem ser utilizados com o propósito de gerar eficiência à administração e acessibilidade de informações aos cidadãos, o que ficou estabelecido no art. 1º da Lei 14.129/2021.[22] Dessa maneira, haja vista que no contorno da finalidade existe o pressuposto de eficiência, não pode o ato automatizado complicar ou distanciar o acesso do administrado ao serviço público. A título de exemplo: algoritmos que respondem automaticamente a dúvidas ordinárias do administrado em um site estatal não podem ser a única forma de contato com o ente público, sob pena de que se prejudique a eficiência e a acessibilidade.

A esse respeito, como se debate mais profundamente adiante, é essencial que o ato administrativo digital, seja ele em sentido estrito ou automatizado, esteja associado à inclusão digital dos administrados.

3.2 Os elementos do ato administrativo no ciberespaço

O intuito essencial do presente trabalho é justamente identificar se o ato administrativo constituído no ciberespaço está dotado de validade a partir dos elementos essenciais ao ato administrativo.

22. "Art. 1º Esta Lei dispõe sobre princípios, regras e instrumentos para o aumento da eficiência da administração pública, especialmente por meio da desburocratização, da inovação, da transformação digital e da participação do cidadão."

De acordo com Maria Sylvia Zanella Di Pietro,[23] o ato administrativo é a declaração do Estado capaz de produzir efeitos jurídicos imediatos, dentro da legalidade, sob o regime jurídico de direito público, estando sujeita ao controle pelo poder público. São elementos essenciais ao ato administrativo a competência, a finalidade, a forma, o motivo e o objeto. Nos contornos do ciberespaço, para estabelecer a validade, é importante discutir de que modo os elementos de competência, forma e motivo, notadamente, devem se estabelecer.

A competência é o poder decorrente de lei conferido ao agente administrativo para o desempenho regular de suas atribuições. Somente a lei pode determinar a competência dos agentes na exata medida necessária para os fins desejados.[24] Trata-se de um elemento sempre vinculado, intransferível, imodificável e imprescritível.

Por sua vez, o elemento da forma refere-se a respeito daquela exigida em lei para a sua prática, traduzindo-se na materialização do ato no mundo real.[25]

Quanto aos demais elementos, também segundo Maria Sylvia Di Pietro,[26] a finalidade é o resultado que a administração deve alcançar com o ato administrativo, sendo determinada pela lei. Já o motivo consiste na situação de fato que gera a necessidade da administração em praticar o ato administrativo. Por fim, segundo Celso Antônio Bandeira de Mello, o objeto corresponde ao resultado prático do ato.[27]

Identifica-se que a finalidade e o objeto exigem os mesmos aspectos no ambiente digital daquilo que já constituem no direito administrativo tradicional. Entretanto, com relação

---

23. DI PIETRO, Maria Sylvia Zanella. *Direito administrativo*. 33. ed. São Paulo: Forense, 2020.

24. DI PIETRO, Maria Sylvia Zanella. *Direito administrativo* cit.

25. DI PIETRO, Maria Sylvia Zanella. *Direito administrativo* cit.

26. DI PIETRO, Maria Sylvia Zanella. *Direito administrativo* cit.

27. BANDEIRA DE MELLO, Celso Antonio. *Curso de direito administrativo*. 33. ed. São Paulo: Juspodivm, 2016. 1151 p.

à forma, à competência e ao motivo, é essencial identificar de que modo se aplicam ao ato administrativo digital.

Em primeiro lugar, tem-se a competência como pressuposto essencial ao ato administrativo, que garante sua validade na modalidade digital. Isso porque o ato administrativo deriva necessariamente da competência do administrador. Apesar de ausentes as fronteiras e aspectos territoriais no ciberespaço, ainda que o ato digital seja eminentemente constituído no ciberespaço, a competência da autoridade administrativa é estabelecida em lei brasileira.

Conforme reconhece a doutrina (DI PIETRO, 2019), somente a lei pode determinar a competência dos agentes, na exata medida necessária para os fins desejados. Dessa forma, o ato administrativo digital possui validade em decorrência de ter sido proferido por autoridade competente estabelecida nos contornos da lei brasileira. Haja vista o pressuposto da lei que estabelece a competência do administrador para proferir aquele ato, tem-se que, mesmo em espaço transfronteiriço, os indivíduos que se vinculam a determinado ordenamento permanecerão submetidos aos atos que dele decorrem.

Em outras palavras, é a competência que atrai os contornos de Estado necessários à validade do ato administrativo, considerando que a designação autoridade administrativa está vinculada ao ordenamento nacional.

Sobre esse ponto, uma discussão interessante é se o ato administrativo no ciberespaço, cuja validade se estabelece através de competência de autoridade brasileira, gera efeitos para pessoa brasileira fora do Brasil. A partir do raciocínio estabelecido, é patente que sim. Haja vista que o território se esvaiu, o ato administrativo pode gerar efeitos a brasileiro fora do Brasil que busca, por exemplo, a regularização de uma situação qualquer referente ao imposto sobre a renda.[28]

---

28. Apenas para que se esclareça, as conclusões deste trabalho sobre a validade de ato administrativo para brasileiro fora do Brasil não se confundem com a discussão sobre a validade da decisão judicial que estabelece obrigação para brasileiro fora do Brasil no ciberespaço.

Em segundo lugar, quanto ao elemento da forma, é interessante fazer uma distinção importante. O ato eletrônico é aquele que está em ambiente virtual, mas não necessariamente de maneira telemática, de forma que não precisa existir na internet. A título de exemplo, o ato eletrônico pode ser um arquivo digitalizado em um computador da administração, mas que não consta da internet e, portanto, não pode ser acessado fora do circuito do ente público. Já o ato digital é aquele que se propõe a existir no mundo e, portanto, à função telemática. Dessa forma, o ato digital é necessariamente eletrônico, mas a recíproca não é verdadeira. O ato digital é qualquer ato que está no ciberespaço e gera relação com o administrado ou entre entes públicos distintos.

Feita essa diferenciação, a forma digital do ato deve ser entendida como uma aplicação particular do regime jurídico relativo ao documento eletrônico, sendo necessária a observância das condições técnicas para garantir integridade, autenticidade, disponibilidade, confidencialidade ou acesso diferenciado, não repúdio e conservação.[29]

O ato administrativo, para atender ao elemento da forma, deve ser elaborado no idioma oficial do Brasil, em português, mas pode ser proferido de maneira escrita, oral ou visual, desde que se preserve a sua compreensão. A esse respeito, não pode descurar das inovações mais recentes quanto ao emprego de elementos visuais nos atos jurídicos, técnica que, naturalmente, também pode se aplicar aos atos administrativos.

Ainda com relação à forma, além do idioma e compreensão, é necessário que se preserve a legitimidade e veracidade do ato administrativo. Em outras palavras, se a assinatura física historicamente garantiu legitimidade ao ato administrativo, é interessante que o ato, no ciberespaço, também possua um registro que garanta o seu rastreamento e verificação.

---

29. BREGA, José Fernando Ferreira. *Governo eletrônico e direito administrativo* cit.

O melhor mecanismo para garantir a possibilidade de verificação do ato administrativo é aquele pelo qual o arquivo digital criado recebe a assinatura também digital de seu autor ou código de rastreio. Nesse ponto, a obrigatoriedade de utilização de mecanismos adequados de assinatura digital oferece mais segurança às comunicações. Utilizado um mecanismo de certificação digital, é possível dar valor jurídico à transmissão de documentos produzidos e transmitidos mediante instrumentos informáticos.[30] Isso implica dizer que, caso seja forjado um ato administrativo, será possível identificar sua ilegitimidade a partir do rastreio decorrente do código ou assinatura digital.

Por fim, com relação ao motivo como elemento do ato administrativo, o presente trabalho identifica sua especial relevância para os atos automatizados. A esse respeito, conforme esclarecido em tópico anterior, é fato que os atos automatizados não expressam uma decisão humana imediata, mas uma sequência de filtros decisórios escolhidos pela administração pública que elaboram uma decisão final.

Dessa forma, é necessário que haja clara motivação da administração pública em dois momentos. O primeiro deles é na escolha de automatizar o ato administrativo, devendo a respectiva razão ser suficientemente clara ao administrado. O segundo momento é a motivação por trás de cada uma das instruções algorítmicas.

Quanto ao segundo, a título de exemplo, ao gerar uma certidão negativa de crimes no Tribunal de Justiça do Estado, cada uma das etapas que conduzem à emissão respectiva deve ser publicizada e motivada pela administração pública. Na hipótese da certidão negativa de crimes, a administração precisa motivar a conexão de dados da polícia civil, militar, dos processos de primeira e segunda instância do tribunal. Em seguida, precisa motivar a exigência dos dados que o administrado precisa fornecer no sistema, e assim sucessivamente.

---

30. BREGA, José Fernando Ferreira. *Governo eletrônico e direito administrativo* cit.

Em síntese, tem-se que os elementos essenciais ao ato administrativo permanecem na sua versão digital. Os contornos territoriais são mitigados em benefício da competência da autoridade pública, haja vista a legitimidade ter fundamento no ordenamento nacional. No mesmo sentido, justamente em homenagem à legalidade e à aplicação do direito positivo do ciberespaço, a forma do ato administrativo deve privilegiar o idioma oficial e, além disso, a verificação de legitimidade deve ser garantida a partir de assinatura digital ou código de rastreio.

Por fim, o elemento da motivação ganha contornos mais profundos quando em referência aos atos automatizados porque a administração pública passa a ter a obrigação de motivar, não a decisão final (como acontece no ato administrativo digital em sentido estrito), mas a decisão de automatizar o ato e o motivo pelo qual cada uma das etapas algorítmicas é cabível.

3.3 Da inclusão digital como direito fundamental no contexto do ato administrativo no ciberespaço

O ato administrativo praticado no ciberespaço é dotado de validade desde que os elementos de forma, motivo e competência sejam preservados nos termos elencados no tópico anterior. Desse modo, a evolução do governo digital pode prosseguir com respaldo jurídico. Entretanto, também é pressuposto da validade jurídica do ato administrativo o elemento da finalidade.

Embora a finalidade deva observar, no ciberespaço, os mesmos aspectos exigidos no direito administrativo tradicional, a edição de um ato administrativo digital embute necessariamente o intuito de torná-lo acessível e eficiente. Nessa perspectiva, a Lei 14.129/2021 determina, em seu art. 1º, ao estabelecer o governo digital, que a norma dispõe sobre princípios, regras e instrumentos para aumento da eficiência da administração pública, especialmente como meio da desburocratização, da inovação, da transformação digital e da participação do cidadão. Portanto, a legislação brasileira estabelece, como finalidade do governo digital em si e, por decorrência, do ato administrativo digital, uma maior eficiência e acessibilidade da administração pública.

Por essa razão, é essencial discutir a inclusão digital. Isso porque, em razão dos métodos necessários para operacionalizar os atos administrativos no ciberespaço e, por consequência, para acessá-los, entre os quais dispositivos eletrônicos e internet, tem-se a difícil missão de evitar que os atos sejam inacessíveis. Esse possível caráter excludente é contrário às premissas primordiais da administração pública e mesmo à Lei 14.129/2021.

Sobre a inclusão digital, é imperativo destacar a Carta dos Direitos Fundamentais Digitais da União Europeia, que constitui manifesto na forma de texto semelhante à lei, dotada de objetivos estatais, estabelecendo alguns direitos fundamentais que devem impreterivelmente ser considerados nos atos administrativos também no Brasil. Na Europa, a Carta dos Direitos Fundamentais Digitais da União Europeia foi utilizada como base para a "Declaração de Lisboa – Democracia Digital com um Propósito", que foi apresentada no Conselho da União Europeia em 01 de junho de 2021 e apoiada por todos os Estados-Membros da União Europeia.[31]

A Carta dos Direitos Fundamentais Digitais faz menção à igualdade, estabelecendo, em seu art. 3, que "o uso de procedimentos automatizados não pode fazer com que seres humanos sejam excluídos do acesso a bens, serviços ou da participação na vida social. Isso vale especialmente nas áreas da saúde, proteção de riscos elementares à vida, ao direito ao trabalho, a moradia, à liberdade de ir e vir e frente à Justiça e à polícia".

Ainda, em benefício da consolidação de uma administração pública digital transparente, o art. 6 estabelece que "todo ser humano tem direito ao acesso a informações de órgãos estatais. Deve-se garantir a proteção principalmente de dados

---

31. LISBOA. *Declaração de Lisboa sobre direitos digitais é "pontapé de saída" para uma carta internacional*. Disponível em: https://www.2021portugal.eu/pt/noticias/declaracao-de-lisboa-sobre-direitos-digitais-e-pontape-de-saida-para-uma-carta-internacional/. Acesso em: 26 nov. 2022.

pessoais. O mandamento da transparência vale também com relação a particulares que assumam tarefas públicas". No mais, de extrema relevância para este trabalho, o art. 10 estabelece que "todo ser humano tem direito ao acesso livre e igualitário a serviços de comunicação e informação sem que para isso tenha que abrir mão de direitos fundamentais", bem como que "esse acesso deve ser garantido de maneira ampla, apropriada e suficiente".

Esses dispositivos da Carta estão contidos na Declaração de Lisboa, reconhecida por unanimidade pela União Europeia, ao estabelecer, como interesses comuns, a inclusão digital de todos os cidadãos, a garantia dos direitos fundamentais na utilização de plataformas e serviços *online* e o combate à desinformação.

Assim, para tornar válido o governo digital da Lei 14.129/2021, a administração pública tem o dever de promover a inclusão digital da população como direito fundamental, ao mesmo passo em que amadurece sua atividade no ciberespaço. Apenas a partir de uma população com efetivo acesso ao ciberespaço é que se terá a confirmação de um governo digital como escolheu o legislador brasileiro.

4. Considerações finais

Partindo do pressuposto de que o ato administrativo é a declaração do Estado capaz de produzir efeitos jurídicos, o presente trabalho buscou analisar o modo como se insere no contexto do ciberespaço, ante a inexistência da territorialidade, elemento essencial à constituição do Estado. Sob essa perspectiva, este artigo suscitou a hipótese de que os atos administrativos são válidos desde que dotados de fundamentação legal e de modo a garantir a existência dos 5 (cinco) elementos essenciais à sua existência: competência, forma, finalidade, motivo e objeto.

Identificou-se no presente trabalho que a base jurídica dos atos administrativos digitais tem fundamento: (i) na Lei 13.709/2018 (Lei Geral de Proteção de Dados), que dispõe sobre o dever de proteção de dados para pessoas jurídicas de direito público e privado; (ii) no Decreto 8.539/2015, que dispõe sobre o uso do meio eletrônico para a realização do processo administrativo no âmbito da administração pública federal; (iii) e, especialmente, na Lei 14.129/2021, que estabelece o governo digital no Brasil.

Demonstrada a base jurídica da existência do ato administrativo digital, foram analisadas suas classificações e a subsunção dos elementos essenciais a essas modalidades. Sob essa perspectiva, demonstrou-se a distinção entre o ato administrativo digital em sentido estrito e o ato administrativo automatizado. O primeiro se dá em uma atuação combinada entre o ser humano e a tecnologia, cabendo ao primeiro a decisão final, enquanto o segundo se estabelece a partir de uma decisão constituída pelo *software* decorrente de uma série de regras do algoritmo programado através da administração pública.

A partir da referida distinção, enfrenta-se o primeiro elemento essencial, qual seja o motivo. Isso porque, no ato automatizado, a decisão final não é dotada de racional humano, razão pela qual o elemento motivação ganha especial relevo. É preciso que haja clara motivação da administração pública em dois momentos: na escolha de automatizar o ato administrativo e ao estabelecer cada uma das instruções algorítmicas que vão determinar o resultado do ato.

Não obstante isso, tanto o ato administrativo digital em sentido estrito quanto o automatizado pressupõem a sua validade constituída a partir da competência da autoridade, embasada em legislação brasileira.

Dessa forma, o elemento da competência é que estabelece os contornos de validade do ato administrativo digital, considerando que a designação autoridade administrativa está vinculada ao ordenamento nacional. Sob essa perspectiva, é a competência do administrador, nos contornos da lei brasileira, que atribui validade ao ato administrativo no ciberespaço. Por esse motivo, o ato administrativo digital tem validade inclusive para brasileiros fora do país.

No mais, no que diz respeito ao elemento de forma do ato administrativo, importa que seja mantida a língua oficial do país, o português, sendo legítima a manifestação do ato em forma escrita, virtual ou oral, desde que preservada sua devida compreensão. Em razão de ser a forma essencial para que se atribua legitimidade ao ato, é essencial a utilização de mecanismos adequados de assinatura eletrônica ou codificação de documentos, de modo a garantir sua máxima inviolabilidade.

Por fim, o ato administrativo no ciberespaço ficou estabelecido pela Lei 14.129/2021, que regulamenta a existência do governo digital, determinando suas diretrizes e objetivos. A partir da referida norma jurídica, o legislador brasileiro estabeleceu que o ato administrativo digital tem como finalidade a necessária eficiência da administração, por meio da desburocratização, transformação digital e participação do cidadão.

Desse modo, para garantir eficiência e participação do cidadão e por consequência a finalidade do ato administrativo digital, é dever do Estado garantir a inclusão digital como direito fundamental, através não só do acesso à internet, mas também aos instrumentos eletrônicos necessários para a acessibilidade dos administrados.

Referências

AARONSON, Susan Ariel; LEBLOND, Patrick. Another Digital Divide: The Rise of Data Realms and its Implications for the WTO. *Journal of International Economic Law*, v. 21, Issue 2, p. 245-272, 2018.

BANDEIRA DE MELLO, Celso Antonio. *Curso de direito administrativo*. 33. ed. São Paulo: Juspodivm, 2016. 1151 p.

BARNÉS VÁZQUEZ, Javier, El procedimiento administrativo y el gobierno electrónico. *Cuadernos de Derecho Local*, n. 22, Madrid: Fundación Democracia y Gobierno Local, fev. 2010.

BENTES, Anna. A gestão algorítmica da atenção: enganchar, conhecer e persuadir. *In:* POLIDO, Fabrício; ANJOS, Lucas;

BRANDÃO, Luiza (Org.). *Políticas, internet e sociedade*. Belo Horizonte: Instituto de Referência em Internet e Sociedade, 2019. p. 222-234.

BENVENISTI, Eyal. EJIL Foreword: Upholding Democracy Amid the Challenges of New Technology: *What Role for the Law of Global Governance?* v. 29, n. 1, 9-82, 2018.

BREGA, José Fernando Ferreira. *Governo eletrônico e direito administrativo*. 2012. 336 f. Tese (Doutorado) – Curso de Direito, Universidade de São Paulo, São Paulo, 2012.

BONAVIDES, Paulo. *Curso de direito constitucional*. 18. ed. atual. São Paulo: Malheiros, 2006.

BONAVIDES, Paulo. *Teoria do Estado*. 3. ed. São Paulo: Malheiros, 2001.

BRASIL. Constituição (2004). Emenda Constitucional nº 45, de 30 de dezembro de 2004. Brasília.

CASTILHO, Marcos; SILVA, Fabiano; WEINGARTNER, Daniel. *Algoritmos e estrutura de dados 1*. Curitiba: Universidade Federal do Paraná, 2020. 325 p.

CLEMENTINO, M. B. M; PINTO, M. A. B.; Manipulação algorítmica de dados e democracia: impactos do ciberespaço na soberania e territorialidade. *In:* MENEZES, Wagner. (Org.). *Direito internacional em expansão*. Belo Horizonte: Arraes Editores, 2021. v. 21, p. 171-181.

CRAWFORD, James. *Chance, order, change: The Course of International Law:* General Couse on Public International Law. The Hague: The Hague Academy Of International Law, 2014.

DI PIETRO, Maria Sylvia Zanella. *Direito administrativo*. 33. ed. São Paulo: Forense, 2020.

HABERMAS, Jürgen. *Direito e democracia:* entre facticidade e validade. Rio de Janeiro: Tempo Brasileiro, 1997.

LISBOA. *Declaração de Lisboa sobre direitos digitais é "pontapé de saída" para uma carta internacional*. Disponível em:

https://www.2021portugal.eu/pt/noticias/declaracao-de-lisboa-sobre-direitos-digitais-e-pontape-de-saida-para-uma-carta-internacional/. Acesso em: 26 nov. 2022.

MADRUGA, Antenor; FELDENS, Luciano. Dados eletrônicos e cooperação internacional: limites jurisdicionais. *In:* BRASIL. Ministério Público Federal. *Temas de Cooperação Internacional.* Brasília: Secretaria de Cooperação Internacional, 2015. p. 47-67.

MAURER, Tim. "Proxies" and Cyberspace. *Journal of Conflict & Security Law*, v. 21, n. 3, 383-403, 2016.

MAZZUOLI, Valério de Oliveira. *Curso de direito internacional público.* São Paulo: Revista dos Tribunais, 2016.

MEDEIROS, Breno Pauli *et al.* O uso do ciberespaço pela administração pública na pandemia da COVID-19: diagnósticos e vulnerabilidades. *Revista de Administração Pública [online].* 2020, v. 54, n. 4, p. 650-662. Disponível em: https://doi.org/10.1590/0034-761220200207.

MEIRELLES, Hely Lopes. *Direito administrativo brasileiro.* 39. ed. São Paulo: Malheiros, 2013. 161 p.

MILANOVIK, Marko. Human Rights Treaties and Foreign Surveillance: Privacy in the Digital Age, *Harvard International Law Journal*, v. 56, p. 81-146, 2015.

RAMPELOTTO, A.; LÖBLER, M. L.; VISENTINI, M. S. Avaliação do sítio da Receita Federal do Brasil como medida da efetividade do governo eletrônico para o cidadão. *Revista de Administração Pública,* 2015.

SCHMITT, Michael N. Computer Network Attack and the Use of Force In International Law: Thoughts on a Normative Framework. *The Columbia Journal of Transnational Law*, v. 3, p. 885-937, 1999.

SCHMITT, Michael N. The use force. *Tallinn Manual 2.0 on the International Law applicable to Cyber Operations*. Cambridge: Cambridge University Press, 2017.

SEAVER, Nick. Algorithms as culture: Some tactics for the ethnography of algorithmic systems. *Big Data & Society*, Berkeley, v. 4, n. 2, p. 01-14, nov. 2017.

SCOTT, Karen N., International Law in the Anthropocene: Responding to the Geoengineering Challenge, 34 Mich. J. *Int'l L*. 309, 2013.

TRINDADE, Antônio Augusto Cançado. *International Law for Humankind:* Towards a new Jus Gentium. The Hague: The Hague Academy Of International Law, 2012.

VENTRE, D. (2012). Ciberguerra. In Academia General Militar. In La Academia General Militar, & Universidad de Zaragoza (Eds.), Seguridad global y potencias emergentes en un mundo multipolar. Madrid, España: Autor. Recuperado de https://publicaciones.defensa.gob.es/seguridad-global-y-potencias-emergentes-en-un-mundo-multipolar-4267.html.

MATRIZ DE RISCOS E A ILUSÃO DA PERENIDADE DO PASSADO: PRECISAMOS RESSIGNIFICAR O CONCEITO DE TEMPO NAS CONTRATAÇÕES PÚBLICAS[1]

Flávio Germano de Sena Teixeira Júnior

Assessor Especial na Secretaria de Projetos Especiais do Governo do Distrito Federal. Mestrando do Programa de Pós-Graduação em Direito da Faculdade de Direito do Recife – UFPE. Integrante do Grupo de Pesquisa *Desafios do Controle da Administração Pública Contemporânea* – UFPE. Integrante do Grupo de Pesquisa *GEDA* (Grupo de Estudos em Direito Administrativo) – UNICAP. Advogado.

Marcos Nóbrega

Conselheiro Substituto do Tribunal de Contas de Pernambuco. Professor da Universidade Federal de Pernambuco – Faculdade de Direito do Recife. Pós-Doutor pela *Harvard Law School* e *Kennedy School of Government – Harvard University*. Pós-Doutor pela Universidade de Direito de Lisboa – FDUL. Bacharel, Mestre

---

1. Gostaríamos de agradecer os comentários de Rafael Véras, Marcela Jabor e Rafael Fassio sobre versões originais deste texto. No entanto, os eventuais equívocos ou erros são de inteira responsabilidade dos autores.

e Doutor em Direito pela Universidade Federal de Pernambuco – Faculdade de Direito do Recife. Bacharel em Economia pela Universidade Federal de Pernambuco. Bacharel em Administração pela Universidade Católica de Pernambuco. *Visiting Scholar na Harvard Law School. Senior Fellow na Harvard Kennedy School of Government*. Professor Visitante na Universidade de Lisboa. *Visiting Scholar* na *Singapore Management University*. Autor de vários artigos e livros. Conferencista.

Rodrigo Torres Pimenta Cabral

Chefe da Unidade Executiva do Conselho Gestor de Parcerias Público-Privadas do Governo do Distrito Federal. Pós-graduado em Direito Administrativo pelo Instituto Brasiliense de Direito Público (IDP). Advogado.

Resumo: A matriz de risco é uma técnica de gerenciamento de risco e segurança em projetos que é frequentemente manejada para dar suporte à tomada de decisões. Este artigo, no entanto, baseia-se em evidências anteriores para argumentar que matrizes de risco mal projetadas ou utilizadas de forma inadequada resultam em aumento da incerteza e, potencialmente, em efeitos adversos nos contratos públicos. Num projeto de infraestrutura de grande magnitude, por exemplo, isso pode ser catastrófico, tanto do ponto de vista do interesse público *(Value for Money)* quanto do privado. Essa preocupação ganhou mais corpo no cenário brasileiro com o advento da Lei 14.133/2021, que elevou a matriz de riscos ao *status* de ferramenta caracterizadora do equilíbrio econômico inicial do contrato. A partir de uma revisão bibliográfica sobre o tema, bem como à luz de diversas experiências práticas em contratos dessa natureza, infere-se que a matriz de riscos se revela um mecanismo muito frágil de análise de riscos, devendo se limitar, em último exame, a compor o relatório de riscos de uma organização. Assim, no artigo conclui-se que (1) é preciso reposicionar a matriz de riscos nas contratações públicas, retirando dela o protagonismo relacionado à aferição do reequilíbrio econômico-financeiro, mas mantendo-a como ferramenta de relatório e suporte à tomada de decisões; (2) os avaliadores de risco precisam de melhor treinamento no *design* (construção da matriz) e uso da matriz de risco; (3) os tomadores de decisão precisam de treinamento para entender melhor a falta de confiabilidade inerente a qualquer matriz de risco como uma técnica de suporte à decisão; (4) à medida que avançamos na elaboração de uma teoria das decisões econômicas em contratações públicas (sobretudo em projetos dotados de alta especificidade de ativos), afastamo-nos do enfoque neoclássico, abandonando-se o dispositivo do equilíbrio geral como ponto de partida da análise e precisamos ressignificar o conceito de tempo nas contratações públicas.

1. À guisa de introdução: contratos (públicos) incompletos, matriz de riscos e a ilusão da perenidade do passado

> *"O gerente de risco erra ao olhar no retrovisor para enxergar o futuro"* (Taleb e Spitznagel, 2014).[2]

As Concessões e Parcerias Público-Privadas (PPPs), enquanto contratos incompletos (*incomplete contracts*)[3] e de longa duração, geram maior incerteza.[4] A tomada de decisão *ex post*, na sequência da mudança de riscos, é difícil, pois implica necessariamente negociações entre o Poder Público e a iniciativa privada. É dizer: contratos dessa natureza encerram um problema de compra e venda de bens e serviços num contexto marcado pela assimetria informacional e, sobretudo, pela incompletude.

Cediço que um dos mais importantes instrumentos levados a termo para estabelecer e garantir as trocas na economia é o contrato em que as obrigações das partes são estipuladas. Nele estão catalogadas as contingências e os interesses envolvidos, bem como as salvaguardas para minimizar os riscos inerentes à relação contratual. Contratos bem elaborados, com adequada repartição de riscos, alinhamento de incentivos entre as partes e com um alto grau de *enforcement*, são condições fundamentais para o sucesso de empreendimentos de longo prazo, sobretudo quando valores vultosos são envolvidos e consideráveis riscos avaliados.

---

2. TALEB, Nassim N.; SPITZNAGEL, Mark W. Seis erros que o executivo comete na gestão de riscos. *Harvard Business Review*, out. 2014. Disponível em: https://shre.ink/cACP. Acesso em: 22 jun. 2021.

3. Contratos incompletos são definidos como aqueles que impõem uma ou mais restrições *ad hoc* ao conjunto de contratos viáveis em um dado modelo ("Incomplete contract is defined as one that imposes one or more ad hoc restritions on the set of feasible contracts in a givin model") (Tirole, 1999).

4. Ainda que todas as contingências pudessem ser previstas, a existência de informação privada antes de o contrato ser firmado interfere na possibilidade de alcançar um acordo que maximize valor.

Dessa forma, uma análise mais acurada dos contratos em projetos de infraestrutura passa a ser premente, sobremodo quando uma rede de contratos pode ser imposta, como em modelagens de *Project Finance* nas Concessões de Serviço Público e Parcerias Público Privadas (PPPs). Nesse sentido, assunto que continua nebuloso entre os administrativistas é o que diz respeito ao melhor mecanismo para "reequilibrar" contratos públicos, diminuindo-se os riscos a fim de evitar problemas como a seleção adversa[5] e o moral *hazard* (risco moral).

Na Nova Lei de Licitações e Contratos Administrativos (Lei 14.133/2021), o legislador elevou a matriz de riscos ao *status* de ferramenta "caracterizadora do equilíbrio econômico-financeiro inicial do contrato",[6] considerando-se, portanto, que esse instrumento de gerenciamento de riscos funcionará como verdadeira âncora para reequilibrar os contratos, partindo-se, dessa forma, da premissa de que contratos públicos, mesmo os de longo prazo e dotados de alta especificidade de ativos, tem natureza de um sistema ergódico,[7] de tal sorte que seria possível retornar ao *statu quo ante*. Ledo engano. No bojo do presente artigo, demonstrar-se-á, sem maiores propensões teóricas, que a literatura estrangeira especializada e a experiência prática desvelam a fragilidade das matrizes de risco, consignando que essa ferramenta, a despeito de ser útil na conformação de relatórios de risco, tende a potencializar ineficiências ou até mesmo criar problemas ainda maiores

5. Um problema de seleção adversa ocorre quando, no mercado, compradores e/ou vendedores estão numa situação de informação assimétrica (ver "*Akerlofs Market for lemons*", Akerlof, 1978). Nas PPPs, o problema de seleção adversa resulta, sobretudo, da dificuldade em discernir a tecnologia (custos) da empresa regulada (variável exógena não observada pelo regulador). Se o serviço deve ser provido independentemente do custo, empresas de baixo custo vão pretender ter custos altos para aumentar sua renda (renda informacional).

6. Lei 14.133/2021, art. 6º: "XXVII – matriz de riscos: cláusula contratual definidora de riscos e de responsabilidades entre as partes e caracterizadora do equilíbrio econômico-financeiro inicial do contrato, em termos de ônus financeiro decorrente de eventos supervenientes à contratação, contendo, no mínimo, as seguintes informações [...]".

7. O tema da ergodicidade será tratado de maneira mais detalhada no tópico 3 do presente trabalho.

que o desequilíbrio de um contrato público (seleção adversa e o *moral hazard*), já tendo ficado claro, em diversas oportunidades, que "o gerente de risco erra ao olhar no retrovisor para enxergar o futuro".[8]

Este trabalho, além dessa introdução, é composto de uma análise sobre o contexto de criação das matrizes de risco (tópico 1). Na sequência (tópico 2), será analisada a relação da matriz de riscos com as noções de "incerteza" e "(não) – ergodicidade", valendo-se, para tanto, de uma abordagem interdisciplinar. Em seguida (tópico 3), promove-se uma análise de situações oportunistas que advêm da incompletude intrínseca dos contratos de infraestrutura somada à falibilidade da matriz de riscos como alicerce do reequilíbrio econômico-financeiro, sendo seguidas de nossas conclusões no tópico 4.

Como será demonstrado no decorrer deste trabalho, a previsão (da Lei 14.133/2021) de que a matriz de riscos funcionará como âncora do reequilíbrio econômico-financeiro parte da premissa equivocada de que o futuro é uma projeção estatística do passado, tomando-se todo e qualquer contrato público como um sistema ergódico, acreditando-se que os agentes não mudam suas expectativas ao longo do tempo.

Essa visão, que encontra amparo no modelo econômico neoclássico, afigura-se falha porque desconsidera a principal variável num contexto de equilíbrio econômico financeiro de um contrato que se alastra por um longo período: o tempo. O tempo, inexoravelmente, muda a probabilidade e a perspectiva em relação ao risco. Dessa forma, o "fetiche" do equilíbrio é problemático e deve ser substituído pela ideia de contratos como "referência" (ou seja, a centralidade do contrato, devendo-se dar primazia ao salvamento do contrato).[9]

---

8. TALEB, Nassim N.; SPITZNAGEL, Mark W. Seis erros que o executivo comete na gestão de riscos cit.

9. HART, Oliver; MOORE, John. Contracts as Reference Points NBER *Working Paper* n. 12706, November 2006 JEL n. D23,D86,K12.

O fetiche em torno das matrizes de risco, sobretudo em meio a juristas, parece ser agravado por um desconhecimento da distinção risco/incerteza – no direito quase nunca se vai além de Frank Knight,[10] que é um referencial importante, mas não é suficiente para compreender, com a profundidade necessária, a complexidade das contratações públicas na sociedade contemporânea.

2. Relembrando o papel da matriz de riscos no gerenciamento de riscos em projetos

Primeiramente, cumpre lembrar o papel de uma matriz de risco no gerenciamento de um projeto e muitos foram os autores que escreveram sobre isso. Segundo Hussey,[11] por exemplo, a matriz é um auxílio bidimensional para a tomada de decisão, ao passo que Moore[12] descreveu versões simples da matriz, fazendo paralelo com um sistema fluxogramado (por exemplo, uma rede de transporte ou ao longo de um duto de transmissão).

As principais vantagens da matriz de riscos, segundo a literatura especializada, incluem que (conforme Cook;[13] Franks;[14] Franks *et al.*;[15] Julian[16]):

10. KNIGHT, Frank. *Risk, Uncertainty and Profits*. Houghton Mifling Company, Boston. 1921. Disponível no endereço eletrônico: https://shre.ink/cA9o.

11. HUSSEY, D. E. (1978). Portfolio analysis: Practical experience with the directional policy matrix. *Long Range Planning*, 11, 2–8. doi: 10.1016/0024-6301(78)90001-8.

12. MOORE, D. (1997). The use of a ranking matrix and recommendation prioritization system for process hazard analysis studies. *Process Safety Progress*, 16, 83–85. DOI: 10.1002/prs.680160208.

13. COOK, R. (2008). Simplifying the creation and use of the risk matrix. *Paper presented at the Safety-critical Systems Symposium*, Bristol organised by Safety and Reliability Society.

14. FRANKS, A. (2004). A simplified approach to estimating individual risk. *Research Report* 300-2017- r03 for Health and Safety Executive; Sudbury: HSE Books. Disponível em https://www.hse.gov.uk/research/misc/vectra300-2017-r03.pdf. Acesso em: 7 jun. 2021.

15. FRANKS, A., WHITEHEAD, R., CROSSTHWAITE, P., & SMAIL, L. (2002). Application of QRA in operational safety issues. *Research Report RR* 025 for Health and Safety Executive; Sudbury: HSE Books. Disponível em: https://www.hse.gov.uk/research/rrpdf/rr025.pdf. Acesso em: 4 jun. 2021.<<<<

16. JULIAN, T. Whats right with risk matrices? A great tool for managers. Disponível em https://shre.ink/cA9A. Acesso em: 6 jun. 2021.

a) Elas podem ser elaboradas de forma relativamente rápida;

b) Elas promovem discussões em *workshops* de risco;

c) Elas permitem rápida classificação e comparação de riscos;

d) Elas podem ser usadas para ajudar a desenvolver um entendimento comum dos níveis de risco em uma organização (criação de um *perfil de risco* da organização);

e) Elas permitem a combinação de consequências e probabilidades a serem representadas graficamente, fornecendo uma representação de fácil compreensão de diferentes níveis de risco;

f) Elas mostram graficamente se um risco está fora do apetite de risco[17] de uma organização;

g) Elas mostram graficamente os critérios de risco [os "termos de referência contra os quais a importância de um risco é avaliada"] (Guia ISO 73)];

h) Elas permitem que os tomadores de decisão se concentrem nos riscos de maior prioridade com alguma consistência;

i) Elas auxiliam na tomada de decisões sobre ou sob risco.

No entanto, a aparência aparentemente racional – até científica – das matrizes pode disfarçar problemas de *design* e assim enganar os avaliadores de risco, desinformar tomadores de decisão (aumentar a assimetria de informações) ou produzir análises que são piores do que aleatórias. Alguns autores sugerem que uma matriz de risco agrega pouco valor ao

---

17. Por apetite de risco, entende-se a "quantidade e tipo de risco que uma organização está disposta a perseguir ou reter" (ISO Guia 73).

gerenciamento de risco (Cox;[18] Duijm;[19] Goerlandt & Reniers;[20] Levine;[21] Vatanpour *et al.*[22]). Na verdade, Thomas[23] foi até mais longe ao dizer que "uma ferramenta que produz recomendações arbitrárias em uma área tão importante quanto a gestão de risco em [petróleo e gás] não deve ser considerada uma boa prática da indústria".

Abundam os mitos, mesmo em artigos revisados por pares, de que a matriz de riscos faz parte de padrões como a ISO 31000 ou alguma outra orientação "oficial", permanecendo amplamente considerada como a técnica padrão para orientação rápida e simples para problemas de decisão.

2.1 Posicionando a matriz de riscos no contexto da avaliação de riscos

A ausência de um consenso sobre as definições – criando uma verdadeira "Torre de Babel conceitual"[24] – paradoxalmente dificulta e contribui para o debate sobre matriz de risco. Para fins de maior clareza metodológica neste artigo e na mensagem que pretendemos passar, a definição do padrão internacional ISO31000 é a utilizada, pois foi exposta a comentários públicos internacionais. Assim, segundo a ISO31000, define-se risco como o "efeito da incerteza sobre os objetivos". A referência a "objetivos" faz uma ligação entre a gestão de risco e a governança. A discussão quanto à *incerteza* surge

18. COX, L. (2008), op. cit.

19. DUIJM, N. J. (2015). *Recommendations on the use and design of risk matrices.* Safety Science, 76, 21–31. DOI: 10.1016/j.ssci.2015.02.014.

20. GOERLANDT, F.; RENIERS, G (2016). *On the assessment of uncertainty in risk diagrams.* Safety Science, 84, 67–77. DOI: 10.1016/j.ssci.2015.12.001.

21. LEVINE, E.S. (2012). Improving risk matrices: The advantages of logarithmically scaled axes. *Journal of Risk Research*, 15, 209–222. doi: 10.1080/13669877.2011.634514.

22. VATANPOUR, S.; HRUDEY, S., & DINU, I. (2015), op. cit.

23. THOMAS, P. (2014). Op. cit.

24. LAUDER, M. (2013). *Tower of babel.* RM Professional, p. 22–25. doi: 10.1159/000351563.

em razão das limitações nas técnicas de avaliação de risco (incluindo a matriz de risco) e é considerada mais adiante.

ISO31000 também define uma avaliação de risco como o "processo geral de identificação de risco, análise de risco e avaliação de risco". A análise de risco é, por sua vez, definida como um "processo para compreender a natureza do risco e determinar o nível de risco".

Cook[25] descreveu a matriz de riscos como "uma ferramenta ou técnica para atribuir um nível de risco aos resultados de um evento". É definida no *International Standards Organization Guide* 73 (Guia ISO 73) como uma "ferramenta para classificar e exibir riscos por meio da definição de intervalos de consequência e probabilidade".

O termo "nível de risco", por sua vez, é um dos componentes da análise de risco e é definido no Guia ISO 73 como a "magnitude de um risco, expressa em termos da combinação de consequências e sua probabilidade". ISO31000 e ISO Guia 73 definem *likelihood* (probabilidade) como a "chance de algo acontecer", mas o Guia também observa que a palavra *probability* pode ser usada em vez de *likelihood*.[26]

O desenho de uma matriz de risco pode basear-se em um perfil de risco [a 'descrição de qualquer conjunto de riscos' (Guia ISO 73), cobrindo a totalidade ou parte de uma organização] ou registro de risco ['registro de informações sobre riscos identificados' (Guia ISO 73)].

---

25. COOK, R. (2008). Op. cit.

26. A palavra *probability* significa "probabilidade". Mais especificamente, *probability* se refere à probabilidade "objetiva". Tudo relacionado a *probability* pode ser calculado com números e pode-se provar de onde veio aquele número. Então, por exemplo, a *probability* de, ao jogar uma moeda, ela cair com a "cara" virada para cima, é de 50%. Já a palavra *likelihood*, embora também signifique "probabilidade", refere-se à probabilidade "subjetiva". Isso significa que *likelihood* é uma probabilidade baseada no julgamento pessoal, acúmulo de conhecimento e experiência. Está ligada a uma estimativa pessoal quanto à possibilidade de ocorrência de algum evento. Toda vez que você fala "eu acho" que a probabilidade é de X, trata-se de *likelihood*. Em situações informais, *probability* e *likelihood* são usadas de forma intercambiável.

A partir das definições, pode-se dizer que a matriz de risco é considerada uma tecnologia que ajuda a compreender um resultado de uma avaliação de risco (o nível de risco), mas com incertezas que não são óbvias. Manejada sozinha, ou seja, sem outras ferramentas mais consistentes, ela não contribui para a compreensão da natureza do risco e pode causar ainda mais ineficiências, sobretudo em se tratando de contratos incompletos, de longo prazo e dotados de alta especificidade de ativos (como são as PPPs e Concessões Públicas).

Para ilustrar melhor o uso de uma matriz de risco na prática, utilizamos uma versão simplificada da matriz 5x5, retirada do modelo de gestão de riscos do Ministério do Planejamento, Desenvolvimento e Gestão (Brasil, 2017), que, por sua vez, foi baseado no documento "*The audit comittees role in control and management of risk*".[27]

Os eventos de riscos identificados devem ser analisados sob a perspectiva de impacto e probabilidade, considerando-se as possíveis causas e consequências levantadas. É dizer: em regra, numa matriz de riscos, relaciona-se a probabilidade de o evento ocorrer às consequências do impacto, caso o evento se materialize.

A matriz de riscos é, portanto, uma ferramenta que classifica qualitativamente os pesos de impacto e probabilidade. A matriz abaixo apresentada foi particionada em quatro áreas, as quais caracterizam os níveis de risco em *pequeno*, *moderado*, *alto* e *crítico*, bem como foram utilizadas cinco escalas de impacto e de probabilidade:

27. KPMG; Miod – Mauritius Institute of Directors (2015). *The audit comittees role in control and management of risk*. [s.l]: [s.n].

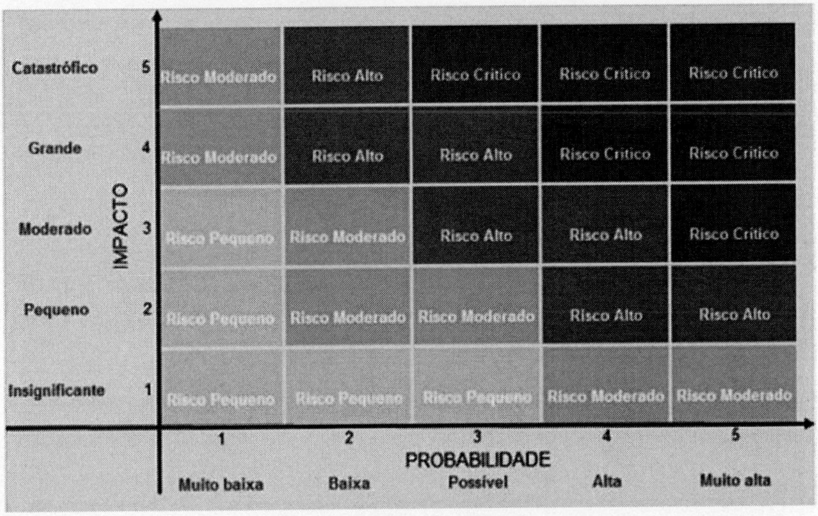

Fonte: Brasil (2017).

De um modo geral, pois isso depende do apetite a risco[28] definido pela organização, considera-se que os eventos de riscos situados nos quadrantes definidos como risco alto e risco crítico são indicativos de necessidade de ações mitigadoras mais rígidas, enquanto os riscos situados nos quadrantes de risco pequeno e moderado seriam um indicativo de ações mais moderadas.

Deve-se ressaltar também que, em alguns casos, não há necessidade de implementar qualquer ação. É o que chamamos de "aceitar o risco", tema que será objeto de outro artigo. Os níveis de riscos são delimitados com base no resultado da combinação de pesos das duas perspectivas: probabilidade e impacto. Vejamos o exemplo seguinte.

28. Já definimos "apetite de risco" anteriormente, mas vale a pena trazer uma complementação. Por apetite de risco deve-se entender "a quantidade de risco, no sentido mais amplo, que uma organização está disposta a aceitar em sua busca para agregar valor, ou seja, refere-se ao máximo nível de risco que uma organização está disposta a correr para atingir seus objetivos estratégicos". Exemplo: Um hospital tem um baixo apetite a risco relacionado à segurança do paciente, assim, estabelece que apenas riscos pequenos sejam aceitos. Entretanto, sabe também que precisa balancear o atendimento tempestivo para todas as necessidades do paciente com custos de fornecer esses serviços (Brasil, 2017).

Escala de probabilidade:

Na escala de probabilidade, o gestor poderá atribuir um dos seguintes pesos para a frequência observada/esperada do evento, considerando-se as definições a seguir:

Tabela 1 – Escala de probabilidade

Peso	**Escala**	**Frequência observada/esperada**	**Descrição**
5	Muito alta	> = 90%	O evento é esperado na maioria das circunstâncias.
4	Alta	> = 50% < 90%	O evento provavelmente ocorre na maioria das circunstâncias.
3	Possível	> = 30% < 50%	O evento deve ocorrer em algum momento.
2	Baixa	> = 10% < 30%	O evento pode ocorrer em algum momento.
1	Muito baixa	< 10%	O evento pode ocorrer apenas em circunstâncias excepcionais.

Fonte: Brasil (2017).

Escala de impacto:

Nessa perspectiva, após o julgamento, o gestor ou gerente de risco poderá atribuir um dos pesos a seguir, considerando-se as respectivas definições.

Tabela 2 – Escala de impacto

Peso	Escala	Descrição
5	Catastrófico	O impacto ocasiona colapso às ações de gestão, a viabilidade estratégica pode ser comprometida.
4	Grande	O impacto compromete acentuadamente as ações de gestão, os objetivos estratégicos podem ser fortemente comprometidos.
3	Moderado	O impacto é significativo no alcance das ações de gestão.
2	Pequeno	O impacto é pouco relevante nas ações de gestão.
1	Insignificante	O impacto é mínimo no alcance das ações de gestão.

Nível de risco:

O nível de risco expressa a magnitude de determinado evento de risco, em termos da combinação de seu impacto e probabilidade de ocorrência. Cada nível de risco está representado por uma área com tonalidade específica na matriz. Cada área possui um intervalo de resultados em função do cálculo dos pesos atribuídos para a perspectiva “impacto” (eixo y) e “probabilidade” (eixo x).

Tabela 3 – Escala de nível de risco

Nível	**Pontuação**
Risco crítico	> = 15 < = 25
Risco alto	> = 8 < = 12
Risco moderado	> = 4< = 16
Risco pequeno	> = 8 < = 3

Fonte: Brasil (2017).

Observe-se que a organização pode mexer na pontuação de cada nível para melhor adequá-la ao seu apetite a risco. Por exemplo, se o apetite a risco for maior que o apresentado na tabela anterior, a organização pode definir como risco crítico apenas pontuações iguais ou superiores a 20, e não 15. Da mesma forma, o risco alto pode ser definido para pontuações entre 12 e 20, e não entre 8 e 12. Assim, organizações com diferentes apetites a risco podem se valer da mesma matriz.

3. Incerteza e matriz de riscos

Feita essa breve introdução acerca de como se costuma utilizar uma matriz de riscos, cumpre-nos trazer uma maneira diferente de olhá-las. Em muitos aspectos, essas matrizes prometem mais do que cumprem e, se mal elaboradas ou manejadas forem, mais ineficiências provocarão. Nesse sentido, comecemos pela "questão da incerteza" nas matrizes de risco.

A incerteza descreve uma situação na qual os agentes não sabem sobre os estados futuros de um sistema. Isso pode se manifestar de diferentes maneiras, pois (i) eles podem não saber em quais estados diferentes o sistema pode estar no futuro ou (ii) eles podem saber sobre os diferentes estados, sem, no entanto, serem capazes de colocar probabilidades sobre eles e, com base nisso, calcular o risco (ou pode ser uma mistura de ambos).[29] Em gestão de riscos, a incerteza pode ser conceituada como "o estado, mesmo que parcial, da deficiência das informações relacionadas a um evento, sua compreensão, seu conhecimento, sua consequência ou sua probabilidade".[30]

Situações que envolvem contratos públicos de longo prazo geralmente são caracterizadas por tal incerteza e, cada vez mais, quanto mais longo o horizonte de tempo que temos que considerar, mais incerteza teremos.

A incerteza foi amplamente pesquisada em disciplinas acadêmicas, conforme evidenciado, por exemplo, por uma coleção de artigos editados por Bammer & Smithson.[31] Nessa coleção, Kasperson[32] sugeriu que a incerteza é "onde a magnitude e probabilidade de eventos e consequências não podem ser estimadas com qualquer precisão".

No presente artigo, a exploração da incerteza decorrente de uma matriz de risco incluirá:

a) Os preconceitos e a (falta de) habilidade do *designer* (construtor) da matriz de risco (incluindo o conhecimento de eventos relevantes no setor, organização ou em outro lugar);

b) Se a organização que usará a matriz definiu (previamente à matriz) seus critérios de risco e apetite de risco;

c) Se existe um perfil de risco atual para a organização (talvez registrado em um registro de risco);

---

29. Sobre o tema, ver: ELSNER, Wolfram; TORSTEN, Heinrich; SCHWARDT, Henning. *The Microeconomics of complex economies:* evolutionary, institucional, neoclassical and complexity perspectives. University of Bremen, Bremen, Germany. ISBN: 978-0-12-411585-9, pp. 8-9.

30. Definição contida na norma ISO 3100.

31. BAMMER, G.; SMITHSON, M. (2008). *Uncertainty and risk: Multidisciplinary perspectives*. London: Earthscan Publications Ltd.

32. KASPERSON, R. (2008). Coping with deep uncertainty: Challenges for environmental assessment and decision-making. *In:* Bammer, G.; Smithson, M. (Eds.). *Uncertainty and risk:* Multidisciplinary perspectives (chapter 27, p. 337–348). London: Earthscan Publications Ltd.

d) A adequação e confiabilidade das informações necessárias para projetar a estrutura da matriz;

e) A adequação e confiabilidade das informações necessárias para projetar escalas matriciais.

Da mesma forma, a exploração da incerteza decorrente do uso de uma matriz de risco incluirá alguns fatores discutidos na fase de projeto e:

a) As tendências e competência de um *usuário* (ou seja, quem maneja) da matriz de risco (incluindo conhecimento de eventos relevantes no setor, organização ou em outro lugar);

b) A adequação e confiabilidade das informações necessárias para interpretar e aplicar as escalas da matriz de risco;

c) Se a matriz de risco é usada de forma autônoma ou como parte de um processo de avaliação de risco que fornece as melhores informações disponíveis sobre a natureza do risco (incluindo fatores causais de um evento e suas consequências e sua probabilidade);

d) Como as descobertas da matriz de risco serão registradas e relatadas;

e) Heurísticas e vieses na tomada de decisão.

Como se vê, a matriz de riscos, enquanto tecnologia de análise de riscos, reveste-se de uma incerteza tão ampla que deve ser usada com cautela e somente após o desenvolvimento das precauções descritas posteriormente. Algumas dessas fontes de incerteza serão exploradas em mais detalhes antes de descrever alguns cuidados que podem melhorar sua confiabilidade.

3.1 Fontes de incerteza na construção de uma matriz de risco

As matrizes de risco não são isentas de falhas e definitivamente não são uma panaceia para todos os males. Nas mãos de indivíduos inexperientes, preconceituosos (vieses cognitivos) ou com uma agenda, elas tendem a gerar classificações enganosas. Em seu artigo "Whats Wrong with Risk Matrices", Cox[33] sugere que elas têm as seguintes limitações:

a) Elas podem comparar correta e inequivocamente apenas uma pequena fração de pares de perigos selecionados aleatoriamente e podem atribuir classificações idênticas a riscos quantitativamente diferentes;

b) Elas podem, erroneamente, atribuir classificações qualitativas mais altas a riscos quantitativamente menores a ponto de, com riscos que têm frequências e gravidades correlacionadas negativamente, levar a decisões piores do que aleatórias;

c) Elas podem resultar em alocação de recursos abaixo do ideal, pois a alocação eficaz de recursos para tratamentos de risco não pode ser baseada nas categorias fornecidas pela matriz.

3.1.1 Falta de fundamentação teórica

Cox,[34] em uma revisão exaustiva de matrizes, concluiu que seus resultados teóricos geralmente mostraram que as matrizes de risco quantitativas e semiquantitativas têm capacidade limitada de reproduzir corretamente as classificações de risco implícitas por modelos quantitativos – um achado teórico fundamental, mas que pode ser além da compreensão de muitos designers e usuários.

Em outras palavras: muitas matrizes de risco são elaboradas sem a devida fundamentação teórica e não conseguem ser precisas na qualificação dos riscos. Frequentemente, não há fontes fidedignas que ofereçam informações de qualidade

33. COX, L. A. 2008. "Whats Wrong with Risk Matrices?". *Risk Analysis: An Official Publication of the Society for Risk Analysis* 28 (2): 497–512. doi:10.1111/j.1539-6924.2008.01030.x.

34. (2008), op. cit.

para a análise de dados. Isso não costuma ser percebido pelos *designers* e pelos usuários de matrizes de risco na maior parte das vezes, de tal sorte que, infelizmente, as matrizes são demasiadamente simplistas e só abordam os eixos "probabilidade x impacto" (sem maior aprofundamento quanto a esses vetores).

3.1.2 Heurísticas e vieses de um designer de matriz de risco

"Todos nós utilizamos a heurística e padecemos de seus vieses. E o que é pior, temos o costume de avaliar equivocadamente o papel do acaso em nossas vidas, tomando decisões comprovadamente prejudiciais aos nossos interesses" (Leonard Mlodinow).[35]

Heurísticas são "atalhos mentais" que facilitam a tomada de decisões.[36] São "regras de bolso", ou estratégias que agilizam e simplificam a percepção e a avaliação das informações, conduzindo a decisões adequadas. Isoladamente, as heurísticas não representam algo ruim. Por exemplo, quando precisamos tomar diversas decisões complexas de forma rápida, as heurísticas possuem papel fundamental, pois viabilizam escolhas adequadas, embora imperfeitas. Ou seja, as heurísticas simplificam enormemente a tarefa de tomar decisões.

Mas nem tudo são flores no âmbito da mente humana. As heurísticas podem nos induzir a erros de percepção, avaliação e julgamento que escapam à racionalidade ou estão em desacordo com a teoria da estatística. Esses erros ocorrem de forma sistemática e previsível, em determinadas circunstâncias, e são chamados de vieses cognitivos.

Um *designer* de matriz de risco que carece de conhecimento dos princípios e armadilhas de *design* de matriz, e eventos relevantes no setor, organização ou outro aspecto

---

35. Citação extraída do livro *O andar do bêbado:* como o acaso determina nossas vidas.

36. Sobre o tema "heurísticas e vieses cognitivos", indicamos a obra prima Judgment Under Uncertainty: Heuristics and Biases, de Amos Tversky e Daniel Kahneman.

importante, pode aplicar seus próprios vieses cognitivos, distorcendo a colocação dos pontos de referência da matriz (limites entre as células), levando a erros de *design* e ocasionando mais incerteza.[37]

Cox[38] notou que, não raras vezes, uma matriz não foi projetada para uma organização de usuários. Em vez disso, foi tirada de outra organização sem nenhuma tentativa de ajustá-la ou adaptá-la ("matriz emprestada"). Isso é problemático porque assumir que uma matriz original foi adequada para determinado propósito não a faz, *ex ante*, adequada para o novo usuário ou situação, especialmente se pensarmos em matéria de contratos públicos de longo prazo e dotados de altíssima especificidade de ativos (como são as Concessões e PPPs, sobretudo as que tratam de projetos de infraestrutura).

Inclusive, no âmbito prático, a experiência com a Lei 13.303/2016 (Lei das Estatais) na confecção das matrizes de riscos revelou uma padronização indesejada, com engessamento do instrumento em vez da desejada abertura ao consensualismo. É a supramencionada realidade da "matriz emprestada", em que, infelizmente, diversos gestores transformaram a matriz em um "padrão", o que tende a implicar disfuncionalidades e ineficiências.

3.1.3 Ausência de declaração de critérios de risco e apetite de risco

Os critérios de risco são os "termos de referência pelos quais a importância do risco é avaliada" e são "baseados nos objetivos organizacionais e no contexto externo e interno"; eles "podem ser derivados de normas, leis, políticas e outros requisitos" (ISO Guia 73). Quando os critérios de risco são

---

37. SMITH, E.; SIEFERT, W. T.; DRAIN, D. (2009). *Risk matrix input data biases.* Systems Engineering, 12, 344–360. doi: 10.1002/sys.20126.

38. (2008), op. cit.

definidos por uma organização, eles podem (e devem) ser usados no projeto de uma matriz de risco.

O apetite de risco, por sua vez, é "a quantidade e tipo de risco que uma organização está preparada para perseguir, reter ou assumir" (ISO Guia 73) e pode auxiliar no desenvolvimento de uma matriz de risco, identificando-se células da matriz fora da quantidade ou tipo de risco da organização está preparado para perseguir, reter ou tirar.

No entanto, na ausência de uma declaração de critérios de risco ou apetite de risco, os projetistas de matriz de risco podem usar seu julgamento (às vezes suas suposições) sobre a natureza e o nível de risco que é ou não aceitável para uma organização. Essa incerteza pode, subsequentemente, resultar na rejeição pelos tomadores de decisão das avaliações de risco usando uma matriz, independentemente de qualquer evidência de apoio em uma avaliação de risco mais ampla.

3.1.4 Ausência de um perfil de risco definido pela organização (previamente à construção da matriz de riscos)

Um *designer* de matriz deve usar a "melhor informação disponível"[39] para auxiliar no desenvolvimento de escalas de matriz de risco. Esses dados podem ser adaptados do perfil de risco ("descrição de qualquer conjunto de riscos") ou registro de risco ("registro de informações sobre os riscos identificados") da organização para que eventos relevantes e suas consequências plausíveis possam ser usados para auxiliar no desenvolvimento de escalas relevantes para a organização.

No entanto, se uma matriz de risco for projetada antes que o perfil de risco da organização ou um registro de risco tenha sido conformado, ela pode omitir escalas inteiras ou detalhes que descrevam a natureza de algumas consequências e probabilidades relevantes. Isso resultará em consequências

39. Princípio F., ISO31000, p. 7.

ou escalas de probabilidade inadequadas, introduzindo, novamente, incerteza. Na ausência de tais dados históricos para auxiliar no desenho ou uso de uma matriz, pode ser necessário fazer suposições, mas tais suposições podem ser influenciadas pelos interesses ou experiência dos avaliadores de risco,[40] retomando-se a discussão dos vieses cognitivos.

3.1.5 (In)adequação e falta de confiabilidade das informações necessárias para projetar a estrutura da matriz

O *design* de uma matriz deve estar "alinhado com o contexto externo e interno da organização e o perfil de risco".[41] A compreensão do contexto exigirá a aplicação prévia de outras técnicas, como:

a) Análise PESTLE (política, econômica, social, tecnológica, jurídica e ambiental) para auxiliar a compreensão do contexto externo;[42]

b) Análise da cadeia de valor para auxiliar a compreensão do contexto interno;[43]

c) Mapeamento de conceitos para auxiliar na visualização do "quadro geral".[44]

As matrizes, na maioria das vezes, são 5x5, dando 25 células, embora outras combinações (por exemplo, 3x3, 6x6, 7x10) sejam encontradas. Matrizes de 3x3 podem não fornecer

---

40. BALL, D. J.; WATT, J. (2013). Further thoughts on the utility of risk matrices. *Risk Analysis*, 33, 2068–2078. doi: 10.1111/risa.12057.

41. (Princípio G; ISO31000).

42. PROCTOR, A. (2009). *Creative problem solving for managers* (3rd ed.). Abingdon: Routledge.

43. PORTER, M. (1985). *Competitive advantage:* Creating and sustaining superior performance. New York: Simon & Schuster Inc.

44. NOVAK, J.; CANAS, A. J. (2006). The Theory Underlying Concept Maps and How to Construct and Use Them. *Technical Report Pensacola*, FL: Florida Institute for Human and Machine Cognition. Retrieved from: https://shre.ink/cACV.

granularidade suficiente para a consecução de resultados úteis, enquanto as 10x10 podem enganar os usuários, fazendo-os pensar que fornecem maior precisão[45] (excesso de dados).

Cox[46] aduziu que uma matriz não deve usar muitas cores ou rótulos para representar os níveis de risco. Três cores (por exemplo, vermelho, amarelo e verde) ou níveis de risco pareciam um mínimo e cinco no máximo. Outra recomendação dada por ele é a de que pequenos aumentos na probabilidade ou consequência não deveriam causar um salto no nível de risco de, por exemplo, baixo para alto, sem passar pela categoria média.

3.1.6 Incerteza devido a vieses cognitivos dos usuários da matriz de risco

Conforme já alinhavado neste texto, as pessoas têm uma tendência a superestimar pequenas probabilidades e subestimar as grandes (probabilidades);[47-48-49-50] levando, potencialmente, a um agrupamento de avaliações de risco em direção ao centro de uma matriz. Smith, Siefert, & Drain[51] mostraram que isso pode levar os usuários da matriz a colocar combinações de consequência/probabilidade em uma linha desenhada diagonalmente da parte inferior esquerda para a direita superior em uma matriz, gerando incorreção e uma grande ameaça para a organização, contrato ou pessoa.

45. Cox, 2008, op. cit.

46. 2008, op. cit.

47. BALL, D. J.; WATT, J. (2013), op. cit.

48. EVANS D. (2012). *Risk intelligence:* How to live with uncertainty. London: Atlantic Books.

49. FISCHHOFF, B.; Lichtenstein, S.; SLOVIC, P. et al. (1981). *Acceptable risk*. Cambridge: Cambridge University Press.

50. SLOVIC, P. (2000). Perception of risk. *In:* Slovic, P. (Ed.). *The perception of risk* (1st ed. chapter 14, p. 220-231). London: Earthscan Publications Ltd.

51. (2009), op. cit.

Os efeitos de tais vieses foram reforçados por Ball & Watt,[52] que discutiram questões associadas a diferentes percepções de risco das partes interessadas, cada uma das quais pode ter diferentes objetivos afetados por um risco e diferentes experiências de risco ou interesse pessoal no resultado do risco avaliação. Por outro lado, subestimar o nível de risco pode ser deliberado se a avaliação de risco resultante puder levar a atenção indesejada da alta administração.

O nível de detalhe usado nas escalas de consequência e probabilidade pode ser inadequado para fazer mais do que dar uma indicação do nível de um risco. Por exemplo:

a) O limite entre duas consequências financeiras pode estar no ponto de $ 100.000; avaliadores de risco inexperientes podem ser tentados a analisar uma consequência negativa como inferior a US $ 100.000 para evitar a atenção gerencial subsequente ou estimar uma consequência positiva como superior a US $ 100.000 para promover a aceitabilidade de uma proposta;

b) Ao considerar a probabilidade de tais consequências, avaliadores de risco inexperientes podem se lembrar erroneamente ou nunca ter ouvido falar de uma consequência negativa, ou, ainda, estarem ansiosos para que um projeto vá em frente.

Essa variabilidade demonstra ainda mais a incerteza dos resultados do uso da matriz de risco.

3.1.7 Adequação e confiabilidade das informações necessárias para interpretar e aplicar as escalas da matriz de risco

As análises qualitativas usando uma matriz de risco se basearão nas descrições das consequências e sua probabilidade.

---

52. (2013), op. cit.

No entanto, tais descrições/palavras estão abertas a amplas interpretações por parte dos usuários –, potencialmente bastante diferentes daquelas pretendidas pelo autor de uma matriz de risco.[53-54-55] Além disso, a linguagem usada nas categorias pode não ser imediatamente clara para um avaliador de risco ou tomador de decisão e as descrições associadas podem exigir interpretação, interpolação ou mesmo suposições quanto ao significado, levando a análises de risco incorretas.[56]-[57] Embora algum julgamento precise ser deixado para os avaliadores de risco, essa variabilidade na interpretação das descrições de consequência ou probabilidade pode ser considerável;[58-59-60] e é difícil de superar, aumentando-se, assim, a incerteza sobre os resultados de uso de qualquer matriz de riscos. Essa incerteza decorrente de uma linguagem indefinida ou mal definida pode ser reduzida substituindo a linguagem por um intervalo de probabilidade.[61] Isso pode ajudar alguns usuários, mas outros podem não ter os dados necessários para julgar a probabilidade ou podem achar a disciplina de probabilidades muito restritiva.

---

53. BUDESCU, D. V.; BROOMELL, S.; POR, H.-H. (2009). Improving communication of uncertainty in the reports of the intergovernmental panel on climate change. *Psychological Science*, 20, 299–308. doi: 10.1111/j.1467-9280.2009.02284.x.

54. EVANS D. (2012). Op. cit.

55. KENT, S. (2007). *Words of Estimative Probability*. Retrieved from: https://shre.ink/cA9v .

56. DUIJM, N. J. (2015), op. cit.

57. KENT, S. (2007). *Words of Estimative Probability* cit.

58. CHRISTENSEN, F. M.; ANDERSEN, O.; DUIJM, N. J.; HARREMOES, P. (2003). Risk terminology – a platform for common understanding and better communication. *Journal of Hazardous Materials*, A103, 181-203.

59. HAYES, J. (2010). *Safety decision making – Drawing a line in the sand*. Working Paper 74 Canberra: Australian National University. Retirado de http://www.ohs.anu.edu.au/.

60. Op. cit.

61. EVANS, D. (2012), op. cit.

3.1.8 Acreditar que estudar o passado vai nos ajudar a controlar o risco

Conforme Taleb e Spitznagel,[62] "o gerente de risco erra ao olhar no retrovisor para enxergar o futuro". Pesquisas mostram que eventos passados não guardam qualquer relação a grandes acontecimentos futuros. Não havia precedentes para acontecimentos, por exemplo, como a 1ª Guerra Mundial e os ataques de 11 de setembro de 2001. A mesma coisa vale para o comportamento das bolsas. Até o final da década de 1980, a queda das bolsas americanas num único pregão tinha sido de cerca de 10% (dez por cento). No dia 19 de outubro de 1987, no entanto, as bolsas caíram num percentual de 23% (vinte e três por cento). E a pandemia de Covid-19? Uma crise sanitária e econômica sem precedentes. Como explicar isso? Quem poderia imaginar um acontecimento desse calibre? A história engana muita gente.

É comum ouvirmos gerentes de risco tentarem se justificar com um "isso não tem precedentes". O que acham é que, com o devido esforço, é possível encontrar precedente para qualquer coisa e prever tudo. Esse é o mote do modelo econômico neoliberal. Só que um "cisne negro"[63] não tem precedentes. Para piorar, o mundo de hoje não parece o de ontem; tanto a interdependência quanto a não linearidade são maiores. Certas políticas não provocam efeito algum a maior parte do tempo até que, um dia, causam grande reação.

Por causa da aleatoriedade socioeconômica, não há um fracasso "típico" e nem um sucesso "típico". Há altura e pesos

62. TALEB, Nassim N.; SPITZNAGEL, Mark W. Seis erros que o executivo comete na gestão de riscos cit..

63. Ao contrário do conceito filosófico inicial de "problema do Cisne Negro" no qual se afirmava que todos os cisnes são brancos, algo que mais tarde se provou falso com a descoberta no século XVIII de uma raça de cisnes pretos, a Teoria do Cisne Negro refere-se apenas a eventos inesperados de grande magnitude e consequências no contexto da sua influência histórica. Tais eventos, considerados extremos atípicos, coletivamente representam um papel mais importante do que os acontecimentos normais.

típicos, mas não há uma vitória ou uma tragédia típica. É preciso prever tanto o evento quanto sua magnitude – o que é difícil, pois o impacto em sistemas complexos e não ergódicos,[64] como é o caso das contratações públicas de longo prazo, não é típico, muito pelo contrário, é variável. É por isso que a centralidade do contrato e a mutabilidade dos instrumentos de gerenciamento de riscos se afiguram imprescindíveis. Na maior parte das vezes, revela-se impossível voltar ao estado anterior (status quo ante), mas ainda é possível "salvar" o contrato.

4. O processo de contratação pública como sistema "não ergódico" e a matriz de riscos

Primeiramente, cumpre destacar que o conceito de ergodicidade é um dos pontos de divergência entre a corrente neoclássica e a corrente pós-*keynesiana*. Segundo os neoclássicos, o mundo que nós vivemos é ergódico e, consequentemente, as variáveis econômicas seguem uma distribuição de probabilidade; à luz do modelo neoclássico, *o futuro* é apenas uma extrapolação do passado. Já os pós-*keynesianos* entendem que a economia não é uma extrapolação do passado, mas um tempo que não foi escrito ainda, razão pela qual as ações atuais dos agentes econômicos poderão modificar completamente o futuro. Assim, enquanto os primeiros [ou seja, os neoclássicos] propugnam a ergodicidade dos sistemas, a segunda corrente [ou seja, os pós-keynesianos] entende que boa parte do mundo e das relações são não ergódicas.

Assim, o conceito de ergodicidade está no centro da Teoria Econômica, primeiramente devido à sua relação com o tempo, isto é, se o mundo for ergódico, então a passagem do tempo não afeta o sistema econômico; caso contrário, o tempo se torna essencial para entender os fatos econômicos.

Ergodicidade significa que as propriedades e a constituição do sistema (que pode ser, inclusive, um contrato público)

---

64. Explicaremos adiante o que significa um sistema "não-ergódico".

geralmente não mudam ao longo do espaço e do tempo.[65] Portanto, parte-se de premissa de que se pode prever com relativa facilidade os eventos futuros. Entende-se que esses sistemas (inclusive, mais uma vez, um contrato público) podem até retornar aos *status* anteriores, como um sistema mecânico. Frequentemente, a propriedade da ergodicidade também está relacionada à ideia de um agente ou elemento representativo, de modo que se pode concluir a partir das propriedades e do comportamento de um em relação aos de todos os outros.

Os sistemas não ergódicos, por outro lado, apresentam um desenvolvimento não trivial em escala local e global; eles são dependentes do caminho e geralmente seu desenvolvimento não é reversível, mas irreversível. Eles não podem assumir novamente o mesmo *status* que haviam assumido antes em seu caminho de desenvolvimento (*statu quo ante*). É dizer: nos sistemas não ergódicos (como é o caso, no nosso sentir, das contratações públicas de longo prazo), a ideia de retorno ao *statu quo ante* simplesmente não existe. Influências de várias fontes podem ter um impacto no caminho percorrido e na configuração de uma situação que dele resulta em determinado momento.[66]

Impende notar, todavia, que a dinâmica da não ergodicidade vale apenas para alguns tipos de contratos, notadamente, os de longo prazo. No mais das vezes, os contratos administrativos são *spot*, ou seja, de execução imediata. Nesses casos, a discussão da ergodicidade ou não ergodicidade não se aplica. A mesma lógica se aplica aos contratos que, embora se protraiam no tempo, referem-se a relações econômicas muito simples.

No que tange aos contratos públicos complexos e de longo prazo (como os de infraestrutura), no entanto, a não ergodicidade é regra que se impõe. Por isso [ou seja, diante da

65. Sobre o tema ver: ELSNER, Wolfram; TORSTEN, Heinrich; SCHWARDT, Henning. *The Microeconomics of complex economies:* evolutionary, institucional, neoclassical and complexity perspectives. University of Bremen, Bremen, Germany. ISBN: 978-0-12-411585-9, p. 10.

66. Ibidem.

incompletude intrínseca aos contratos de concessões e PPPs], *confiar à matriz de riscos o papel de âncora do reequilíbrio econômico financeiro de uma Concessão ou PPP (que é, repisa-se, em regra, um sistema não ergódico), parece-nos, no mínimo, algo questionável.*

Nesse sentido, fundamento legal (admitido, inclusive, pelo TCU) que pode ser utilizado é o art. 22 da Lei Federal 13.448/2017, que trata do instituto da relicitação, *in verbis*:

"Art. 22. As alterações dos contratos de parceria decorrentes da modernização, da adequação, do aprimoramento ou da ampliação dos serviços não estão condicionadas aos limites fixados nos §§ 1º e 2º do art. 65 da Lei 8.666, de 21 de junho de 1993".

Ao comentar o dispositivo supratranscrito, Rafael Véras pondera:

"A referida previsão é salutar, pois que tais limites são incompatíveis com os contratos de longo prazo. Primeiro, porque tais ajustes, como já exposto, por se tratar de contratos de prazo diferido, possuem uma cambialidade mais acentuada, que não se coaduna com os limites às alterações de contratos de empreitadas, os quais podem viger por até 5 anos. Segundo, porque se trata de contrato de receita, remunerado, tradicionalmente, pelos usuários, e não de despesa; assim, por não envolver aportes do tesouro, não há necessidade da incidência de tais limites".[67]

Esse dispositivo, portanto, embora pouco utilizado, é um grande reconhecimento da incompletude contratual (e até da aceitação da incompletude) e, pela juridicidade, na nossa visão, aplica-se aos contratos de infraestrutura em geral, inclusive e, conforme o caso, para admitir (motivadamente) investimentos inicialmente não previstos.

67. VÉRAS, Rafael. *As prorrogações e a relicitação de que tratam a Lei 13.448/2017:* um novo regime jurídico de negociação para os contratos de concessão. Disponível em: https://shre.ink/cAJD. Acesso em: 2 ago. 2021.

5. Síntese conclusiva

A teoria econômica *mainstream* sempre aceitou que as economias estão em equilíbrio e, quando não, existem forças internas aos sistemas que as levarão para o equilíbrio. Outro pressuposto aceito sem uma investigação rigorosa é o de linearidade. Dessa forma, pela lente neoliberal, todos os fenômenos econômicos são, sob certas condições, previsíveis. Estas certas condições são: *o futuro segue uma distribuição de probabilidade que começou no passado e irá seguir seu curso no futuro; e o tempo não exerce qualquer influência nas variáveis econômicas.*

O modelo econômico (*mainstream*) neoliberal aceita como verdadeira a premissa de que todo contrato é um sistema ergódico, sendo possível inferir os diferentes estados em que o sistema (no caso, o processo de contratação pública) estará. Em outras palavras, acredita-se que, se as condições iniciais do sistema forem conhecidas, todos os estados futuros do sistema serão conhecidos, assim como o passado o é, daí a ode à matriz de riscos como âncora dos reequilíbrios econômico-financeiros.

Este trabalho suscita evidências teóricas que nos levam a rejeitar a hipótese da ergodicidade na seara das contratações públicas, o que nos leva à conclusão de que *a matriz de riscos, como âncora do reequilíbrio econômico-financeiro, é falha.* Por isso, inclusive, já defendemos em outro texto a ideia de *legalidade funcional.*[68] Agora, na mesma esteira, defendemos a *mutabilidade das matrizes de riscos*, sobretudo por estarmos tratando de contratos públicos que, essencialmente, caracterizam-se pela incompletude, incerteza e não ergodicidade.

Além das características supracitadas (incompletude contratual, incerteza e, principalmente, não ergodicidade), no cenário atual, com a ode à matriz de riscos, está-se cometendo

---

68. Sobre *legalidade funcional*, recomenda-se a leitura do artigo: TEIXEIRA JÚNIOR, Flávio Germano de Sena; NÓBREGA, Marcos. A teoria das Invalidades na nova Lei de Contratações Públicas e o equilíbrio dos interesses envolvidos. *Revista Brasileira de Direito Público – RBDP*, Belo Horizonte, ano 19, n. 72, p. 117-141, jan./mar. 2021.

o grave equívoco de descartar uma variável extremamente importante para fins de aferição do equilíbrio do contrato: o tempo. O tempo influencia sobremaneira o processo de contratação pública. O tempo influencia o valor dos insumos, o cenário econômico e a própria mentalidade dos agentes responsáveis pela contratação (não raras vezes, algo que é rentável no passado não mais o será no futuro).

Por isso, a matriz de riscos é uma ferramenta interessante, mas demasiadamente limitada e passível de ser utilizada apenas em caráter residual; é dizer, deve-se manejá-la unicamente em relação àquilo que, de fato, pode ser provisionado/previsto como um risco (e não como incerteza).[69] *Entendemos, portanto, que a matriz de riscos deve ser manejada com cuidado em contratos complexos e de longo prazo.*

Assim, em relação aos sistemas não ergódicos (como os contratos de longo prazo), deve-se utilizá-la, em última análise, como ***ferramenta de suporte na confecção do relatório de riscos****. Contudo, como "âncora" do equilíbrio-econômico financeiro (da forma que prevê a Nova Lei de Licitações) em contratos de longo prazo e maior complexidade, a matriz de riscos é falha, uma vez que, pensando a partir dela, desconsideramos a variável do tempo e acabamos por aceitar a premissa (ilusória) de perenidade do passado.*

Assim, concluímos que não dá para enfrentar a incerteza dos sistemas não ergódicos apenas com uma matriz de riscos. É por isso que o gerente de risco erra ao tentar prever o futuro apenas olhando para o retrovisor. É por isso que precisamos ressignificar o conceito de tempo nas contratações públicas de maior complexidade.

Referências

ALE, B. (2006). *Risk is of all time*. Paper presented at the Risk management and/or innovation? 58th Summer course in

69. Dada a sofisticação da diferença entre risco e incerteza.

drinking water & 25th holiday course in sewage and waste-water treatment, Delft organised by Delft University Press. Retrieved from http://www.citg.tudelft.nl/fileadmin/Faculteit/CiTG/Gezondheidstechniek/Vakantiecurs us/Bundel_archief/VC58_Bundel.pdf.

BALL, D. J.; WATT, J. (2013). *Further thoughts on the utility of risk matrices*. Risk Analysis, 33, 2068–2078. doi: 10.1111/risa.12057.

BAMMER, G.; SMITHSON, M. (2008). *Uncertainty and risk: Multidisciplinary perspectives*. London: Earthscan Publications Ltd.

BRASIL. (2017). Ministério do Planejamento, Desenvolvimento e Gestão. *Manual de gestão de integridade, riscos e controles internos da gestão*. Brasília.

BUDESCU, D. V.; BROOMELL S.; POR, H.-H. (2009). *Improving communication of uncertainty in the reports of the intergovernmental panel on climate change*. Psychological Science, 20, 299–308. doi: 10.1111/j.1467-9280.2009.02284.x.

COX, L. A. (2008). *"Whats Wrong with Risk Matrices?"* Risk Analysis: An Official Publication of the Society for Risk Analysis 28 (2): 497–512. doi:10.1111/j.1539- 6924.2008.01030.x.

DUIJM, N. J. (2015). *Recommendations on the use and design of risk matrices*. Safety Science, 76, 21–31. DOI: 10.1016/j.ssci.2015.02.014. Disponível em: https://core.ac.uk/download/pdf/191731742.pdf. Acesso em: 8.06.2021.

ELSNER, Wolfram; TORSTEN, Heinrich; SCHWARDT, Henning. *The Microeconomics of complex economies: evolutionary, institucional, neoclassical and complexity perspectives*. University of Bremen, Bremen, Germany. ISBN: 978-0-12- 411585-9.

EVANS D. (2012). Risk intelligence: How to live with uncertainty. London: Atlantic Books.

FISCHHOFF, B.; Lichtenstein, S.; Slovic, P. *et al.* (1981). *Acceptable risk*. Cambridge: Cambridge University Press.

FRANKS, A.; WHITEHEAD, R.; CROSSTHWAITE, P.; SMAIL, L. (2002). *Application of QRA in operational safety issues*. Research Report RR 025 for Health and Safety Executive; Sudbury: HSE Books. Disponível em: https://www.hse.gov.uk/research/rrpdf/rr025.pdf. Acesso em: 4 de junho de 2021.

GOERLANDT, F. & RENIERS, G. (2016). *On the assessment of uncertainty in risk diagrams*. Safety Science, 84, 67-77. DOI: 10.1016/j.ssci.2015.12.001.

HART, Oliver e MOORE, John. (2006). *Contracts as Reference Points*. NBER Working Paper No. 12706 November 2006 JEL No. D23,D86,K12.

HILLSON, D. (2002). Extending the risk process to manage opportunities. *International Journal of Project Management*, 20, 235. doi: 10.1016/S0263- 7863(01)00074-6. Disponível e m : https://shre.ink/cACo. Acesso em: 11.06.2021.

HILLSON, D.; SIMON, P. (2007). *Practical project risk management*: The ATOM methodology. Vienna, VA: Management Concepts.

HUSSEY, D. E. (1978). Portfolio analysis: *Practical experience with the directional policy matrix*. Long Range Planning, 11, 2-8. doi: 10.1016/0024-6301(78)90001-8.

JULIAN, T. Whats right with risk matrices? A great tool for managers. Disponível em https://shre.ink/cA9A. Acesso em: 6 jun. 2021.

KASPERSON, R. (2008). *Coping with deep uncertainty: Challenges for environmental assessment and decision-making*. In Bammer, G. & Smithson, M. (Eds.), Uncertainty and risk: Multidisciplinary perspectives (chapter 27, pp. 337–348). London: Earthscan Publications Ltd.

KENT, S. (2007). *Words of Estimative Probability*. Retrieved from https://shre.ink/cA9v.

KNIGHT, Frank. Risk, Uncertainty and Profits. Houghton Mifling Company, Boston. 1921. Disponível no endereço eletrônico: https://shre.ink/cA9o.

LEVINE, E.S. (2012). *Improving risk matrices: The advantages of logarithmically scaled axes*. Journal of Risk Research, 15, 209-222. doi: 10.1080/13669877.2011.634514.

LOUREIRO, Gustavo Kaercher; NÓBREGA, Marcos. Equilíbrio Econômico-Financeiro de Concessões à luz de um exame de caso: incompletude contratual, não ergodicidade e incerteza estratégica. Disponível em: https://shre.ink/cACy. Acesso em: 10 jun. 2021.

MLODINOW L. (2009). *O andar do bêbado:* como o acaso determina nossas vidas. Editora Zahar.

MOORE, D. (1997). The use of a ranking matrix and recommendation prioritization system for process hazard analysis studies. Process Safety Progress, 16, 83–85. DOI: 10.1002/prs.680160208.

NOVAK, J.; CANAS, A. J. (2006). *The Theory Underlying Concept Maps and How to Construct and Use Them. Technical Report Pensacola*, FL: Florida Institute for Human and Machine Cognition. Retrieved from: https://shre.ink/cACV.

PERES, Úrsula. Custos de transação e estrutura de governança no setor público. *RBGN*, São Paulo, v. 9, n. 24, p. 15, mai/ago 2007.

PICKERING, A.; COWLEY, S. (2010). *Risk matrices: Implied accuracy and false assumptions*. Journal of Health & Safety Research & Practice, 2, 9–16.

PORTER, M. (1985). *Competitive advantage:* Creating and sustaining superior performance. New York: Simon & Schuster Inc.

PROCTOR, A. (2009). *Creative problem solving for managers* (3rd ed.). Abingdon: Routledge.

SCHLEIER, J. J.; PETERSON, R. K. D. (2010). *Limitations of the entomological operational risk assessment using probabilistic and deterministic analyses*. Military Medicine, 175, 594–598. doi: 10.7205/MILMED-D-09-00283.

SLOVIC, P. (2000). *Perception of risk*. In Slovic, P. (Ed.), The perception of risk (1st ed. chapter 14, pp. 220–231). London: Earthscan Publications Ltd.

SMITH, E.; SIEFERT, W. T.; DRAIN, D. (2009). *Risk matrix input data biases*. Systems Engineering, 12, 344–360. doi: 10.1002/sys.20126.

TALEB, Nassim N.; SPITZNAGEL, Mark W (2014). Seis erros que o executivo comete na gestão de riscos. *Harvard Business Review*, out. 2014. Disponível em: https://shre.ink/cACP. Acesso em: 22 jun. 2021.

TEIXEIRA JÚNIOR, Flávio Germano de Sena; NÓBREGA, Marcos. A teoria das Invalidades na nova Lei de Contratações Públicas e o equilíbrio dos interesses envolvidos. *Revista Brasileira de Direito Público – RBDP*, Belo Horizonte, ano 19, n. 72, p. 117-141, jan./mar. 2021.

VATANPOUR, S.; HRUDEY, S.; DINU, I. (2015). *Can public health risk assessment using risk matrices be misleading?* International Journal of Environmental Research and Public Health, 12, 9575–9588. doi: 10.3390/ijerph120809575.

VÉRAS, Rafael. As prorrogações e a relicitação de que tratam a Lei 13.448/2017: um novo regime jurídico de negociação para os contratos de concessão. Disponível em: https://shre.ink/cAJD. Acesso em: 2 ago. 2021.

WILKINSON, G.; DAVID, R. (2009). *Back to basics: Risk matrices and ALARP*. In Dale, C. & Anderson, T. (Eds.), Safety-critical systems: Problems, process and practice (chapter 11, pp. 179–182). London: Springer.

ENSAIO SOBRE A VISÃO CONTEMPORÂNEA DO PRINCÍPIO DA ATUALIDADE NO SERVIÇO PÚBLICO

Augusto Neves Dal Pozzo

Professor de Direito Administrativo e de Fundamentos de Direito Público da Faculdade de Direito da Pontifícia Universidade Católica de São Paulo (PUC-SP). Professor do Curso de Pós-Graduação *Lato Sensu* em Direito Administrativo da Pontifícia Universidade Católica de São Paulo (PUC-SP). Doutor e Mestre em Direito Administrativo pela PUC-SP. Especialista em Direito do Estado pela Pontifícia Universidade Católica de São Paulo (PUC-SP). Pós-Graduação Executiva em *Infrastructure in a Market Economy* e *Public-Private Partnerships for Infrastructure* pela Harvard Kennedy School. Pós-Graduação Executiva em *Negotiation and Leadership* pela Harvard Law School. Pós-graduação Executiva em *Corporate Governance* e *Management Program for Lawyers* pela Yale School of Management. Coordenador da *Revista de Direito Administrativo e Infraestrutura* (RDAI), publicada pela Editora Thomson Reuters Revista dos Tribunais. Coordenador da *Revista Brasileira de Infraestrutura* (RBINF). Diretor da *Revista Internacional de Direito Público* (RIDP). Membro do Comité de Coordinadores Nacionales da Red Iberoamericana de Contratación Pública – REDICOP. Membro da Asociación Argentina de Derecho Administrativo (AADA). Membro da American Bar Association (ABA). Membro da International Bar Association (IBA). Membro do Foro Iberoamericano de Derecho Administrativo (FIDA). Membro Benemérito do Instituto

Amazonense de Direito Administrativo (IADA). Associado Honorário do Instituto Brasileiro de Direito e Ética Empresarial (IBDEE). Presidente do Instituto Brasileiro de Estudos Jurídicos da Infraestrutura (IBEJI). Advogado e Parecerista. Professor convidado do Grupo de Investigación de Derecho Público Global de La Universidade da Coruña (Espanha) como parte do cadastro permanente do Curso Euro-Brasileño de Contratación Pública. Professor do Corpo Docente do MBA de Parcerias Público-Privadas e Concessões da FESPSP e London School of Economics and Political Science (LSE). Sócio-fundador do Dal Pozzo Advogados. E-mail augusto@dalpozzo.com.br

Introdução

As inovações tecnológicas ganham distância das regulações típicas do Direito. Nos últimos anos, as transformações promovidas pelo avanço dos instrumentos de tecnologia tiveram força suficiente para, em muitos casos, colocar em xeque muitos institutos jurídicos que há muito tempo se haviam consolidado. Um desses casos envolveu um dos principais institutos do Direito Administrativo: o serviço público.

As novas tecnologias, inclusive, têm levado ao questionamento quanto aos limites da *publicatio*, que historicamente definiram as fronteiras que apartam os serviços públicos de outras atividades de expressão econômica.

Veja, por exemplo, o caso dos serviços de transporte individual contratados por intermédio de aplicativos. Houve a necessidade, de uma maneira ou de outra, de adaptar-se o discurso a uma nova realidade ou, ainda, os serviços de *streaming*, que, malgrado fora da órbita do regime dos serviços públicos, passam a competir de forma cada vez mais contundente com tradicionais serviços públicos de televisão. É, em todos os casos, o avanço da tecnologia que produz novas formas de pensar e, consequentemente, de adaptar as atividades levadas a efeito pela Administração Pública dentro desse cenário vanguardista, cabendo ao jurista estabelecer, com rigor, os precisos contornos do regime jurídico aplicável.

Assim, discute-se, nesse cenário de intensas transformações, a incidência dos emblemáticos princípios dos serviços públicos sobre uma realidade nova e muito mais complexa que no passado. Parece inquestionável apontar que tecnologias disruptivas trazem um novo tempero a um tema marcado por uma perspectiva ainda bastante tradicional.

A missão hodierna é, portanto, encontrar fórmulas que procurem compreender o atual sentido dos princípios do serviço público, em face de uma "era disruptiva", que não se guia precisamente por uma ordem jurídica estanque, mas que deve receber novos coloridos a partir dos problemas práticos exsurgidos a partir dessa nova realidade.

Falemos, nesse passo, de uma nova configuração do princípio da atualidade do serviço público. Trata-se, entre os clássicos princípios do serviço público delineados fundamentalmente pela escola francesa de Direito Administrativo, daquele que mais merece atenção em um cenário de necessária adaptação dos serviços prestados à sociedade a meios mais sofisticados, marcados pela inovação tecnológica constante. Esse será o foco do presente ensaio.

1. Colocação do tema: uma proposta de revisitação ao princípio da atualidade do serviço público

Há algum tempo, em trabalho que procurava identificar os aspectos fundamentais do serviço público no Direito brasileiro, ao analisar os princípios pertinentes ao regime jurídico dos serviços públicos (generalidade, modicidade, continuidade, transparência, cortesia, atualidade, igualdade e regularidade) – após percorrer toda a história de conceituação do instituto, desde meados do século XIX, na França,[1] passando

1. Os franceses, sabe-se, foram pioneiros na definição do serviço público como instituto do Direito Administrativo. Como ressalta Jacques Chevallier: "A noção francesa de serviço público comporta implicações bastante específicas. O serviço público foi erigido em França à altura de um verdadeiro mito, o que significa dizer uma dessas imagens fundadoras, polarizando as crenças e condensando o efeito sobre os

por suas "crises"[2] e seu momento atual ante um quadro que já apontava para intensas transformações –, ponderamos o seguinte acerca do princípio da atualidade:

"Não resta dúvida de que o serviço público deve ser prestado de acordo com os padrões tecnológicos os mais atuais possíveis, devendo adaptar-se às modernidades, para não se tornar obsoleto. Consoante asseverado, requer-se um serviço público moderno, atual, que disponha das melhores tecnologias disponíveis no mercado. Não se admite mais um serviço precário, ultrapassado, antiquado. Cabe ao Estado encontrar-se preparado para promover, sempre que necessário, as devidas adaptações.

Em casos de serviços delegados a particular a exigência deve ser inquestionavelmente mantida, devendo o prestador oferecer aos usuários um serviço moderno, que disponha de tecnologias avançadas, de forma a atender aos anseios da coletividade.

Por isso, em contratos dessa natureza, que normalmente são celebrados por períodos longos (20, 30, 40 anos), é preciso que o instrumento convocatório seja muito bem-elaborado, para possibilitar que, mesmo após alguns anos de execução contratual, as novas tecnologias surgidas possam ser incorporadas, de modo a promover uma adaptação contínua e gradual.

Não por outro motivo, a Lei de Concessões, no § 1º do art. 6º, agasalhou o aludido princípio de maneira expressa, obrigando o concessionário a oferecer serviço adequado, que satisfaça as condições de atualidade".[3]

Na oportunidade, diante dos limites tracejados para aquele estudo, não foi possível avançar muito na análise do conteúdo de mencionado princípio. Promoveu-se, dessarte,

---

quais se apoia a identidade coletiva" (CHEVALLIER, Jacques. *Le Service Public*. 7. ed. Paris: PUF, 2008. p. 5).

2. Cf. CORAIL, Jean-Louis. *La Crise de la Notion Juridique de Service Public en Droit Administratif Français*. Paris: LGDJ, 1954. p. 72; e GROTTI, Dinorá Adelaide Musetti. *O serviço público e a Constituição brasileira de 1988*. São Paulo: Malheiros, 2003. p. 141.

3. DAL POZZO, Augusto Neves. *Aspectos fundamentais do serviço público no direito brasileiro*. São Paulo: Malheiros, 2012. p. 105-106.

uma abordagem mais generalista, sem adentrar a tantos detalhes que o tema enseja.

Com efeito, nesse período, a questão do princípio da atualidade do serviço público ganhou novas nuances. A adaptação da prestação de determinados serviços públicos a parâmetros mais modernos, ínsitos ao desenvolvimento acelerado de novas tecnologias ocorrido nos últimos tempos, é matéria que merece análise mais detida.

No Brasil, o debate fica ainda mais complexo quando se observa que a delegação de serviços públicos (*lato sensu*) à iniciativa privada tem sido um instrumento altamente utilizado pelo Poder Público. Esse dado é bastante importante. A atuação privada no mercado dos serviços públicos alterou bastante a compreensão do princípio da atualidade do serviço público, pois introduz outra dinâmica ao equilíbrio econômico-financeiro de contratos de elevada complexidade.

Questiona-se, dessarte, como o desenvolvimento de novas tecnologias utilizadas para a melhor prestação de serviços públicos impacta em outras variáveis. Seria possível, por exemplo, o Poder Público, como titular do serviço prestado, impedir que uma nova tecnologia seja utilizada para a prestação de um serviço público se essa inovação implicar o aumento das tarifas a serem cobradas dos usuários, impactando, pois, o princípio da modicidade tarifária?

É sobre essas questões que se pretende debruçar o presente ensaio.

2. As novas tecnologias e o "velho" Direito Administrativo

O Direito Administrativo brasileiro foi historicamente influenciado pela construção do Direito Administrativo francês. Essa é uma retórica presente que permeia o estudo inicial da disciplina no Brasil.[4] Obviamente, ela não está equivocada:

4. Cf., nesse sentido, BANDEIRA DE MELLO, Celso Antônio. *Curso de direito administrativo*. 33. ed. São Paulo: Malheiros, 2016. p. 38.

grande parte dos institutos do Direito Administrativo brasileiro foram delineados a partir de propostas formuladas pelo direito público francês.

Consagrou-se, assim, no Brasil, uma compreensão do Direito Administrativo que remonta, em grande medida, ao século XIX, quando a disciplina despontara enquanto ramo autônomo do Direito, sobretudo devido à evolução do papel desempenhado pelo Conselho de Estado. Trata-se de um modelo que reconhece à Administração Pública um plexo de prerrogativas, que tornam esse direito especial (exorbitante). Contrapõe-se, nesse sentido, ao modelo inglês, que, historicamente, não reconhece posições de privilégio a entes do aparelho estatal em relação aos indivíduos, encontrando-se mais afinado com o princípio da igualdade.[5]

Nos últimos anos, no entanto, emergiu um movimento que questiona o esquema tradicional do Direito Administrativo brasileiro. Alega-se, em suma, que esse direito especial não consegue responder às complexidades de um ambiente que convive com intensas mudanças, provocado pelo avanço tecnológico. Tal posicionamento é calcado, sobretudo, nas transformações ocorridas no sistema de produção econômica mundial, vez que até os anos 1980, o setor público, de forma mais ou menos intensa em cada país, foi o grande impulsionador da produção econômica.

Essa nova dinâmica econômica é descrita de maneira percuciente pelo professor Mangabeira Unger, que a cunha sob a pecha de "economia do conhecimento", enfatizando a necessidade de as economias modernas atentarem-se a essa nova ordem, para desempenharem, concretamente, alternativas includentes de produção e capacitadoras, e com isso viabilizar o necessário impulso desenvolvimentista.

---

5. Sobre as diferenças entre os modelos inglês e francês, *vide*, por todos, CASSESE, Sabino. *Derecho administrativo*: historia y futuro. Sevilla: INAP, 2014. p. 23 e ss.

No Brasil, os setores econômicos mais importantes encontravam-se, em grande parte, monopolizados pelo Estado. Isso acabou por gerar uma dependência enorme de sua atuação, inclusive para o implemento de novas tecnologias, pois este era o único agente capaz de angariar investimentos suficientes para a criação de instrumentos renovados, eficientes à dinâmica econômica. Não raramente, também, o Poder Público foi capaz de recrutar os melhores quadros técnicos para trabalharem em suas estruturas.

O quadro foi alterado diante do fenômeno da "globalização", insuficientemente estudado pelas ciências jurídicas.[6] Houve, nesse aspecto, uma pulverização do poder e a fundação de uma nova ordem mundial político-econômica. Muitos Estados, em situação de grave crise econômica e fiscal, deixaram de reunir condições para a realização de novos investimentos, com alta instabilidade gerencial.

Nesse contexto, os poderes públicos deixaram de ter capacidade de conduzir de modo exclusivo as ações de interesse público. Por outro lado, os agentes privados ganham maior protagonismo, especialmente no desenvolvimento de ações de inovação que garantem maior segurança no retorno de investimentos. Não obstante, cresceu a necessidade e o interesse na articulação entre os setores públicos e privados, mormente nos setores de serviços públicos.

---

6. "O cenário de reacomodação econômico-global que se iniciou há duas décadas acelerou-se a partir das transformações políticas derivadas de derrubada das experiências de 'socialismo real' e da mudança estrutural nas condições e contexto da economia internacional. Neste horizonte, as relações entre Estado, economia e sociedade passaram a ser objeto de questionamento e debates profundos. Contudo, os pontos margens de consenso entre os analistas dessa nova situação são importantes e abarcam as mais diversas perspectivas ideológicas. Deixando de lado diferenças em outro tempo incompatíveis, a maior parte dos observadores coincide ao apontar a tendência no sentido de uma redefinição do setor público, enfatizando a busca de um novo tipo de combinação de esforços públicos e privados; uma formulação mais clara e precisa do Estado como mecanismo de regulação e controle e um reconhecimento dos processos de desregulamentação e privatização como ferramentas decisivas para a configuração de economias mais abertas e competitivas" (PUCEIRO, Zuleta. O processo de globalização e a reforma do Estado. *In:* FARIA, José Eduardo (Org.). *Direito e globalização econômica.* São Paulo: Malheiros, 2010. p. 106).

De parte do Poder Público, a necessidade de captar na iniciativa privada não apenas recursos, mas também contratar a *expertise* – inclusive tecnológica – dos particulares no empreendimento de determinadas atividades de evidente interesse público. Os particulares, por seu turno, passaram a ver na exploração de serviços públicos ou bens públicos uma oportunidade de negócios interessantes, a partir da franquia de cometimentos públicos a eles designados.[7]

Contudo, no âmbito dessas parcerias que aos poucos passaram a existir em diversos setores, apontou-se certa incompatibilidade natural entre um regime publicístico tradicional e um ambiente de maior dinamismo proposto pela iniciativa privada, gerando uma agenda conflituosa, a ser necessariamente mediada.

O caso das concessões de serviço público nesse cenário demonstra bem essa tensão entre o público e o privado. A concessão, sabe-se, é um instituto "antigo" no Direito Administrativo,[8] que está no cerne da construção da teoria do contrato administrativo, na França, e que durante muito tempo, ao menos no Brasil, ante o crescimento da intervenção estatal – mormente na prestação de serviços públicos, que se concentraram nas mãos de empresas estatais – foi desmemoriado como instrumento de emparceiramento entre os setores público e privado.

---

7. Sérgio Guerra resume esse quadro destacando como marco a Constituição brasileira de 1988: "Com efeito, a Constituição Federal da República de 1988 rompeu com determinadas práticas advindas de períodos passados. O Estado deve deixar de atuar como agente principal, sob a forma de intervenção direta, e passar a atuar de maneira residual. Deve atuar diretamente em situações especiais adiante apresentadas, caso haja desinteresse particular em exercer determinada atividade ou indiretamente como regulador. Em outras palavras, deve deixar de ser um Estado atuante, que executa e explora atividades econômicas, liberando-a à iniciativa privada, ressalvadas as situações em que a sua atuação direta seja de suma importância para a manutenção da ordem e atendimento dos interesses sociais (segurança nacional ou relevante interesse coletivo)" (GUERRA, Sérgio. Riscos, assimetria regulatória e o desafio das inovações tecnológicas. *In:* FREITAS, Rafael Véras de; RIBEIRO, Leonardo Coelho; FEIGELSON, Bruno (Coord.). *Regulação e novas tecnologias*. Belo Horizonte: Fórum, 2017. p. 84).

8. Cf. MARQUES NETO, Floriano. *Concessões*. Belo Horizonte: Fórum, 2015. p. 334.

Nos últimos 30 anos, o instituto foi recuperado como instrumento primordial da delegação de cometimentos públicos aos particulares. Houve a necessidade, no entanto, de acomodá-lo aos novos tempos. É dizer: a concessão do século XIX não é a mesma concessão dos tempos de agora! As variáveis da atualidade tornam o instituto muito mais complexo do que no passado, sobretudo em face da velocidade das transformações tecnológicas. A previsibilidade e a estabilidade dos negócios concessórios ficaram de muito mais difícil compreensão.

Basta pensar em uma situação concreta: no passado, o sistema de transporte coletivo de grandes cidades, como São Paulo, tinha como veículos os bondes, que poderiam durar cerca de 30 anos, sem grandes alterações de exigências. Hodiernamente, o sistema primordial dos grandes centros tem como veículos os ônibus, que não possuem tanta durabilidade quanto os bondes. Além do mais, cada vez mais, pelos padrões atuais, exigem-se desses veículos novas funções (como, por exemplo, ar-condicionado, tamanhos específicos, adaptabilidade, rede de internet, entre outras exigências que tendem a aumentar o custo da operação).

Quer-se, enfim, apontar que não necessariamente determinado instituto ou princípio tenha que desaparecer diante de uma nova realidade. Por outro lado, não se pode desconhecer que as novas tecnologias e as circunstâncias de uma época têm o condão de provocar uma nova visão acerca de alguns entendimentos consolidados na doutrina do serviço público e renovar a visão quanto aos seus princípios incidentes sobre as relações de serviço público constituídas.

3. O princípio da atualidade do serviço público

A Constituição Federal do Brasil de 1988 confiou ao Estado a missão irrecusável de prestar serviços públicos à coletividade. Em seu art. 175, estabeleceu competir ao Estado, direta ou indiretamente, na forma da lei, essa incumbência. A Constituição trata, nesse ponto, de serviços públicos que podem ser delegados à iniciativa privada por meio de instrumentos jurídicos como a concessão e a permissão. Ainda, nos termos do parágrafo único, compete à lei dispor sobre: i) o regime das empresas concessionárias e permissionárias de serviços públicos, o caráter especial de seu contrato e de sua prorrogação, bem como as condições de caducidade, fiscalização e rescisão da concessão ou permissão; ii) os direitos dos usuários; iii) política tarifária; iv) a obrigação de manter serviço adequado.

Com efeito, foi a Lei 8.987/95 que regulamentou o dispositivo constitucional, enunciando o regime de prestação dos serviços públicos delegados – por concessão ou permissão – à iniciativa privada. Não obstante, parece inquestionável ser também aplicável esse regime para os serviços prestados diretamente pelo Estado ou, indiretamente, por pessoas de sua estrutura administrativa (empresas estatais ou autarquias). Seria incoerente supor que os serviços públicos prestados por um ente público não se submetessem a um regime que exige a prestação satisfatória de utilidades à coletividade.

Sem embargo, o caso brasileiro é bastante emblemático. Revela, sem dúvidas, a preocupação que o direito pátrio conferiu ao tema dos serviços públicos. Nesse sentido, a lei foi contundente em afirmar um rol de princípios que norteiam a prestação de serviços públicos. São eles: regularidade, continuidade, eficiência, segurança, atualidade, generalidade, cortesia e modicidade das tarifas.

Os princípios elencados expressam em grande medida uma compreensão consolidada na doutrina brasileira[9] – sob a

9. Hely Lopes Meirelles elenca cinco princípios do serviço público no direito brasileiro, quais sejam, i) permanência (ou continuidade); ii) generalidade (igualdade); iii) eficiência (mutabilidade); iv) modicidade; v) cortesia (MEIRELLES, Hely Lopes. *Direito administrativo brasileiro*. 14. ed. São Paulo: Malheiros, 2002. p. 101-103). Celso Antônio Bandeira de Mello arrola dez princípios, mas que, de todo modo, não destoam completamente de outras posições afirmadas na doutrina. São eles: obrigatoriedade, supremacia do interesse público, adaptabilidade, universalidade, impessoalidade, continuidade, transparência, motivação, modicidade das tarifas e controle (BANDEIRA DE MELLO, Celso Antonio. *Curso de direito administrativo* cit., p. 706-707).

influência da teoria francesa[10] – acerca dos princípios específicos incidentes sobre as relações de serviço público.

O princípio da atualidade do serviço público apresenta, eventualmente, diferentes denominações. Na doutrina francesa, é referenciado como princípio da mutabilidade,[11] portando, talvez, uma acepção ainda mais ampla. No Brasil, alguns autores falam em adaptabilidade. Em trabalho anteriormente publicado, refiro-me a uma nova nomenclatura, mais adaptada aos tempos em que vivemos, concernente ao "princípio da inovação tecnológica".[12]

De todo modo, as diferentes expressões não alteram a compreensão essencial do conteúdo do princípio: significam a necessária acomodação da prestação dos serviços públicos a uma dada realidade dinâmica e fragmentada, a fim de melhor atender às necessidades públicas mais prementes de maneira regular, contínua, segura e universal. Prevendo as mudanças decorrentes do tempo, deve a prestação de serviços públicos estar atenta a essas mudanças, sob pena de prestação inadequada. Para manter contínuos os serviços públicos, eles devem ser atualizados.

Tal conformação sempre teve como fundamento precípuo um dos núcleos do direito administrativo brasileiro, concernente ao princípio da supremacia do interesse público. Haja vista o dever de sua perseguição ininterrupta pela Administração, impõe-se a necessidade de adaptá-lo a cambiáveis mudanças, sendo fundamental que o Estado receba permissão normativa travestida em princípio jurídico para autorizar sua

10. A doutrina francesa costuma enumerar três princípios como sendo aplicáveis aos serviços públicos. Fala-se em "Leis Rolland", em homenagem ao jurista que tratou de sistematizar os princípios incidentes sobre a matéria. São elas: a mutabilidade, a continuidade e a igualdade (Cf. RIVERO, Jean; WALINE, Jean. *Droit administratif*. 14. ed. Paris: Dalloz, 1992. p. 388).

11. Cf. CHAPUS, René. *Droit administratif general*. 6. ed. Paris: Montcherestien, 1992. t. I, p. 451 e ss.

12. DAL POZZO, Augusto Neves. *O direito administrativo da infraestrutura*. São Paulo: Contracorrente, 2020.

concretização na implementação dessa fundamental atividade administrativa.

A precitada Lei 8.987/95, contudo, preferiu ela mesma firmar um entendimento acercado que se entende pelo princípio da atualidade dos serviços públicos. Nos termos do art. 6º, § 2º, prescreveu: "A atualidade compreende a modernidade das técnicas, do equipamento e das instalações e a sua conservação, bem como a melhoria e expansão do serviço".

É como afinal anotou Diogenes Gasparini: "A atualidade significa que a prestação dos serviços públicos deve acompanhar as modernas técnicas de oferecimento aos usuários. Ademais, a atualidade exige a utilização de equipamentos modernos, cuidando-se bem das instalações e de sua conservação, visando, sempre, a melhoria e expansão dos serviços públicos. Esse requisito obriga a uma constante atualização tecnológica dos serviços públicos. O prestador, em razão disso, vê-se obrigado a oferecer à coletividade de usuários o que há de melhor, dentro das possibilidades da outorga".[13]

Ao fim e ao cabo, a noção da atualidade denotada pelo autor não foge muito ao que sempre afirmou a doutrina mais antiga quanto à mutabilidade dos serviços públicos em função de um interesse público que cambia no tempo. É o que resume Maria Sylvia Zanella Di Pietro: "O princípio da mutabilidade do regime jurídico ou da flexibilidade dos meios aos fins autoriza mudanças no regime de execução do serviço para adaptá-lo ao interesse público, que é sempre variável no tempo. Em decorrência disso, nem os servidores públicos, nem os usuários dos serviços públicos, nem os contratados pela Administração têm direito adquirido à manutenção de determinado regime jurídico; o estatuto dos funcionários pode ser alterado, os contratos também podem ser alterados ou mesmo rescindidos unilateralmente para atender ao interesse público".[14]

---

13. GASPARINI, Diogenes. *Direito administrativo*. 12. ed. São Paulo: Saraiva, 2007. p. 356.

14. DI PIETRO, Maria Sylvia Zanella. *Direito administrativo*. 27. ed. São Paulo: Atlas, 2014. p. 113-114.

Com efeito, não se olvida do princípio da atualidade enquanto princípio reitor dos serviços público; tampouco se questiona o seu conteúdo, na forma como coloca a doutrina tradicional. A questão é saber como esse princípio se coloca em face de uma quantidade de mudanças geradas por novas tecnologias cada vez mais avançadas que impactam na prestação de serviços públicos. Em outras palavras, pergunta-se como um contrato de concessão se adapta a tantas transformações que a dinâmica tecnológica impõe.

4. O não sucateamento da prestação dos serviços públicos e os limites da atualidade

O desempenho de uma atividade submetida a serviço público envolve uma série de custos. É natural, pois, quem quer que a desempenhe busque fórmulas que lhe sejam benéficas do ponto de vista financeiro. Em um contrato de concessão, o particular contratado busca empreender a atividade delegada almejando tirar proveitos econômicos da exploração de um serviço ou bem público. Isso, com efeito, demanda investimentos. Tais investimentos, em muitas oportunidades, vêm acompanhados da apresentação de novas tecnologias.

Ocorre, contudo, que os contratos públicos apresentam características peculiares. Os particulares contratados, por manejarem poderes públicos, estão sujeitos a certa carga de comandos expedidos pela Administração-contratante. De sorte que o particular se encontra condicionado a realizar a atividade delegada da forma como o contrato prevê, além de normas regulamentares, editadas pelo Poder Público como forma de adaptação dessa pujante realidade hodierna.

Isso porque, em primeiro lugar, o particular se submete às fronteiras delimitadas pela Administração Pública no momento em que lança o edital de contratação pública. É a Administração que, fundamentalmente, determina como se dará a prestação de determinado serviço. Ademais, somente ela tem o dever-poder de alteração unilateral do contrato. Por força disso, o particular não pode alterar repentinamente o modo como presta o serviço a partir de uma nova tecnologia, ainda que isso seja benéfico à prestação de um serviço público.

Em segundo lugar, a proposta de utilização de uma nova tecnologia pelo particular demanda, em regra, um procedimento burocrático perante a Administração Pública. Esse dado vai de encontro ao modelo dinâmico próprio da inovação, que, por sua natureza, é avesso a regulações e procedimentos de ordem burocrática – o que, obviamente, não impede de serem reguladas, pois outras variáveis estão presentes na atuação regulatória estatal.

Por fim, em serviços públicos cuja principal fonte de remuneração provém dos usuários diretamente, sempre se questiona se o custo do uso de novas tecnologias na prestação dos serviços será repassado à tarifa cobrada dos usuários. Existe, nesse caso, a possibilidade de o preço de uma nova tecnologia repercutir nos valores cobrados dos usuários, o que pode ensejar um custo político que a Administração não quer pagar.

Há uma perspectiva ainda presente no Brasil que contrapõe à atualidade dos serviços públicos com a modicidade tarifária, como se ambos não fossem parte do mesmo problema. Essa oposição criada conduz, muitas vezes, a raciocínios simplórios, entre os quais podemos destacar i) em benefício da modicidade tarifária, os serviços públicos podem ser prestados não atendendo a melhores técnicas, o que provoca o sucateamento do serviço; e ii) os particulares ou a própria Administração – quando, por exemplo, quando tem que subsidiar os valores tarifários – devem absorver os custos de uma inovação a fim de manter sempre a modicidade tarifária.

Ou seja, geralmente, não se consegue chegar a uma equação entre os custos de uma nova tecnologia e o impacto sobre os preços dos serviços. Ou, quando muito, essa equação é encontrada de modo atrasado, gerando consequências no equilíbrio da relação contratual.

Com efeito, não se pode admitir que, em nome da modicidade tarifária, prefira-se o sucateamento do serviço, sob pena de desmerecimento do princípio da atualidade do serviço público; de outro lado, também não parece razoável a adoção incontendível de tecnologias da mais alta inovação que tornem os valores tarifários ou os aportes da Administração insustentáveis do ponto de vista financeiro. O equilíbrio deve ser encontrado.

Nesse ponto, vale a visão ponderada de Celso Antônio Bandeira de Mello, para quem o princípio da adaptabilidade (ou mutabilidade ou atualidade) deve ser entendido como a "atualização ou modernização, conquanto, como é lógico, dentro das possibilidades econômicas do Poder Público".[15]

Ademais, como ressalta César Guimarães Pereira: "[...] a compreensão inadequada da modicidade tarifária apresenta esse risco: em primeiro lugar de garantir ao usuário o serviço adequado pela menor tarifa, pode tornar impossível e remeter o usuário a uma situação de ausência de serviço".[16]

Com efeito, trata-se de um entendimento que, ao final, leva em conta os custos e benefícios de uma relação.

Não se olvida que esse equilíbrio é objeto de difícil resposta. Mas a dificuldade é ínsita ao modelo concessório. É que, no passado, quando o Estado atuava diretamente na prestação de serviços públicos por intermédio das suas empresas, era muito simples ele assumir os prejuízos financeiros do custo de uma nova tecnologia sem exigir dos usuários um sacrifício maior pela cobrança de tarifas. Até que esse modelo praticamente sucumbiu quando o Estado se viu sem condições de realizar novos investimentos para atualizar a prestação de serviços, diante dos novos desafios e das exigências da coletividade. O resultado desse modelo foi a prestação de um serviço ruim, não

---

15. BANDEIRA DE MELLO, Celso Antônio. *Curso de direito administrativo* cit., p. 706.

16. PEREIRA, Cesar Augusto Guimarães. *Usuário de serviços públicos*: usuários, consumidores e os aspectos econômicos dos serviços públicos. São Paulo: Saraiva, 2006. p. 391.

compatível com os padrões tecnológicos mais modernos, e que depois se tornou mais oneroso com o tempo.

Isso não significa dizer que o cenário foi alterado pela introdução dos agentes privados nos mercados de serviços públicos. Ocorre, no entanto, que os problemas se tornam mais evidentes e a busca por soluções mais urgentes.

Enfim, considerando todos os fatores apontados, cumpre anotar que a inovação tecnológica adotada para a prestação de um serviço público não deve ser a mais notória e mais expressiva financeiramente. Mas ela deve ser atual, condizente com certo padrão de qualidade de todo o período pelo qual se estende uma relação concessória, em benefício da coletividade, tendo como elemento preponderante a relação de custo e benefício.

O regime jurídico dos contratos que envolvem a prestação de serviços públicos precisa ser conhecido amplamente, para que tais alterações sejam absorvidas durante sua execução, de forma que se mantenha válida e coetânea ao aludido princípio durante toda a vigência contratual. Nesse ponto, importante enfatizar a diferença normativa que possui em relação aos chamados contratos tradicionais (regidos pela antiga Lei de Licitações e pela nova), para que não se oponham obstáculos indevidos.

Esses contratos são de longo prazo e incompletos, devendo os agentes públicos deter mecanismos administrativos para que sejam alterados oportunamente, jamais se esquecendo de manter o equilíbrio econômico inicial, tal como prescrito pelo Texto Constitucional.

As tensões advêm normalmente desses debates, impondo uma capacidade de gestão e conhecimento relevantes, de forma a atender os anseios de um serviço público moderno, que abarque inovações e tecnologias prestigiadoras que salvaguardam o interesse público envolvido. Por isso a necessidade de uma leitura escorreita do princípio e das demais normas que disciplinam essas relações entre o setor público e o setor privado.

Quando o serviço é prestado diretamente pelo Estado, seja em qualquer instância federativa, a questão desemboca na capacidade de se organizar para incorporá-las e com isso, prestar um serviço que realmente atenda à coletividade. Qualquer leitura desprendida desse pressuposto teleológico, certamente ensejará posturas administrativas inválidas, aptas à correção por autotutela ou pelos meios judiciais competentes.

5. Conclusão

Desprezar os avanços tecnológicos é tarefa impossível da sociedade moderna. Os impactos que provocam novas técnicas que contam com suporte da tecnologia causam grandes revoluções em períodos cada vez mais curtos. Diante de tal fenômeno, não se duvida que se torne mais e mais difícil entender o que é atual.

Com a atualidade da prestação de serviços públicos não é diferente. O princípio da atualidade do serviço público merece uma nova compreensão em face das mudanças provocadas pelas inovações tecnológicas na prestação de serviços públicos.

É preciso que se encontre um equilíbrio para que os usuários não fiquem afastados dos benefícios das tecnologias nas prestações de serviço público, ao mesmo tempo que essas tecnologias não onerem o Estado a ponto de comprometer diversos outros setores. Trata-se de relação difícil e que precisa ser eficazmente mediada. Mas, atualmente, existem mecanismos capazes que permitem promover a alteração da prestação de um serviço público, mais condizentes à realidade tecnológica, devendo os agentes públicos se organizarem adequadamente para incorporá-las tempestivamente, e com isso atender aos anseios constitucionais de um serviço público adequado, que prestigie o interesse público envolvido.

Referências

BANDEIRA DE MELLO, Celso Antônio. *Curso de direito administrativo*. 33. ed. São Paulo: Malheiros, 2016.

CASSESE, Sabino. *Derecho administrativo*: historia y futuro. Sevilla: INAP, 2014.

CHAPUS, René. *Droit administratif general*. 6. ed. Paris: Montcherestien, 1992. t. I.

CHEVALLIER, Jacques. *Le service public*. 7. ed. Paris: PUF, 2008.

CORAIL, Jean-Louis. *La crise de la notion juridique de service public en droit administratif français*. Paris: LGDJ, 1954.

DAL POZZO, Augusto Neves. *Aspectos fundamentais do serviço público no direito brasileiro*. São Paulo: Malheiros, 2012.

DAL POZZO, Augusto Neves. *O direito administrativo da infraestrutura*. São Paulo: Contracorrente, 2020.

DI PIETRO, Maria Sylvia Zanella. *Direito administrativo*. 27. ed. São Paulo: Atlas, 2014.

DI PIETRO, Maria Sylvia Zanella. O direito administrativo brasileiro sob influência dos sistemas de base romanística e da common law. *Revista Brasileira de Direito Público – RBDP*, Belo Horizonte, n. 16, ano 5, jan./mar. 2007. Disponível em: https://shre.ink/cAJn. Acesso em: 19 dez. 2017.

FARIA, José Eduardo (Org.). *Direito e globalização econômica*. São Paulo: Malheiros, 2010.

FREITAS, Rafael Véras de; RIBEIRO, Leonardo Coelho; FEIGELSON, Bruno (Coord.). *Regulação e novas tecnologias*. Belo Horizonte: Fórum, 2017.

GASPARINI, Diogenes. *Direito administrativo*. 12. ed. São Paulo: Saraiva, 2007.

GROTTI, Dinorá Adelaide Musetti. *O serviço público e a Constituição brasileira de 1988*. São Paulo: Malheiros, 2003.

MARQUES NETO, Floriano de Azevedo. *Concessões*. Belo Horizonte: Fórum, 2015.

PEREIRA, Cesar Augusto Guimarães. *Usuário de serviços públicos:* usuários, consumidores e os aspectos econômicos dos serviços públicos. São Paulo: Saraiva, 2006.

RIVERO, Jean; WALINE, Jean. *Droit administratif*. 14. ed. Paris: Dalloz, 1992.

EIXO 4

INOVAÇÃO EM SOLUÇÃO DE CONFLITOS NO DIREITO ADMINISTRATIVO E TRIBUÁRIO

TRANSAÇÃO TRIBUTÁRIA EM PERSPECTIVA: ONTEM, HOJE E AMANHÃ

Luciana Grassano de Gouvêa Melo

Doutora em Direito pela UFPE, com estágio doutoral (2006) na Universidade Lusíada em Lisboa e pós-doutoral (2014), na Universidade de Bologna, na Itália (ambos pela CAPES). Professora titular de direito tributário e financeiro da graduação, mestrado e doutorado em Direito da UFPE. ex-Diretora da Faculdade de Direito do Recife/UFPE (2007 a 2015). Procuradora do Estado de Pernambuco. E-mail: luggmelo@gmail.com

Tereza Tarragô de Souza Rodrigues

Doutora em Direito Tributário pela UFPE. Professora Adjunta de Direito Financeiro e Tributário da UFPE. Procuradora da Fazenda Nacional na 5ª Região aposentada. Advogada. E-mail: tereza_tarrago@hotmail.com

Bruna Estima Borba

Doutora em Direito pela UFPE. Professora Adjunta de Direito Financeiro e Tributário da UFPE aposentada. Auditora Fiscal da Receita Federal aposentada. E-mail: brunaestimaborba@gmail.com

Joaquim Lustosa Filho

Doutorando em Direito pela UFPE.
Professor Adjunto de Direito da UFPE.
Juiz Federal. Ex-Procurador-chefe da
Fazenda Nacional/PE (2001-2006).
Email: joaquim_lustosa@uol.com.br

Resumo: O artigo analisa a transação tributária, delineando as principais alterações que representam uma mudança ousada ao viabilizarem, após mais de 50 anos, a transação tributária como alternativa para regularização fiscal. Conclui-se que a transação tributária inaugura uma nova relação entre Fisco e contribuinte, e uma gestão dialógica em um ambiente de aproximação, cooperação, transparência e razoabilidade.

Palavras-chave: extinção do crédito tributário; transação tributária; contencioso tributário; autocomposição; *compliance* fiscal.

Keywords: tax extinguishment; tax transaction; tax litigation; autocomposition; tax compliance.

1. Transação tributária: um histórico à guisa de introdução

O Código Tributário Nacional – Lei 5.172, de 25 de outubro de 1966 – previu a transação tributária como forma de extinção do crédito tributário, em seu art. 156, III, tendo o seu art. 171 conceituado este instituto nos seguintes termos: "A lei pode facultar, nas condições que estabeleça, aos sujeitos ativo e passivo da obrigação tributária celebrar transação que, mediante concessões mútuas, importe determinação de litígio e consequente extinção de crédito tributário".

Embora o Código Tributário Nacional tivesse previsto a transação tributária apenas no ano de 1966, Aliomar Baleeiro[1] lembra que "a Lei 1.341, de 31-1-51, permite aos Procuradores da República, quando autorizados, em cada caso concreto, a transigir com o sujeito passivo, pondo fim às causas ajuizadas e pendentes de julgamento. Na prática, isso se faz de quando

1. BALEEIRO, Aliomar. *Direito tributário brasileiro*. 10. ed. atualizada por Flávio Bauer Novelli. Rio de Janeiro: Forense, 1990. p. 575.

em quando, costumando o Procurador-Geral da República ouvir o Ministério da Fazenda sobre a conveniência em caso concreto. A transação, quanto ao ICM, depende de convênio entre todos os Estados (Lei Complementar 24/1975)".

Veja-se que, enquanto no direito privado a transação admite ampla negociação entre as partes, no direito tributário, a legalidade e a compulsoriedade da relação jurídica restringem esse acordo, de modo que devem ser seguidos os parâmetros legais que dispõem a respeito da transação. Além disso, como o CTN prevê a transação tributária com o objetivo de terminação de litígios, tal previsão exclui a possibilidade de utilização desse instituto, como ocorre no direito privado, para funcionar como meio preventivo de litígios.

A legislação ordinária posterior à edição do Código Tributário Nacional contém exemplos de institutos que, diversos da transação tributária, mas em face de sua regulamentação tardia – que apenas ocorreu com a edição da Lei 13.988/2020, foram ano após ano confundidos com ela.[2]

Isso acontece, por exemplo, quanto à Lei 13.140/2015 que introduziu a autocomposição de conflitos no âmbito da Administração Pública, trazendo alguns dispositivos que tratam de controvérsias tributárias. No caso, o art. 38 afasta a possibilidade de a autocomposição envolver particulares, como também de ser celebrado termo de ajustamento de conduta. Daí por que vários estudos doutrinários então defendiam que a referida lei não se tratava de lei geral de transação tributária, necessária para dar efetividade ao comando do art. 171 do CTN, na medida em que instituía a mediação somente entre os órgãos ou entidades de direito público da Administração Pública, sem alcançar outros sujeitos, possuindo portanto uma aplicação restrita, assemelhando-se mais a um instituto de natureza processual que material, o que excluiria

2. Priscila Maria Fernandes Campos de Souza trata do tema institutos afins à transação tributária, em seu artigo: Transação tributária: definição, regulamentação e principais desafios, publicado na Revista da PGFN, p. 114 ss.

a interpretação de tratar-se de causa de extinção de crédito tributário, como acontece com a transação tributária.[3]

Outro instituto que também tem historicamente apresentado dúvidas sobre tratar-se ou não de hipóteses de transação, são os parcelamentos extraordinários de créditos tributários federais, instituídos por leis especiais. Nesse sentido, Hugo de Brito Machado[4] como também Roque Antonio Carrazza[5] os classificaram como transação. Esse último autor, inclusive, chegou a defender que, com a adesão a determinado parcelamento, ocorreria a novação do débito, diante da transação celebrada. Também o professor Fernando Facury Scaff, em artigo publicado no Conjur, em 2014, defende que "refis é uma transação tributária e não uma renúncia fiscal".[6]

São vários os exemplos de parcelamentos extraordinários, como: 1. o Paes (Lei 10.684/2003); 2. o Paex (MP 303/2006); 3. o parcelamento da Lei 11.941/2009 e suas reaberturas em 2013 e 2014; 4. o parcelamento da Lei 12.996/2014; e 5. o PERT (Lei 13.496/2017).

Esses parcelamentos extraordinários mais recentes possuem características comuns, como o prazo muito estendido de parcelamento, em regra superior a 120 meses; não exigir garantias, se não já ofertadas em ações judiciais, além de

---

3. BUÍSSA, Leonardo; BEVILACQUA, Lucas. Consensualidade na Administração pública e transação tributária. *Fórum Administrativo*, ano 15, n. 174, p. 46-54, ago. 2015; CUNHA, Leonardo Carneiro da; CABRAL, Trícia Navarro Xavier. A abrangência objetiva e subjetiva a mediação. *Revista de Processo*, São Paulo: Thomson Reuters Brasil Conteúdo e Tecnologia, ano 44, v. 27, p. 531-552, 2019.

4. MACHADO, Hugo de Brito. *Comentários ao Código Tributário Nacional*: artigos 139 a 218. São Paulo: Atlas, 2005. v. 3, p. 983.

5. CARRAZA, Roque Antonio. A extinção da punibilidade no parcelamento de contribuições previdenciárias descontadas, por entidades beneficentes de assistência social, dos seus empregados, e não recolhidas, a previdência, no prazo legal: questões conexas. *Justitia*, São Paulo, v. 58, n. 174, p. 9-24, 1996. Disponível em: 79073823.pdf (core.ac.uk). Acesso em: 2 set. 2022.

6. SCAFF, Fernando Facury. Refis é uma transação tributária e não uma renúncia fiscal. Conjur, Contas à Vista, 2 dez. 2014. Disponível em: https://www.conjur.com.br/2014-dez-02/contas-vista-refis-transacao-tributaria-nao-renuncia-fiscal. Acesso em: 19 mar. 2023.

descontos em juros e multas de no mínimo 50% que, a partir da Lei 11.941/2009, passaram a ser extensíveis aos juros moratórios e encargo legal. Para gozar dos benefícios, tais programas exigiam em contrapartida que o devedor desistisse dos litígios administrativos e judiciais em que questionava o débito objeto do parcelamento. Assim, em razão da estrutura desses programas, que abrange normas de concessões de benefícios, bem como deveres atribuídos aos devedores para o seu gozo, alguns doutrinadores, como já supracitados, passaram a entender que esses parcelamentos seriam casos de transações.

Na jurisprudência, o STJ tinha entendimento consolidado no sentido de não considerar os programas de parcelamento como transação,[7] o que foi posteriormente alterado, entretanto mantendo-se tal entendimento em parte dos julgados, a partir do fundamento de que, enquanto no parcelamento a extinção do débito ocorre por meio do pagamento, a transação por si só já representa uma forma de extinção do crédito tributário.[8] O outro lado da posição jurisprudencial do STJ entende que os parcelamentos são hipóteses de transação, em razão de ambas as partes obterem vantagens.[9]

Veja que os programas de parcelamento não pressupõem a celebração de acordo, já que todas as concessões já se encontram devidamente ajustadas na lei, de modo que a autoridade fiscal não tem qualquer liberdade para negociar os termos do parcelamento com o devedor. Ainda, as leis que instituíram estes parcelamentos especiais não designaram autoridade para as referidas celebrações, sendo inclusive desnecessária, pois cabe apenas à Fazenda Pública deferir ou não o ingresso no programa, diante de uma análise de preenchimento de requisitos de lei. Ainda, vê-se que nem sempre nesses parcelamentos o devedor será obrigado a desistir de alguma defesa ou recurso

7. STJ, REsp 1244347/MS. Disponível em: https://shre.ink/cAq6. Acesso em: 2 set. 2022.

8. STJ, AgInt AREsp 846476/RS. Disponível em: https://shre.ink/cAqV. Acesso em: 2 set. 2022.

9. STJ, REsp 1553005/PE. Disponível em: https://shre.ink/cAWq. Acesso em: 2 set. 2022.

administrativo ou judicial, do que se infere que não há obrigatoriedade de haver contraprestações mútuas nesses programas, diferentemente da regra da transação, prevista no CTN.[10]

Esse contexto de legislações perdurou, no âmbito federal, até a edição da Lei 13.988/2020, originada da conversão da MP 899/2019, que inaugurou um novo capítulo para a transação tributária atuar com vistas ao aumento da efetividade da recuperação dos créditos tributários federais, bem como para estimular a diminuição dos litígios tributários, resultando em uma economia de custos e aumento da efetividade da cobrança dos créditos, além de permitir, por meio de suas modalidades, uma melhor negociação da dívida não adimplida, favorecendo a justiça fiscal. Esses os objetivos presentes na exposição de motivos da citada lei, que passa a ser brevemente analisada em seguida.

2. A transação tributária nos termos da Lei 13.988/2020

A Lei 13.988/2020[11] menciona expressamente os princípios da isonomia, da capacidade contributiva, da transparência,

---

10. Sobre a problemática da natureza transacional dos parcelamentos, registre-se a existência de divergência entre autores deste artigo acerca da compreensão de que no caso dos parcelamentos não haveria óbice em compreendê-los como transações específicas que põem termo aos litígios e extinguem o crédito tributário, nos moldes estabelecidos pelo Código Tributário Nacional. Dessa forma, como instituto extintivo do crédito tributário, a dicção do art. 156, combinada com a do art. 171 do CTN são claras nesse sentido, a despeito da doutrina e jurisprudência não terem vislumbrado solução para o impasse. Dito impasse decorre da não percepção da natureza contratual da transação que, como negócio jurídico que é, admite a condição resolutiva ou suspensiva a que fazem referência os arts. 116 e 150 do CTN. Assim é que os parcelamentos, em razão de serem transações sob condição suspensiva, embora formada a relação jurídica extintiva da obrigação tributária, nos termos do art. 156, III, do CTN, sua eficácia fica na dependência de que o acontecimento se realize, *in casu*, o pagamento final. Embora insuscetível de promanar efeitos extintivos, o parcelamento permite, desde logo, a adoção de medidas destinadas a impedir a cobrança do crédito tributário objeto do mesmo, na medida em que constitui uma das modalidades de suspensão da exigibilidade do crédito tributário, nos termos do art. 151, VI (RODRIGUES, Tereza Cristina Tarragô. *Alternativas consensuais de resolução dos conflitos tributários no direito brasileiro:* perspectivas à luz do princípio da legalidade. Tese (Doutorado em Direito) – Universidade Federal de Pernambuco. Centro de Ciências Jurídicas /Faculdade de Direito do Recife, 2009).

11. Essa recente lei vem sendo objeto de vários estudos tanto por parte da PGFN, como de pesquisas acadêmicas, como: Pela PGFN: MENEZES, Daniel Telles.

da moralidade, da razoável duração dos processos e da eficiência e o princípio da publicidade, resguardada a proteção de informações sigilosas. Além disso, prevê que os acordos de transação, baseados em juízo de conveniência e oportunidade, devem sempre pautar-se pelo interesse público.

As normas gerais da referida lei também detalham os débitos sujeitos à transação, no art. 1º, § 4º, que correspondem tanto aos débitos inscritos em dívida ativa da União e suas Autarquias e Fundações, cujas inscrições incumbam à Procuradoria-Geral da Fazenda Nacional, como os não inscritos, sob a administração da Receita Federal do Brasil.

Estão explicitados no art. 3º da Lei os compromissos a serem assumidos pelo contribuinte devedor para aderir a qualquer das modalidades de transação, a exemplo da obrigatoriedade da desistência de impugnações ou recursos administrativos e das ações judiciais que discutam o crédito tributário objeto da transação. Nesse ponto, importante registrar a necessidade de o contribuinte desistir de quaisquer alegações de direito, atuais ou futuras, sobre o débito transacionando, de modo a requerer a extinção com resolução de mérito dessas ações, para evitar futuras demandas para rediscussão da questão, na hipótese de rescisão da transação.

Veja que o § 1º do art. 3º impõe que o deferimento da transação implica confissão irrevogável e irretratável dos débitos relacionados, com fundamento nos arts. 389 a 395 do CPC/2015, o que justifica a extinção do litígio com resolução de mérito, explicitada no parágrafo anterior.

Possibilidades jurídicas para uma transação tributária mais ousada. Revista da PGFN, p.79 a 108; pela Academia: MORAIS, Cristiano Neunschwander Lins de. Cobrança e renegociação de tributos em atraso no Brasil: análise da estrutura de incentivos do programa de transação tributária na LEI n. 13.988, de 2000. Brasília: Programa de mestrado em políticas pública e governo da Escola de Políticas Públicas e governo da FGV, 2021; GOMES, Gustavo José de Deus Souza. A transação tributária instituída pela Lei federal n. 13.988/2020 como solução para banalização dos programas de recuperação fiscal. Brasília: Programa de mestrado da UNB, 2021; SILVA, Eduardo Sousa Pacheco Cruz. *Transação tributária federal*. Análise do impacto legislativo da Lei n. 13.988/2020. São Paulo: Dialética, 2022.

Isso também se explica porque a transação tributária com fundamento na Lei 13.988/2020 não depende de homologação judicial, na medida em que é realizada extrajudicialmente nos termos da referida lei, por meio de processo administrativo.

O § 2º do art. 3º traz a importante previsão de que, na hipótese de o acordo de transação envolver parcelamento ou moratória do débito, aplicam-se os incisos I e VI do art. 151, já que ambas as concessões tratam de situações de suspensão da exigibilidade do crédito. Tal previsão, sem dúvidas, evita eventuais discussões, na medida em que, regra geral, a transação não importa em suspensão de exigibilidade, exceto nas situações em que as concessões implicam parcelamento ou moratória.

A lei também esclarece que o crédito transacionado apenas será extinto após o cumprimento integral do acordo, o que afasta a ideia de que a transação implicaria novação da dívida, o que está previsto no § 3º do art. 3º da referida lei.

Por sua vez, o art. 4º dispõe as hipóteses que ensejam a rescisão da transação, que inclui não apenas o descumprimento dos termos acordados, mas também situações, por exemplo, que envolvam a prática de prevaricação, concussão ou corrupção passiva, atos de esvaziamento patrimonial em prejuízo aos compromissos acordados e a decretação de falência, extinção ou liquidação da parte transigente. Na hipótese de rescisão, o débito voltará a ser cobrado no seu valor original, descontado o que já foi pago.

Já o art. 5º excetua dos termos da transação a possibilidade de redução de valores devidos a título de multa penal, créditos do regime do Simples Nacional e Conselho Curador, esses dois últimos até posterior autorização, como também explicita que devedores contumazes não poderão transacionar, o que depende de definição de lei específica.

Por fim, a Lei 13.988/2020 institui três modalidades de transação, a saber: (1) transação na cobrança dos créditos da União, de suas Autarquias e Fundações Públicas (arts. 10 a 15); (2) transação por adesão no contencioso tributário de relevante e disseminada controvérsia jurídica (arts. 16 a 22); e (3) transação por adesão no contencioso tributário de pequeno valor (arts. 23 a 27-A), cada qual com suas peculiaridades que as distinguem entre si e diferentes espécies de acordos.

3. Críticas e propostas de inovação perante a Lei 13.988/2020

Figura como objetivo da Justiça, em qualquer de suas vertentes (seja fiscal, administrativa ou qualquer outra), solucionar e resolver conflitos, o que apenas será possível se o número de litígios a que a ordem jurídica dá origem for compatível com a capacidade de resposta do sistema, para a sua solução. Por isso, o melhor sistema de justiça não é tanto o que tem uma grande capacidade para solucionar litígios, um objetivo difícil de alcançar mesmo por parte de países muito desenvolvidos, mas aquele que tem uma grande capacidade de prevenir ou evitar litígios, desincentivando-os.[12]

Desse modo, a Lei 13.988/2020 representa, no âmbito federal, uma mudança ousada ao permitir a autocomposição sobre o crédito tributário. As previsões são originárias do Código Tributário Nacional e permaneceram inexploradas por mais de meio século, por razões que vão desde a ideia clássica de indisponibilidade do interesse público até a tradicional cultura do litígio, que acompanha a formação jurídica no Brasil.

Dispondo de forma ampla sobre a transação tributária, a Lei 13.988/2020 definiu a transação por adesão e individual, ambas por proposta. No caso da adesão, a proposta já está moldada pelo Poder Público, enquanto na individual caberá ao contribuinte apresentar os seus termos quando sua situação concreta não se ajustar à transação por adesão, podendo o contribuinte, portanto, negociá-la. Por fim, a transação por

12. RODRIGUES, Tereza Cristina Tarragô. *Alternativas consensuais de resolução dos conflitos tributários no direito brasileiro:* perspectivas à luz do princípio da legalidade. Tese (Doutorado em Direito) Universidade Federal de Pernambuco. Centro de Ciências Jurídicas /Faculdade de Direito do Recife, 2009.

adesão também abrange o contencioso tributário de relevante e disseminada controvérsia jurídica, assim entendida aquela que ultrapassa os interesses subjetivos da lide.

A Lei 13.988/2020 foi alterada pela Lei 14.375/2022 que trouxe, em seu art. 10, diversas alterações, tanto na Lei 13.988/2022, como em outras normas. Entre as inovações trazidas, no respeitante à Lei 13.988/2020, houve a inclusão, na proposta individual de transação, dos créditos em contencioso administrativo. É uma medida considerada de grande utilidade para fins de reduzir o volume do contencioso, permitindo, assim, resolver precocemente, com alguma vantagem, litígios que talvez não mais se justifiquem para ambas as partes.

Destacam-se, ainda: (1) concessão de descontos em multas, juros e encargos legais relativos a créditos a serem transacionados que sejam classificados como irrecuperáveis ou de difícil recuperação, conforme critérios estabelecidos pela autoridade competente; (2) utilização de créditos de prejuízo fiscal e de base de cálculo negativa da Contribuição Social sobre o Lucro Líquido (CSLL), na apuração do Imposto sobre a Renda das Pessoas Jurídicas (IRPJ) e da CSLL, até o limite de 70% do saldo remanescente após a incidência de descontos, se houver; (3) possibilidade de uso de precatórios ou de direito creditório com sentença de valor transitada em julgado para amortização de dívida tributária principal, multa e juros; (4) incremento do valor máximo dos descontos a serem concedidos de 50% para 65% do valor total dos créditos objeto de transação; e (5) não tributação dos descontos concedidos na base de cálculo do IRPJ, CSLL, PIS e Cofins.

Induvidosamente, a expressa disposição no sentido da não tributação dos descontos concedidos no âmbito da transação é aspecto dos mais relevantes, isso porque tal questão vem sendo reiteradamente discutida no âmbito de programas de parcelamento anteriores e como não estava explícito, na transação, necessitava de disposição legal para assim permiti-la. Chama atenção, outrossim, na Lei 14.375/2022, o fato de que tais vantagens somente são aplicáveis aos contribuintes que estão sob as disposições do Capítulo II da Lei 13.988/2020. Por consequência, é possível afirmar que nenhuma das vantagens das demais hipóteses de transação será, automaticamente, comunicada ao negócio jurídico que envolve litígios de grande repercussão. Tampouco se lhes aplicam os benefícios previstos na Lei 14.375/2022, como a utilização de prejuízos fiscais e base negativa da CSLL para liquidação de débitos fiscais transacionados e a utilização de precatórios ou direitos creditórios, nos termos supramencionados. Com isso, as discussões judiciais que envolvem contencioso tributário de relevante e disseminada controvérsia jurídica não dispõem de vantagens dessa natureza, não obstante ser pressuposto expresso da Lei 13.988/2020 a observância dos princípios constitucionais, entre outros, da isonomia (art. 1º, § 2º).

Apesar de a Lei 14.375/2022 não ter se manifestado, expressamente, quanto à concessão desses benefícios para as disputas envolvendo contencioso de grande repercussão, existem argumentos jurídicos capazes de afastar o ônus do PIS e da Cofins pois, no que se refere ao PIS e à Cofins, não se teria uma renúncia de receita, mas simplesmente de base de cálculo das contribuições, visto que o desconto em dívida tributária não tem natureza contraprestacional, como determina a legislação aplicável: receita tributável pelas contribuições decorre do cumprimento da atividade social da entidade. Essa condição já foi reconhecida para eliminar a tributação do desconto pelo PIS e pela Cofins, na hipótese de recuperação judicial (art. 50-A da Lei 11.101/2005).

Impõe-se acentuar que as regras da Lei 13.988/2020 e da Lei 14.375/2022 se consubstanciam em diretrizes orientadoras do instituto da transação tributária no âmbito federal, o que implica a necessidade de que quaisquer programas de adesão doravante lançados terão de observar em sua elaboração as regras sob comentário.

Com o intuito de disciplinar os critérios para aferição do grau de recuperabilidade das dívidas, os parâmetros para aceitação da transação individual, a concessão de descontos relativos a créditos da Fazenda Pública e os procedimentos, os requisitos e as condições necessárias à realização da transação, veio a ser publicada a Portaria PGFN/ME 6.757, de 19 de julho de 2022 que promoveu ajustes em relação à anterior Portaria PGFN 9.917, de 14 de abril de 2020.

De acordo com a referida Portaria PGFN/ME 6.757/2022, são três as modalidades de transações na cobrança da dívida ativa da União e do FGTS, quais sejam: (i) transação por adesão à proposta da Procuradoria-Geral da Fazenda Nacional (PGFN); (ii) transação individual proposta pela Procuradoria-Geral da Fazenda Nacional (PGFN); e (iii) transação individual proposta pelo devedor inscrito em dívida ativa da União e do FGTS, além da transação individual simplificada que entrará em vigor a partir de 1º de novembro de 2022. Esta última deverá ser realizada de forma assíncrona e pelo que se percebe oferecerá um espaço para negociação maior que a realizada por edital, porém menor que a individual completa.

Cabe referir, ainda, que quanto à utilização de precatórios ou direitos creditórios, como suprarreferido, muito embora seja objeto de dispositivo expresso desde a Portaria anterior de n. 9.917/2020, terá necessariamente de sofrer alteração para melhor atender ao disposto no § 11 do art. 100 da CF/88, alterado pela EC 113/2021.[13]

A implementação da transação é uma realidade, todavia, ainda se ressente da ausência de pontos essenciais. Entre eles destaca-se o não reconhecimento amplo do instrumento de compensação para extinção do crédito tributário.

---

13. BRASIL. *Constituição da República Federativa do Brasil de 1988*. Brasília: Senado Federal, 1988. "Art. 100. Os pagamentos devidos pelas Fazendas Públicas Federal, Estaduais, Distrital e Municipais, em virtude de sentença judiciária, far-se-ão exclusivamente na ordem cronológica de apresentação dos precatórios e à conta dos créditos respectivos, proibida a designação de casos ou de pessoas nas dotações orçamentárias e nos créditos adicionais abertos para este fim. [...] § 11. É facultada ao credor, conforme estabelecido em lei do ente federativo devedor, com auto aplicabilidade para a União, a oferta de créditos líquidos e certos que originalmente lhe são próprios ou adquiridos de terceiros reconhecidos pelo ente federativo ou por decisão judicial transitada em julgado para: I – quitação de débitos parcelados ou débitos inscritos em dívida ativa do ente federativo devedor, inclusive em transação resolutiva de litígio, e, subsidiariamente, débitos com a administração autárquica e fundacional do mesmo ente; [...]".

Recorrentemente, a administração tributária tem adotado restrições na extinção de débitos tributários pela via da compensação. O passivo tributário poderia ser fortemente reduzido, caso a administração reconhecesse a possibilidade ampla da compensação.

Outro ponto a ser considerado diz respeito à necessidade de que o sistema de transação venha a ter capacidade de incorporar a jurisprudência pacificada nos Tribunais, mesmo que não finalizada em súmulas. A propósito, já figura como uma das atribuições do Advogado Geral da União a adoção de súmula administrativa decorrente de jurisprudência reiterada dos Tribunais, conforme o inciso XII do art. 4º da Lei Complementar 73/93. Não é necessário aqui que haja súmula de Tribunal, apenas que se reconheça a reiteração da decisão. Presentemente, tal possibilidade não vem reconhecida na Lei de Transação Tributária, o que limita em grande medida a eficácia do instituto.[14]

Por fim, há um silêncio na norma que provoca receio nos contribuintes. Trata-se da questão de como e em que circunstâncias as informações sigilosas divulgadas ao Fisco pelos contribuintes poderão ser utilizadas, já que para a realização da transação haverá necessidade em muitas situações de que se prestem ao Fisco informações sigilosas dos negócios, como, por exemplo, faturamento, custos com folha de pagamento, aquisição de insumos, aluguel de imóveis, margem de lucro, ativos e respectivos rendimentos, entre outros, com a finalidade de demonstrar de forma transparente a situação financeira do contribuinte e, com isso, chegar a um acordo sobre as condições que viabilizem o pagamento das respectivas dívidas tributárias.

Conquanto ainda insuficientes, as transações tributárias recentemente positivadas inauguram uma nova lógica de atuação da administração tributária, pautada no paradigma do apoio e da colaboração, fomentando meios de solução de conflito e

14. ADAMS, Luís Inácio. Lei de transação tributária deve ser comemorada, mas ainda há muito a caminhar. *Revista Consultor Jurídico*, 16 de abril de 2020. Disponível em: https://shre.ink/cAWc. Acesso em: 30 maio 2022.

incentivo ao *compliance fiscal*, na esperança de que gradativamente venha substituir o modelo atual excessivamente focado na lavratura de autos de infração, que gera grande insegurança jurídica e instiga o contencioso administrativo e judicial.

A par disso e das dúvidas comuns e inerentes aos novos institutos, espera-se que sirva de exemplo tanto para adoção de práticas semelhantes pelos demais entes federativos, quanto para o abandono das práticas de concessão reiteradas e indiscriminadas de parcelamentos especiais, cujos efeitos nocivos ainda vigoram no ambiente jurídico nacional.

4. Conclusões

A transação em matéria tributária, em razão da legalidade e da compulsoriedade da respectiva relação jurídica, não admite ampla negociação entre as partes. Coube ao Código Tributário Nacional e, posteriormente, à legislação ordinária, disciplinar a matéria. Diversos institutos, a exemplo da autocomposição de conflitos e dos parcelamentos extraordinários foram editados sem, entretanto, regulamentarem com coerência e uniformidade a transação tributária.

Esse contexto de legislações perdurou, no âmbito federal, até a edição da Lei 13.988/2020, quando se inauguraram novas perspectivas de recuperação dos créditos tributários federais, de redução dos litígios tributários e de negociação de dívidas não adimplidas. Trata-se de débitos inscritos em dívida ativa da União e suas Autarquias e Fundações, ou em que haja relevante e disseminada controvérsia jurídica ou ainda quando se refiram a débitos de pequeno valor.

A solução de conflitos tributários, em busca da realização da Justiça, é o desiderato da nova lei, por meio da autocomposição acerca do crédito tributário. Seja por adesão ou individual, ambas por proposta, a transação federal é atualmente regida pela citada Lei 13.988/2020, com alterações da Lei 14.375/2022, e regrada pela Portaria PGFN/ME 6.757/2022.

A implementação da transação é uma realidade. Todavia, ainda se ressente da ausência de pontos essenciais, tais como os relativos à compensação para extinção do crédito tributário e à incorporação da jurisprudência pacificada nos Tribunais.

Enfim, pode-se afirmar que com ela foram lançadas as bases para o diálogo fisco-contribuinte e o incentivo ao *compliance fiscal* que, pautados no interesse público e, se estendidos aos demais entes da federação, devem resultar no fim das recorrentes e indiscriminadas concessões de parcelamentos extraordinários e na redução dos litígios administrativos e judiciais.

Referências

ADAMS, Luís Inácio. Lei de transação tributária deve ser comemorada, mas ainda há muito a caminhar. *Revista Consultor Jurídico*, 16 de abril de 2020. Disponível em: https://shre.ink/cAWc. Acesso em: 30 maio 2022.

BALEEIRO, Aliomar. *Direito tributário brasileiro*. 10. ed. atualizada por Flávio Bauer Novelli. Rio de Janeiro: Forense, 1990.

BRASIL. *Constituição da República Federativa do Brasil de 1988*. Brasília: Senado Federal, 1988.

BUÍSSA, Leonardo; BEVILACQUA, Lucas. Consensualidade na Administração pública e transação tributária. *Fórum Administrativo*, ano 15, n. 174, p. 46-54, ago. 2015.

CUNHA, Leonardo Carneiro da; CABRAL, Trícia Navarro Xavier. A abrangência objetiva e subjetiva a mediação. *Revista de Processo,* São Paulo: Thomson Reuters Brasil Conteúdo e Tecnologia, ano 44, v. 27, p. 531-552, 2019.

CARRAZA, Roque Antonio. A extinção da punibilidade no parcelamento de contribuições previdenciárias descontadas, por entidades beneficentes de assistência social, dos seus empregados, e não recolhidas, a previdência, no prazo legal: Questões conexas. *Justitia,* São Paulo, v. 58, n. 174, p. 9-24, 1996. Disponível em: 79073823.pdf (core.ac.uk). Acesso em: 2 set. 2022.

GOMES, Gustavo José de Deus Souza. A transação tributária instituída pela Lei federal n. 13.988/2020 como solução para banalização dos programas de recuperação fiscal. Brasília: Programa de mestrado da UNB, 2021. Disponível em: "https://bdm.unb.br/bitstream/10483/30860/1/2021_GustavoJoséDeDeuSouzaGomes_tcc.pdf" 2021_GustavoJoséDeDeuSouzaGomes_tcc.pdf (unb.br).

MACHADO, Hugo de Brito. *Comentários ao Código Tributário Nacional*: artigos 139 a 218. São Paulo: Atlas, 2005. v. 3, p. 983.

MENEZES, Daniel Telles. Possibilidades jurídicas para uma transação tributária mais ousada. Revista da PGFN, p. 79 a 108. Disponível em: "https://www.gov.br/pgfn/pt-br/central-de-conteudo/publicacoes/revista-pgfn/ano-xi-numero-i-2021/pgfn_11-1_05_possibilidades-juridicas.pdf" pgfn_11-1_05_possibilidades-juridicas.pdf (www.gov.br).

MORAIS, Cristiano Neunschwander Lins de. Cobrança e renegociação de tributos em atraso no Brasil: análise da estrutura de incentivos do programa de transação tributária na LEI n. 13.988, de 2000. Brasília: Programa de mestrado em políticas pública e governo da Escola de Políticas Públicas e governo da FGV, 2021. Disponível em: "https://www.gov.br/pgfn/pt-br/central-de-conteudo/publicacoes/revista-pgfn/ano-xi-numero-i-2021/pgfn_11-1_05_possibilidades-juridicas.pdf" pgfn_11-1_05_possibilidades-juridicas.pdf (www.gov.br).

RODRIGUES, Tereza Cristina Tarragô. *Alternativas consensuais de resolução dos conflitos tributários no direito brasileiro:* perspectivas à luz do princípio da legalidade. Tese (Doutorado em Direito) Universidade Federal de Pernambuco. Centro de Ciências Jurídicas /Faculdade de Direito do Recife, 2009.

SCAFF, Fernando Facury. Refis é uma transação tributária e não uma renúncia fiscal. Conjur, Contas à Vista, 2 dez. 2014. Disponível em: https://www.conjur.com.br/2014-dez-02/contas-vista-refis-transacao-tributaria-nao-renuncia-fiscal. Acesso em: 19 mar. 2023.

SILVA, Eduardo Sousa Pacheco Cruz. Transação tributária federal. Análise do impacto legislativo da Lei n. 13.988/2020. São Paulo: Dialética, 2022.

SOUZA, Priscila Maria Fernandes Campos de. Transação tributária: definição, regulamentação e principais desafios. Brasília, Revista da PGFN, p. 114 ss. Disponível em: "https://www.gov.br/pgfn/pt-br/central-de-conteudo/publicacoes/revista-pgfn/ano-xi-numero-i-2021/pgfn_11-1_06_transacao-tributaria.pdf" pgfn_11-1_06_transacao-tributaria.pdf (www.gov.br).

STJ, REsp 1244347/MS. Disponível em: https:// https://shre.ink/cAq6. Acesso em: 2 set. 2022.

STJ, AgInt AREsp 846476/RS. Disponível em: https://shre.ink/cAqV. Acesso em: 2 set. 2022.

STJ, REsp 1553005/PE. Disponível em: https://shre.ink/cAWq. Acesso em: 2 set. 2022.

DA MENSAGEM AO SENTIDO: REFLEXÕES INTRODUTÓRIAS SOBRE INTERPRETAÇÃO JURÍDICA

Robson Maia Lins

Doutor em Direito Tributário pela Pontifícia Universidade Católica de São Paulo (PUC/SP). Mestre em Direito Tributário pela PUC/SP. Graduado em Direito pela Universidade Federal do Rio Grande do Norte (UFRN). Ex-Conselheiro da Câmara de Educação Superior do Conselho Nacional de Educação (CNE). Membro do Conselho Superior de Direito da Federação do Comércio do Estado de São Paulo (FECOMÉRCIO/SP). Vice-Presidente do Instituto Brasileiro de Estudos Tributários (IBET). Professor nos Cursos de Graduação, Especialização, Mestrado e Doutorado da PUC/SP. Professor dos Cursos de Especialização e Mestrado em Direito Tributário do IBET. Membro Consultor da Comissão Especial de Direito Tributário da Ordem dos Advogados do Brasil (OAB). Membro do Conselho Consultivo do Instituto Potiguar de Direito Tributário (IPDT). Advogado.

Pablo Gurgel Fernandes

Doutorando em Direito Tributário na PUC/SP. Mestre em Direito Tributário pela PUC/SP. Especialista em Direito Tributário pelo IBET. Graduado em Direito pela UFRN. Professor Assistente no Mestrado em Direito Tributário do IBET. Assistente de Professor no Mestrado em Direito

Tributário e na Graduação em Direito da PUC/SP. Professor Conferencista e Orientador de Monografias no Curso de Especialização do IBET. Professor Conferencista da Especialização em Direito Tributário da COGEAE-PUC/SP. Diretor-Auxiliar no IPDT. Membro do Comitê Tributário Permanente de ICMS e ISS da Associação Brasileira da Advocacia Tributária (ABAT). Advogado.

1. À guisa de introdução

"A Ciência não existe fora da valorização humana."

(Luís da Câmara Cascudo)

Honrando os legados deixados por notórios juristas potiguares, como foram Amaro Cavalcanti, Miguel Seabra Fagundes e Múcio Vilar Ribeiro Dantas, Edilson Pereira Nobre Júnior indubitavelmente se apresenta como um dos maiores juristas nordestinos da contemporaneidade. Seus escritos, marcados pelos timbres da profundidade e de um salutar diálogo com realidades jurídicas forâneas, inspiram-nos a incursionar por sofisticadas reflexões, sem as quais, alertava Lourival Vilanova, "não se domina nem a teoria, nem a prática, nem o saber científico especializado, nem sua aplicação aos fatos concretos".[1]

Em uma de suas mais recentes obras, o homenageado ofertou 3 (três) precisas considerações que nos despertaram especial atenção:

(i) "À semelhança das leis, as orientações adotadas no âmbito administrativo variam, no afã de se adaptarem às novas imposições da realidade";[2]

1. VILANOVA, Lourival. *As estruturas lógicas e o sistema do direito positivo*. 4. ed. São Paulo: Noeses, 2010. p. XXXIX.

2. NOBRE JÚNIOR, Edilson Pereira. *As normas de direito público na Lei de Introdução ao Direito Brasileiro:* paradigmas para interpretação e aplicação do direito administrativo. São Paulo: Contracorrente, 2019. p. 113.

(ii) "Está abrangida pela tutela da segurança jurídica também a jurisprudência formada a partir de decisões reiteradas dos órgãos de julgamento no âmbito da Administração Pública, como é exemplo corrente a emanada do contencioso tributário";[3] e

(iii) "Mediante a certeza, assegura-se ao indivíduo conhecer as normas jurídicas que são aplicáveis às suas relações jurídicas, seja quanto ao aspecto de sua vigência temporal, seja, principalmente, quanto ao conteúdo que encerram".[4]

Para nós, a fonte material para a propositura dessas precisas assertivas reside nos fatos de que (a) "norma alguma no sistema do direito positivo tem o condão de irradiar efeitos sem que seja aplicada";[5] e (b) a incidência jurídica "terá sempre o sentido que o homem lhe der. Melhor: a incidência é realizada pelo homem. A norma não incide por força própria: é incidida".[6]

Nessa contextura, não é raro verificarmos a capacidade que uma nova construção interpretativa de enunciados prescritivos preexistentes ostenta para alterar a realidade jurídica, ora instaurando rupturas, ora implementando inovações, e com potencial similar àquele comumente acreditado ao exercício da típica atividade nomogenética de competência do Poder Legislativo.

Portanto, na presente ocasião, bem cientes de que "el interés del jurista por el sentido de la norma jurídica es principalmente práctico",[7] propomo-nos a desenvolver reflexões

---

3. NOBRE JÚNIOR, Edilson Pereira. *As normas de direito público na Lei de Introdução ao Direito Brasileiro:* paradigmas para interpretação e aplicação do direito administrativo cit., p. 125.

4. Ibidem, p. 236.

5. MOUSSALLEM, Tárek Moysés. *Revogação em Matéria Tributária*. São Paulo: Noeses, 2011. p. 160.

6. IVO, Gabriel. *Norma Jurídica: produção e controle*. São Paulo: Noeses, 2006. p. 49.

7. WRÓBLEWSKI, Jerzy. *Sentido y Hecho em el Derecho*. Traducción a cargo de Francisco Javier Ezquiaga Ganuzas y Juan Igartua Salaverría. Santiago: Ediciones Olejnik, 2018. p. 69.

acerca da necessária distinção entre disposição prescritiva e sentido jurídico.

2. Texto normativo *versus* significação jurídica

Costumeiramente, empregamos as expressões "direito positivo" e "ordenamento jurídico" como sinônimos, tal como o faz nosso mestre Paulo de Barros Carvalho.[8] Porém, não olvidamos da existência de outras propostas terminológicas, que estipulam acepções diversas e variadas.

Para Joseph Raz, por exemplo, útil seria trabalhar com a distinção entre sistema jurídico (*legal system*) e sistema jurídico vigente em determinado momento (*momentary legal system*).[9]

Em Gregório Robles, a seu turno, encontramos abordagem diversa, que emprega as palavras "ordenamento", "material jurídico" ou "texto jurídico bruto" para se referir ao plano da literalidade textual, "exatamente como produzido pelas autoridades, que são as pessoas que tomam as decisões jurídicas",[10] e se utiliza dos vocábulos "sistema" ou "texto jurídico elaborado" para designar aqueloutro plano que é "o resultado do trabalho da dogmática jurídica".[11]

---

8. *Cf.* CARVALHO, Paulo de Barros. *Direito tributário:* linguagem e método. 6. ed. São Paulo: Noeses, 2015. p. 225-228; e CARVALHO, Paulo de Barros. *Fundamentos jurídicos da incidência*. 10. ed. rev. e atual. São Paulo: Saraiva, 2015. p. 75-77.

9. Em seus dizeres: "O sistema jurídico vigente em determinado momento contém todas as leis de um sistema que são válidas em determinado ponto do tempo. Uma lei inglesa promulgada em 1906 e revogada em 1927 e outra promulgada em 1948 pertencem ao mesmo sistema. Ainda assim, não há sistema jurídico vigente em determinado momento ao qual ambas pertençam, pois elas nunca foram válidas em um mesmo instante" (RAZ, Joseph. *O conceito de sistema jurídico:* uma introdução à teoria dos sistemas jurídicos. Trad. Maria Cecília Almeida. São Paulo: WMF Martins Fontes, 2012. p. 146-147).

10. ROBLES, Gregorio. *O direito como texto:* quatro estudos de teoria comunicacional do direito. Trad. Roberto Barbosa Alves. Barueri: Manole, 2005. p. 6.

11. Ibidem, p. 7.

Referindo-se à obra de Carlos Alchourrón e Eugenio Bulygin, Tárek Moysés Moussallem sintetizou outra convenção terminologia, *in verbis*:

"Emprega-se a expressão 'sistema do direito positivo' para se referir ao conjunto de normas *estaticamente* consideradas. A voz 'ordenamento jurídico' é usada no sentido *dinâmico* 'de sequência de conjuntos de normas' ou seja, 'uma ordem jurídica é, de acordo com esta convenção, uma sequência de sistemas normativos".[12]

Um de nós, inclusive, recentemente expôs mais uma possibilidade linguística, apta a lidar com a distinção entre mensagem positivada e sentido construído:

"Ordenamento jurídico, sob tal perspectiva, corresponderia aos enunciados prescritivos que servem de suporte para a construção das normas jurídicas, as quais, estas sim, integrariam o sistema jurídico. Assim consideradas, tais expressões designam vieses de um mesmo objeto, não sendo possível estabelecer entre esses elementos qualquer relação de hierarquia, mas de implicação, onde a construção de um (a norma jurídica – sistema) depende da existência do outro (o enunciado – ordenamento).

Há, dessa forma, como se analisar conceitos como validade, vigência, eficácia e constitucionalidade nesses dois patamares: o estanque, próprio dos enunciados, e o dinâmico, resultado de um texto já interpretado".[13]

E, oportunamente, adiantamos nossa predileção por laborar com a distinção entre *texto normativo*, como sinônimo de "substrato", "disposição", "suporte físico", "signo simbólico", "mensagem positivada" ou "enunciado prescritivo", situado no plano da literalidade textual, e *norma jurídica*, em

12. MOUSSALLEM, Tárek Moysés. *Revogação em matéria tributária*. São Paulo: Noeses, 2011. p. 137.

13. LINS, Robson Maia. *Curso de direito tributário brasileiro*. São Paulo: Noeses, 2019. p. 34.

uma acepção mais estrita, que guarda equivalência semântica com "sentido", "conteúdo", "significação", "interpretante", "conceito" ou "juízo", estes situados no plano ideal, em que gravitam as interpretações-produto do sujeito cognoscente.

3. O desenvolvimento inaugural, na ambitude jurídica italiana, da distinção investigada

Longe de encamparmos uma reflexão sobremodo teórica, estamos tecendo considerações a respeito de uma distinção que exsurgiu, de modo mais consciente e preciso, na jurisprudência constitucional italiana, logo no início da segunda metade do século XX. A partir dessa construção inicialmente jurisprudencial, repise-se, é que se desenvolveu, com maior rigor e vigor doutrinário, a separação entre disposição normativa e sentido prescritivo.

Pierluigi Chiassoni pontuou o ano de 1956 como marco inicial relevante da distinção entre "texto" e "norma", quando a Corte Constitucional da Itália se pôs a definir qual seria o objeto do juízo de constitucionalidade. Em suas palavras:

"La Corte juzgó que objetos de sus juicios no fuesen sin más los textos de las leyes y actos con fuerza de ley, sino las normas expresadas por dichos textos. Con esto, se introdujo una separación estructural entre textos y normas, que fue estimada provechosa bajo un doble perfil práctico: por un lado, permitiendo declarar la ilegitimidad de una norma de ley, sin declarar necesariamente, y al mismo tiempo, la ilegitimidad del texto de ley correspondiente, en respeto al principio de conservación; por otro, favoreciendo la praxis de la llamada interpretación adecuadora, esto es, la que adecua el sentido de un texto normativo infraconstitucional a las normas constitucionales, de manera tal que se hacen desaparecer los conflictos entre constitución y leyes ordinarias, por lo menos según una tendencia interpretativa de principio".[14]

---

14. CHIASSONI, Pierluigi. Disposición y norma: una distinción revolucionaria. *In:*

Luigi Montesano, de igual modo, narrou sinteticamente o contexto que inaugurou a distinção ora enfocada:

“Algunas sentencias constitucionales han considerado válida la ley impugnada, atribuyéndole un significado no contradictorio con la Carta Fundamental y distinto del ilegítimo indicado en la “ordenanza de remisión”. Por otra parte, las mismas sentencias han puesto el acento en la dificultad de interpretar el texto examinado sin contradecir la Constitución y en la necesidad de que el legislador adecue ese texto a la propia Constitución.

Así se ha pronunciado la Corte constitucional en la sentencia N. 3 de 23 de junio de 1956, que ha considerado personal – y, por lo tanto, conforme la Constitución (art. 27, inciso 1) – la responsabilidad atribuida en el art. 57, n. 1 del Código Penal, al director o redactor de un periódico. Sin embargo, la misma Corte ha indicado al Parlamento la vía para la mencionada revisión formal de la norma impugnada. Análoga indicación contiene la sentencia constitucional N. 8 de 2 de julio de 1956, la cual, negando la eficacia sustancialmente legislativa de las “ordenanzas de urgencia del prefecto” y, por lo tanto, declarando la ilegitimidad del art. 2 de la Ley de Seguridad Pública (aprobada por el Real Decreto de 18 de junio de 1931, N. 773), ha especificado los criterios que el legislador debe seguir para prevenir cada aplicación inconstitucional de la norma impugnada”.[15]

Após o advento de paradigmáticos julgamentos da Corte Constitucional Italiana,[16] relevantes artigos jurídicos passaram

POZZOLO, Susanna; ESCUDERO, Rafael (Ed.). *Disposición vs. norma.* Primera Edición Digital. Lima: Palestra Editores, 2018. p. 4-5.

15. MONTESANO, Luigi. Norma y fórmula legislativa en el juicio constitucional. Trad. Mar Fernández Pérez. *In:* POZZOLO, Susanna; ESCUDERO, Rafael (Ed.). *Disposición vs. norma.* Primera Edición Digital. Lima: Palestra Editores, 2018. p. 21.

16. Oportuno ainda transcrevermos a narrativa de Tullio Ascarelli, na qual especificou os 4 (quatro) julgados que demarcaram o nascimento da distinção investigada: “Algunas sentencias de la Corte constitucional italiana han declarado infundada la cuestión de legitimidad planteada a partir de determinadas normas. Sin embargo, la Corte misma promueve expresamente una determinada interpretación de tales

a ser produzidos em solo italiano, a começar por um clássico de Tullio Ascarelli.[17] Dele, extraímos algumas das assertivas que ganharam maior notoriedade e difusão sobre o tema:

"[...] objeto de la interpretación no es una 'norma', sino un texto (o un comportamiento). Es basándose en la interpretación del texto (o del comportamiento) y, por tanto, es basándose en un dato que puede considerarse 'pasado' o 'histórico' como se formula la 'norma' (esta sí, 'presente' e incluso proyectada hacia el 'futuro'). Ésta, una vez expresada, vuelve necesariamente a ser 'texto'.

De forma estricta, la norma vive como 'norma' solo en el momento en el cual recibe aplicación y, por eso, precisamente toda aplicación de una norma exige la interpretación de un texto (o de un comportamiento), esto es, en realidad la formulación (a fines de aplicación) de la norma.

Esta actividad, que podría parecer de Sísifo, es la actividad misma de aplicación del Derecho. La necesaria formulación de la norma para su aplicación – y entonces su cristalización en texto – no constituyen, al fin y al cabo, sino la traducción de la conciliación necesaria entre pasado y futuro; entre formulación abstracta y aplicación concreta, a través de

---

normas e incluso auspicia una revisión del texto analizado para que sea más conforme, también formalmente, a la Norma Constitucional. Así, por ejemplo, la sentencia N. 3 del 23 de junio de 1956 acerca de la constitucionalidad del art. 57.1 del Código Penal y del art. 3 de la Lei 47 sobre la Prensa del 8 de febrero de 1948; y la N. 8 del 2 de julio de 1956 acerca del art. 2 de la Ley de Seguridad Pública N. 772 del 18 de junio de 1931. En sede de impugnación directa, sobre relaciones entre el Estado y las regiones, la sentencia N. 13 del 4 de julio de 1956 y la N. 20 del 16 de julio de 1956 rechazaban la demanda – presentada en el primer caso por la Región Trentino-Alto Adige y, en segundo, por la Región autónoma de Cerdeña – precisamente sobre la base de una determinada interpretación de los textos, en contraste con otras interpretaciones igualmente propuestas" (ASCARELLI, Tullio. Jurisprudencia constitucional y teoría de la interpretación. Trad. Alberto Puppo. *In:* POZZOLO, Susanna; ESCUDERO, Rafael (Ed.). *Disposición vs. norma.* Primera Edición Digital. Lima: Palestra Editores, 2018. p. 10).

17. Cf. GRAU, Eros Roberto. *Por que tenho medo de Juízes:* (a interpretação/aplicação do direito e os princípios). 9. ed. refundida do *Ensaio e discurso sobre a interpretação*/aplicação do direito. São Paulo: Malheiros, 2018. p. 41-42.

la cual pasado y futuro se ligan según un criterio de continuidad, dejando, sin embargo, la posibilidad de una evolución".[18]

Ao encontro desta perspectiva, caminham as palavras de Luigi Montesano: "el objeto principal del juicio de inconstitucionalidad sea la ilegitimad no de la disposición legislativa em sí misma considerada, sino de un determinado significado normativo que se puede deducir de lo dispuesto" .[19]

Tais lições conduzirem à conclusão de Giovanni Tarello, quando assim pontificou:

"La norma – se ha visto – no 'tiene' un significado, por la sencilla razón de que 'es' (no otra cosa que) un significado. La norma 'es' el significado de un segmento de lenguaje en función prescriptiva enunciado por un documento lingüístico y promulgado observando ciertas formas (ley, sentencia) o bien expresando (quizá con formas específicas de publicidad) un cierto tipo de prácticas (costumbres). Por lo cual, en un primer nivel general, si todavía se quiere hablar de 'interpretación', no se puede hablar en absoluto de interpretación 'de la norma', sino solo de interpretación de enunciados lingüísticos, de documentos (de leyes, de sentencias, de colecciones de costumbres): el proceso interpretativo se ejercita sobre un enunciado, procede a partir de un enunciado y llega a la norma; la norma no es un dato previo, sino el producto del proceso interpretativo".[20]

Introduzidas tais premissas, podemos prosseguir no aprofundamento de duas das mais argutas advertências de Vezio Crisafulli: (i) "a muchas disposiciones corresponderían fragmentos de normas, mientras que la norma completa resultará

---

18. ASCARELLI, Tullio. Jurisprudencia constitucional y teoría de la interpretación. Trad. Alberto Puppo. *In:* POZZOLO, Susanna; ESCUDERO, Rafael (Ed.). *Disposición vs. norma.* Primera Edición Digital. Lima: Palestra Editores, 2018. p. 10-11.

19. MONTESANO, Luigi. Norma y fórmula legislativa en el juicio constitucional. Trad. Mar Fernández Pérez. *In:* POZZOLO, Susanna; ESCUDERO, Rafael (Ed.). *Disposición vs. norma.* Primera Edición Digital. Lima: Palestra Editores, 2018. p. 22.

20. TARELLO, Giovanni. El "problema" de la Interpretación: una formulación ambigua. Trad. Mar Fernández Pérez. *In:* POZZOLO, Susanna; ESCUDERO, Rafael (Ed.). *Disposición vs. norma.* Primera Edición Digital. Lima: Palestra Editores, 2018. p. 63.

del concurso de una multiplicidad de disposiciones",[21] rompendo com a tendência de se crer em uma necessária correlação biunívoca entre texto normativo e norma-interpretação; e, (ii) "la existencia de disposiciones (esto es, la existencia de un sistema de derecho escrito) reduce, pero sin poder suprimir del todo, el margen de incertidumbre de la norma (de la norma en su preciso significado valorativo)",[22] em reafirmação do caráter alográfico do fenômeno jurídico.

4. O caráter alográfico da comunicação jurídica

Ao refletir sobre certos atributos das manifestações artísticas, Eros Roberto Grau[23] traçou uma diferenciação entre *artes alográficas* e *artes autográficas*, segundo o critério da necessidade de intérprete para completar a obra de determinado autor. Eis as palavras do notável jurista:

"O texto, preceito, enunciado normativo é *alográfico*. Não se completa no sentido nele impresso pelo legislador. A *completude* do texto somente é realizada quando o *sentido por ele expressado* é produzido, como *nova forma de expressão*, pelo intérprete.

Mas, o sentido *expressado* pelo texto já é algo novo, distinto do *texto*. É a *norma*.

Isso significa que o *texto* normativo, visando à solução de conflitos – isto é, uma decisão *normativamente fundada* para problemas práticos, em razão do quê consubstancia *dever-ser* (*sollen*, e não *sein*), e não *contemplação estética* – reclama um *intérprete* (*primeiro intérprete*) que *compreenda* e *reproduza*

---

21. CRISAFULLI, Vezio. Disposición (y norma). Trad. Mar Fernández Pérez. *In:* POZZOLO, Susanna; ESCUDERO, Rafael (Ed.). *Disposición vs. norma.* Primera Edición Digital. Lima: Palestra Editores, 2018. p 42.

22. Ibidem, p. 46.

23. Cf. GRAU, Eros Roberto. *Por que tenho medo de juízes:* (a interpretação/aplicação do direito e os princípios). 9. ed. refundida do Ensaio e discurso sobre a interpretação/aplicação do direito. São Paulo: Malheiros, 2018. p. 37-38.

não para que um *segundo intérprete* possa *compreender*, mas a fim de que determinado conflito seja decidido".[24]

Qualquer criação humana, situada que está na região ôntica dos objetos culturais, submete-se ao ato gnosiológico da compreensão, "mediante empreendimento empírico-dialético, uma atividade interpretativa circular, de cunho hermenêutico, no afã de conhecer seu significado, precisar seu fim, (re)construir seu sentido".[25]

De toda maneira, posta tal ressalva, nas artes alográficas, ilustradas pela música, pela dança e pelo teatro, exige-se também uma reprodução mediante atividade humana, manifestando assim "uma *nova forma de expressão*".[26] O mesmo verificamos quando atentamos para a fenomenologia da incidência jurídica, da qual o homem é protagonista, por se apresentar como "o construtor do sentido das palavras. O gerador de sentido do texto".[27]

A atividade interpretativa do jurista é necessária, apresentando-se como expediente cognitivo intercalar, indispensável à compreensão do direito positivo, quer para formular descrições a seu respeito, quer para concretizar suas prescrições, nesta última hipótese, mediante produção de novas mensagens deônticas, veiculadas por específicos documentos normativos, como são, a título meramente exemplificativo, as leis, as sentenças, as portarias, os autos de infração, certas declarações do contribuinte[28] e os contratos.

---

24. GRAU, Eros Roberto. *Por que tenho medo de Juízes:* (a interpretação/aplicação do direito e os princípios). 9. ed. refundida do Ensaio e discurso sobre a interpretação/ aplicação do direito. São Paulo: Malheiros, 2018. p. 38.

25. LINS, Robson Maia; FERNANDES, Pablo Gurgel. O constructivismo *lógico-semântico e o direito sancionatório*: uma introdução inspirada por lições de Lourival Vilanova. *In:* LINS, Robson Maia (Coord.). *Direito tributário sancionatório*. São Paulo: Noeses, 2021. p. 22.

26. GRAU, Eros Roberto. *Por que tenho medo de Juízes:* (a interpretação/aplicação do direito e os princípios). 9. ed. refundida do Ensaio e discurso sobre a interpretação/ aplicação do direito. São Paulo: Malheiros, 2018. p. 38.

27. IVO, Gabriel. *Norma jurídica:* produção e controle. São Paulo: Noeses, 2006. p. 52-53.

28. *V.g.* art. 150 do CTN c/c a Súmula 436 do STJ.

Nessa perspectiva, torna-se fácil visualizar, por exemplo, que o cerne das discussões judiciais atinentes aos conflitos de competência tributária reside, por princípio, em um problema hermenêutico, como bem salientou Ricardo Anderle:

"Por não compreender adequadamente os limites estabelecidos nas normas de competência, o intérprete/aplicador edita norma jurídica em desacordo com o sistema tributário nacional.[29]

[...]

Invasão de competência é, assim, ultrapassar os limites de significação das normas de competência tributária construídas com base no texto constitucional".[30]

Qualquer mensagem, uma vez enunciada, ganha existência real. Porém, de *per se*, não produz qualquer transformação relevante na dinâmica social. Quando interpretada é que possibilita ao homem construir novos pensamentos, reformular antigas concepções, tomar decisões e, eventualmente, cambiar suas condutas intersubjetivas.

Não se deve confundir, entretanto, o caráter constitutivo da interpretação humana com a defesa de uma liberdade hermenêutica irrestrita, passível de conduzir à construção de todo e qualquer sentido imaginável. Afinal, como iterativamente assevera Lenio Luiz Streck: "as palavras não são propriedade do intérprete. Ele não pode fazer o que quiser com elas",[31] "o intérprete não é livre para atribuir qualquer sentido ao texto. Ele sempre estará inserido em uma determinada tradição, que sobre ele exerce constrangimento"[32] e "não se deve ignorar os limites semânticos do texto jurídico".[33]

---

29. ANDERLE, Ricardo. *Conflitos de competência tributária entre ISS, ICMS e IPI.* São Paulo: Noeses, 2016. p. 121.

30. Ibidem, p. 128.

31. STRECK, Lenio Luiz. *Compreender direito* – hermenêutica. São Paulo: Tirant lo Blanch, 2019. p. 8.

32. Ibidem, p. 9.

33. Ibidem, p. 65.

Impossível seria estabelecer qualquer sorte de comunicação minimamente eficaz sem pressupor que os destinatários partilham uma estrutura prévia de compreensão ou outra sorte de acordo semântico capaz de orientar a atividade interpretativa para construir um sentido ao menos aproximado daquele pretendido pelo emissor.

E não por outra razão, *(i)* ao disciplinar a enunciação do direito legislado, a Lei Complementar 95/98 introduziu prescrições voltadas à impressão de clareza e precisão nas mensagens deônticas emanadas do Poder Legislativo (*cf.* art. 11, I, alínea "a", e inc. II, alíneas "b", "c" e "d"); *(ii)* no afã de regrar a interpretação dos tratados, a Convenção de Viena de 1969 preceituou que "um tratado deve ser interpretado de boa fé segundo o sentido comum atribuível aos termos do tratado em seu contexto e à luz de seu objetivo e finalidade" (art. 31, § 1º), e "um termo será entendido em sentido especial se estiver estabelecido que essa era a intenção das partes" (art. 31, § 4º).

5. A inexistência de uma correlação biunívoca necessária entre disposição prescritiva e norma jurídica

Com certa frequência, na doutrina brasileira, costuma-se encontrar a afirmação segundo a qual não existiria uma relação biunívoca necessária entre disposição prescritiva e norma-interpretação.[34]

A teoria das relações é um subdomínio da lógica, frequentemente referida como "Lógica dos Predicados Poliádicos".[35] Projeta-se ao cálculo proposicional dos vínculos estabelecidos

34. *Cf.* ÁVILA, Humberto. *Teoria dos princípios:* da definição à aplicação dos princípios jurídicos. 18. ed. rev. e atual. São Paulo: Malheiros, 2018. p. 51; IVO, Gabriel. *Norma jurídica:* produção e controle. São Paulo: Noeses, 2006. p. 49; e MARINONI, Luiz Guilherme. *Zona de penumbra entre o STJ e o STF:* a função das Cortes Supremas e a delimitação do objeto dos recursos especial e extraordinário. São Paulo: Thompson Reuters Brasil, 2019. p. 152.

35. *Cf.* CARVALHO, Paulo de Barros. *Direito tributário:* linguagem e método. 6. ed. São Paulo: Noeses, 2015. p. 104-105.

entre termos designadores de pessoas e/ou objetos, alocáveis em uma das 4 (quatro) classes de relações possíveis.[36]

Fala-se em relação uniunívoca ou biunívoca quando somente se verifica um termo em cada posição do vínculo relacional, como quando se afirma que uma pessoa x tem um vínculo biológico de filiação R com uma mulher y, passível de ser formalizada assim: "$x\mathrm{R}y$".

Afirmar a inexistência de uma necessária correlação biunívoca entre texto prescritivo e norma jurídica *stricto sensu* significa, nesta perspectiva, dizer que: *(a)* não necessariamente, a partir de um único enunciado prescritivo, construir-se-á uma única significação jurídica; e *(b)* não necessariamente determinada interpretação jurídica foi construída com base em uma única disposição posta.

O mais comum é nos depararmos com enunciados prescritivos que, solitariamente considerados, expressam apenas "fragmentos de normas", a se combinarem com outros mais para construir a significação de uma "norma completa", no léxico de Vezio Crisafulli.[37] Em situações tais, Riccardo Guastini fala em "normas sin disposiciones", para considerar que "una norma carece de disposición cuando se obtiene no de una disposición individual, sino de una pluralidad de disposiciones combinadas entre sí",[38] como sucede quando lidamos, ilustrativamente, com aquilo que os penalistas denominam de "norma penal em branco" ou quando estudamos os regimes

36. Nos dizeres de Paulo de Barros Carvalho, "a Teoria das Relações (ou Lógica dos Predicados Poliádicos) não admite outras junções, somente essas: a) um com um; b) um com vários; c) vários com um; e d) vários com vários" (CARVALHO, Paulo de Barros. *Direito tributário:* linguagem e método. 6. ed. São Paulo: Noeses, 2015. p. 120).

37. Cf. CRISAFULLI, Vezio. Disposición (y norma). Trad. Mar Fernández Pérez. *In:* POZZOLO, Susanna; ESCUDERO, Rafael (Ed.). *Disposición vs. norma.* Primera Edición Digital. Lima: Palestra Editores, 2018. p. 42

38. GUASTINI, Riccardo. Disposición vs. norma. Trad. Mar Fernández Pérez. *In:* POZZOLO, Susanna; ESCUDERO, Rafael (Ed.). *Disposición vs. norma.* Primera Edición Digital. Lima: Palestra Editores, 2018. p. 79.

tributários de apuração do Imposto sobre a Renda – IR,[39] para não falarmos ainda de regramentos que pressupuseram ou adotaram princípios, institutos, conceitos ou formas de direito privado, *ex vi* dos arts. 109 e 110 da Lei 5.172/66 (CTN).

Disposições isoladamente consideradas podem até subsidiar a construção de normas jurídicas na acepção estrita ora adotada, mas não excluem a possibilidade de novos arranjos significativos pautados em uma postura hermenêutico-sistemática. Tanto que, no contexto italiano anteriormente considerado, surgiram, respectivamente, as designações "disposición-norma" e "norma-ordenamiento", para nos valermos, uma vez mais, das palavras de Vezio Crisafulli.[40]

Para justificar o nome por si empregado no batismo desta última categoria (norma-ordenamento), o insigne jurista genovês ofertou elucidativa justificativa:

"Esta última podría también llamarse la 'norma-ordenamiento', porque sobre ella se refleja directa o indirectamente, determinando el significado actual, el sistema normativo en su conjunto, en su abstracta objetividad y, además, en cierta medida, en su efectividad o concreta aplicación.[41]

[...]

Pues, admitida (como debe hacerse) la dimensión temporal del ordenamiento en su incesante desarrollo histórico, es esencial la univocidad de la norma en un momento dado, pero

39. Não raras vezes, torna-se necessário cotejar as mensagens prescritivas dispersas em documentos normativos variados, como o Decreto-lei 1.598/1977 e as Leis 4.506/1964, 7.713/1988, 8.134/1990, 8.383/1991, 8.541/1992, 8.981/1995, 9.249/1995, 9.250/1995, 9.430/1996, 9.532/1997, 9.718/1998, 9.779/1999, 10.101/2000, 11.033/2004, 12.973/2014 e 13.043/2014.

40. *Cf.* CRISAFULLI, Vezio. Disposición (y norma). Trad. Mar Fernández Pérez. *In:* POZZOLO, Susanna; ESCUDERO, Rafael (Ed.). *Disposición vs. norma.* Primera Edición Digital. Lima: Palestra Editores, 2018. p. 47.

41. CRISAFULLI, Vezio. Disposición (y norma). Trad. Mar Fernández Pérez. *In:* POZZOLO, Susanna; ESCUDERO, Rafael (Ed.). *Disposición vs. norma.* Primera Edición Digital. Lima: Palestra Editores, 2018. p. 47.

no lo es la permanencia invariable del significado originario de la disposición correspondiente".[42]

As disposições normativas são jurídicas por terem sido introduzidas no universo linguístico do direito positivo, cujo caráter sistemático impõe suas convivências com demais outras,[43] não raras vezes introduzidas em momentos diversos, por órgãos distintos e para ocupar graus hierárquicos inconfundíveis. Ademais, com o passar do tempo, é de se supor que novos elementos prescritivos sejam acrescentados e combinem-se de modo a cambiar, ou mesmo derrogar, o sentido originariamente pretendido pelo legislador.[44]

E todas as reflexões até o presente momento propostas ainda poderão ganhar novos contornos e mais ricos desdobramentos quando: *(i)* perscrutamos *quantos* e *quais* seriam os critérios para se poder identificar, classificar e distinguir *fragmentos de normas* e *normas completas*;[45] e, *(ii)* passamos

---

42. Ibidem, p. 47.

43. No ponto, pensamos que as categóricas assertivas de Alfredo Augusto Becker permanecem atuais: "Pela simples razão que não pode existir regra jurídica independente da totalidade do sistema jurídico, a autonomia (no sentido de independência relativa) de qualquer ramo do Direito Positivo é sempre e unicamente didática para, investigando-se os efeitos jurídicos resultantes da incidência de determinado número de regras jurídicas, descobrir a concatenação lógica que as reúne num grupo orgânico e que une este grupo à totalidade do sistema jurídico" (BECKER, Alfredo Augusto. *Teoria geral do direito tributário*. 6. ed. São Paulo: Noeses, 2013. p. 34).

44. A esse respeito, bem salientou Luigi Montesano: "Todo el mundo sabe, de hecho, que la llamada voluntad de la ley no es la que buscaron sus creadores, y que la norma legislativa nace y vive como dictum del ordenamiento, donde su significado objetivo y su posición en el sistema jurídico prevalecen siempre sobre los fines políticos que perseguían sus creadores" (MONTESANO, Luigi. Norma y fórmula legislativa en el juicio constitucional. Trad. Mar Fernández Pérez. *In:* POZZOLO, Susanna; ESCUDERO, Rafael (Ed.). *Disposición vs. norma*. Primera Edición Digital. Lima: Palestra Editores, 2018. p. 25).

45. Essa indagação não exprime um problema propriamente novo. Há mais de três décadas Riccardo Guastini a ele se referia: "Hasta aquí, he adoptado un concepto de norma más bien amplio, según el cual, cualquier enunciado del discurso de las fuentes – ya sea un mandato, un permiso, una declaración de principios, un programa político, una definición legislativa, o lo que sea – expresa (al menos) una norma. Sin embargo, son habituales en la doctrina y en teoría general del Derecho algunos conceptos mucho más restringidos. Por ejemplo, algunos limitan el concepto de norma a

a transitar entre *atividade mental* própria para se chegar a uma *interpretação-produto* e a *atividade discursiva* de ofertar ao controle intersubjetivo o sentido que determinada disposição normativa lhe suscitou,[46] fazendo-o através de signos simbólicos, para verter a significação idealmente construída em uma nova expressão verbal, que denominamos *interpretação-produto-enunciada.*[47]

---

las reglas de conducta. Desde este punto de vista, no toda disposición es idónea para expresar una norma en sentido estricto. Expresan normas solo los enunciados que sean deónticos y que (por eso mismo) versan sobre el comportamiento: "Es obligatorio realizar el acto 'A'", "está prohibido realizar el acto 'B'", etc. No expresan normas las disposiciones derogatorias, las definiciones legislativas, las disposiciones programáticas, etc. Otros reservan el nombre de "normas" a reglas de conducta que sean – digámoslo así – "terminadas' o – mejor dicho – "completas": reglas, en resumen, autosuficientes, que precisan lo que se debería (o lo que no se debería) hacer en cada circunstancia. Desde este punto de vista, un enunciado con la forma "es obligatorio cumplir el acto 'A'" expresa no una norma, sino solamente una parte o un fragmento de norma. Una regla "completa" en este sentido debería ser formulada mediante un enunciado condicional bajo la forma "si se verifica la circunstancia 'A', entonces es obligatorio cumplir en acto 'B'". Por ejemplo, sería incompleta la regla "los daños injustos deben ser resarcidos si el causante no ha actuado por legitima defesa o en estado de necesidad". (Pero, en realidad, es casi imposible precisar cuántas y qué especificaciones requiere una regla concreta para que pueda considerarse completa o autosuficiente)" (GUASTINI, Riccardo. Disposición vs. norma. Trad. Mar Fernández Pérez. *In:* POZZOLO, Susanna; ESCUDERO, Rafael (Ed.). *Disposición vs. norma.* Primera Edición Digital. Lima: Palestra Editores, 2018. p. 78-79).

46. "Sin embargo, si se quiere someter la interpretación a análisis lógico, conviene concebirla no ya como una actividad mental, sino más bien como una actividad discursiva; o, si se prefiere, conviene examinar no la actividad interpretativa en cuanto tal, sino más bien su producto literario (sea un trabajo doctrinal, una decisión jurisdiccional u otro cualquiera). Desde este punto de vista, la interpretación relevante en cuanto expresión discursiva de una actividad intelectual: la interpretación es el discurso del intérprete" [GUASTINI, Riccardo. Disposición vs. norma. Trad. Mar Fernández Pérez. *In:* POZZOLO, Susanna; ESCUDERO, Rafael (Ed.). *Disposición vs. norma.* Primera Edición Digital. Lima: Palestra Editores, 2018. p. 72].

47. Esta criação terminológica, que distingue "interpretação-produto" e "interpretação-produto-enunciada", foi inspirada pela nomenclatura proposta por Riccardo Guastini no seguinte trecho: "Llamo 'norma' a cada enunciado que constituya el sentido o significado atribuido (por alguien) a una disposición (o a un fragmento de disposición, o a una combinación de fragmentos de disposiciones). En otros términos, se puede también expresar así: la disposición es (parte de) un texto aún por interpretar; la norma es un texto interpretado" (GUASTINI, Riccardo. Disposición vs. norma. Trad. Mar Fernández Pérez. *In:* POZZOLO, Susanna; ESCUDERO, Rafael (Ed.). *Disposición vs. norma.* Primera Edición Digital. Lima: Palestra Editores, 2018. p. 73).

Tais desdobramentos, contudo, fogem ao escopo das reflexões introdutórias que nos propomos a construir sobre interpretação jurídica, pautadas na distinção entre mensagem positivada e sentido jurídico.

6. Algumas repercussões práticas relevantes e atuais

Atualmente, mesmo sem percebermos imediatamente, a distinção entre texto normativo e norma jurídica em uma acepção estrita se faz bem presente na prática forense.

Primeiramente, cremos que direito posto preordenou variados e relevantes instrumentos para, em última análise, controlar a interpretação de disposições que deverão vincular determinadas classes de sujeitos.

No ponto, basta relembrarmos: *(a)* do Recurso Especial endereçado à Câmara Superior de Recursos Fiscais – CSRF (art. 37, § 2º, do Decreto 70.235/72); *(b)* da Consulta Fiscal (art. 46 do Decreto 70.235/72); *(c)* da Ação Declaratória do "*modo de ser*" de uma dada relação jurídica (art. 19, I, da Lei 13.105/2015); *(d)* do cabimento da Ação Rescisória na hipótese de uma decisão judicial "*violar manifestamente norma jurídica*" (art. 966, V, da Lei 13.105/2015); e *(e)* do Recurso Especial endereçado ao Superior Tribunal de Justiça – STJ para combater decisão que "*der a lei federal interpretação divergente da que lhe haja atribuído outro tribunal*" (art. 105, III, "c", da CRFB/88).

Em segundo lugar, a pragmática da jurisdição constitucional brasileira, mormente nos julgamentos emanados do Supremo Tribunal Federal – STF, serve-se francamente de formulações decisórias arrimadas na distinção entre mensagem prescritiva e significação do direito.

Para casos nos quais não seja possível construir uma única interpretação constitucional, pronuncia-se a nulidade de determinado enunciado prescritivo, para desconstituir integralmente sua validade (*proclamação de inconstitucionalidade pura e simples do texto impugnado*) ou, ao menos, reduzir parcialmente seu plano expressional (*declaração de nulidade parcial com redução textual*). A partir da técnica de julgamento denominada "*declaração de nulidade parcial sem redução de texto*", proclama-se a inconstitucionalidade de apenas um dos sentidos possíveis, que se constrói pela interpretação do(s) enunciado(s) prescritivo(s) em questão. Conserva-se, assim, o produto legislado, mediante rechaço de uma das múltiplas significaçõesque dada(s) mensagem(ns) deôntica(s) poderia(m) suscitar.[48] E não podemos olvidar, ainda, da possibilidade de fixação jurisdicional daquela que seria a interpretação-produto mais consentânea com o bloco de constitucionalidade em vigor, por intermédio da denominada "interpretação conforme a Constituição".[49]

---

48. A respeito do caráter frequentemente plurívoco dos textos jurídicos, convém rememorar lições de Giovanni Tarello: "Pero un enunciado prescriptivo, contenido en un documento, a menudo tolera (no una sola, sino) un cierto número de 'interpretaciones': tantas interpretaciones como tantas son las posibles combinaciones de los significados atribuibles (en un ambiente histórico-cultural determinado) a los términos del lenguaje ordinario y a los términos técnicos que aparecen en ese particular enunciado prescriptivo. Las combinaciones (es una observación corriente hoy en día) son la mayoría de las veces numerosas porque los vocablos del lenguaje común presentan a menudo amplas zonas de penumbra, porque términos técnicos son definidos por convenciones variables y no necesariamente funcionalizadas con fines precisos y unívocos, y porque los enunciados prescriptivos son agrupables y separables de diversos modos, lo que a su vez provoca conceptualizaciones variadas y no necesariamente funcionalizadas con fines precisos y unívocos" (TARELLO, Giovanni. El "problema" de la Interpretación: una formulación ambigua. Trad. Mar Fernández Pérez. *In:* POZZOLO, Susanna; ESCUDERO, Rafael (Ed.). *Disposición vs. norma.* Primera Edición Digital. Lima: Palestra Editores, 2018. p. 63).

49. A partir da interpretação conforme a constituição, leciona Inocêncio Mártires Coelho, duas funções são alcançadas: *(i)* valorizar o trabalho legislativo, mediante aproveitamento ou conservação das leis, na maior medida possível; e *(ii)* prevenir o surgimento de conflitos interpretativos proliferadores de insegurança jurídica. Porém, uma advertência trouxe: "Essa prudência, por outro lado, não pode ser excessiva a ponto de induzir o intérprete a salvar a lei à custa da Constituição, tampouco contrariar o sentido inequívoco da lei, para constitucionalizá-la de qualquer maneira. No primeiro caso, porque isso implicaria interpretar a Constituição conforme a lei e, assim, subverter a hierarquia das normas; no segundo, porque toda conformação exagerada implica, no fundo, usurpar tarefas legislativas e transformar o intérprete em legislador, na exata medida em que a lei resultante dessa interpretação conformadora, em sua letra como no seu espírito, seria substancialmente distinta daquela resultante do trabalho legislativo" (COELHO, Inocêncio Mártires. *Interpretação constitucional.* 3. ed. São Paulo: Saraiva, 2007. p. 108).

7. Síntese conclusiva

1. Não é infrequente verificarmos a capacidade que uma nova construção interpretativa de enunciados prescritivos preexistentes ostenta para alterar a realidade jurídica, ora instaurando rupturas, ora implementando inovações, e com potencial similar àquele comumente acreditado ao exercício da típica atividade nomogenética de competência do Poder Legislativo;

2. É de bom alvitre laborar com a distinção entre texto normativo, como sinônimo de "substrato", "disposição", "suporte físico", "signo simbólico", "mensagem positivada" ou "enunciado prescritivo", situado no plano da literalidade textual, e norma jurídica, em uma acepção mais estrita, que guarda equivalência semântica com "sentido", "conteúdo", "significação", "interpretante", "interpretação-produto", "conceito" ou "juízo", estes situados no plano ideal, em que gravitam as interpretações-produto do sujeito cognoscente;

3. Toda e qualquer mensagem deôntica, uma vez dada a conhecer perante seus destinatários, ganha existência real. Porém, de *per se*, não produz qualquer transformação relevante na dinâmica social. Quando interpretada é que possibilita ao homem construir novos pensamentos, reformular antigas concepções, tomar decisões e, eventualmente, cambiar suas condutas intersubjetivas;

4. Dado o caráter alográfico do fenômeno jurídico, a atividade interpretativa do jurista é necessária, apresentando-se como expediente cognitivo intercalar, indispensável à compreensão do direito positivo, quer para formular descrições a seu respeito, quer para concretizar suas prescrições;

5. Mensagens positivadas, quando isoladamente consideradas, podem até mesmo subsidiar a construção interpretativa de sentidos jurídicos plenos, mas não obstam a edificação de outras significações, pautadas em uma perspectiva de cariz sistemático;

6. Ante a inexistência de uma necessária correlação biunívoca entre suporte físico e significação: (6.1) não necessariamente, a partir de um único enunciado prescritivo, construir-se-á uma única significação jurídica e (6.2) não necessariamente determinada interpretação jurídica será construída com base em uma única disposição posta; e

7. Mesmo que não percebamos de imediato, distinguir texto normativo de norma jurídica em uma acepção estrita outorga a possibilidade de compreender, com maior profundidade e precisão, inúmeros instrumentos e técnicas bem presentes na pragmática jurídica hodierna.

Referências

ANDERLE, Ricardo. *Conflitos de competência tributária entre ISS, ICMS e IPI*. São Paulo: Noeses, 2016.

ASCARELLI, Tullio. *Jurisprudencia constitucional y teoría de la interpretación*. Trad. Alberto Puppo. *In:* POZZOLO, Susanna; ESCUDERO, Rafael (Ed.). *Disposición vs. norma*. Primera Edición Digital. Lima: Palestra Editores, 2018.

ÁVILA, Humberto. *Teoria dos princípios:* da definição à aplicação dos princípios jurídicos. 18. ed. rev. e atual. São Paulo: Malheiros, 2018.

BECKER, Alfredo Augusto. *Teoria geral do direito tributário*. 6. ed. São Paulo: Noeses, 2013.

CARVALHO, Paulo de Barros. *Direito tributário:* linguagem e método. 6. ed. São Paulo: Noeses, 2015.

CARVALHO, Paulo de Barros. *Fundamentos jurídicos da incidência*. 10. ed. rev. e atual. São Paulo: Saraiva, 2015.

CHIASSONI, Pierluigi. Disposición y norma: una distinción revolucionaria. *In:* POZZOLO, Susanna; ESCUDERO, Rafael (Ed.). *Disposición vs. norma*. Primera Edición Digital. Lima: Palestra Editores, 2018.

COELHO, Inocêncio Mártires. *Interpretação constitucional*. 3. ed. São Paulo: Saraiva, 2007.

CRISAFULLI, Vezio. Disposición (y norma). Trad. Mar Fernández Pérez. *In:* POZZOLO, Susanna; ESCUDERO, Rafael (Ed.). *Disposición vs. norma*. Primera Edición Digital. Lima: Palestra Editores, 2018.

GRAU, Eros Roberto. *Por que tenho medo de juízes:* (a interpretação/aplicação do direito e os princípios). 9. ed. refundida do *Ensaio e discurso sobre a interpretação*/aplicação do direito. São Paulo: Malheiros, 2018.

GUASTINI, Riccardo. Disposición vs. norma. Trad. Mar Fernández Pérez. *In:* POZZOLO, Susanna; ESCUDERO, Rafael (Ed.). *Disposición vs. norma*. Primera Edición Digital. Lima: Palestra Editores, 2018.

IVO, Gabriel. *Norma jurídica:* produção e controle. São Paulo: Noeses, 2006.

LINS, Robson Maia. *Curso de direito tributário brasileiro*. São Paulo: Noeses, 2019.

LINS, Robson Maia; FERNANDES, Pablo Gurgel. O constructivismo lógico-semântico e o direito sancionatório: uma introdução inspirada por lições de Lourival Vilanova. *In:* LINS, Robson Maia (Coord.). *Direito tributário sancionatório*. São Paulo: Noeses, 2021.

MARINONI, Luiz Guilherme. *Zona de penumbra entre o STJ e o STF:* a função das Cortes Supremas e a delimitação do objeto dos recursos especial e extraordinário. São Paulo: Thompson Reuters Brasil, 2019.

MONTESANO, Luigi. Norma y fórmula legislativa en el juicio constitucional. Trad. Mar Fernández Pérez. *In:* POZZOLO, Susanna; ESCUDERO, Rafael (Ed.). *Disposición vs. norma.* Primera Edición Digital. Lima: Palestra Editores, 2018.

MOUSSALLEM, Tárek Moysés. *Revogação em matéria tributária.* São Paulo: Noeses, 2011.

NOBRE JÚNIOR, Edilson Pereira. *As normas de direito público na Lei de Introdução ao Direito Brasileiro:* paradigmas para interpretação e aplicação do direito administrativo. São Paulo: Contracorrente, 2019.

RAZ, Joseph. *O conceito de sistema jurídico:* uma introdução à teoria dos sistemas jurídicos. Trad. Maria Cecília Almeida. São Paulo: WMF Martins Fontes, 2012.

ROBLES, Gregorio. *O direito como texto:* quatro estudos de teoria comunicacional do direito. Trad. Roberto Barbosa Alves. Barueri: Manole, 2005.

STRECK, Lenio Luiz. *Compreender direito* – hermenêutica. São Paulo: Tirant lo Blanch, 2019.

TARELLO, Giovanni. El "problema" de la interpretación: una formulación ambigua. Trad. Mar Fernández Pérez. *In:* POZZOLO, Susanna; ESCUDERO, Rafael (Ed.). *Disposición vs. norma.* Primera Edición Digital. Lima: Palestra Editores, 2018.

VILANOVA, Lourival. *As estruturas lógicas e o sistema do direito positivo.* 4. ed. São Paulo: Noeses, 2010.

WRÓBLEWSKI, Jerzy. *Sentido y hecho en el derecho.* Trad. Francisco Javier Ezquiaga Ganuzas y Juan Igartua Salaverría. Santiago: Ediciones Olejnik, 2018.

CONTRIBUIÇÕES DA DECISÃO ADMINISTRATIVA COORDENADA PARA O SISTEMA BRASILEIRO DE JUSTIÇA MULTIPORTAS[1]

Contributions of the coordinated administrative decision to the brazilian multidoor courthouse system

Fredie Didier Jr.

Pós-Doutorado pela Universidade de Lisboa. Livre-Docente pela USP. Doutor em Direito pela PUC-SP. Mestre em Direito pela UFBA. Professor Titular da Universidade Federal da Bahia, nos cursos de Graduação, Mestrado e Doutorado. Membro da Associação Internacional de Direito Processual, do Instituto Ibero-Americano de Direito Processual, do Instituto Brasileiro de Direito Processual e da Associação Norte e Nordeste de Professores de Processo. Advogado. frediedidier@gmail.com.

1. Este artigo é também resultado do grupo de pesquisa "Transformações nas teorias sobre o processo e o Direito processual", vinculado à Universidade Federal da Bahia, cadastrado no Diretório Nacional de Grupos de Pesquisa do CNPq respectivamente nos endereços dgp.cnpq.br/dgp/espelhogrupo/7958378616800053. O grupo é membro fundador da "ProcNet – Rede Internacional de Pesquisa sobre Justiça Civil e Processo contemporâneo" (http://laprocon.ufes.br/rede-de-pesquisa).

Leandro Fernandez

Juiz do Trabalho no Tribunal Regional do Trabalho da Sexta Região. Doutor e Mestre em Direito pela Universidade Federal da Bahia. Segundo Vice-Presidente da Associação dos Magistrados da Justiça do Trabalho da Sexta Região – Amatra VI (gestão 2020/2022). Membro da Associação Norte e Nordeste de Professores de Processo, da Academia Pernambucana de Direito do Trabalho e do Instituto Baiano de Direito do Trabalho. fernandez.leandro@hotmail.com.

Resumo: O artigo destina-se a analisar as potencialidades da decisão administrativa coordenada no sistema brasileiro de justiça multiportas, com enfoque na organização interna do Poder Judiciário e nas deliberações de tribunais administrativos.

Palavras-chave: articulação administrativa; decisão administrativa coordenada; sistema de justiça multiportas.

Abstract: The article aims to analyze the potential of the coordinated administrative decision in the brazilian multidoor courthouse system, focusing on the internal organization of the Judiciary and on the decisions of administrative courts.

Keywords: administrative cooperation; coordinated administrative decision; multidoor courthouse system.

1. A introdução da figura da decisão administrativa coordenada no ordenamento jurídico brasileiro

A Lei 14.210/2021 criou, em âmbito federal, a decisão administrativa coordenada, inserindo-a na Lei 9.784/99.

A figura é inspirada na conferência de serviços, prevista no ordenamento italiano (Lei 241, de 7 de agosto de 1990, art. 14), e na conferência procedimental, consagrada na legislação portuguesa (Código do Procedimento Administrativo, arts. 77-81).

No Brasil, a primeira iniciativa de previsão do instituto ocorreu em 2009, com a apresentação do Anteprojeto de Normas Gerais de Organização Administrativa da União,[2] que,

2. Disponível em: https://shre.ink/cpE9.

em seu art. 43, pretendia disciplinar o tema, importando a nomenclatura de conferência de serviço.

O insucesso na aprovação da proposta no plano federal não impediu o surgimento de providências similares em âmbito estadual. Na Bahia, o instituto está previsto há mais de uma década na Lei 12.209/2011, que utilizou a terminologia de conferência de serviço (art. 28). Em Minas Gerais, a Lei delegada 180/2011 também chegou a dispor sobre a figura, mas foi revogada em 2016, sem nova regulamentação a respeito da matéria.

Sua criação em âmbito federal apenas ocorreria a partir do Projeto de Lei do Senado 615/2015,[3] de autoria do Senador Antonio Anastasia, proposta dedicada exclusivamente a dispor sobre o instituto.

A Lei 14.210/2021 está situada no contexto de um movimento legislativo caracterizado pela preocupação com o oferecimento de meios para a construção de soluções – não necessariamente com a apresentação de respostas previamente concebidas, portanto – para os inevitáveis problemas surgidos em uma realidade social complexa e em constante modificação. Aspectos como a garantia de participação de grupos potencialmente afetados, o reconhecimento da transversalidade da disciplina normativa (e da atividade decisória) sobre diversas áreas, a criação de condições para o aproveitamento de capacidades institucionais, a racionalização da atuação administrativa, o estímulo à inovação e a preocupação com a fixação de métodos destinados a assegurar a observância da coerência e da integridade na interpretação do ordenamento jurídico estão presentes também, por exemplo, no Código de Processo Civil, na Lei 13.655/2018 (reforma da LINDB), na Lei 13.848/2019 (Lei das Agências Reguladoras), na Lei 13.874/2019 (Lei de Liberdade Econômica) e na Lei 14.129/2021 (Lei do Governo Digital).

O art. 49-A, § 1º, da Lei 9.784/99 define a decisão administrativa coordenada como a instância de natureza interinstitucional

3. Disponível em: https://shre.ink/cpEt.

ou intersetorial que atua de forma compartilhada com a finalidade de simplificar o processo administrativo mediante participação concomitante de todas as autoridades e agentes decisórios e dos responsáveis pela instrução técnico-jurídica, observada a natureza do objeto e a compatibilidade do procedimento e de sua formalização com a legislação pertinente.

Trata-se de técnica processual, de adoção discricionária, que permite a reunião de agentes decisórios para a deliberação concomitante a respeito de matérias que envolvam a sobreposição (total ou parcial) de competências de três ou mais setores, órgãos ou entidades. Ela pode ser utilizada quando justificável em razão da relevância do tema ou diante da existência de divergência que prejudique a celeridade do processo administrativo (art. 49-A, incisos I e II).

O legislador optou por estabelecer duas vedações em razão da matéria e uma em razão do sujeito quanto à utilização da decisão coordenada: ela não será cabível em processos administrativos de licitação ou que estejam relacionados ao exercício do poder sancionador, bem como quando estejam envolvidas autoridades de Poderes distintos (art. 49-A, § 6º).

A proposta deste trabalho não é apresentar o regime jurídico aplicável à decisão coordenada, mas destacar seu potencial na dinâmica da concorrência de centros decisórios estatais no sistema de justiça multiportas.

Como será detalhado a seguir, o instituto pode cumprir duplo papel no sistema:

a) No âmbito interno do Judiciário, como instrumento para a concretização da boa administração da justiça;

b) Em relação aos entes que desempenham a função de tribunal administrativo, como técnica de aperfeiçoamento do processo decisório, permitindo o aproveitamento recíproco de capacidades institucionais.

2. A decisão administrativa coordenada no âmbito interno do Poder Judiciário

2.1 O direito à boa administração da justiça e a decisão administrativa coordenada

A figura da decisão administrativa coordenada não foi originalmente pensada para utilização no âmbito do Poder Judiciário, que sequer é mencionado no Anteprojeto de Normas Gerais de Organização Administrativa da União e no Projeto de Lei do Senado 615/2015.

Essa constatação, no entanto, não impede o aproveitamento das potencialidades do instituto para além das perspectivas inicialmente imaginadas, com o emprego da decisão coordenada como um novo e interessante mecanismo para a concretização do direito à boa administração da justiça.[4]

A boa administração da justiça, como observado por Cadiet, é noção que deve ser compreendida em seu sentido *judicial*, relativo à condução dos processos com observância das regras legais e em tempo razoável para o oferecimento de uma solução compatível com o Direito, e, também, em seu sentido *administrativo*, alusivo à gestão dos recursos de que dispõe o Judiciário para o desempenho das suas funções, o que pode ser traduzida pela ideia de qualidade da justiça ou qualidade dos processos judiciais. O importante é perceber que essas duas perspectivas se interpenetram e são indissociáveis.[5]

A correlação é evidente: um processo estruturado com características (procedimentais, de competência ou de

4. Sobre o tema do direito à boa administração da justiça, cf: DIDIER JR., Fredie; FERNANDEZ, Leandro. *O Conselho Nacional de Justiça e o Direito Processual:* administração judiciária, boas práticas e competência normativa. Salvador, JusPodivm, 2022. p. 21-25.

5. CADIET, Loïc. *Perspectiva Sobre a Justiça do Sistema Civil Francês*. Livro eletrônico. São Paulo: RT, 2017, segundo capítulo, sem paginação. Confira-se, ainda: CABRAL, Antonio do Passo. *Juiz natural e eficiência:* flexibilização, delegação e coordenação de competências no processo civil. São Paulo: RT, 2021. p. 218-224.

conformação institucional) que tornem inviável ou injustificadamente difícil a concretização de garantias processuais representa um desperdício dos recursos do Judiciário; da mesma maneira, a prestação jurisdicional desenvolvida sem a preocupação com o aproveitamento racional do pessoal e das estruturas materiais e tecnológicas do Poder Judiciário também é inadequada à sua finalidade.

A decisão coordenada pode oferecer importantes contribuições para a concretização da perspectiva administrativa da boa administração da justiça, aperfeiçoando o processo de formulação de políticas públicas do Poder Judiciário.

2.2 A decisão administrativa coordenada no contexto dos novos instrumentos de administração judiciária

Até recentemente, a dinâmica da tomada de decisões em matéria de administração *judiciária* da justiça dividia-se essencialmente em três modelos: *decisões baseadas na competência exclusiva dos tribunais* (art. 96, I, "a", CF), *decisões baseadas na competência exclusiva do Conselho Nacional de Justiça* (art. 103-B, § 4º, CF) e *decisões baseadas na competência geral do CNJ, com desenvolvimento a partir da competência complementar dos tribunais* (técnica frequentemente utilizada nas Resoluções do Conselho, como mecanismo de preservação da autonomia administrativa das cortes).

Os arts. 67 a 69 do CPC confirmam e, de algum modo, inauguram um *quarto* modelo: *decisões baseadas em competências coordenadas*. A dimensão administrativa da cooperação judiciária fica evidente na Resolução 350/2020 do Conselho Nacional de Justiça, notadamente em seu art. 6º, III, XVIII e XX.

A figura criada pela Lei 14.210/2021 insere-se no âmbito desse quarto modelo, como método destinado à coordenação de competências *do CNJ com tribunais ou entre tribunais ou seus setores*.

Esse novo formato de deliberação administrativa no âmbito do Judiciário colabora para a racionalização, a coerência e a eficiência da concepção e implementação de políticas judiciárias, sem comprometer a autonomia dos tribunais, partícipes diretos da elaboração da decisão.

A utilização da decisão coordenada pelo Poder Judiciário está em consonância com a Resolução 395/2021 do CNJ, que estimula a adoção de técnicas inovadoras e a coordenação de esforços para o aperfeiçoamento do serviço judicial, inclusive sob perspectiva administrativa (arts. 1º e 3º, incisos I e IV). Sem dúvida, a abertura à experimentação é uma das marcas do Direito Administrativo contemporâneo,[6] e isso não é ignorado pelo Conselho Nacional de Justiça, que reconhece a importância do desenvolvimento de um Direito Administrativo Judiciário também com caráter inovador e experimental.

2.3 Possibilidade de utilização pelos tribunais de justiça

Embora a Lei 14.210/2021 dirija-se à Administração Pública federal, não deve haver dúvidas quanto à possibilidade de adoção da decisão coordenada não apenas por tribunais federais, como também por tribunais de justiça.

A aplicação subsidiária da legislação federal de processo administrativo aos Estados é questão pacífica na jurisprudência, compreensão refletida inclusive em recente Enunciado da Súmula de Jurisprudência do Superior Tribunal de Justiça.[7]

Naturalmente, o critério da subsidiariedade exigirá o exame dos contornos estabelecidos quanto à matéria na legislação local, quando existente. No momento em que este texto é escrito, ao que se saiba, apenas o Estado da Bahia conta com regramento específico acerca da decisão administrativa coordenada (Lei estadual 12.209/2011, art. 28).

---

6. MODESTO, Paulo. *Direito Administrativo da experimentação:* uma introdução. Disponível em: https://shre.ink/cA98.

7. 633. A Lei 9.784/99, especialmente no que diz respeito ao prazo decadencial para a revisão de atos administrativos no âmbito da Administração Pública federal, pode ser aplicada, de forma subsidiária, aos estados e municípios, se inexistente norma local e específica que regule a matéria.

O caso baiano é interessante e pode auxiliar a construção de uma diretriz interpretativa para outras eventuais futuras legislações estaduais. A lei da Bahia prevê que a *conferência de serviço* será convocada pelo Chefe do Executivo, a indicar que o tema foi disciplinado apenas no âmbito de um dos Poderes. Nada impede, portanto, em relação ao Judiciário, a incidência do modelo previsto na Lei federal 14.210/2021.

Novas legislações estaduais podem dispor de maneira mais pormenorizada a respeito do tema, funcionando como espécie de laboratórios legislativos,[8] propícios à experimentação de novas técnicas e arranjos institucionais para o desenvolvimento da decisão coordenada, inclusive em relação ao Judiciário. As soluções construídas a partir do diálogo entre as leis locais e a lei federal podem contribuir para o surgimento de uma perspectiva judiciária do federalismo cooperativo existente no Brasil.

Sendo, ainda, inegável a relação entre a decisão administrativa coordenada e o princípio da eficiência, a aplicação desta técnica no âmbito do Poder Judiciário também encontra respaldo no art. 37, *caput*, da CF/88, que expressamente refere todos os poderes republicanos como submetidos àquele princípio.

2.4 Legitimidade para instauração

Diferentemente da legislação baiana e do Anteprojeto de Normas Gerais de Organização Administrativa da União, a Lei 14.210/2021 não define o sujeito legitimado para instaurar o processo destinado à elaboração da decisão administrativa coordenada.

Na redação aprovada pelo Congresso Nacional, o *caput* daquele que seria o novo art. 49-C da Lei 9.784/99 pretendia estabelecer que a convocação seria realizada pela autoridade máxima do órgão ou da entidade detentora de maior responsabilidade

8. A possibilidade de atuação dos Estados como laboratórios legislativos é, aliás, uma das virtudes do federalismo, como destacado pelo Supremo Tribunal Federal na decisão da ADI 2.922, sob a relatoria do Ministro Gilmar Mendes (STF, Pleno, ADI 2.922, rel. Min. Gilmar Mendes, j. em 03.04.2014, publicado em 30.10.2014).

na condução da matéria a ser examinada ou, na impossibilidade de sua definição, pela autoridade de mais alto nível hierárquico entre os órgãos e as entidades que participarão da decisão. O dispositivo, todavia, foi vetado pelo Presidente da República, sob a justificativa da existência de insegurança jurídica provocada pela utilização de um conceito indeterminado para a identificação da autoridade competente.

O § 2º do art. 49-C, igualmente vetado, admitia a convocação da decisão coordenada, de ofício ou por provocação de qualquer dos órgãos, das entidades ou das autoridades responsáveis pela edição ou pela aprovação do ato, de concessionário ou permissionário de serviço público que demonstrasse interesse legítimo na decisão a ser adotada ou de qualquer dos interessados previstos no art. 9º da Lei 9.784/99. A fundamentação do veto centrou-se no risco de ingerência sobre o funcionamento de órgãos e entidades da Administração.

Se o emprego de um conceito indeterminado para a definição da autoridade competente para a convocação da decisão coordenada pode causar insegurança jurídica, a completa ausência de disciplina específica a respeito da matéria também não colabora, evidentemente, para a solução desse problema.

No entanto, talvez a parte final da justificativa do último veto mencionado possa auxiliar na interpretação quanto à legitimidade para a deflagração do uso da técnica. Nas razões do veto, consta que essa iniciativa deveria ser restrita "às autoridades públicas envolvidas diretamente na matéria".

É possível, então, concluir – seja em razão do silêncio normativo, seja diante do histórico do processo legislativo – pela legitimidade de instauração da instância (na linguagem da lei) por qualquer das autoridades responsáveis pela decisão de parcela das matérias. Assim, no caso do Judiciário, a iniciativa poderá partir dos agentes decisórios situados em qualquer dos seus órgãos ou setores.

Mas não parece haver obstáculo à possibilidade de provocação, por sujeito interessado, para a adoção do novo instituto

– como previsto, aliás, em termos gerais, no art. 14.1 da Lei italiana 241, de 7 de agosto de 1990. Conquanto discricionária a adoção da decisão coordenada, garantir à sociedade a oportunidade de sugerir sua utilização acentua o caráter democrático da Administração Pública contemporânea.

O novo art. 49-B da Lei 9.784/99 prevê a possibilidade de habilitação de interessados indicados em seu art. 9º para participação na decisão coordenada, na condição de ouvintes, admitindo-se a concessão de direito a voz por decisão irrecorrível da autoridade responsável pela convocação. Se interessados podem participar ativamente do processo, não há sentido em simplesmente excluir a hipótese de formulação de requerimento de utilização do novo instituto – posição jurídica que, de resto, poderia ser extraída a partir do direito constitucional de petição perante entes públicos (art. 5º, XXXIV, alínea "a", CF/88).

Em verdade, no âmbito do Judiciário, nem mesmo se trata propriamente de uma novidade em matéria de atuação coordenada, uma vez que a Resolução 350/2020 do CNJ assegura, em seu art. 8º, § 4º, às partes e às pessoas naturais ou jurídicas, órgãos ou entidades especializadas, com representatividade adequada, a possibilidade de requerer a realização de atos de cooperação judiciária. Raciocínio idêntico pode ser aplicado em relação à decisão administrativa coordenada.

2.5 Decisão administrativa coordenada intersetorial no Poder Judiciário

Se no passado as decisões relevantes a respeito da administração da justiça estavam, em cada tribunal, resumidas essencialmente à respectiva presidência, ao Pleno ou Órgão Especial e, de modo específico, aos juízes responsáveis por cada unidade judiciária, a realidade atual é muito mais complexa.

Para além da necessidade de observância das diretrizes gerais fixadas pelo CNJ e, de acordo com o caso, por outros Conselhos (arts. 105, parágrafo único, II, e 111-A, § 2º, II, CF/88), há uma multiplicidade de núcleos decisórios dispersos por cada corte, frequentemente encarregados da concepção e execução de algumas questões relativas a políticas judiciárias mais amplas.

Três exemplos podem auxiliar a compreensão do desafio de coerência enfrentado pelos tribunais.

Os *Centros de Inteligência do Poder Judiciário (CIPJ)*, previstos na Resolução 349/2020 do CNJ, são unidades auxiliares de planejamento da administração da justiça. Além do CIPJ em funcionamento junto ao CNJ, também devem ser constituídos Centros de Inteligência específicos pelos tribunais (de justiça, federais e do trabalho), bem como pelo Conselho da Justiça Federal e pelo Conselho Superior da Justiça do Trabalho (Resolução 349/2020, art. 4º).[9]

O Centro de Inteligência ocupa-se de vários dos principais temas estratégicos para o adequado funcionamento do sistema de justiça: precedentes vinculantes, litigância de massa, justiça multiportas e cooperação judiciária.

Em um primeiro momento, compete ao Centro de Inteligência identificar a existência de litígios repetitivos e as suas causas geradoras. A partir desse mapeamento, o CIPJ deve adotar um amplo conjunto de providências:

a) conceber meios para prevenir o ajuizamento de processos repetitivos, que permitam a criação de incentivos para a autocomposição ou, quando pertinente, para a solução dos casos em âmbito administrativo;

b) encaminhar aos tribunais superiores diagnósticos relativos a repercussões econômicas, políticas, sociais ou jurídicas de questões legais ou constitucionais repetitivas;

9. Os Centros de Inteligência do Poder Judiciário são detalhadamente examinados em DIDIER JR., Fredie; FERNANDEZ, Leandro. *O Conselho Nacional de Justiça e o Direito Processual:* administração judiciária, boas práticas e competência normativa cit., p. 131-134.

c) apresentar ao CNJ notas técnicas com estudos direcionados ao aperfeiçoamento da legislação envolvendo o tema objeto de repetição;

d) propor ao CNJ recomendações para a uniformização de procedimentos e rotinas cartorárias em processos repetitivos, bem como para a padronização da gestão dos processos suspensos em razão da admissão de incidentes de resolução de demandas repetitivas ou afetação de processos ao regime de julgamento dos recursos repetitivos ou de recursos extraordinários com repercussão geral. É relevante perceber que essas sugestões podem ser originadas, por exemplo, de estudos e testes desenvolvidos por laboratórios de inovação no Poder Judiciário ou de boas práticas construídas pelos atores do sistema de justiça;

e) oferecer apoio para a internalização da norma jurídica construída em precedente qualificado relativo à prestação de serviço concedido, permitido ou autorizado por órgão, ente ou agência reguladora competente para sua fiscalização (CPC, art. 985, § 2º, e art. 1.040, IV);

f) articular a celebração de atos de cooperação judiciária para a concepção de políticas e ações de conciliação e mediação. Com sua expertise, o CIPJ pode atuar como uma espécie de catalisador da cooperação judiciária, aproximando diferentes sujeitos e instituições (no âmbito do Judiciário, no mesmo ramo ou entre ramos distintos, ou fora dele), assim como oferecendo modelos estruturados a partir de situações identificadas no passado ou em outras localidades. É possível, ilustrativamente, o incentivo à celebração de protocolos institucionais com litigantes habituais, inclusive entes públicos, para o aproveitamento das câmaras de prevenção e resolução administrativa de conflitos (Lei 13.140/2015, art. 32), e com instituições responsáveis pela manutenção de ODRs.

O Centro de Inteligência conta ainda com outros instrumentos para contribuir para a qualificação da gestão do Judiciário e do conteúdo das suas decisões: a realização de consultas, pesquisas de opinião e audiências públicas (Resolução 349/2020, art. 6º) e a manutenção de banco de dados contendo currículos de especialistas, entidades especializadas ou pessoas diretamente afetadas em temas específicos de interesse do Poder Judiciário (Resolução 349/2020, art. 5º).

O segundo exemplo é o dos *laboratórios de inovação*,[10] cuja criação, prevista como faculdade para os entes públicos na Lei 14.129/2021 (art. 44), tornou- se, com a Resolução 395/2021 do Conselho Nacional de Justiça, política judiciária obrigatória para os tribunais (arts. 4º e 5º) e para o próprio CNJ (arts. 6º a 8º).

As competências dos laboratórios de inovação abrangem, por exemplo, o desenvolvimento de soluções – a partir de pesquisa, exploração, ideação, realização de pilotos, prototipagem e testes estruturados – para problemas ou necessidades relacionadas às atividades do Poder Judiciário, a realização de parcerias com outros laboratórios de inovação e o estímulo à participação da sociedade na concepção de projetos inovadores no Judiciário (Resolução 395/2021, art. 7º).

Por fim, o *setor de tecnologia da informação* de cada tribunal possui múltiplas atribuições em um cenário de acentuada digitalização do Poder Judiciário, desde a solução de tradicionais dificuldades operacionais até a criação de sistemas adaptados à realidade local, inclusive com o incentivo do Conselho Nacional de Justiça. Vide, ilustrativamente, o caso dos projetos de desenvolvimento de ferramentas de inteligência artificial (Resolução CNJ 332/2020, art. 22), da plataforma para disponibilização de arquivos de audiências virtuais (Resolução CNJ 354/2020, art. 7º, IV), da disponibilização de sistemas

10. A respeito dos laboratórios de inovação, vide: DIDIER JR., Fredie; FERNANDEZ, Leandro. *O Conselho Nacional de Justiça e o Direito Processual:* administração judiciária, boas práticas e competência normativa cit., p. 83-84.

informatizados para a resolução de conflitos por meio da conciliação e mediação – SIREC (Resolução CNJ 358/2020, art. 1º) e do "Balcão Virtual" (Resolução CNJ 372/2021, art. 2º).

A sobreposição de atribuições entre os três setores será, em vários contextos, evidente. Não necessariamente, porém, haverá harmonia de objetivos e projetos entre os respectivos agentes decisórios.

A adoção da decisão administrativa coordenada pode oferecer relevante contribuição para solucionar esse problema, colaborando para a coerência interna da atuação do tribunal.

É possível, ainda, combinar o modelo intersetorial com o interorgânico, de modo a viabilizar, por exemplo, a atuação conjunta dos mencionados setores de alguns diferentes tribunais para a uniformização de respostas administrativas em temas relativos à tecnologia e à inovação, no contexto de políticas públicas regionais do Judiciário, destinadas a enfrentar problemas comuns.

2.6 Decisão administrativa coordenada e cooperação judiciária

A decisão administrativa coordenada e a cooperação judiciária inserem-se na mesma lógica de atuação integrada do Poder Judiciário, com a reunião de esforços para a solução de questões comuns.

É inevitável questionar, então, a real necessidade de utilização do novo instituto criado pela Lei 14.210/2021, que impõe etapas burocráticas ao processo decisório, diante da possibilidade de prática de atos de cooperação judiciária, que prescindem de forma específica (art. 69, *caput*, CPC). Em outros termos: a adoção da decisão administrativa coordenada não causaria uma indesejável elevação do grau de complexidade para a atuação colaborativa?

De modo geral, a suspeita parece ser procedente, tendo em vista a simplicidade e a flexibilidade das formas de cooperação judiciária. A generalização do uso da decisão administrativa coordenada poderia significar a desconsideração do potencial da cooperação judiciária em matéria administrativa.[11]

É possível, porém, visualizar interessantes exceções.[12]

O processo de decisão administrativa coordenada pode, em determinados casos, consistir em uma etapa prévia à cooperação judiciária.

Precisamente em razão da inexigibilidade de forma específica, o CPC e a Resolução 350/2020 do CNJ não estabelecem qualquer procedimento a ser adotado para os casos nos quais, por variados motivos, revele-se conveniente a maior possibilidade de participação pública durante o processo decisório que culminará com a realização do ato de cooperação judiciária em matéria administrativa.

Aspectos como o nível de investimento de recursos financeiros, a repercussão social do ato e o envolvimento de interesses de determinados grupos ou sua capacidade de contribuição para a solução de certas questões, por exemplo, podem tornar recomendável a utilização do modelo da decisão administrativa coordenada.

Perceba-se que sempre haverá processo decisório prévio ao ato de cooperação judiciária, ainda que informal. Determinadas circunstâncias podem tornar altamente conveniente sua submissão a maior escrutínio público ou a participação de sujeitos cujas manifestações possam colaborar para o aperfeiçoamento da compreensão (e da resposta, por consequência) em relação a dado tema.

Uma última observação é relevante.

---

11. Sobre a dimensão administrativa da cooperação judiciária, DIDIER Jr., Fredie. *Cooperação judiciária nacional.* 2. ed. Salvador: JusPodivm, 2021.

12. Em perspectiva mais ampla, Paulo Modesto alerta que a "decisão coordenada é um instrumento de experimentação administrativa, facultativo, especial, ágil para algumas situações e desnecessariamente burocrático para outras" (MODESTO, Paulo. *Decisão coordenada:* experimentação administrativa processual. Disponível em: https://shre.ink/cA9l).

Não há impedimento a que, mesmo na cooperação judiciária de natureza *processual*, os juízos cooperantes reputem conveniente, de acordo com as circunstâncias, a adoção da técnica prevista na Lei 14.210/2021, como um referencial para a prática de ato decisório em cooperação. Trata-se, aqui, de importação de técnica do processo administrativo para o processo judicial, a partir do postulado da integridade (art. 926 do CPC).

Bem vistas as coisas, essa possibilidade consiste em uma expressão de um fenômeno mais amplo. Os arts. 3º, 15,[13] 327, § 2º, 926 e 1.049, parágrafo único, do CPC, interpretados em conjunto, podem ser compreendidos como a base normativa para o trânsito de técnicas[14] entre diferentes "portas" de acesso à justiça.

Além do exemplo mencionado, é possível, ilustrativamente, a exportação para o processo judicial de técnicas previstas na Lei 13.140/2015 ou de técnicas disciplinadas no processo perante determinada agência reguladora, quando compatíveis com o caso. É possível buscar na disciplina regente de outra "porta" a técnica adequada para abordar determinado aspecto do caso, não necessariamente adotando o CPC como fonte preferencial para aplicação.

Essa compreensão *a)* reforça a percepção de que processo não é tema necessariamente vinculado ao Poder Judiciário; *b)* situa o CPC como uma espécie de norma de organização e articulação do sistema brasileiro de justiça multiportas.

2.7 Decisão administrativa coordenada e protocolos institucionais

A Lei 14.210/2021 veda a utilização da decisão administrativa coordenada em processos em que estejam envolvidas autoridades de Poderes distintos.

13. Aqui aplicado na "contramão", por força do postulado da integridade decorrente do art. 926 do CPC.

14. Sobre o tema do trânsito de técnicas processuais, vide: DIDIER Jr., Fredie; CABRAL, Antonio do Passo; CUNHA, Leonardo Carneiro da. *Por uma nova teoria dos procedimentos especiais:* dos procedimentos às técnicas. 2 ed. Salvador: JusPodivm, 2021.

A restrição, ao menos sob a perspectiva da interação do Judiciário com os demais Poderes, não parece fazer sentido.

Desde 2019, a Lei 10.522/2002 prevê, em seu art. 19, § 12, a possibilidade de celebração de protocolos institucionais entre a Procuradoria-Geral da Fazenda Nacional (PGFN) e o Poder Judiciário para a realização de mutirões para análise do enquadramento de processos ou de recursos nas hipóteses previstas no *caput* do artigo (que abrangem, por exemplo, as situações de existência de precedentes judiciais ou administrativos sobre determinada matéria), com o propósito de dispensar, em tais casos, o oferecimento pela PGFN de contestação, de contrarrazões, a interposição de recurso, bem como autorizar a desistência de recurso já interposto. Tudo isso também é aplicável à Advocacia-Geral da União (art. 19-D da Lei 10.522/2002).

A Resolução 350/2020 do Conselho Nacional de Justiça consagrou, em termos amplos, a possibilidade de realização de atos de cooperação interinstitucional, dedicando-lhe capítulo específico. O art. 15 da Resolução incentiva a adoção de protocolos institucionais sobre questões relativas, por exemplo, à harmonização de procedimentos e rotinas administrativas, à gestão judiciária e à elaboração e adoção de estratégias para o tratamento adequado de processos coletivos e ou repetitivos, inclusive para a sua prevenção. Já o art. 16 da Resolução insere o Ministério Público, a Defensoria Pública, as Procuradorias Públicas e a Administração Pública no rol exemplificativo de legitimados à celebração de protocolos institucionais com o Judiciário.

Além da disciplina geral contida na Resolução 350/2020, a Resolução 420/2021 e a Recomendação 104/2021 preveem a celebração de protocolos institucionais com entidades integrantes do sistema de justiça com os objetivos, respectivamente, de realização da digitalização de processos em papel e de criação de condições para a ampliação da comunicação digital de atos processuais.

No âmbito do Direito Processual, protocolos institucionais[15] são uma modalidade de negócio jurídico, firmado com o propósito de fixar uma disciplina normativa aplicável aos integrantes dos órgãos, instituições ou pessoas convenentes, para fins de gestão coletiva de processos, regulando o respectivo procedimento, ou de concretização de uma política pública no âmbito da administração da justiça.[16] Esses objetivos podem ser alcançados a partir de providências de natureza processual ou administrativa – ou, ainda, híbrida.

Diante da possibilidade de celebração de atos de cooperação interinstitucional em matéria administrativa, a vedação à adoção do modelo da decisão administrativa coordenada como etapa prévia à cooperação consiste numa insinceridade institucional. Processo deliberativo anterior ao ato de cooperação, como visto, sempre existirá.

Possivelmente, nos casos nos quais se repute conveniente haver maior garantia de participação pública antes da concretização do ato de cooperação judiciária de natureza administrativa, os tribunais tenderão a adotar procedimento assemelhado ao da decisão administrativa coordenada, sem,

---

15. Ao que nos consta, "protocolo institucional" é designação cunhada, no Brasil, por Antonio do Passo Cabral (CABRAL, Antonio do Passo. *Convenções processuais*. Salvador: Editora JusPodivm, 2016, p. 84-85). O autor, no entanto, define o protocolo institucional como acordo coletivo celebrado por uma associação e uma entidade envolvida com a administração judiciária (p. 85). Neste texto, expandimos um tanto o conceito, como se verá.

16. Sobre o tema dos protocolos institucionais, cf: DIDIER JR., Fredie; FERNANDEZ, Leandro. Cooperação judiciária e protocolos institucionais: o caso do "Ato Trabalhista", ou plano especial de pagamento trabalhista, para a centralização de execuções contra entidades desportivas. *Revista de Direito do Trabalho*, v. 219, p. 201-232, set./out. 2021. "No âmbito dos acordos coletivos, existem aqueles destinados a disciplinar o procedimento civil e os voltados à administração judicial, no primeiro caso funcionando tais acordos como um instrumento de gestão coletiva dos processos e, no segundo, como um instrumento de política pública da justiça" (BARREIROS, Lorena Miranda. *Convenções Processuais e Poder Público*. Salvador: Editora JusPodivm, 2017, p. 149). "Estes protocolos podem ser caracterizados como acordos plurilaterais institucionais, celebrados por pessoas jurídicas ou órgãos em nome de uma categoria ou grupo, vinculando todos seus membros" (CABRAL, Antonio do Passo. *Convenções processuais*. 3. ed. Salvador: JusPodivm, 2020. p. 105).

todavia, a utilização dessa terminologia. Também aqui uma insinceridade, é certo, mas menos grave do que simplesmente descartar maiores possibilidades de contribuição (e de fiscalização) por grupos interessados.

2.8 Algumas hipóteses de utilização da decisão administrativa coordenada pelo Poder Judiciário

A decisão coordenada pode ser utilizada como mais um instrumento para a qualificação da administração da justiça, diante de circunstâncias que tornem aconselhável a possibilidade de maior participação e fiscalização pública, em cenários de atuação integrada de órgãos ou setores do Judiciário.

É possível apresentar alguns exemplos.

a) compartilhamento de recursos (humanos, orçamentários e tecnológicos) para a instalação de postos avançados para atendimento à advocacia e aos jurisdicionados, inclusive para a realização de atos por videoconferência, como espécies de postos avançados comuns aos tribunais. Essa providência pode ser desenvolvida de forma complementar (ou, no futuro, alternativa) à previsão contida na Resolução 341/2020 do CNJ, que determina aos tribunais a disponibilização de salas, em todos os fóruns, para a prática de atos processuais, com a designação de servidores para acompanhamento do ato;

b) aquisição ou locação de espaços compartilhados para a instalação de Centros Judiciários de Solução de Conflitos e Cidadania ou para a realização de mutirões de conciliação ou mediação, inclusive com litigantes habituais, especialmente se envolvidos em conflitos multipolares;

c) colaboração para o desenvolvimento de ferramentas eletrônicas, notadamente com o uso da Plataforma de Governança Digital Colaborativa do Poder Judiciário, prevista na Recomendação 93/2021 do CNJ, que estimula o trabalho colaborativo para o intercâmbio de projetos e ações de tecnologia;

d) atuação integrada, de natureza administrativa, de centros de inteligência, laboratórios de inovação e setor de tecnologia da informação;

e) comunhão de esforços para a uniformização do tratamento de temas inseridos no âmbito da autonomia administrativa dos tribunais e atualmente abordados em Recomendações do CNJ, como a de n. 96/2021 (concursos públicos) e a de n. 117/2021 (contratação de serviços de segurança privada), observada a restrição prevista no art. 49-A, § 6º, I, da Lei 9.784/99.

Em todas essas hipóteses, a adoção da decisão coordenada pode tornar-se recomendável diante da relevância para a sociedade da providência a ser adotada, da dimensão do investimento de recursos financeiros exigidos ou da possibilidade de colaboração de determinados grupos para o aperfeiçoamento do processo decisório.

3. A decisão coordenada e os entes que desempenham função de tribunal administrativo

3.1 O paradigma da articulação administrativa

Em uma realidade social complexa, a existência de sobreposição de competências administrativas quanto a um número crescente de matérias é inevitável. Frequentemente, distintos órgãos e entidades administrativos regulam, fiscalizam, executam políticas públicas e decidem sobre temas total ou parcialmente idênticos.

Os riscos vão além da possibilidade de submissão do administrado a comandos contraditórios. A ignorância ou a deliberada indiferença, por uma instituição, em relação à atuação das demais torna simplesmente impossível o cumprimento dos deveres de coerência, de respeito à isonomia e à segurança jurídica, bem como – perceba-se – de consideração das consequências práticas das próprias decisões (CPC, art. 926; LINDB, arts. 20, 21 e 30; Lei 13.874/2019, arts. 3º, IV, e 4º-A, I).

Daí a criação, progressiva e sem maior sistematização, de um conjunto normativo destinado a permitir a aproximação entre entes administrativos com o objetivo de uniformizar – ou, ao menos, reduzir assimetrias – em seu comportamento. Sem dúvida, a elaboração de uma teoria da articulação administrativa[17] é um desafio que a realidade atual impõe à doutrina.

Em termos amplos, é possível identificar que a *articulação administrativa* pode ser concretizada em três níveis:

a) *normativo*: a possibilidade de edição conjunta de atos normativos por agências reguladoras está prevista no art. 29 da Lei 13.848/2019, que também admite a interessante técnica de constituição de comitês para consulta quanto a impactos em outros setores decorrentes da criação de novas normas (art. 30). Em temas relativos à proteção de dados pessoais, a Lei 13.709/2018 estabelece o dever de articulação entre a Autoridade Nacional de Proteção de Dados e outros órgãos e entidades com competências normativas (art. 55-J, § 3º, e 55-K, parágrafo único);

b) *executivo e fiscalizatório*: a Constituição Federal prevê, em seu art. 241, a possibilidade de celebração de convênios e acordos de cooperação entre entes federados para a gestão associada de serviços públicos. No plano federal, o Decreto-lei 200/67 estabelece que a execução de planos e programas de governo será objeto de permanente coordenação. Relativamente às agências reguladoras, a Lei 13.848/2019 fixa regras para a interação

17. Para um panorama do cenário normativo relativo à articulação administrativa, MACIEL, Caroline Stéphanie Francis dos Santos. Articulação administrativa: por uma reforma cultural da administração pública. *In: Revista de Direito Administrativo*. Rio de Janeiro, v. 280, n. 2, maio/ago. 2021, p. 201-225.

entre agências e órgãos de defesa da concorrência (arts. 25 a 28), do consumidor e do meio ambiente (arts. 31 a 33), além da articulação operacional entre agências reguladoras federais, estaduais, distritais e municipais (arts. 34 e 35). É digna de registro, ainda, a criação de um dever de comunicação (art. 32, § 2º) à agência reguladora da celebração de compromisso de ajustamento de conduta pelos legitimados previstos na Lei 7.347/85 e do resultado do julgamento de casos repetitivos sobre questão de direito relacionada à prestação de serviço concedido, permitido ou autorizado (art. 985, § 2º, CPC. Em matéria de proteção de dados pessoais, também é possível identificar comandos destinados à coordenação na atividade fiscalizatória (LGPD, arts. 55-J, § 3º, e 55-K, parágrafo único);

c) *adjudicatório*: até recentemente, a articulação administrativa para fins decisórios desenvolvia-se essencialmente por meio de técnicas de participação nos respectivos processos administrativos.[18] A Lei 14.210/2021 cria o grau máximo de coordenação na atividade decisória, ao permitir o seu compartilhamento entre entidades, órgãos ou setores.

Neste tópico, interessa examinar o potencial da articulação administrativa decisória concebida pela nova legislação, notadamente na atuação de sujeitos que exercem a função de tribunal administrativo.

18. Ilustrativamente: "Agravo. Concessão de serviço público de abastecimento de água potável e esgotamento sanitário. Inserção de agência reguladora como interessada no processo. Dever de prestar contas por parte do órgão público concessor. Admissão da agência como *amicus curiae*. Agravo conhecido. Provimento parcial" (Tribunal de Contas do Estado de São Paulo, Relator: Conselheiro Renato Martins Costa, Processo 5747/989/19, julgado em 20.10.2020). Sobre a possibilidade de intervenção de *amicus curiae* em processo administrativo, DIDIER Jr., Fredie. Intervenção de *amicus curiae* em processo apto à formação de precedente administrativo obrigatório. *Civil procedure review*, v. 11, n. 2, 2020, p. 209-218.

3.2 Tribunais administrativos como porta de acesso à justiça

Entes que desempenham a função de tribunal administrativo ocupam relevante espaço no sistema de justiça multiportas. Frequentemente dotados de alto nível de especialização, a capacidade institucional desses sujeitos para a solução de conflitos complexos de natureza técnica ou relativos a políticas públicas é notável.

É interessante observar que esses entes podem atuar, em diversas hipóteses, não apenas como uma "porta" de acesso à justiça adequada para a heterocomposição em determinados perfis de controvérsias, mas também como uma "porta" destinada à criação de condições e incentivos à autocomposição. Precisamente por isso, o CPC (art. 174) e a Lei 13.140/2015 preveem a possibilidade de criação de câmaras para prevenção e solução consensual de conflitos que envolvam entes da Administração Pública (art. 32) ou particulares entre si, em temas submetidos à regulação ou supervisão de certo órgão ou instituição (art. 43).

A interação entre esses sujeitos e o Poder Judiciário é um dos temas mais instigantes no estudo do sistema de justiça.

Juízes são *tendencialmente* menos deferentes em relação às manifestações de entes administrativos em matérias juridicamente sensíveis e, por outro lado, mais deferentes quanto a decisões de natureza política e pronunciamentos relativos a temas de alta especificidade e complexidade técnica.[19]

19. JORDÃO, Eduardo. *Controle judicial de uma Administração Pública complexa:* a experiência estrangeira na adaptação da intensidade do controle. São Paulo: Malheiros, 2016. p. 57-166. Cf., ainda: FERNANDEZ, Leandro. *Proteção de dados pessoais no sistema de justiça multiportas: publicidade processual, cooperação judiciária e o papel do Conselho Nacional de Justiça e da Autoridade Nacional de Proteção de Dados.* Salvador: Universidade Federal da Bahia, Faculdade de Direito, 2021. p. 475-478. No caso do Supremo Tribunal Federal, pesquisa publicada em 2020 identificou que a corte adota postura deferente à orientação das agências reguladoras em 88,7% dos casos envolvendo as entidades (JORDÃO, Eduardo Ferreira; REIS, Vinícius Cardoso; CABRAL JÚNIOR, Renato Toledo. "O controle das agências reguladoras federais no STF como instância recursal: um estudo empírico". *Revista de Direito Econômico e Socioambiental*, Curitiba, v. 11, n. 1, jan./abr. 2020, p. 122-155).

É compreensível que seja assim.

O exame de teses jurídicas e a análise de compatibilidade de determinada orientação em relação ao ordenamento jurídico integram o âmbito de expertise dos juízes, uma vez que tais atividades consistem em pilares da sua formação acadêmica e do seu cotidiano profissional, conferindo ao Judiciário, ao menos em uma perspectiva *prima facie*, condições para uma apreciação dos temas mais abrangente, aprofundada e coerente com o sistema jurídico em geral quando em comparação com as autoridades administrativas.[20]

Por sua vez, a maior deferência do Judiciário em relação a decisões administrativas em questões de natureza política decorre, de maneira geral, do reconhecimento da maior legitimidade democrática destas (decorrente especialmente da forma de recrutamento dos seus dirigentes e da sua investidura por mandato) e da necessidade de assegurar proteção ao espaço de regular exercício da discricionariedade administrativa por autoridades especializadas em determinada área e submetidas a um rigoroso regime de responsabilidade por suas escolhas.[21] Em matéria de políticas públicas, a decisão sobre quem decide também pode ser a decisão sobre aquilo que se decide.[22]

Quanto às questões de elevada complexidade técnica que não estão detalhadamente disciplinadas na legislação, dependendo de desenvolvimento analítico para a materialização dos comandos legais, a tendencial maior deferência do Judiciário justifica-se não apenas em razão da (habitual) ausência de formação e atuação específica na área pelos juízes e da insuficiência de recursos materiais apropriados pelos tribunais,[23] como também pela percepção de que a revisão de

---

20. JORDÃO, Eduardo. *Controle judicial de uma Administração Pública complexa:* a experiência estrangeira na adaptação da intensidade do controle, cit., p. 58.

21. Ibidem, p. 85.

22. KOMESAR, Neil. *Imperfect Alternatives:* Choosing Institutions in Law, Economics, and Public Policy. Chicago: University of Chicago Press, 1994. p. 3.

23. CABRAL, Antonio do Passo. *Juiz natural e eficiência processual:* flexibilização, delegação e coordenação de competências no Processo Civil. São Paulo: Thomson Reuters Brasil, 2021, p. 487.

determinadas orientações pelo Judiciário pode, na prática, convertê-lo no real órgão regulador ou ensejar graves incoerências no marco regulatório.[24]

A relevância da atuação dos sujeitos que desempenham a função de tribunais administrativos vai além da expertise para o oferecimento de soluções adequadas a determinados perfis de questões. Em um sistema como o brasileiro, que consagra a obrigatoriedade de observância dos precedentes administrativos, suas decisões produzem efeitos determinantes para a orientação do comportamento da sociedade, como será visto a seguir.

3.3 O sistema brasileiro de precedentes administrativos obrigatórios

A autovinculação é uma característica do Direito Administrativo brasileiro contemporâneo.[25] Acompanhando a lição de Paulo Modesto, é possível visualizá-la em duas perspectivas. A primeira, mais abrangente, refere-se à limitação da discricionariedade administrativa por meio do detalhamento, em atos unilaterais ou convencionais, da interpretação a ser adotada diante de textos legais dotados de imprecisão ou vagueza semântica, de maneira a estabelecer critérios específicos de padronização da atuação do Poder Público.[26] Em uma segunda perspectiva, diz respeito à impossibilidade de alteração injustificada dos parâmetros decisórios adotados pela

24. JORDÃO, Eduardo. *Controle judicial de uma Administração Pública complexa: a experiência estrangeira na adaptação da intensidade do controle* cit., p. 130.

25. A autovinculação da Administração Pública e o caráter obrigatório dos precedentes administrativos já foram objeto de reflexão dos autores: DIDIER JR., Fredie. Intervenção de *amicus curiae* em processo apto à formação de precedente administrativo obrigatório. *Civil Procedure Review*, v. 11, n. 2, p. 209-218, 2020; FERNANDEZ, Leandro. *Proteção de dados pessoais no sistema de justiça multiportas:* publicidade processual, cooperação judiciária e o papel do Conselho Nacional de Justiça e da Autoridade Nacional de Proteção de Dados. Salvador: Universidade Federal da Bahia, Faculdade de Direito, 2021. p. 504-506.

26. MODESTO, Paulo. Autovinculação da Administração Pública. *Revista Eletrônica de Direito de Estado*, n. 24, p. 7, out./dez. 2010. Disponível em: http://www.direitodoestado.com.br/codrevista.asp?cod=466.

Administração,[27] diretriz refletida há tempos no art. 50, VII, da Lei 9.784/99 e reforçada na LINDB (art. 30).

O caráter obrigatório do precedente administrativo[28] em relação ao próprio órgão administrativo julgador que o proferiu e àqueles que lhe são subordinados é, portanto, uma das manifestações do fenômeno mais amplo da autovinculação administrativa. Decorrência da igualdade[29] (na dimensão da isonomia na aplicação do Direito) e da proteção da confiança, o reconhecimento da eficácia vinculante do precedente administrativo acentua a complexidade da teoria das fontes do Direito Administrativo, ao identificar a *legalidade administrativa* não apenas às manifestações do legislador, mas também aos pronunciamentos da própria Administração.

A expansão e o fortalecimento dos tribunais administrativos (Tribunais de Contas, CADE, CVM, tribunais de contribuintes etc.), que resolvem conflitos de modo imparcial e por heterocomposição, é uma das principais causas que justificam a criação desse sistema de respeito aos precedentes administrativos. A cognoscibilidade do Direito, dimensão da segurança jurídica que garante a todos saber como o Direito é compreendido e aplicado, e a igualdade, que garante aos administrados o direito de ser tratado de modo semelhante pela Administração Pública, o que significa ser tratado de modo isonômico perante as decisões administrativas, impõem o desenvolvimento desse sistema de formação e aplicação de precedentes administrativos.

27. Ibidem.

28. "O precedente administrativo pode ser conceituado como a norma jurídica retirada de decisão administrativa anterior, válida e de acordo com o interesse público, que, após decidir determinado caso concreto, deve ser observada em casos futuros e semelhantes pela Administração Pública" (OLIVEIRA, Rafael Carvalho Rezende. *Precedentes no Direito Administrativo*. Rio de Janeiro: Forense, 2018. p. 96).

29. SCHAUER, Frederick. Precedente. Trad. André Duarte de Carvalho e Lucas Buril de Macêdo. *In:* DIDIER JR., Fredie *et al.* (Coord.). *Precedentes*. Salvador: JusPodivm, 2015. (Coleção Grandes Temas do novo CPC. v. 3.). p. 76.

Há extenso rol de dispositivos que consagram a autovinculação da Administração Pública, inclusive por intermédio de precedentes obrigatórios: o art. 4º, incisos X, XI e XII, da Lei Complementar 73/93; os arts. 2º, parágrafo único, XIII; e 50, VII, da Lei 9.784/99; os arts. 18-A e 19, II, IV e VII, da Lei 10.522/2002; os arts. 23, 24 e 30 da LINDB; os arts. 19 a 24 do Decreto 9.830/2019; o art. 3º, IV, da Lei 13.874/2019.[30] O próprio art. 926 do CPC é, aliás, um comando dirigido também aos tribunais administrativos, derivado da igualdade e da proteção da confiança.[31]

Esse complexo normativo torna desnecessária a criação, na esfera administrativa, de um dispositivo equivalente ao art. 927 do CPC. A eficácia vinculante dos precedentes administrativos já é uma característica do sistema jurídico brasileiro.[32]

Há ainda um aspecto a ser destacado. É necessário perceber que, em órgãos ou entidades que cumulam funções decisórias, ao modo de um tribunal administrativo, e regulatórias, o processo de decisão de casos concretos integra a dinâmica do processo regulatório. A solução de lacunas nos atos administrativos de regulamentação do setor e a própria interpretação desses atos ocorrem a partir da via contenciosa ou de consultas, gerando decisões que vinculam o ente regulador.

Interessante exemplo pode ser extraído do Regimento Interno da Agência Nacional do Petróleo, Gás Natural e Biocombustíveis (ANP), que expressamente prevê que os casos solucionados pela agência serão usados como precedentes para novas decisões e como subsídio para futura regulamentação da matéria objeto do conflito.

---

30. DIDIER JR., Fredie. Intervenção de *amicus curiae* em processo apto à formação de precedente administrativo obrigatório cit., p. 212-214.

31. MOREIRA, Egon Bockmann. O novo Código de Processo Civil e sua aplicação no processo administrativo. *Revista de Direito Administrativo,* Rio de Janeiro, v. 273, p. 322-323, set./dez. 2016.

32. BARREIROS, Lorena Miranda Santos. *Convenções processuais e Poder Público.* Salvador: JusPodivm, 2016. p. 330-331.

3.4 Formação compartilhada de precedentes administrativos vinculantes

A decisão administrativa coordenada inaugurou uma nova modalidade de articulação administrativa. É possível, agora, não apenas a colaboração para a regulamentação de matérias e a execução de políticas públicas, como também para fins adjudicatórios.

Mesmo com a vedação à sua utilização em processos que envolvam a aplicação do poder sancionador (art. 49-A, § 6º, II, Lei 9.784/99) – questionável opção legislativa –, o espaço para sua adoção é amplíssimo, notadamente para a fixação de teses jurídicas no âmbito da Administração, inclusive pela via da consulta, prevista no art. 29 da LINDB.

É certo que o dispositivo que previa a eficácia vinculante da decisão coordenada em relação a matérias idênticas foi objeto de veto presidencial, sob a justificativa de ocorrência de limitação da atuação de órgãos e entidades públicos contrária ao interesse público.

O veto, todavia, revela-se, neste ponto, inócuo. Como visto, o caráter vinculante dos precedentes administrativos é uma das marcas do ordenamento brasileiro contemporâneo. O dispositivo, didaticamente, apenas explicitaria de modo específico uma realidade geral do sistema.

É possível, então, que, a partir da decisão coordenada, surjam precedentes administrativos vinculantes.

Há uma série de vantagens na utilização dessa técnica:

a) concentração de atos, a exemplo de audiências públicas e manifestação, oral ou escrita, de interessados, contribuindo para a economia e a celeridade;

b) maior possibilidade de participação de representantes de grupos potencialmente afetados pela decisão, que, em outras circunstâncias, talvez sequer tivessem conhecimento do processo deliberativo instaurado em algum(s) dos entes envolvidos;

c) possibilidade de apresentação e de ampla consideração de argumentos relativos a variadas perspectivas a respeito do problema, podendo reduzir a influência de vieses cognitivos e contribuindo para a qualidade da decisão a ser proferida;

d) redução do risco de ocorrência de uma espécie de indevido *forum shopping* decorrente da tentativa de obtenção, por litigante habitual, de decisão por parte de entidade administrativa perante a qual, por motivos diversos, sua pretensão terá maior chance de acolhimento;

e) no caso de entes que cumulam função decisória e regulatória, a decisão contribui para a diretriz de articulação normativa na elaboração da disciplina aplicável a temas objeto de competências sobrepostas;

f) com a participação de todos os envolvidos e o amplo debate sobre diversas perspectivas de abordagem do problema, o Poder Judiciário, em eventual ação sobre a matéria, tende a ser mais deferente em relação à decisão adotada;

g) a decisão coordenada contribui para a concretização dos deveres de coerência estatal na interpretação do ordenamento jurídico e de consideração das consequências práticas das suas próprias decisões.

4. Conclusões

A figura da decisão administrativa coordenada, criada em âmbito federal pela Lei 14.210/2021, oferece interessantes e inovadoras possibilidades para o sistema brasileiro de justiça multiportas.

De um lado, apresenta-se como ferramenta de concretização da boa administração da justiça, ao expandir o modelo de decisões baseadas em competências coordenadas (CNJ com tribunais ou entre tribunais ou seus setores) no âmbito da administração judiciária da justiça. Sua adoção como etapa prévia – mas não obrigatória – à realização de atos de cooperação judiciária em matéria administrativa pode revelar-se conveniente diante de circunstâncias que tornem aconselhável a possibilidade de maior participação e fiscalização pública, como o nível de investimento de recursos financeiros, a repercussão social do ato e o envolvimento de interesses de determinados grupos ou sua capacidade de contribuição para a solução de certas questões, por exemplo.

De outro lado, pode funcionar como técnica de aperfeiçoamento do processo decisório perante entes que desempenham a função de tribunal administrativo, permitindo o aproveitamento recíproco de capacidades institucionais. Nesses casos, sua adoção concorre para a concretização dos deveres de coerência, de respeito à isonomia e à segurança jurídica, bem como de consideração das consequências práticas das próprias decisões.

A novidade, situada no contexto mais amplo do fenômeno da articulação administrativa, é bem-vinda. Adequadamente explorado o seu potencial, a decisão administrativa coordenada poderá ocupar espaço de destaque no sistema de justiça, como um instrumento criativo para a construção de soluções para problemas complexos.

Referências

BARREIROS, Lorena Miranda Santos. *Convenções processuais e Poder Público*. Salvador: JusPodivm, 2016.

CABRAL, Antonio do Passo. *Juiz natural e eficiência:* flexibilização, delegação e coordenação de competências no Processo Civil. São Paulo: RT, 2021.

CABRAL, Antonio do Passo. *Convenções processuais.* Salvador: JusPodivm, 2016.

CABRAL, Antonio do Passo. *Convenções processuais.* 3. ed. Salvador: JusPodivm, 2020.

CADIET, Loïc. *Perspectiva sobre a justiça do sistema civil francês.* Livro eletrônico. São Paulo: RT, 2017.

DIDIER JR., Fredie. Intervenção de *amicus curiae* em processo apto à formação de precedente administrativo obrigatório. *Civil Procedure Review*, v. 11, n. 2, 2020.

DIDIER JR., Fredie. *Cooperação judiciária nacional.* 2. ed. Salvador: JusPodivm, 2021.

DIDIER JR., Fredie; CABRAL, Antonio do Passo; CUNHA, Leonardo Carneiro da. *Por uma nova teoria dos procedimentos especiais:* dos procedimentos às técnicas. 2. ed. Salvador: JusPodivm, 2021.

DIDIER JR., Fredie; FERNANDEZ, Leandro. Cooperação judiciária e protocolos institucionais: o caso do "Ato Trabalhista", ou plano especial de pagamento trabalhista, para a centralização de execuções contra entidades desportivas. *Revista de Direito do Trabalho,* v. 219, p. 201-232, set./out. 2021.

DIDIER JR., Fredie; FERNANDEZ, Leandro. *O Conselho Nacional de Justiça e o direito processual:* administração judiciária, boas práticas e competência normativa. Salvador, JusPodivm, 2022.

FERNANDEZ, Leandro. *Proteção de dados pessoais no sistema de justiça multiportas:* publicidade processual, cooperação judiciária e o papel do Conselho Nacional de Justiça e da Autoridade Nacional de Proteção de Dados. Salvador: Universidade Federal da Bahia, Faculdade de Direito, 2021.

JORDÃO, Eduardo. *Controle judicial de uma Administração Pública complexa:* a experiência estrangeira na adaptação da intensidade do controle. São Paulo: Malheiros, 2016.

JORDÃO, Eduardo; REIS, Vinícius Cardoso; CABRAL JÚNIOR, Renato Toledo. O controle das agências reguladoras federais no STF como instância recursal: um estudo empírico. *Revista de Direito Econômico e Socioambiental*, Curitiba, v. 11, n. 1, p. 122-155, jan./abr. 2020.

KOMESAR, Neil. *Imperfect Alternatives:* Choosing Institutions in Law, Economics, and Public Policy. Chicago: University of Chicago Press, 1994.

MACIEL, Caroline Stéphanie Francis dos Santos. Articulação administrativa: por uma reforma cultural da administração pública. *Revista de Direito Administrativo,* Rio de Janeiro, v. 280, n. 2, p. 201-225, maio/ago. 2021.

MODESTO, Paulo. Autovinculação da Administração Pública. *Revista Eletrônica de Direito de Estado,* n. 24, p. 7, out./dez. 2010. Disponível em: http://www.direitodoestado.com.br/codrevista.asp?cod=466.

MODESTO, Paulo. *Decisão coordenada:* experimentação administrativa processual. Disponível em: https://shre.ink/cA9l.

MODESTO, Paulo. *Direito administrativo da experimentação:* uma introdução. Disponível em: https://shre.ink/cA98.

MOREIRA, Egon Bockmann. O novo Código de Processo Civil e sua aplicação no processo administrativo. *Revista de Direito Administrativo,* Rio de Janeiro, v. 273, set./dez. 2016.

OLIVEIRA, Rafael Carvalho Rezende. *Precedentes no direito administrativo*. Rio de Janeiro: Forense, 2018.

SCHAUER, Frederick. Precedente. Trad. André Duarte de Carvalho e Lucas Buril de Macêdo. *In:* DIDIER JR., Fredie *et al.* (Coord.). *Precedentes*. Salvador: JusPodivm, 2015. (Coleção Grandes Temas do novo CPC. v. 3.)

EIXO 5

TEMAS RELEVANTES AGUARDANDO JULGAMENTO NO STF

O CONTROLE JUDICIAL DO PROCESSO ADMINISTRATIVO INVESTIGADOR (INCRIMINADOR)

Walter Nunes da Silva Júnior

Mestre e Doutor em Direito; Professor da Graduação e da Pós-Graduação da Universidade Federal do Rio Grande do Norte – UFRN, da Escola da Magistratura do Rio Grande do Norte – ESMARN, da Escola de Magistratura do Tribunal Regional Federal da 5ª Região – ESMAFE e da Escola Nacional de Formação e Aperfeiçoamento de Magistrados – ENFAM; Presidente da Associação dos Juízes Federais do Brasil – Ajufe, (2006/2008); Conselheiro do Conselho Nacional de Justiça – CNJ, no biênio julho/2009 a julho/2011; Supervisor do Departamento de Monitoramento e Fiscalização do Sistema Carcerário do Conselho Nacional de Justiça – DMF, (2010/2011); Conselheiro da Escola Nacional de Formação e Aperfeiçoamento de Magistrados – ENFAM (2013/2015); membro da Academia de Letras Jurídicas do Rio Grande do Norte – ALEJURN; Ex-Promotor de Justiça; ex-Juiz de Direito; ex-Procurador da República; Conselheiro do Conselho Nacional de Política Criminal e Penitenciária – CNPCP; Coordenador-Geral do Fórum do Sistema Penitenciário Federal; Juiz Federal e Corregedor do Presídio Federal em Mossoró/RN.

Resumo: A par do processo administrativo sancionador, o Estado, mercê do seu poder de polícia, exerce o monopólio da persecução criminal, sendo de sua alçada investigar os crimes, mediante inquérito policial. É um mero procedimento ou se trata de um processo administrativo? A pesquisa é qualitativa, aplicada, explicativa e bibliográfica. Conclui-se que a investigação se faz por meio de processo administrativo investigador, com o condão de incriminar, pelo que reclama controle judicial peculiar, por meio do juiz das garantias.

Palavras-chave: Poder de polícia. Persecução criminal. Processo administrativo investigador. Controle judicial. Juiz das garantias.

1. Introdução

O presente estudo é dedicado a Edilson Pereira Nobre Júnior, professor, magistrado, doutrinador e jurista, que recebe mais do que merecida homenagem com a publicação deste livro.

Está na ordem do dia as discussões doutrinárias acerca do processo administrativo sancionador. Em reducionismo, tem-se enxergado as questões referentes a esse tipo de processo apenas no campo da instauração de processos administrativos consistentes na aplicação de penalidade a servidores ou a gestores públicos.

O texto aqui levado a efeito tem como foco o procedimento ou processo administrativo *investigador*, ou seja, a atividade desenvolvida pela autoridade policial, que é um agente público integrante do Poder Executivo, na apuração dos crimes em geral, quando exercita o dever-poder da persecução criminal, etapa administrativa preparatória ao ajuizamento da ação penal perante o Judiciário.

O cerne da questão será definir a natureza jurídica da investigação dos crimes, mais precisamente se esse *poder de polícia* se faz por meio de um mero *procedimento administrativo*, ou se existe, propriamente, um *processo administrativo investigador*, sob o *nome juris* de inquérito policial ou procedimento investigatório criminal. O trabalho abordará, ainda, se essa atividade persecutória, não sendo sancionadora, possui caráter *incriminador* e, por fim, as peculiaridades do controle judicial do processo investigador, realizado pelo *juiz das garantais*.

2. O estado e o crime

Conquanto nem sempre o Estado tenha existido, a vida em sociedade é própria da condição humana, tendo ela surgido desde os primeiros momentos do aparecimento do ser racional, com todas as consequências daí emergentes, merecendo menção especial as diferenças e os conflitos gerados em virtude da própria convivência em grupo.[1]

A *ratio essendi* do Estado reside no uso de sua autoridade e legitimidade para organizar a vida em sociedade, no sentido de tutelar os direitos das pessoas e realizar os serviços necessários à satisfação das necessidades sociais, com especial atenção quanto a impedir o cometimento de crimes e responsabilizar quem os tenha perpetrado.

Isso porque, desde que o *mundo é o mundo*, o crime tem se apresentado como fenômeno de variável constante, com maior ou menor taxa de incidência, independentemente do grau de desenvolvimento material ou intelectual da sociedade.[2] No ponto, Roxin[3] leciona que o crime – comportamento desviante, na visão dos sociólogos – é forma típica de ação humana, que vai existir sempre, sem embargo de o Estado ser mais ou menos desenvolvido, de modo que as circunstâncias sociais determinam mais o *como* do que o *se* da criminalidade.

Assim, se é certo dizer que *ubi societas, ibi jus*, também é lícito afirmar que *ubi societas, ibi crimen*. Logo, *ubi crimen, ibi societas*.[4] E assim tem sido ao longo da história dos povos, conquanto não se saiba precisar o momento em que o crime surgiu e como consectário a necessidade da punição. Mas se

---

1. ARISTÓTELES. *A política*. Trad. Nestor Silveira Chaves. Bauru: EDIPRO, 1995. p. 14.

2. SILVA JÚNIOR, Walter Nunes da. *Execução penal no sistema penitenciário federal*. Natal: OWL, 2021. p. 21.

3. *Estudos de direito penal*. Trad. Luís Greco. Rio de Janeiro: Renovar, 2006.

4. SILVA JÚNIOR, Walter Nunes da. *Curso de processo penal*: teoria (constitucional) do processo penal. 3. ed. rev., ampl e atual. Natal: OWL, 2021. p. 38.

sabe que a punição pela prática ao delito é uma herança cultural dos povos.[5]

2.1 Poder de polícia do Estado e a jurisdicionalização da aplicação da pena

Sendo a principal função do Estado garantir a segurança das pessoas, ele se desincumbe desse significante dever mediante o exercício do que a doutrina convencionou denominar *poder de polícia*.

Em linha de rigor, o objeto desse poder de polícia compreende todo tipo de relação que se refere ao convívio dos integrantes do grupo social, assim como se ocupa de patrulhar toda espécie de ato que venha a ameaçar ou a transgredir a ordem na sociedade.[6]

Na época do *absolutismo*, quando o Estado não estava submetido ao império da lei, e tudo podia, sem conhecer limites, esse poder de polícia era belicoso e cruel, notadamente quando exercido para punir as pessoas em razão da prática de ilícitos penais.

As punições eram as mais torpes e cruéis de que se tem notícia: açoites, mutilações e execuções sob variadas formas (guilhotina, enforcamento, fuzilamento, esquartejamento etc.).[7]

A par do movimento *iluminista*, que bradou contra essa falta de limites do estado, surgiram as ideias *beccarianas* se contrapondo à *vingança estatal*, ao *Estado cruel e vingador*, que não conhecia regras quando pretendia punir.[8] Na época, todas as funções do estado eram reunidas nas mãos firmes do soberano.

---

5. Cf. BEVILÁQUA, Clóvis. *Criminologia e direito*. Bahia: Livraria Magalhães, 1896.

6. CRETELLA JÚNIOR, José. *Tratado de direito administrativo*: polícia administrativa. Rio de Janeiro: Forense, 1968, p. 16.

7. Cf. FOUCAULT, Michel. *Vigiar e punir*: nascimento da prisão. Tradução Lígia M. Pondé Vassallo. Petrópolis: Vozes, 1977.

8. BECCARIA, Cesare. *Dos delitos e das penas*. Trad. Marcílio Teixeira. Rio de Janeiro: Vozes, 1979.

O juiz era um mero *longa manus* do soberano e liberto das amarras da lei, pelo que findava aplicando as penas mais atrozes e até capitais a fatos menos relevantes, enquanto não punia ou abrandava a punição quando era do interesse do seu *senhor*.

Em verdade, a aplicação da pena ou, melhor, a persecução criminal, compreendendo a investigação, o julgamento e a execução da pena, era uma mera atividade administrativa. A punição pela prática dos crimes estava inserida no poder de polícia do Executivo, que gozava do atributo da *autoexecutoriedade*.

Com o movimento revolucionário iluminista, tendo em conta ser de mister a limitação dos poderes do estado, nos sentidos horizontal e vertical, a *jurisdição penal* saiu da esfera administrativa e passou a ser processualizada, sob a direção de um juiz independente e imparcial. Operou-se o que Frederico Marques[9] denominou *processualização* da persecução criminal, ou melhor, a efetiva *jurisdicionalização* dos julgamentos.

Assim, conquanto o Estado-administração tenha persistido com o monopólio de realizar as atividades preventivas e ostensivas de manutenção da ordem, gozando de autoexecutoriedade nesse espaço institucional, constatada a ocorrência de um crime previsto em lei criada pelo Legislativo, ele deixou de poder aplicar a punição, pois lhe restou reservado, apenas, o *dever-poder* de exercer a persecução criminal perante o Judiciário.

A partir daí, o Estado passou a se apresentar como se fosse três pessoas distintas e, especificamente quanto à seara criminal, da seguinte forma: 1) uma, o Legislativo, que faz as leis e define, no plano abstrato, quais são os crimes possíveis de punição e as penas ou medidas aplicáveis; 2) outra, o Executivo (polícia judiciária e Ministério Público), incumbido de envidar os esforços no desiderato de pleitear a aplicação, no caso concreto, da sanção ou medida prevista na lei; e 3) o Judiciário, que tem como função conhecer o pleito do Executivo/Ministério Público – que é quem detém capacidade postulatória, nos termos do art. 129, I, da Constituição.

---

9. *Elementos de direito processual penal*. Campinas: Bookseller, 1977, v. 1., p. 28.

Ou seja, quanto à aplicação da sanção criminal passou a viger o *princípio do devido processo legal ou penal*, que se traduz no brocardo jurídico *nulla poena sine judicio.*[10]

Isso quer dizer que o devido processo legal ínsito ao campo do processo penal guarda dimensão ímpar, uma vez que, se na seara cível, desde que o particular concorde com a pretensão do Estado-administração, o assunto pode ser resolvido com a aplicação da lei ao caso concreto, mediante acordo que não precisa, sequer, passar pelo crivo do Judiciário, tal fato não ocorre no âmbito criminal, ainda quando o agente confessa e mesmo queira cumprir a pena prevista em lei: o devido processo legal, necessariamente, terá de ser desenvolvido.

2.2 Polícia administrativa e polícia judiciária: o processo administrativo investigador

A Constituição de 1988, a par de inserir a segurança tanto como um direito fundamental (art. 5º, *caput*) quanto um dos direitos sociais básicos (art. 6º, *caput*), tratou de esmiuçar que se trata de um dever do estado (art. 144, *caput*), tendo o cuidado de extremar as duas faces dessa função: aquela que *é prévia* e mesmo exercida para sustar a ação delituosa de um lado e, de outro, a investigativa ou de apuração dos *ilícitos praticados.*

Portanto, quanto à segurança pública impõe-se distinguir essas duas atividades: 1) a *preventiva e ostensiva*, cuja missão é (a) *prevenir* para evitar a prática dos crimes que podem ou estão na iminência de serem executados e (b) *reprimir*, no sentido de intervir para sustar os delitos que estão ocorrendo; e 2) a *investigatória*, exercida pela *polícia judiciária*, que atua de regra após a ocorrência do crime, tendo em mira apurar os elementos probatórios pertinentes à materialidade e aos indícios da autoria, no desiderato de municiar a ação a ser ofertada pelo Ministério Público perante o Judiciário.

---

10. Afrânio Silva Jardim ressalta que pelo "... princípio *nulla poena sine judicio*, o Estado há de submeter a sua pretensão punitiva ao crivo do Poder Judiciário" (*Direito processual penal*: estudos e pareceres. 8. ed. Rio de Janeiro: Forense, 1999. p. 83).

Essas duas espécies de exercício do poder de polícia em relação à segurança pública são identificadas, respectivamente, como *polícia administrativa* e *polícia judiciária*.[11]

Para o exercício da função de *polícia administrativa*, ou seja, para encetar as ações *preventivas e repressivas* quanto à prática dos crimes, o constituinte concebeu de ordinário a *polícia militar* e, para casos específicos, as *polícias rodoviária e ferroviária federais*, além da previsão dos *corpos de bombeiros* e mesmo das *guardas municipais*, assim como das *polícias penais*, federal e estadual.[12]

Para o desempenho da atividade de *polícia judiciária*, cuja ocupação se concentra na apuração das infrações, o constituinte elegeu a polícia federal[13] e as polícias civis de cada um dos estados da federação.

A ação estatal que nos interessa aqui é a relativa à investigação dos crimes praticados, que tem como instrumento o chamado inquérito policial ou procedimento de investigação criminal, quando levada a efeito pelo Ministério Público.

A terminologia *polícia judiciária* é imprópria porque causa a falsa impressão de que se trata de um tipo de poder de polícia exercido por um órgão constituído dentro da estrutura administrativa do Poder Judiciário, o que não corresponde à realidade, pois, como se sabe, a polícia federal e a civil são órgãos integrantes do Executivo.

---

11. Há outras classificações dessa função de polícia, porém a mais clássica é a que faz a divisão entre polícia administrativa e judiciária.

12. Às polícias rodoviária e ferroviária federais coube o *patrulhamento ostensivo*, respectivamente, das rodovias e ferrovias federais, ao passo que aos corpos de bombeiros, a execução de *atividades de defesa civil*, além de outras que lhe sejam atribuídas por lei, às guardas municipais, a proteção dos bens, serviços e instalações dos Municípios e às polícias penais a segurança dos estabelecimentos penais (art. 144, §§ 2º, 3º, 5º, 5º-A, da Constituição).

13. Na interpretação da norma, deve-se perceber que a expressão *pessoa* abrange as físicas e jurídicas e, em relação a estas, as públicas e privadas.

O certo é que essa atividade administrativa investigativa é desempenhada por meio de um *instrumento* denominado *inquérito policial* pelo Código de Processo Penal, porquanto é conduzido pelo delegado de polícia (art. 4º, *caput*, do CPP), devendo acompanhar a ação penal, quando lhe servir de base (art. 12 do CPP).

Assim, a *persecução criminal* compreende essas atividades que são desempenhadas pela polícia judiciária (polícia federal e polícia civil) e pelo Ministério Público, federal e estadual, que consistem na investigação para subsidiar o pedido de punição por meio do oferecimento da ação penal ou de solução do problema sem aplicação de sanção, mediante a transação, suspensão do processo ou o acordo de não persecução penal.

Essa persecução criminal, espraiada entre a chamada *polícia judiciária* e o Ministério Público, é poder político conferido ao Estado e monopólio dele.

A nomenclatura *persecução criminal* é preferível à *persecução penal*, pois nem sempre a atuação do Ministério Público se pauta no propósito de conseguir a punição do infrator, quer porque é seu dever pedir a absolvição quando considerar o acusado inocente, quer pelo fato de, em muitos casos, propor a solução consensuada do problema criminal, sem a imposição de pena.[14]

Isto é, nesses casos, a persecução criminal não tem como finalidade *punir* ou aplicar pena, mas, sim, solucionar o problema sem a imposição de sanção, atendendo ao mandamento contido no art. 3º, III, da Constituição, que orienta o desenvolvimento de política criminal no afã de *erradicar a marginalização*.

Cabe agregar que o *jus persequendi* é oriundo da perspectiva objetiva dos direitos fundamentais, pois, ao lado da interpretação liberal clássica dessa classe de direitos como garantias da esfera de liberdade da pessoa contra as intervenções

---

14. SILVA JÚNIOR, Walter Nunes da. *Reforma tópica do processo penal:* inovações aos procedimentos ordinário e sumário, com o novo regime das provas, principais modificações do júri e as medidas cautelares pessoais (prisão e medidas diversas da prisão). Natal: OWL, 2022. p. 116-118.

do Estado, anota Alexi[15] que eles exalam também *"derechos a acciones positivas del Estado, que deben ser incluídas en el status positivo en sentido stricto"*.[16] Esse entendimento doutrinário do *dever de proteção (eficiente)* foi sufragado pelo Supremo Tribunal no julgamento da ADI 3.112/DF, relatado pelo Ministro Ricardo Lewandowski.[17]

Em outras palavras, nessa nova dimensão dos direitos fundamentais, o Estado evolui da posição de *adversário*, no sentido de que ele é proibido ou sofre limitações no seu agir, correspondendo ao *dever de inação ou proibição*, para o de *amigo ou guardião*, com o dever de promover ações de proteção, que caracteriza o *dever de ação ou proteção*.[18]

2.2.1 Inquérito policial: processo administrativo investigador e incriminador

Conquanto a investigação seja uma atividade administrativa, exercida por um órgão do Executivo, é da tradição do direito brasileiro a sua disciplina no Código de Processo (art. 4º a 23 do CPP). É comum dizer-se que o inquérito policial não passa de um *mero procedimento administrativo*, pois, em vez de um *processo administrativo*, o seu conteúdo se circunscreve a coletar elementos probatórios acerca da existência do crime, dos indícios de autoria e das circunstâncias nas quais foi praticada a conduta, não se prestando para julgar o fato ou impor sanção.

Compreende-se que sempre se teve a preocupação de relegar a segundo plano a importância do inquérito policial, de

---

15. *Teoria de los derechos fundamentales*. Madrid: Centro de Estudios Constitucionales, 1993, p. 419.

16. Em profundo estudo sobre o tema, Rodrigo Telles defende que "O dever estatal de investigar fundamenta-se nos arts. 5º, XLI, 6º, 144 e 37, *caput*, da Constituição de 1988" (*A investigação criminal e a vedação ao anonimato no sistema jurídico brasileiro*. Dissertação. Programa de Pós-Graduação em Direito da Universidade Federal do Rio Grande do Norte. Natal, 2012, p. 299).

17. STF, adi 3112/DF, Pleno, j. 02.005.2007, rel. Min. Ricardo Lewandowski.

18. DRESSLER, Joshua. *Understanding criminal procedure*. 3. ed. New York: Lexis Nexis, 2002, p. 23.

modo a justificar a ausência de relevância quanto a eventuais irregularidades praticadas durante a sua tramitação, a ponto de se asseverar que as suas nulidades não contaminam o processo judicial instaurado com o oferecimento da ação penal.[19]

Todavia, será que no inquérito não há julgamento? O fato em si de alguém ser investigado por meio de um inquérito não tem o condão de alterar a sua situação jurídica? Ainda que o inquérito policial não se trate de um processo administrativo sancionar, ele não é *incriminador*?

Ninguém há de negar que a existência de uma investigação em si gera uma *ameaça* ao direito de liberdade da pessoa objeto da apuração. Muito menos de que, só pelo fato de ser investigada, a pessoa, de regra, tem arranhada a sua *imagem* e mesmo a *honra* perante a sociedade, direitos fundamentais catalogados no inciso X do art. 5º da Constituição, não se prestando para escoimar essa nódoa a eventual absolvição ou mesmo quando o Ministério Público, sequer, oferece a ação penal.

Ademais, quando a autoridade policial aponta alguém como a possível responsável pela prática de um crime, para todos os efeitos, é realizado um *julgamento*, ainda que não o seja no sentido técnico jurídico do termo. Em outras palavras, a autoridade policial, conquanto de forma precária, procede a um *juízo de valor*, que implica a flexibilização do *princípio da presunção de inocência*. Não condena ou sanciona, mas, inegavelmente, *incrimina*.

Por isso mesmo, a doutrina e a jurisprudência nacionais, de forma uníssona, entendem que o indiciamento sem que haja a *justa causa* caracteriza constrangimento ilegal, sanável por meio da interposição de *habeas*, tal como ficou consignado pelo Supremo Tribunal Federal no julgamento do Inq. 2033/DF, "sob o risco de se admitir a instauração de ação penal temerária, em desrespeito às regras do indiciamento e ao princípio da presunção de inocência".[20]

---

19. ALENCAR, Rosmar Rodrigues. *Teoria da nulidade no processo penal*. São Paulo: Noeses, 2016, p. 464.

20. STF, Inq. 2033/DF, Pleno, j. 16.06.2004, rel. Min. Nelson Jobim.

Aliás, é importante aqui ter presente a diferença entre instaurar o inquérito e proceder ao indiciamento. Não raro, a autoridade policial instaura o inquérito sabendo, apenas, que ocorreu o ilícito, não tendo, em alguns casos, sequer um suspeito. Assim, em obediência ao princípio da obrigatoriedade, com base apenas na notícia de que um crime foi praticado, a autoridade policial instaura o inquérito.

Todavia, para indiciar alguém, em obséquio ao princípio da presunção de inocência, a autoridade policial precisa reunir não apenas provas de que ocorreu um crime, como também amealhar *indícios* de que aquela pessoa perpetrou o ilícito.

Por isso mesmo, acertadamente, o legislador, ao tempo em que acentuou ser privativo do delegado de polícia a prática do ato de *indiciamento*, esclareceu que tal há de ser veiculado em *despacho fundamentado*, por intermédio de análise *técnico-jurídica* (art. 2º da Lei 12.830, de 2013).

Como se vê, devido ao indiciamento, a pessoa sai da condição de *investigada* ou *suspeita* para a de *indiciada*, com a consequente flexibilização do *princípio da presunção de inocência*, que não se confunde com o *princípio da presunção de não culpabilidade*.[21] Daí que, embora a autoridade policial, nesse momento da persecução penal, não tenha de realizar um juízo de *certeza* em relação à *culpa*, em atenção ao princípio da presunção de inocência *stricto sensu*, só pode indiciar alguém caso tenha reunido elementos para a formação da chamada *justa causa*, uma vez que o indiciamento é notadamente *incriminatório*.[22]

Por conseguinte, ontologicamente, a investigação é feita por meio de um efetivo processo administrativo e não apenas por um mero procedimento. Certamente a preocupação em

---

21. Sobre a distinção entre os princípios da *presunção de inocência* e da não culpabilidade, cf. SILVA JÚNIOR, Walter Nunes da. *Curso de processo penal:* teoria (constitucional) do processo penal, p. 388-391.

22. SILVA JÚNIOR, Walter Nunes da. *Reforma tópica do processo penal*: inovações aos procedimentos ordinário e sumário, com o novo regime das provas, principais modificações do júri e as medidas cautelares pessoais (prisão e medidas diversas da prisão), p. 91-92.

defender que não se trata de um processo de investigação reside no fato de se tentar dar suporte à narrativa de que em sua seara não se aplica o princípio da ampla defesa, plasmado no art. 5º, LV, da Constituição.

Todavia, não há necessidade de se recorrer a esse expediente. Basta ter em conta que não há um devido processo legal único e inflexível, pois tal depende da espécie de processo. Obviamente que a abrangência da ampla defesa em processo criminal que alberga a pretensão acusatória é bem mais extensa do que o em que se pede só a quebra do sigilo bancário, por exemplo.[23]

O mesmo se diga, portanto, quanto à ampla defesa em um *processo administrativo investigador*, que se presta, apenas, à formação da *culpa sumária*, para efetivar a *incriminação*.

Voltando os olhos para o foco do presente tópico, cabe contextualizar que o Código de Processo Penal de 1941 foi pensado como um *instrumento de força* a ser manejado pelo Estado para *combater* a criminalidade, concebendo o ambiente processual como uma *arena*, na qual é travada verdadeira *guerra* entre o *bem* e o *mal*.

A sua eficiência não estava na proteção dos direitos da pessoa investigada ou acusada, mas, sim, em conseguir a punição. O escopo da persecução criminal era descobrir a *verdade*, a chamada *verdade real* – algo que ontologicamente não existe – a fim de *combater a criminalidade* com eficiência.[24]

Portanto, *os fins justificavam os meios*. Era o *vale tudo na persecução criminal*, no propósito de conseguir a punição. A autoridade policial detinha autonomia alargada para proceder as investigações, *sem controle judicial*, ademais de contar com o *auxílio incondicional do juiz*, na condução da investigação. A missão do juiz não era *controlar* a investigação, mas, sim, *auxiliá-la*.

---

23. SILVA JÚNIOR, Walter Nunes da. *Curso de processo penal: teoria* (constitucional) do processo penal, p. 288.

24. LOPES JÚNIOR, Aury. *Direito processual penal e sua conformidade constitucional*. 5. ed. rev. e atual. Rio de Janeiro: Lumen Juris, 2010. v. I, p. 564.

O juiz ficava alheio à investigação, salvo quando lhe convinha participar ativamente, com a finalidade de cooperar com a investigação. A autoridade policial não necessitava de permissão judicial para os atos de diligência, sequer quando se tratava de busca e apreensão, tendo em consideração a dicção normativa do art. 242 do Ordenamento Processual Penal e a Constituição então vigente[25] – e perdurou até a Constituição de 1988.

Sem embargo dessa particularidade, com a Constituição de 1988, o juiz adquiriu nova missão institucional nessa fase da persecução criminal, a saber, decidir sobre a flexibilização de direito fundamental, quando necessária a medida para a realização de diligências como busca e apreensão, interceptação de comunicação telefônica e correspondência, quebra de sigilos bancário, fiscal e de dados etc. O juiz passou a ter tríplice função: (a) auxiliar a investigação; (b) decidir sobre a flexibilização dos direitos fundamentais durante a investigação; e (c) processar e julgar a pretensão acusatória.

Criou-se o *sistema investigatório 3 (três) em 1 (um)*, ou *dos 3 (três) contra 1 (um)*: polícia, Ministério Público e juiz de um lado, enquanto, do outro, o investigado, aqui e ali assistido por um advogado.

2.2.2 Controle judicial do processo administrativo investigador: o juiz das garantias

A verdade científica quanto ao comprometimento da imparcialidade exalada da *teoria da dissonância cognitiva* serviu de lastro para que diversos países, no afã de aprimorar seus respectivos sistemas, progressivamente, suprimissem os poderes investigatórios do juiz, e passassem a adotar a figura do chamado *juiz das garantias*.

O juiz foi excluído da condição de ator da investigação, mas não do seu controle, na medida em que inibir a

25. LEAL, Antônio Luiz da Câmara. *Comentários ao Código de Processo Penal brasileiro*. Rio de Janeiro: Livraria Editora Freitas Bastos, 1942. v. 1, p. 99.

intervenção jurisdicional deixaria os direitos fundamentais sem amparo durante o *processo administrativo investigador*, que é, notadamente, *incriminatório*.

A expressão juiz das garantias evidencia que o seu papel não é *investigar*, mas controlar os *poderes investigatórios* de quem detém legitimidade para exercê-los.

Essa diretriz foi emanada do Tribunal Europeu de Direitos Humanos, merecendo destaque o Caso Cubber *v.* Bélgica (1984), quando se entendeu pela malferição do art. 6, 1, da Convenção Europeia de Direitos Humanos, no que diz respeito ao direito a um *julgamento imparcial*, pelo fato de um dos juízes do julgamento ter praticado anteriormente atos investigatórios e decretado a prisão do acusado.[26]

O movimento de acordo com essa orientação no sentido de criar o juiz das garantias se fez sentir na América Latina ainda no ano de 1988, com a elaboração do *Código de Processo Penal Tipo para Ibero-América*.[27] O Brasil participou ativamente desse movimento e, em razão do compromisso internacional assumido, fez constar esse instituto no projeto de novo Código de Processo Penal, aprovado no Senado em 2010.[28] Seguindo essas pegadas, a Lei 13.964, de 2019, enfim, criou o instituto do juiz das garantias em nosso meio, suspenso em razão de liminar deferida pelo Ministro Luiz Fux.

Prima facie, o exegeta é levado a acreditar que houve apenas a separação entre o juiz da fase pré-processual e o do processo. Esquecendo-se do que foi aduzido acima, chegou-se até mesmo a afirmar que alguns estados da federação, que tinham adotado a figura do juiz com competência para atuar apenas nos inquéritos, já haviam cuidado de se adiantar ao legislador.

---

26. Disponível em: https://hudoc.echr.coe.int/rus#_ftn1. Acesso em: 29 set. 2020.

27. AMBOS, Kai; CHOKR, Fauzi Hassan. *A reforma do processo penal no Brasil e na América Latina*. São Paulo: Método, 2001. p. 251.

28. Projeto de Lei 159, de 2009, aprovado pelo Senado Federal em 2010, ainda pendente de apreciação pela Câmara dos Deputados.

Entretanto, o modelo de jurisdição com o instituto do juiz das garantias vai bem além dessa mera divisão de trabalho entre os magistrados. Cria-se um patrulhamento singular do *processo administrativo investigador*, o qual, para ser válido, fica sob o permanente controle do Judiciário, desde a sua mera instauração.

Com efeito, sendo defeso ao juiz das garantias praticar atos investigatórios (art. 3º-A, segunda parte, do CPP), a sua participação na fase investigatória resta justificada por ser sua a *responsabilidade* pelo "... controle da legalidade da investigação criminal e pela salvaguarda dos direitos individuais..." (art. 3º-B do CPP).

Para todos os efeitos, foi *aberta uma nova porta* do Judiciário, a fim de *jurisdicionalizar* a fase investigatória. Aqui depara-se com fenômeno jurídico similar ao que se experimentou em nosso meio quando da edição da Lei 7.210, de 1984, com a *jurisdicionalização* da execução penal,[29] de maneira que, em tese, toda e qualquer questão referente à *legalidade da investigação* pode ser suscitada pelo investigado perante o juiz das garantias.

Fecha-se o ciclo da *processualização* da persecução criminal, iniciado na segunda metade do século XVIII, sob o comando da voz e da escrita de Beccaria.

Como se vê, a despeito de o juiz das garantias não poder praticar atos investigatórios, ficando impedindo de participar como se inquisidor fosse, o ambiente do processo administrativo investigador deixou de ser território exclusivo da autoridade policial e ou do Ministério Público.

O controle judicial não é feito só *a posteriori*, como se dá em relação a outros tipos de processos administrativos, e a atuação do magistrado não ocorre apenas se e quando chamado para decidir sobre a relativização de direito fundamental. Muito pelo contrário. O juiz das garantias tem a alta missão de exercer, durante a sua tramitação, o *controle da legalidade*

29. SILVA JÚNIOR, Walter Nunes da. *Execução penal no sistema penitenciário federal*, p. 63.

do processo administrativo investigador, ou seja, dos atos investigatórios, sejam eles realizados pela autoridade policial ou pelo Ministério Público, ou por qualquer outra autoridade.

A assertiva acima não é mera retórica. No desiderato de evidenciar que o aspecto mais importante e inovador do juiz das garantias é o *controle da legalidade* da investigação criminal durante o transcurso mesmo do processo administrativo investigador, no inciso IV do art. 3º-B do CPP está esclarecido que o magistrado deve ser informado sobre a instauração de *qualquer investigação*.

Por conseguinte, a partir da entrada em vigor do dispositivo em foco, não deverá haver mais uma única investigação criminal no país que não seja do conhecimento do respectivo juiz das garantias competente.[30] É algo similar ao que ocorre com a detenção em flagrante. O ato administrativo, para fins de controle de sua legalidade, tem de chegar ao conhecimento do juiz. Aliás, lamenta-se que o legislador não tenha tido a acuidade de tratar de estabelecer o prazo para que o titular da investigação informe ao juiz das garantias sobre a instauração do processo de investigação. O prazo de 24 (vinte e quatro) horas, previsto para o envio do auto de prisão em flagrante, parece razoável, devendo ser aplicado por analogia.

A regra da comunicação vale para os inquéritos policiais e para os procedimentos de investigação criminal – PICs, a cargo dos membros do Ministério Público. Enfim, a toda e qualquer espécie de apuração de crime, na medida em que, no ponto, o legislador foi peremptório, ao preceituar entre as competências do juiz das garantias, "ser informado sobre a instauração de *qualquer investigação criminal*" (art. 3º-B, IV, do CPP. Grifos acrescentados). Como se vê, essa nova ordem de coisas representa um avanço e tanto.

30. O juiz das garantias deverá encaminhar expediente para a polícia e para o Ministério Público, solicitando a informação quanto a todos os inquéritos em tramitação.

E mais. O juiz das garantias, no afã de racionalizar o comando do inciso X do mesmo artigo, pode determinar, valendo-se da facilidade do processo eletrônico, a distribuição do inquérito policial ou do procedimento de investigação criminal, de modo que todo o andamento da investigação seja acompanhado por ele, pelo investigado e seu advogado e, até mesmo, pela vítima, salvo em relação a esses últimos quanto ao que estiver em sigilo.[31]

Com a adoção dessa estratégia, a pessoa, para saber sobre o andamento de investigação instaurada contra si, não precisará mais se dirigir à delegacia. Poderá bater à porta do juiz das garantias e, ainda, se cadastrar nos autos eletrônicos, no propósito de acompanhar a distância a investigação, sendo informado dos atos praticados, exceto, claro, quanto ao que estiver em sigilo, o que só é admissível caso o conhecimento tenha a propriedade de atrapalhar diligências que estão em curso ou prestes a serem iniciadas.

Acredita-se que esse preceito legal terá o condão de diminuir o número de investigações instauradas, pois o *investigador*, para tanto, terá de reunir elementos suficientes a revelar a existência de *fundamento razoável*. A decisão do juiz a respeito não requer provocação por parte do investigado, até porque, em muitos casos, este nem sabe ainda que um processo administrativo investigador foi instaurado contra si. De mais a mais, pode ser que não haja, sequer, suspeito ou investigado identificado.

Aliás, a provocação para fins do pronunciamento judicial deve se dar com o envio da informação da instauração do processo administrativo investigador.

31. Essa medida é muito importante, a fim de que seja realizado melhor controle, podendo assim o juiz das garantias consultar os autos a qualquer momento e ter ciência de todos os atos praticados, sem necessidade de pedir informação à autoridade policial. Aplica-se, aqui, a Súmula Vinculante 14: "É direito do defensor, no interesse do representado, ter acesso amplo aos elementos de prova que, já documentados em procedimento investigatório realizado por órgão com competência de polícia judiciária, digam respeito ao exercício do direito de defesa".

Especial destaque há de merecer a dicção normativa do inciso IX do art. 3º-B do CPP, na medida em que deixa gizado entre as atribuições do juiz das garantias *determinar o trancamento* da investigação,[32] quando não houver fundamento razoável para a sua *instauração* ou *prosseguimento*.

Esse dispositivo esclarece que, ao receber a comunicação da instauração da investigação, devem ser remetidos os autos do processo administrativo investigador, e que o juiz das garantias há de fazer um exame efetivo do seu conteúdo, pois tem de decidir se existe *fundamento razoável* a justificar a apuração feita pela autoridade policial ou pelo Ministério Público.

De outra banda, a última parte do inciso IX 3º-B do CPP ("determinar o trancamento do inquérito policial quando não houver fundamento razoável para a sua instauração ou *prosseguimento*") evidencia que o juiz das garantias deve acompanhar o desenvolvimento da investigação, podendo, a todo e qualquer momento, mesmo de ofício, determinar o *trancamento* ou extinção do processo administrativo investigador, notadamente quando ficar parado por lapso temporal considerável, com afronta ao princípio da duração razoável.

3. Conclusão

Desde sempre, o crime se apresenta como variável constante na vida em sociedade: *ubi societas, ibi crimen*. Para garantir a segurança no convívio social e fazer valer os direitos fundamentais na perspectiva objetiva (dever de proteção), o Estado age escudado pelo *poder de polícia*.

No período do absolutismo, o Estado não conhecia limites, aplicando a punição de quem praticava os delitos por meio de um mero ritual, possuindo autoexecutoriedade quanto à *investigação*, o *julgamento* e a *execução da pena*.

32. O legislador, por lapso, utilizou a expressão inquérito policial. O certo era referir-se à investigação criminal, a fim de abranger qualquer tipo de apuração, assim como consta do caput e do inciso IV do art. 3º-B do CPP.

Com o movimento *iluminista*, irrigado com as ideias de Beccaria, em relação à punição do infrator, operou-se a *processualização da persecução criminal* ou *jurisdicionalização* dos julgamentos, passando a vigorar o *devido processo legal ou penal – nulla poena sine judicio*.

O monopólio da persecução criminal pelo Estado-administração persistiu apenas quanto às atividades da chamada *polícia administrativa* – preventivas e ostensivas –, a cargo, em nosso meio, da polícia militar, e às da *polícia judiciária* – investigativa – atribuídas prioritariamente à polícia federal e à polícia civil.

A despeito da expressão *polícia judiciária* a investigação é da alçada do Executivo, realizada mediante instrumento denominado *inquérito policial* pelo Código de Processo Penal, que, em verdade, para além de um mero procedimento, cuida-se de lídimo processo administrativo investigador, pois, malgrado não imponha sanção, mediante o indiciamento, aponta o investigado como o possível autor da prática do crime, tendo o condão de *incriminá-lo*, flexibilizando, assim, o princípio da presunção de inocência.

No modelo originário do CPP de 1941, o espaço institucional do inquérito policial era um território livre, em que a autoridade policial atuava sem *controle*, cujo escopo era descobrir a *verdade real* – meta impossível – para *combater a criminalidade* com eficiência. O juiz só intervinha para cooperar com a investigação.

A sedimentação do sistema acusatório promoveu a exclusão dos poderes investigatórios outorgados indevidamente ao juiz na versão originária do CPP, sendo criada a figura do *juiz das garantias*, cuja missão é *fiscalizar a legalidade* das investigações criminais, independentemente se conduzida pela autoridade policial ou pelo Ministério Público, criando um *controle judicial* singular do processo administrativo investigador, o qual, para ser válido, desde o seu início, fica sob permanente patrulhamento do Judiciário, ao contrário do que ocorre em outros tipos de processos administrativos, que só são submetidos ao crivo do magistrado ao seu término.

Referências

ALEXY, Robert. *Teoria de los derechos fundamentales*. Madrid: Centro de Estudios Constitucionales, 1993.

ALENCAR, Rosmar Rodrigues. *Teoria da nulidade no processo penal*. São Paulo: Noeses, 2016.

AMBOS, Kai; CHOUKR, Frauzi Hassan. *A reforma do processo penal no Brasil e na América latina*. São Paulo: Método, 2001.

ARISTÓTELES. *A política*. Trad. Nestor Silveira Chaves. Bauru: EDIPRO, 1995.

BEVILÁQUA, Clóvis. *Criminologia e direito*. Bahia: Livraria Magalhães, 1896.

CRETELLA JÚNIOR, José. *Tratado de direito administrativo:* polícia administrativa. Rio de Janeiro: Forense, 1968.

DRESSLER, Joshua. *Understanding criminal procedure*. 3. ed. New York: Lexis Nexis, 2002.

FOUCAULT, Michel. *Vigiar e punir*: nascimento da prisão. Trad. Lígia M. Pondé Vassallo. Petrópolis: Vozes, 1977.

JARDIM, Afrânio Silva. *Direito processual penal*: estudos e pareceres. 8. ed. Rio de Janeiro: Forense, 1999.

LEAL, Antônio Luiz da Câmara. *Código de Processo Penal brasileiro*. Rio de Janeiro: Freitas Bastos, 1943. v. 1.

LOPES JÚNIOR, Aury. *Direito processual penal e sua conformidade constitucional*. 5. ed. rev. e atual. Rio de Janeiro: Lumen Juris, 2010. v. I.

MARQUES, Frederico. *Elementos de direito processual penal*. Campinas: Bookseller, 1977. v. 1.

ROXIN, Claus. *Estudos de direito penal*. Trad. Luís Greco. Rio de Janeiro: Renovar, 2006.

SILVA JÚNIOR, Walter Nunes da. *Curso de processo penal*: teoria (constitucional) do processo penal. 3. ed. rev., ampl e atual. Natal: OWL, 2021.

SILVA JÚNIOR, Walter Nunes da. *Execução penal no sistema penitenciário federal*. Natal: OWL, 2021.

SILVA JÚNIOR, Walter Nunes da. *Reforma tópica do processo penal*: inovações aos procedimentos ordinário e sumário, com o novo regime das provas, principais modificações do júri e as medidas cautelares pessoais (prisão e medidas diversas da prisão). Natal: OWL, 2022.

SOUZA. Rodrigo Telles. *A investigação criminal e a vedação ao anonimato no sistema jurídico brasileiro*. Dissertação (Mestrado) – Programa de Pós-Graduação em Direito da Universidade Federal do Rio Grande do Norte. Natal, 2012.

PERSPECTIVAS DO CONSTITUCIONALISMO ADMINISTRATIVO E A ANÁLISE DO JULGAMENTO DO ARE 843.989 PELO STF: A (IR) RETROATIVIDADE DAS INOVAÇÕES NA LEI DE IMPROBIDADE

Ricardo Duartc Júnior

Doutor em Direito Público pela Faculdade de Direito da Universidade de Lisboa (FDUL); Mestre em Direito Público pela UFRN; Professor Universitário, Advogado, Consultor Jurídico e sócio do escritório Duarte & Almeida advogados associados. Contato eletrônico: ricardo@duarteealmeida.adv.br.

Eduardo Sousa Dantas

Doutorando em Direito pela Universidade de São Paulo (USP). Mestre em Direito Público pela Universidade do Estado do Rio de Janeiro (UERJ). Juiz Federal em auxílio no Supremo Tribunal Federal (STF).
Contato eletrônico: eduardo.dantas@stf.jus.br

Resumo: O presente trabalho busca explicitar as relações entre o Direito Constitucional e o Direito Administrativo, com as consequências que decorrem da adoção do denominado modelo de constitucionalismo administrativo. A partir da revisão da literatura existente, busca-se demonstrar a necessidade de legitimação constitucional da interpretação e aplicação das normas administrativas. Defende-se a importância da Administração na aplicação da Constituição, bem como o papel do Supremo Tribunal Federal (STF) no controle de constitucionalidade das normas de direito público. Na segunda parte, promove-se uma análise crítica do recente julgamento relativo à retroatividade das alterações na Lei de Improbidade Administrativa por parte do STF. Ao final, foram apresentadas conclusões sobre o objeto deste trabalho.

Palavras-chave: Constitucionalismo administrativo. Controle de constitucionalidade. Improbidade administrativa. Supremo Tribunal Federal.

Keywords: Administrative constitutionalism. Judicial review. Administrative violation. Supremo Tribunal Federal.

Introdução

É com muita honra e satisfação que recebemos o convite para participar desta obra em homenagem ao Desembargador Federal e Professor Universitário Edilson Pereira Nobre Júnior, um dos mais destacados e importantes administrativistas de seu tempo, um autor à frente da sua época que faz *jus* à história de grandes juristas que possuem raízes no estado do Rio Grande do Norte, como Amaro Cavalcanti e Miguel Seabra Fagundes.

O homenageado é conhecido entre seus alunos e colegas de profissão pelo elevado nível de instrução e domínio das disciplinas jurídicas e humanísticas que compõem a ciência do Direito, sendo famoso por sua memória enciclopédica, pela prolífica produção acadêmica que vem desenvolvendo durante vários anos e pelo elevado grau de tecnicismo que marca sua atuação acadêmica e profissional.

A excelência no desempenho de suas funções fez com que o homenageado rompesse as fronteiras locais para atingir expressão regional e nacional por intermédio de sua atuação na prestigiosa Universidade Federal de Pernambuco e no egrégio Tribunal Regional Federal da 5ª Região, um dos melhores e mais reconhecidos do país. Apesar de todo o sucesso atingido, nunca se mostrou apegado aos ritos e às solenidades dos cargos que ocupa, o que demonstra toda a sua simplicidade e nobreza de caráter.

Entre as dezenas de obras publicadas, alguns trabalhos ganharam especial destaque e são dignos de nota, como os estudos relativos à aplicação do princípio da boa-fé objetiva no direito administrativo (*"O princípio da boa-fé e sua aplicação no Direito Administrativo Brasileiro"*), o livro publicado sobre a desapropriação para fins de reforma agrária (*"Desapropriação para fins de reforma agrária"*), a tese para progressão como professor titular da UFPE, sobre a função normativa das agências reguladoras (*"O controle jurisdicional da função normativa das agências reguladoras"*) e os inúmeros artigos, capítulos de livro e decisões proferidas sobre o tema da improbidade administrativa.

Uma das características marcantes em todos os trabalhos de Edilson Pereira Nobre Júnior é a percuciente análise das inter-relações entre o Direito Administrativo, o Direito Constitucional e a realidade subjacente, o que resulta em uma compreensão progressista, analítica e sistemática das regras, dos institutos e dos princípios que regem o exercício da atividade administrativa.

Essa vertente que vem sendo denominada por alguns autores como constitucionalismo administrativo constitui o marco inicial de inspiração do presente trabalho, que busca pormenorizar alguns pontos dessa relação entre a Constituição, os poderes constituídos e a sociedade em relevantes áreas de atuação do direito administrativo, com significativo impacto na compreensão e aplicação de regras do direito sancionatório e do regime jurídico da improbidade.

Pretende-se defender a importância e a centralidade da Constituição no exercício das atividades do poder público e na leitura e interpretação das normas administrativas, com destaque para o papel exercido pelo Supremo Tribunal Federal (STF) no julgamento de questões constitucionais relativas ao regime jurídico administrativo, o qual deve ser compreendido de forma crítica e dialógica.

Para se analisar de forma concreta as consequências do constitucionalismo administrativo, os autores selecionaram o julgamento do ARE 843.989 pelo Supremo, que trata do tema da retroatividade das alterações legais que passaram a exigir o dolo e a estatuir novos prazos de prescrição para os atos de improbidade administrativa, com a apresentação de argumentos constitucionais que levariam, na opinião dos autores, a uma solução distinta daquela que foi adotada pelo STF.

Como metodologia de trabalho para a apresentação e o desenvolvimento dos temas indicados, optou-se pela revisão da literatura existente sobre o constitucionalismo administrativo e sobre a improbidade administrativa, bem como pelo estudo do caso supramencionado. Ao final, foram apresentadas algumas considerações finais sobre o objeto de estudo.

1. Perspectivas do constitucionalismo administrativo na interpretação e aplicação das normas do direito administrativo

As relações entre o Direito Administrativo e o Direito Constitucional apresentam enormes variações a depender da época e do local em que elas são observadas, sendo possível vislumbrar períodos de absoluta indiferença, de disputa entre estas disciplinas ou de uma intensa correlação.

A título de exemplo, nos países de tradição jurídica anglo-saxã, vinculados ao *common law*, o Direito Administrativo sequer se apresentava, até pouco tempo, como ramo autônomo e específico da ciência jurídica.[1] Até os dias de hoje, inúmeros autores destacam a ausência de normas específicas sobre a Administração Pública na Constituição norte-americana, o que representa um relevante fator indicativo das dissonâncias existentes entre essas matérias.[2]

1. NEVES, Cleuler Barbosa das; FERREIRA FILHO, Marcílio da Silva. Dever de consensualidade na atuação administrativa. *RIL Brasília*, 55, n. 218, p. 64, abr./jun. 2018. Destaque-se que esse cenário mudou radicalmente com a ascensão das agências independentes nos Estados Unidos, por exemplo. Para esse tema, Cf.: SUNSTEIN, Cass; VERMEULE, Adrian. *Lei e Leviatã*: resgatando o estado administrativo. São Paulo: Contracorrente, 2021.

2. GINSBURG, Tom. *Written Constitutions and the Administrative State:* On the Constitutional Character of Administrative Law. University of Chicago Public Law & Legal Theory Working Paper, 2010. Disponível em: https://chicagounbound.uchicago.edu/. Acesso em: 24 jul. 2022.

A Alemanha também apresenta exemplos das várias relações estabelecidas entre essas disciplinas, sendo conhecida a divergência estabelecida no século XX sobre as incongruências entre o Direito Administrativo e o Direito Constitucional, a qual é comumente expressada através de uma célebre frase proferida pelo juspublicista alemão Otto Mayer, ao afirmar que o direito constitucional passa, enquanto que o direito administrativo permanece.[3]

No Brasil, o Direito Administrativo foi tradicionalmente compreendido de forma desvinculada do sistema constitucional, sendo marcado por uma visão organicista de Estado dotado de poderes exorbitantes que se impunha sobre os cidadãos.[4] Tinha-se, portanto, um regime jurídico-administrativo opaco, autoritário e fechado, no qual a lei era a primeira e última fonte da matéria e em que as Constituições não se ocupavam do poder público.[5]

Essa situação de distanciamento e indiferença produziu inúmeras situações que são reverberadas até os dias atuais.[6] Contudo, estudos e experiências recentes têm reforçado a

---

3. A crítica formulada por Otto Mayer ironizava a permanência das estruturas administrativas do Estado Imperial alemão diante da mudança do regime constitucional-democrático estabelecido a partir da República de Weimar. Referências sobre essa crítica podem ser encontradas em: BERCOVICI, Gilberto. O direito constitucional passa, o direito administrativo permanece. A persistência da estrutura administrativa de 1967. *In:* TELES, Edson; SAFATLE, Valdimir (Org.). *O que resta da ditadura*. São Paulo: Boitempo, 2010; BAPTISTA, Patrícia; CAPECCHI, Daniel. Se o direito administrativo fica, o direito constitucional não passa. *Revista de Direito da Cidade*, v. 8, n. 4, p. 1940, 2016. https://doi.org/10.12957/rdc.2016.25461.

4. BAPTISTA, Patrícia; ACCIOLY, João Pedro. A Administração Pública na Constituição 1988. *Revista de Direito Administrativo*, v. 277, n. 2, p. 51, 2018.

5. Ibidem, p. 52. Patrícia Baptista e João Pedro Accioly trazem interessantes exemplos desse autoritarismo administrativo, como a possibilidade de aplicação de pena por parte da Administração Pública a seus servidores por intermédio do instituto da “verdade sabida” e de prisão civil do funcionário público. Para mais detalhes, confira a obra citada.

6. Sobre esse tema, Cf.: BERCOVICI, Gilberto. O direito constitucional passa, o direito administrativo permanece. A persistência da estrutura administrativa de 1967. *In:* TELES, Edson; SAFATLE, Valdimir (Org.). *O que resta da ditadura*. São Paulo: Boitempo, 2010.

proximidade e as interconexões entre o Direito Constitucional e a Administração Pública, em um movimento que vem sendo denominado de constitucionalismo administrativo ou de constitucionalização do Direito Administrativo.

Tom Ginsburg destaca, por exemplo, que o campo de aplicação dessas duas disciplinas possui mais áreas de permeabilidade e de sobreposição do que normalmente se imagina, sendo ambas igualmente importantes para a delimitação do poder estatal.[7]

Nessa linha, embora o constitucionalismo trate das grandes questões políticas e de direitos fundamentais, como a liberdade de expressão ou as garantias judiciais do processo, tais demandas também podem surgir nas relações administrativas do dia a dia, como na concessão de uma licença ou de uma autorização, na regulação de um setor da economia ou na aplicação de uma sanção administrativa.[8]

De forma semelhante, Bertrall L. Ross II ressalta que as agências administrativas, por exemplo, lidam com o constitucionalismo ao interpretar e aplicar leis baseadas em valores ou dispositivos constitucionais, razão pela qual tais órgãos devem ser considerados agentes relevantes na construção da compreensão constitucional compartilhada de normas fundamentais.[9]

Nos Estados Unidos, a dimensão constitucional da atividade administrativa vem sendo debatida em relação às políticas governamentais de defesa e promoção da seguridade social, a qual é considerada por vários autores como parte integrante da estrutura fundamental do Estado e da sociedade

---

7. GINSBURG, Tom. *Written Constitutions and the Administrative State:* On the Constitutional Character of Administrative Law. University of Chicago Public Law & Legal Theory Working Paper, 2010. Disponível em: https://chicagounbound.uchicago.edu/. Acesso em: 24 jul. 2022. p. 117-118.

8. Ibidem, p. 118.

9. ROSS II, Betrall L. Embracing administrative constitucionalism. *Boston University Law Review*, v. 95, 2015.

americana, verdadeiro direito constitucional de natureza fundamental, mesmo diante da ausência de norma expressa.[10]

Outros exemplos de constitucionalismo administrativo também podem ser encontrados na implementação de diretrizes de inclusão e antidiscriminação na política habitacional urbana, a qual se encontra embasada na interpretação estabelecida por órgãos públicos sobre a cláusula fundamental da igual proteção e sobre os impactos desproporcionais que o sistema de moradia impõe sobre a população negra, por exemplo.[11]

Há ainda um fértil campo de debate no que se refere à delimitação e ao controle das atividades das agências reguladoras, tendo em vista o crescimento da importância de tais agências no atual contexto do estado administrativo norte-americano e a necessidade de se estabelecer critérios de transparência e de legitimação constitucional para a atuação de tais órgãos.[12]

No Brasil, o constitucionalismo administrativo tem servido para fortalecer a posição dos cidadãos em relação à Administração Pública, com o questionamento e a revisão de dogmas e fórmulas genéricas de voluntarismo decisionista, fundados na supremacia do interesse público ou em sua absoluta indisponibilidade.[13]

A influência desse movimento tem resultado na defesa e na utilização de métodos de sopesamento entre os direitos e interesses em conflito em demandas administrativas, com a valorização do princípio da proporcionalidade e dos direitos

10. METZGER, Gillian. Administrative Constitutionalism. *Columbia Law School*, v. 91, n. 11, p. 1897, 2013.

11. Ibidem, p. 1897.

12. Ibidem, n. 11, 2013.

13. BAPTISTA, Patrícia; CAPECCHI, Daniel. Se o direito administrativo fica, o direito constitucional não passa. *Revista de Direito da Cidade*, v. 8, n. 4, 2016. https://doi.org/10.12957/rdc.2016.25461. p. 1944.

e garantias fundamentais dos cidadãos enquanto parâmetros de controle da ação pública.[14]

A constitucionalização do Direito Administrativo também tem levado à compreensão da burocracia estatal enquanto instância relevante no sistema de proteção dos direitos e de garantias fundamentais dos cidadãos, inclusive no que se refere à implementação de direitos sociais.[15]

Destaque-se que esses campos de sobreposição entre as duas áreas exige o estabelecimento de uma relação de maior permeabilidade entre o constitucionalismo e a atividade administrativa, sob pena de frustrar as legítimas expectativas sociais da completa implementação de um Estado Democrático de Direito.[16]

Diante desse macro contexto, é possível estabelecer algumas perspectivas e consequências que decorrem da adoção desse modelo de constitucionalismo administrativo.

A primeira é a necessidade de legitimação constitucional do exercício ou da aplicação de normas administrativas, o que é especialmente relevante nos casos de órgãos que atuam de forma desvinculada das instâncias de controle e

14. Ibidem, p. 1944. É importante destacar que o processo de constitucionalização do direito administrativo não tem ocorrido de forma linear ou sem seus próprios riscos e dificuldades. Nessa linha, Patrícia Baptista e Daniel Capecchi ressaltam a persistência de determinadas estruturas autoritárias, a opacidade e corrupção do Estado brasileiro, as dificuldades de implementação dos princípios republicanos da impessoalidade, publicidade e isonomia e as incertezas geradas pela principiologia de base constitucional. Para tais críticas, confira a obra citada nesta nota.

15. BAPTISTA, Patrícia; CAPECCHI, Daniel. Se o direito administrativo fica, o direito constitucional não passa. *Revista de Direito da Cidade*, v. 8, n. 4, 2016. https://doi.org/10.12957/rdc.2016.25461. p. 1948.

16. Conforme advertem Patrícia Baptista e Daniel Capecchi, não basta que as estruturas institucionais representem valores democráticos. É necessário que as práticas administrativas estejam imbuídas de tais valores, sob o risco de se oferecer uma embalagem democrática esvaziada de conteúdo concreto aos cidadãos. Para maiores referências, Cf.: BAPTISTA, Patrícia; CAPECCHI, Daniel. Se o direito administrativo fica, o direito constitucional não passa. *Revista de Direito da Cidade*, v. 8, n. 4, 2016. https://doi.org/10.12957/rdc.2016.25461. p. 1948.

representatividade popular, como as agências executivas ou reguladoras,[17] ou nas hipóteses de atos que afetam de forma significativa direitos fundamentais dos cidadãos, como se dá em situações de improbidade administrativa, por exemplo.

A segunda perspectiva importante é a valorização da atuação da administração enquanto agente responsável pela concretização da Constituição, ou seja, como órgão responsável pela atribuição de sentido às normas constitucionais, de forma semelhante e equivalente às atividades desempenhadas pelos poderes Legislativo (constitucionalismo legislativo) e Judiciário (constitucionalismo judicial).[18]

É importante que se considere que a interpretação ou a aplicação de dispositivos legais pelas autoridades administrativas pode envolver escolhas legítimas em relação ao sentido da Constituição, devendo tais opções ser respeitadas pelos demais poderes nos casos em que não demonstrada a absoluta incompatibilidade com normas ou valores fundamentais.[19]

Abre-se, portanto, uma via de mão dupla: ao mesmo tempo que a constitucionalização do direito administrativo possibilita, por exemplo, a reavaliação, o controle e o veto de determinadas normas de direito público por parte das instâncias políticas que atuam no nível da Constituição, como a Presidência da República, o Congresso Nacional e especialmente o Supremo Tribunal Federal, tendo em vista que o parâmetro de controle vai além da mera análise da legalidade, deve-se, por outro lado, levar em consideração a importância e a coparticipação do poder público na interpretação e aplicação de normas concretizadoras de dispositivos constitucionais.[20]

Também se deve pontuar, como terceira perspectiva importante do constitucionalismo administrativo, a importância

17. METZGER, Gillian. Administrative Constitutionalism. *Columbia Law School*, v. 91, n. 11, p. 7, 2013.

18. Ibidem, p. 7.

19. Ibidem, p. 7.

20. Ibidem, p. 7-36.

de identificação das fronteiras entre a legislação administrativa e o sistema constitucional, embora tais limites sejam naturalmente atenuados a partir da aproximação entre as matérias.[21]

Com efeito, não se demonstra normativamente correto e nem praticamente desejável uma completa sobreposição entre os temas, de modo que todo e qualquer ato administrativo seja considerado como uma questão a ser regulada e decidida no âmbito constitucional.

É importante que se reconheça que nem toda discussão administrativa encontra fundamento ou implicação no direito constitucional, bem como que a falta de uma distinção mais ou menos clara entre esses temas é capaz de levar, por exemplo, a uma excessiva judicialização das matérias administrativas, com uma amplificação do ativismo judicial para além do espaço legítimo e adequado.[22]

Nessa linha, não é demais pontuar que o controle jurisdicional de constitucionalidade é por vezes dotado de uma excessiva base principiológica que colide com a função jurídica de criar estabilidade e previsibilidade nas relações sociais.[23] Dessarte, é importante que se observe e se separe o espaço destinado à aplicação das regras administrativas daquele destinado à influência das normas constitucionais.

Dessa feita, entende-se ser adequada a defesa de um modelo de constitucionalismo administrativo que ressalte o papel da Administração Pública na interpretação e aplicação da Constituição, com a possibilidade de controle judicial nos inequívocos casos de correlação dessa atividade com o sistema constitucional.

Por outro lado, discorda-se de eventual modelo de absolutismo constitucional, fundado na ampla aplicação de

---

21. Ibidem, p. 34-40.

22. METZGER, Gillian. Administrative Constitutionalism. *Columbia Law School*, v. 91, n. 11, p. 34-40, 2013.

23. BAPTISTA, Patrícia; CAPECCHI, Daniel. Se o direito administrativo fica, o direito constitucional não passa. *Revista de Direito da Cidade*, v. 8, n. 4, 2016. https://doi.org/10.12957/rdc.2016.25461. p. 1944-1945.

princípios e na onipotência da Constituição e do Poder Judiciário sobre toda a atividade administrativa.[24]

Com base nesse modelo, é possível vislumbrar um relevante papel atribuído ao Supremo Tribunal Federal na definição e interpretação das normas de direito administrativo, o qual, contudo, deve ser exercido de forma dialógica e inclusiva com as atribuições dos demais poderes e com o desempenho da atividade administrativa.

Recentemente, o STF exerceu essa função de legitimação constitucional das normas administrativas ao julgar a pretensão de retroatividade na aplicação de novos dispositivos da lei de improbidade, em especial no que se refere à exigência de dolo e ao estabelecimento de prazos prescricionais.

Nessa toada, será apresentado em seguida uma breve análise da decisão do STF no ARE 843.989, com a apresentação de argumentos constitucionais que deveriam levar, na opinião dos autores, à solução distinta daquela que foi adotada pela Corte.

2. O constitucionalismo administrativo e as novas alterações na Lei de Improbidade Administrativa: análise do julgamento do ARE 843.989 pelo STF

Conforme anteriormente mencionado, um dos temas submetidos aos influxos do constitucionalismo administrativo

---

24. A frase em questão é uma adaptação resumida da crítica formulada por Luis Pietro Sanchís ao movimento neoconstitucionalista. Daniel Sarmento transcreve essa crítica em seu texto sobre os riscos e as possibilidades do neoconstitucionalismo no Brasil. De acordo com Sarmento: "Se defendermos o neoconstitucionalismo de acordo com a conhecida definição de Prieto Sanchís, como uma teoria do Direito que se orienta pelas máximas de '*más principios que reglas; más ponderación que subsunción; omnipotência de la Constituición en todas las áreas jurídicas y en todos conflictos minimamente relevantes, en lugar de espacios exentos en favor de la opción legislativa o reglamentaria; omnipotência judicial en lugar de autonomia del legislador ordinário; y, por ultimo, coexistência de una constelación plural de valores, a veces tendencialmente contradictorios, en lugar de homogeneidade ideológica*', certamente eu não me considero um neoconstitucionalista". Cf.: SARMENTO, Daniel. O neoconstitucionalismo no Brasil: riscos e possibilidades. *In:* SARMENTO, Daniel (Coord.). *Filosofia e teoria constitucional contemporânea.* Rio de Janeiro: Lumen Juris, 2009. p. 145-146

e que foi recentemente julgado pelo Supremo Tribunal Federal é a questão do regime jurídico de improbidade administrativa à luz das recentes alterações promovidas pelo Congresso.

No que se refere a esse tema, é importante mencionar, em primeiro lugar, que a palavra improbidade, derivada do latim "*improbitate*", significa a falta de honestidade, a não adequação de atos praticados por agentes públicos a padrões éticos e morais.[25]

Também é relevante registrar que esse assunto foi tratado com especial atenção por parte do poder constituinte, a ponto de receber disciplina constitucional específica no art. 37, § 4º, da Constituição Federal de 1988, que dispõe sobre as sanções/medidas de suspensão dos direitos políticos, de perda da função pública e de ressarcimento ao erário, as quais são cominadas a essa espécie de ilícito "sem prejuízo da ação penal cabível".[26]

Ressalte-se que a responsabilização por improbidade administrativa busca punir as condutas dos agentes públicos que atuam de forma corrupta, com desvio ou abuso de poder, mediante o uso privado do poder público e a violação a um dever previsto no ordenamento jurídico que acarrete na obtenção de vantagem indevida para si ou para outrem ou em prejuízo ao erário.[27]

Nesse sentido, a análise do regime jurídico-constitucional da improbidade e das sanções estabelecidas pelo Constituinte permite concluir que o objetivo é punir o administrador desonesto/corrupto, e não o inábil, despreparado, incompetente e desastrado.[28]

---

25. DUARTE JR., Ricardo. *Improbidade administrativa*: aspectos teóricos e práticos. Rio de Janeiro: Lumen Juris, 2017. p. 8.

26. "Art. 37. [...] § 4º Os atos de improbidade administrativa importarão a suspensão dos direitos políticos, a perda da função pública, a indisponibilidade dos bens e o ressarcimento ao erário, na forma e gradação previstas em lei, sem prejuízo da ação penal cabível."

27. DUARTE JR., Ricardo. *Improbidade administrativa*: aspectos teóricos e práticos. Rio de Janeiro: Lumen Juris, 2017. p. 9.

28. Há inclusive jurisprudência dos Tribunais Superiores que reforça esse ponto. Para maiores detalhes, Cf.: DUARTE JR., Ricardo. *Improbidade administrativa*: aspectos teóricos e práticos. Rio de Janeiro: Lumen Juris, 2017. p. 8.

Ademais, é possível vislumbrar a existência de fundamentos ou limitações constitucionais compartilhadas às punições por atos de improbidade administrativa e às infrações penais, tanto que o art. 37, § 4º, da CF/88, faz referência a duas espécies de sanções.[29]

Conforme destaca Marília Barros Xavier, o constituinte definiu duas responsabilizações sancionatórias, a serem realizadas com distinção processual, a primeira por ato de improbidade administrativa, e uma segunda, por um possível ilícito penal.[30]

Dessarte, ainda que não seja possível falar em um regime unitário de *jus puniendi* em bases rígidas, é possível dizer que existe um núcleo duro de princípios e limitações constitucionais ao exercício do direito sancionatório que se aplica tanto ao direito penal quanto às sanções por improbidade administrativa.[31]

Nessa perspectiva, Edilson Pereira Nobre Júnior registra que "a apuração de atos de improbidade administrativa, mesmo não guardando identidade com a apuração judicial de delitos ou crimes, alberga conteúdo minimamente punitivo, motivado pela violação da ordem jurídica administrativa".[32]

Ainda de acordo com o autor, essa aproximação faria emergir a necessária observância aos princípios constitucionais da legalidade, da tipicidade e da segurança jurídica, aqui compreendida sob a perspectiva de certeza e clareza da

---

29. Para maiores esclarecimentos, Cf.: XAVIER, Marília de Araújo Barros. *O modelo brasileiro de direito administrativo sancionador.* Pesquisa realizada no programa de Doutorado da Pontifícia Universidade Católica de São Paulo (PUC-SP). 2022. p. 171; OSÓRIO, Fábio Medina. *Teoria da improbidade administrativa.* 5. ed. São Paulo: Thomson Reuters Brasi, 2020.

30. XAVIER, Marília de Araújo Barros. *O modelo brasileiro de direito administrativo sancionador.* Pesquisa realizada no programa de Doutorado da Pontifícia Universidade Católica de São Paulo (PUC-SP). 2022. p. 171.

31. OSÓRIO, Fábio Medina. *Teoria da improbidade administrativa.* 5. ed. São Paulo: Thomson Reuters Brasi, 2020. p. 153 (livro eletrônico).

32. NOBRE JR., Edilson Pereira. Improbidade administrativa uma leitura do art. 11 da Lei 8.429/92. *Revistra Trimestral de Direito Público*, v. 61, p. 88.

norma, com capacidade reguladora autossuficiente, no seu âmbito de aplicação.[33]

Ocorre que tais limitações constitucionais compartilhadas parecem ter sido negligenciadas pelo legislador ao promulgar a Lei 8.429/92 com base em tipos abertos[34] e em condutas culposas (nos casos de prejuízo ao erário do art. 10), o que conflita com princípios básicos do sistema como a tipicidade cerrada e a responsabilidade subjetiva.

Tais vícios identificados na Lei 8.429/92 levaram a uma enxurrada de ações pelo Brasil,[35] o que gerou no Congresso a necessidade de promover um *"recall"* e uma reavaliação jurídico-constitucional dos dispositivos vigentes. Com efeito, a Lei 14.230, de 25 de outubro de 2021, trouxe profundas altera-

---

33. NOBRE JR., Edilson Pereira. Improbidade administrativa uma leitura do art. 11 da Lei 8.429/92. *Revistra Trimestral de Direito Público*, v. 61, p. 89-92.

34. Edilson Pereira Nobre Júnior critica a utilização de tipos abertos ou de infrações genéricas enquanto instrumentos para a aplicação de sanções administrativas. Para o autor "a técnica genérica de qualificação da infração volatiza o princípio da tipicidade, a exigir figuras demarcadas com precisão, não se comprazendo com remissões em branco a delimitarem o espaço do lícito ou proibido" (NOBRE JÚNIOR, Edilson Pereira. Sanções administrativas e princípios de direito penal. *Revista de Direito Administrativo*, v. 219, p. 127, 2000).

35. Há casos emblemáticos em que foram identificados excessos. A título de exemplo, é possível citar ação de improbidade administrativa em que os ex-Ministros de Estado Pedro Parente, José Serra e Pedro Malan foram condenados ao pagamento de indenização no valor de R$ 200 milhões de reais por terem autorizado o ressarcimento do valor mínimo de R$ 5 mil reais a correntistas de bancos que sofreram intervenção federal. Cf.: Disponível em: https://www.conjur.com.br/2002-mai-07/justica_manda_serra_malan_parente_ressarcir_uniao. Há também o caso de ex-Advogado Geral da União e atual Ministro do STF, Gilmar Ferreira Mendes, que foi processado por improbidade administrativa, por violação ao princípio da moralidade, tendo em vista ter encaminhado solicitação de informações por parte de membro do Ministério Público Federal à Procuradoria-Geral da República. Cf.: Disponível em: https://www.conjur.com.br/2004-dez-29/procuradores_ganham_blindagem_prescricao. No âmbito do TRF5, há vários julgados que afastam a ocorrência de improbidade administrativa em virtude da ausência de demonstração de dolo. No julgamento do Processo n. 08128604820174058400, constatou-se que a falta de prestação de contas de Município em relação ao recebimento de verbas federais da saúde decorreu da situação de desorganização administrativa, e não em virtude de ato doloso ou de má-fé para a apropriação de recursos ou para o favorecimento a interesses privados. Cf.: BRASIL. Tribunal Regional Federal da 5ª Região. Apelação Cível 08128604820174058400. Rel. Des. Federal Edilson Pereira Nobre Júnior. Quarta Turma. Julgado em 06.10.2020.

ções à Lei 8.429, de 2 de junho de 1992, a tal ponto que estamos quase a tratar de um novo regime, tanto sob o ponto de vista material quanto sob o aspecto processual.

Nesse sentido, foi reforçado, em primeiro lugar, a aplicação das normas e dos princípios constitucionais do direito sancionatório à improbidade administrativa, tal como se observa das regras previstas apelo art. 1º, § 4º e art. 17-D da nova Lei, que ressaltam o papel sancionador e repressivo da ação de improbidade, a qual não deve ser utilizada como mero instrumento de controle de políticas públicas ou de proteção a interesses difusos.

Em relação ao enquadramento das condutas, passou-se a exigir expressamente a demonstração do dolo para a configuração do ato de improbidade administrativa (art. 1º, §§ 2º e 3º),[36] não sendo mais admitida a conduta culposa em razão do tipo previsto no art. 10.[37]

Outra alteração substancial foi a modificação dos prazos prescricionais, com a fixação do prazo geral de oito anos, a contar da data do fato, para aplicação das sanções previstas em lei (art. 23, *caput*), observados os marcos interruptivos (art. 23, § 4º) e a prescrição intercorrente de quatro anos após a incidência de causas interruptivas.

Destaque-se que as alterações legais estabelecidas pela nova lei deram ensejo à interposição de recursos por parte dos réus condenados de acordo com o regime jurídico anterior, os quais pleitearam a aplicação das alterações legais mais favoráveis aos seus processos, com base no art. 5º, XL, da CF/88 ("a lei penal não retroagirá, salvo para beneficiar o réu").

---

36. "Art. 1º [...] § 2º Considera-se dolo a vontade livre e consciente de alcançar o resultado ilícito tipificado nos arts. 9º, 10 e 11 desta Lei, não bastando a voluntariedade do agente. § 3º O mero exercício da função ou desempenho de competências públicas, sem comprovação de ato doloso com fim ilícito, afasta a responsabilidade por ato de improbidade administrativa."

37. "Art. 10. Constitui ato de improbidade administrativa que causa lesão ao erário qualquer ação ou omissão dolosa, que enseje, efetiva e comprovadamente, perda patrimonial, desvio, apropriação, malbaratamento ou dilapidação dos bens ou haveres das entidades referidas no art. 1º desta Lei, e notadamente: [...]"

Em virtude disso, no ARE 843.989, o Supremo Tribunal Federal reconheceu a existência de repercussão geral, instalando o Tema 1.199, de Relatoria do Ministro Alexandre de Moraes, para dirimir a controvérsia sobre a (ir)retroatividade das alterações promovidas pela Lei 14.230/2021, em especial no que se refere à necessidade do dolo e à aplicação dos novos prazos prescricionais.

Ao apresentar o seu voto, o Ministro Alexandre de Moraes, que integrou a corrente vencedora, entendeu ser válida a opção legislativa de inadmitir a improbidade na modalidade culposa em qualquer hipótese, com a necessidade de comprovação de dolo e aplicação imediata dessa exigência aos processos em curso, ainda que relativos a fatos anteriores.[38]

Contudo, concluiu, com base no alegado caráter civil do regime de improbidade, pela incidência do princípio do *tempus regit actum* para entender que a inovação legislativa em relação à exigência de dolo não permitiria a rescisão de decisões judiciais transitadas em julgado ou a extinção das execuções.[39]

Definiu ainda que a redução dos prazos prescricionais só deveria valer a partir da sua vigência, tendo justificado esse posicionamento com base nas garantias fundamentais da coisa julgada, do ato jurídico perfeito, da segurança jurídica e da proteção da confiança.[40]

Já a corrente vencida sustentou, com algumas variações, a retroatividade das alterações legais no que se refere à exigência do dolo e/ou à redução dos prazos prescricionais, em observância ao caráter sancionador dos dispositivos da Lei de Improbidade Administrativa (LIA) e à incidência da norma prevista pelo art. 5º, XL, da CF/88, que prevê o princípio da retroatividade da lei penal mais benéfica.[41]

38. BRASIL, Supremo Tribunal Federal. Agravo no Recurso Extraordinário 843.989. Tribunal Pleno. julgado em 18.08.2022.

39. Idem.

40. Idem.

41. Idem.

Ao final, o Supremo Tribunal Federal assentou as seguintes teses:

"1) É necessária a comprovação de responsabilidade subjetiva para a tipificação dos atos de improbidade administrativa, exigindo-se – nos artigos 9º, 10 e 11 da LIA – a presença do elemento subjetivo – DOLO;

2) A norma benéfica da Lei 14.230/2021 – revogação da modalidade culposa do ato de improbidade administrativa –, é IRRETROATIVA, em virtude do art. 5º, XXXVI, da Constituição Federal, não tendo incidência em relação à eficácia da coisa julgada; nem tampouco durante o processo de execução das penas e seus incidentes;

3) A nova Lei 14.230/2021 aplica-se aos atos de improbidade administrativa culposos praticados na vigência do texto anterior da lei, porém sem condenação transitada em julgado, em virtude da revogação expressa do texto anterior, devendo o juízo competente analisar eventual dolo por parte do agente;

4) O novo regime prescricional previsto na Lei 14.230/2021 é IRRETROATIVO, aplicando-se os novos marcos temporais a partir da publicação da lei".[42]

A análise dos fundamentos debatidos no precedente demonstra, em primeiro lugar, o equívoco adotado por parte dos Ministros de considerar os atos de improbidade administrativa como infrações de natureza civil, o que afastaria a pretensão à retroatividade.

Com efeito, a própria lei previu, nos já mencionados art. 1º, § 4º e art. 17-D, a vinculação do regime de improbidade administrativa ao direito sancionatório e repressivo, o que atrai as influências do regime penal, com suas respectivas limitações constitucionais.

Dessarte, ainda que não haja absoluta identidade ou a transferência automática do regime aplicável às infrações

42. Idem.

penais para as sanções por improbidade administrativa, tal como já sustentado neste trabalho,[43] não se deve ignorar a proximidade ou a influência dos mesmos princípios informadores.

Esse posicionamento é reforçado por Edilson Pereira Nobre Júnior,[44] ao aduzir que: "a aproximação do processo administrativo frente ao judicial é traduzível, pelo menos no plano formal, pela implícita constatação de que os parâmetros aplicáveis ao *jus puniendi* no tocante aos crimes ou delitos são extensíveis, na medida do possível, à responsabilização pela prática de infrações administrativas".

Uma vez assentada a natureza sancionatória com influência dos princípios penais, também entendemos que a retroatividade das inovações legais mais benéficas deveria ter sido estabelecida, em especial no que se refere à exclusão da modalidade culposa do ato de improbidade administrativa, já que se trata de uma consequência direta da aplicação da garantia fundamental prevista pelo art. 5º, XL, da CF/88, a qual não pode ser coartada pelo legislador ou pelo aplicador do Direito.[45]

Destaque-se que grande parte da jurisprudência de direito comparado adota essa linha de raciocínio, tal como se observa dos precedentes estabelecidos pelo Tribunal Constitucional espanhol,[46] pelo Tribunal Europeu de Direitos Humanos[47] e pela

---

43. NOBRE JÚNIOR, Edilson Pereira. Sanções administrativas e princípios de direito penal. *Revista de Direito Administrativo*, v. 219, p. 127 e 129, 2000. Na sentença 146-1994, o Tribunal Constitucional Espanhol

44. Ibidem, p. 127 e 129.

45. Ibidem, p. 145.

46. No julgamento da Sentencia 146/1994, o Tribunal Constitucional espanhol assentou que "como temos demonstrado em repetidas ocasiões, os princípios inspiradores da ordem penal são aplicados, com algumas matizes, ao Direito administrativo sancionador, já que ambos são manifestação do ordenamento punitivo do Estado, embora a recepção dos princípios constitucionais da ordem penal para o Direito administrativo sancionador não possa ser feita de forma automática" (ESPANHA. Tribunal Constitucional. Sentencia 146/1994, *BOE* n. 140, Publicado em 13.06.1994).

47. CAVALCANTE FILHO, J. T. *Retroatividade da reforma da Lei de Improbidade Administrativa* (Lei 14.230, de 25 de outubro de 2021). Brasília: Núcleo de Estudos e Pesquisas/CONLEG/Senado, 2021. p. 10-11. João Trindade apresenta, nesse

legislação portuguesa, a qual conta com dispositivo normativo expresso que prevê a retroatividade das inovações legais mais favoráveis em relação às infrações administrativas.[48]

Outrossim, é importante pontuar que a aplicação de sanções em virtude de condutas culposas sempre foi questionada no âmbito da doutrina e da jurisprudência, o que reforça a conclusão pela retroatividade mais benéfica como medida de justiça e tratamento igualitário entre pessoas que se encontram em idêntica situação.[49]

A mesma conclusão também se aplica ao estabelecimento dos prazos de prescrição geral e intercorrente, embora nesse ponto também pareça ser razoável a tese de aplicação dos novos interregnos a partir da publicação da lei, por se tratar de uma inovação legislativa sem precedentes que torna relevante o argumento quanto à necessidade de preservação da segurança jurídica.

---

trabalho, um amplo levantamento das soluções adotadas por inúmeros países e pelo sistema europeu que apontam para a retroatividade mais benéfica de leis relativas a infrações administrativas.

48. CAVALCANTE FILHO, J. T. *Retroatividade da reforma da Lei de Improbidade Administrativa* (Lei 14.230, de 25 de outubro de 2021). Brasília: Núcleo de Estudos e Pesquisas/CONLEG/Senado, 2021. p. 4-5.

49. Fábio Medina Osório traz, de forma didática, os fundamentos que justificam a retroatividade da lei sancionadora mais benéfica: "Não há dúvidas de que, na órbita penal, vige, em sua plenitude, o princípio da retroatividade da norma benéfica ou descriminalizante, em homenagem a garantias constitucionais expressas e a uma razoável e racional política jurídica de proteger valores socialmente relevantes, como a estabilidade institucional e a segurança jurídica das relações punitivas. Se esta é a política do Direito Penal, não haverá de ser outra a orientação do Direito Punitivo em geral, notadamente do Direito Administrativo Sancionador, dentro do devido processo legal. Se há uma mudança nos padrões valorativos da sociedade, nada mais razoável do que estender essa mudança ao passado, reconhecendo uma evolução do padrão axiológico, preservando-se, assim, o princípio constitucional da igualdade e os valores relacionados à justiça e à atualização das normas jurídicas que resguardam direitos fundamentais. O engessamento das normas defasadas e injustas não traria nenhuma vantagem social. A retroatividade decorre de um imperativo ético de atualização do Direito Punitivo, em face dos efeitos da isonomia". Cf.: OSÓRIO, Fábio Medina. *Direito administrativo sancionador*. 8. ed. São Paulo: Thomson Reuters Brasil, 2022. p. 312.

Registre-se ainda que a aplicação retroativa das inovações legais foi considerada como uma decorrência automática da aprovação do texto no âmbito do Poder Legislativo. Nessa linha, durante os embates de aprovação da Emenda n. 40, o Relator do Projeto de Lei rejeitou a proposta de inclusão de norma expressa por compreender que "é consolidada a orientação de longa data do Superior Tribunal de Justiça, na linha de que, 'considerando os princípios do Direito Sancionador, a *novatio legis in mellius* deve retroagir para favorecer o apenado'".[50]

Nesse ponto, a perspectiva dialógica e inclusiva do constitucionalismo administrativo defendida neste artigo deve acarretar na valoração desse elemento de identificação da eficácia intertemporal da lei, embora não trate de elemento vinculativo em relação à decisão adotada pelo STF.

Portanto, compreendemos que a melhor solução para a questão seria o reconhecimento da retroatividade das inovações legais, com a possibilidade de dedução dessas questões em sede de impugnação ao cumprimento da sentença por inexequibilidade do título judicial (art. 525, III, do CPC), mediante o ajuizamento de ação rescisória por violação à norma jurídica (art. 966, V, do CPC) ou pela apresentação de simples petição perante o juízo de execução.[51]

No mais, é importante mencionar que algumas questões não foram decididas pelo STF durante este julgamento, até mesmo por extrapolarem o objeto do processo, razão pela qual é possível que a Corte tenha que se debruçar sobre outros temas relevantes relativos à improbidade administrativa.

Veja-se, por exemplo, que não se discutiu se há a necessidade de demonstração do dolo genérico ou específico para fins de

50. BRASIL. Senado Federal, Comissão de Constituição, Justiça e Cidadania. Parecer SF n. 14, de 2021, 29 de setembro de 2021, Relator Senador Weverton, p. 44. Disponível em: https://shre.ink/cAWr. Acesso em: 2 set. 2022.

51. CAVALCANTE FILHO, J. T. *Retroatividade da reforma da Lei de Improbidade Administrativa* (Lei 14.230, de 25 de outubro de 2021). Brasília: Núcleo de Estudos e Pesquisas/CONLEG/Senado, 2021. p. 21-22.

enquadramento típico, o que nos permite concluir que as discussões relativas ao regime de improbidade administrativa, inclusive sob uma perspectiva constitucional, continuarão a despertar dúvidas e debates no âmbito da doutrina e da jurisprudência.

3. Conclusão

Reiteramos a honra em participar desta obra em homenagem ao Dr. Edilson Pereira Nobre Júnior, autor, professor e magistrado que possui uma visão de vanguarda, com posições progressistas e sempre bem fundamentadas, sobre as principais discussões relativas ao Direito Administrativo e a suas relações com o Direito Constitucional.

É interessante notar que o homenageado ocupa a Cadeira n. 16 da Academia de Letras Jurídicas do Rio Grande do Norte, cujo patrono é Miguel Seabra Fagundes. Nesse caso, o simbolismo vai além da mera coincidência. Trata-se de um legado histórico de juristas que constroem o Direito Administrativo do futuro.

Com inspiração no trabalho de Dr. Edilson, apresentamos neste artigo algumas perspectivas do constitucionalismo administrativo, com a demonstração da mudança de paradigma que decorre da maior interação entre as duas matérias.

No Brasil, o constitucionalismo administrativo tem servido para o fortalecimento da posição dos cidadãos em relação à Administração Pública, com a progressiva superação de dogmas e fórmulas genéricas que eram utilizadas de forma autoritária e pouco transparente, como a supremacia e/ou indisponibilidade do interesse público.

Essa corrente de pensamento também tem resultado na valorização do princípio da proporcionalidade enquanto método decisório e na ampliação do âmbito de alcance dos direitos e garantias fundamentais dos cidadãos, com a compreensão da burocracia estatal enquanto instância relevante no sistema de proteção dos direitos constitucionalmente estabelecidos.

É certo que a constitucionalização do Direito Administrativo traz à tona a necessidade de se identificar e separar o campo adequado para a aplicação das regras administrativas daquele que se encontra submetido aos influxos do Direito Constitucional.

Outrossim, no modelo proposto, o papel do Supremo Tribunal Federal se torna cada vez mais relevante, tal como demonstrado, no presente trabalho, a partir da análise do julgamento promovido pela Corte em relação às inovações da Lei de Improbidade Administrativa.

Nessa linha, entendemos que o STF não enfrentou de forma adequada as questões constitucionais discutidas no ARE 843.989, tendo ignorado a influência da norma prevista pelo art. 5º, XL, da CF/88, que estabelece a retroatividade da lei penal mais benéfica, sobre as infrações administrativas e o regime sancionatório da improbidade.

O resultado mais correto seria, na visão dos autores, a aplicação da retroatividade das inovações legais para se excluir as condenações culposas por improbidade administrativa, sendo tal orientação igualmente relevante no que se refere ao estabelecimento dos prazos prescricionais.

No mais, entende-se que a Corte deverá apreciar outros temas relativos ao regime de improbidade administrativa, o que demonstra a importância e a influência que a Constituição, o Supremo e a Administração Pública terão na definição do sentido e da compreensão das normas administrativas.

Referências

BAPTISTA, Patrícia; ACCIOLY, João Pedro. A Administração Pública na Constituição 1988. *Revista de Direito Administrativo*, v. 277, n. 2, p. 45-74, 2018.

BAPTISTA, Patrícia; CAPECCHI, Daniel. Se o direito administrativo fica, o direito constitucional não passa. *Revista de Direito da Cidade*, v. 8, n. 4, p. 1938-1960, 2016. https://doi.org/10.12957/rdc.2016.25461.

BERCOVICI, Gilberto. O direito constitucional passa, o direito administrativo permanece. A persistência da estrutura administrativa de 1967. *In:* TELES, Edson; SAFATLE, Valdimir (Org.). *O que resta da ditadura*. São Paulo: Boitempo, 2010.

BRASIL. Tribunal Regional Federal da 5ª Região. Apelação Cível 08128604820174058400. Rel. Des. Federal Edilson Pereira Nobre Júnior. Quarta Turma. Julgado em: 06.10.2020.

BRASIL. Senado Federal, Comissão de Constituição, Justiça e Cidadania. Parecer SF n. 14, de 2021, 29 de setembro de 2021, Relator Senador Weverton, p. 44. Disponível em: https://shre.ink/cAWr. Acesso em: 2 set. 2022.

BRASIL, Supremo Tribunal Federal. Agravo no Recurso Extraordinário 843.989. Tribunal Pleno. Julgado em 18.08.2022.

CAVALCANTE FILHO, J. T. *Retroatividade da reforma da Lei de Improbidade Administrativa* (Lei 14.230, de 25 de outubro de 2021). Brasília: Núcleo de Estudos e Pesquisas/CONLEG/Senado, 2021.

DUARTE JR., Ricardo. *Improbidade administrativa:* aspectos teóricos e práticos. Rio de Janeiro: Lumen Juris, 2017.

ESPANHA. Tribunal Constitucional. Sentencia 146/1994, *BOE* n. 140, Publicado em 13.06.1994.

GINSBURG, Tom. *Written Constitutions and the Administrative State:* On the Constitutional Character of Administrative Law. University of Chicago Public Law & Legal Theory Working Paper, 2010. Disponível em: https://chicagounbound.uchicago.edu/. Acesso em: 24 jul. 2022.

METZGER, Gillian. Administrative constitutionalism. *Columbia Law School*, v. 91, n. 11, 2013.

NEVES, Cleuler Barbosa das; FERREIRA FILHO, Marcílio da Silva. Dever de consensualidade na atuação administrativa. *RIL Brasília*, 55, n. 218, abr./jun. 2018.

NOBRE JR., Edilson Pereira. Improbidade administrativa uma leitura do art. 11 da Lei 8.429/92. *Revistra Trimestral de Direito Público*, v. 61.

NOBRE JÚNIOR, Edilson Pereira. Sanções administrativas e princípios de direito penal. *Revista de Direito Administrativo*, v. 219, p. 127, 2000.

NOBRE JÚNIOR, Edilson Pereira. Direito administrativo sancionador e as agências reguladoras. A experiência brasileira. *Revista Digital de Derecho Administrativo*, n. 28, p. 291-316, 2022.

NOBRE JÚNIOR, Edilson Pereira. *Direito administrativo contemporâneo*: temas fundamentais. Salvador: JusPodivm, 2016.

OSÓRIO, Fábio Medina. *Direito administrativo sancionador.* 8. ed. São Paulo: Thomson Reuters Brasil, 2022.

OSÓRIO, Fábio Medina. *Teoria da improbidade administrativa.* 5. ed. São Paulo: Thomson Reuters Brasi, 2020.

ROSS II, Betrall L. Embracing administrative constitucionalism. *Boston University Law Review*, v. 95, 2015.

SARMENTO, Daniel. O neoconstitucionalismo no Brasil: riscos e possibilidades. *In:* SARMENTO, Daniel (Coord.). *Filosofia e teoria constitucional contemporânea.* Rio de Janeiro: Lumen Juris, 2009.

SUNSTEIN, Cass; VERMEULE, Adrian. *Lei e Leviatã*: resgatando o estado administrativo. São Paulo: Contracorrente, 2021.

XAVIER, Marília de Araújo Barros. *O modelo brasileiro de direito administrativo sancionador.* Pesquisa realizada no programa de Doutorado da Pontifícia Universidade Católica de São Paulo (PUC-SP). 2022.

EIXO 6

TEMAS CLÁSSICOS E CONTROVÉRSIAS PERSISTENTES NO DIREITO ADMINISTRATIVO

PROCESSO ADMINISTRATIVO DISCIPLINAR: UMA PESQUISA EMPÍRICA À LUZ DA JURISPRUDÊNCIA (RECENTE) DO STJ

Luiz Alberto Gurgel de Faria

Doutor e Mestre em Direito Público pela Universidade Federal de Pernambuco (UFPE). Graduado pela Universidade Federal do Rio Grande do Norte (UFRN). Professor de Direito Tributário na UFRN, atualmente em colaboração com a Universidade de Brasília (UnB), e no Instituto Brasileiro de Ensino, Desenvolvimento e Pesquisa (IDP). Professor do Programa de Pós-Graduação em Direito (PPGD) da Universidade Nove de Julho (UNINOVE). Membro da Academia Norte-rio-grandense de Letras (ANRL), da Academia de Letras Jurídicas do Rio Grande do Norte (ALEJURN) e do Instituto Potiguar de Direito Tributário (IPDT). Ministro do Superior Tribunal de Justiça (STJ).

Rodrigo Maia da Fonte

Mestre em Direito do PPGPD da Escola Nacional de Formação e Aperfeiçoamento de Magistrados – Enfam. Graduado pela Universidade Federal de Pernambuco (UFPE). Juiz Federal do TRF da 5ª Região.

Resumo: O presente artigo baseia-se em pesquisa empírica quantitativa com fonte na jurisprudência do STJ, em que utilizado como indexador o termo "processo administrativo disciplinar". Os resultados indicam que 88% dos casos examinados foram dirimidos à luz da jurisprudência consolidada do Tribunal e que 85% das decisões dos PADs que tiveram sua higidez questionada na Corte Superior foram mantidas.

Palavras-chave: Processo Administrativo Disciplinar; jurisprudência; STJ; Administração Pública Federal; pesquisa empírica.

1. Introdução

Atribui-se ao capital humano a qualidade de ser o componente central no sucesso das atividades desempenhadas pelas organizações.[1] E é por essa razão que, nas últimas três décadas, a academia tem dedicado especial atenção a pesquisar os problemas relacionados à gestão de pessoas,[2] tanto que, no âmbito da administração, a temática é indicada como a de maior quantidade de balanços acadêmicos.[3]

No contexto do serviço público, a relevância do tema em relação à produção científica não é diferente.[4] A busca por mecanismos de valorização do recurso humano, de modo a tentar tornar o Estado mais eficiente, reclama pesquisas e

---

1. VENSON, Aline Botelho Schneider; FIATES, Gabriela Gonçalves Silveira; DUTRA, Ademar; CARNEIRO, Marcelo Lopes; MARTINS, Cristina. O recurso mais importante para as organizações são mesmo as pessoas? Uma análise da produção científica sobre qualidade de vida no trabalho (QVT). *Revista de Administração da Ufsm*, [S.L.], v. 6, n. 1, p. 139-156, abr. 2013. Universidade Federal de Santa Maria. Disponível em: https://shre.ink/c521. Acesso em: 6 jul. 2022.

2. ABBOUR, Charbel José Chiappetta; SANTOS, Fernando César Almada; BARBIERI, José Carlos. Gestão Ambiental Empresarial: um levantamento da produção científica brasileira divulgada em periódicos da área de administração entre 1996 e 2005. *Revista de Administração Contemporânea*, Curitiba, v. 12, p. 693, 2008. Trimestral. Disponível em: https://shre.ink/c52H. Acesso em: 6 jul. 2022.

3. BANDEIRA, Emanuella Lustosa; ARRUDA, Hanna Rocha de; CABRAL, Augusto Cézar de Aquino; SANTOS, Sandra Maria dos. Panorama da gestão de pessoas no setor público. *Revista Pensamento Contemporâneo em Administração*, [S.L.], v. 11, n. 4, p. 86, 20 out. 2017. Departamento de Empreendedorismo e Gestão da UFF. Disponível em: https://shre.ink/c52F. Acesso em: 6 jul. 2022.

4. PINHO, Ana Paula Moreno; OLIVEIRA, Evalda Rodrigues da Silva de; SILVA, Clayton Robson Moreira da. Comprometimento organizacional no setor público: um olhar sobre três décadas de produção científica brasileira (1989-2019). *Revista do Serviço Público*, [S.L.], v. 71, n. 3, p. 504-539, 29 set. 2020. Escola Nacional de Administração Pública (ENAP). Disponível em: https://shre.ink/c52q. Acesso em: 6 jul. 2022.

debates constantes, pois há o contínuo desafio de maximizar a capacidade produtiva de trabalho dos servidores.[5]

Tendo como pano de fundo esse cenário geral, no qual se reconhece que são os indivíduos os maiores responsáveis pela qualidade do serviço prestado, buscou-se, para este artigo, abordar a mesma temática em contexto mais específico, dentro do Direito Administrativo. Dessa forma, a clássica seção "servidores públicos", parte relevante deste ramo do conhecimento jurídico, foi a que despontou como a mais adequada para o enfoque neste texto e que orientou a escolha do assunto.

Porém, esse segmento do Direito Administrativo ainda é bastante vasto, pelo que, para a elaboração deste trabalho, reclamava-se recorte temático maior. Resolveu-se ancorar a abordagem em subitem importantíssimo da temática geral de "servidores públicos", qual seja: a responsabilidade administrativa do agente público.

Essa escolha se deveu, em primeiro lugar, à compreensão de que, para a manutenção da qualidade do serviço público prestado, é fundamental que o agente da Administração perceba que é "responsável no sentido da existência de um dever de prestação de contas dos atos a outrem e de arcar com as consequências de condutas reprováveis ou equivocadas".[6]

Por outro lado, "submeter o agente público a processo de natureza disciplinar é tão grave quanto submeter qualquer pessoa a processo de natureza penal, pois, para eles significa uma *capitis diminutio* que traz ansiedade e apreensão".[7] Portanto, escre-

---

5. FONTE, Rodrigo Maia da; LEITAO, Emiliano Zapata Miranda; PRADO, Eunice Maria Batista; MARTINS, Leonardo Resende; DINIZ, Michelle Amorim Sancho Souza. Redesign organizacional: soluções possíveis para a defasagem da força de trabalho judicial. In: *Anais do ENAJUS* – Encontro de Administração da Justiça, 2021, Lisboa. Redesign Organizacional: Soluções Possíveis para a Defasagem da Força de Trabalho Judicial, 2021. Disponível em: https://shre.ink/c52m. Acesso em: 6 jul. 2022.

6. JUSTEN FILHO, Marçal. *Curso de direito administrativo* [livro eletrônico]. 5. ed. São Paulo: Thomson Reuters Brasil, 2018. ePub.

7. STOCO, Rui. *Processo administrativo disciplinar na administração pública, no Conselho Nacional de Justiça e nos Tribunais* [livro eletrônico]. São Paulo: Revista dos Tribunais, 2015.

ve-se sobre o tema também com o desígnio de contribuir com a investigação mais ampla de se o processo disciplinar tem figurado como "instrumento garantista, justo e obediente aos princípios constitucionais da celeridade e da ampla defesa".[8]

Aliás, a questão (da responsabilidade administrativa e disciplinar), pela carga problemática que carrega, cria terreno fértil para a existência de conflitos entre o indivíduo (servidor) e a Administração (Estado), sendo que tais lides comumente acabam solucionadas judicialmente, como se verificará adiante.

Visou-se, portanto, aproveitar a vivência de ambos os coautores com o tema, nesse âmbito judicial, para desenvolver pesquisa empírica sobre o assunto. Levou-se em conta a ideia de que, para a realização de investigação dessa natureza, o contato dos pesquisadores com a realidade pesquisada figura como condição importante para que se realize estudo adequado,[9] isto é, "o pesquisador deve ter razoável nível de familiaridade prévia com o tema".[10]

2. Metodologia

Este trabalho busca contribuir com a investigação do seguinte problema de pesquisa: o Superior Tribunal de Justiça (STJ), no exame do tema "processo administrativo disciplinar", tem assumido sua (principal)[11] missão de uniformizar

8. Ibidem.

9. ALVES, Zélia Mana Mendes Biasoli; SILVA, Maria Helena G. F. Dias da. Análise qualitativa de dados de entrevista: uma proposta. *Paidéia*, Ribeirão Preto, v. 2, p. 61-69, jul. 1992. Semestral. Disponível em: https://shre.ink/c52O. Acesso em: 1 jul. 2022.

10. QUEIROZ, Rafael Mafei Rabelo. Como encontrar um tema dentro da minha área de interesse. In: QUEIROZ, Rafael Mafei Rabelo; FEFERBAUM, Marina (Coord.). *Metodologia da pesquisa em direito*: técnicas e abordagens para elaboração de monografias, dissertações e teses. 2. ed. São Paulo: Saraiva, 2019. p. 55-70.

11. FARIA, Luiz Alberto Gurgel de. Os 30 anos do STJ e a importância do recurso especial repetitivo na efetivação da principal missão da Corte: uniformizar a interpretação da Lei Federal. *In*: Gabinete do Ministro Diretor da Revista, Ministro Mauro Campbell Marques. (Org.). *Doutrina: Edição Comemorativa 30 anos do STJ*. Brasília: STJ, 2019, v., p. 1001-1021.

a legislação federal sobre o assunto, ou seja, tem conferido segurança jurídica em relação às controvérsias dele decorrentes? E, a partir dessa primeira indagação, objetiva-se ainda examinar outra, com ela relacionada, a saber: a Administração Pública Federal tem respeitado o devido processo legal nos processos administrativos disciplinares (PAD)?

Nesse ponto, mostra-se necessário realçar: optou-se por limitar a imersão nos problemas supracitados a partir do exame de alguns recentes julgamentos da Corte Superior. Eis o primeiro recorte da amplitude do estudo, reconhecendo que para responder com precisão as perguntas anteriores seriam necessárias pesquisas muito mais amplas e complexas. Tenciona-se, pois, consolidar somente uma das peças do "quebra-cabeça", para que possa se integrar a outras pesquisas realizadas sob outros vieses, e permitir a obtenção de respostas mais exatas.

Além disso, optou-se por reduzir a investigação à judicialização dos processos disciplinares no âmbito federal, visto que são regidos, em regra, por legislação uniforme (em geral, a combinação da Lei 8.112/90 com a Lei 9.784/84), de modo que tal homogeneidade teria o potencial de gerar resultados mais precisos.

Estabelecido, portanto, o problema de pesquisa e destacado o recorte temático, cabe agora adiantar a hipótese deste trabalho: as respostas às perguntas supracitadas são positivas e, para se confirmar (ou não) essa hipótese, as indagações serão investigadas por meio de pesquisa empírica como fonte na jurisprudência mais recente do STJ.

O objetivo geral deste artigo, por sua vez, consiste em responder os questionamentos à luz do resultado da pesquisa jurisprudencial para o desenvolvimento deste trabalho. Ou seja, mais uma vez, é importante deixar claro que não se pretende apresentar resposta unívoca ou com precisão matemática sobre as questões relacionadas ao problema de pesquisa, que é sabidamente amplo. Visa-se apenas identificar tendências, com base no resultado da investigação, que possam contribuir com esse debate.

3. A pesquisa

A investigação realizada neste artigo adotou como premissa a ideia de que "o sucesso de uma pesquisa de jurisprudência está na adequada delimitação do tema".[12] Dessa forma, eis os recortes[13] adotados neste trabalho: a) institucional – a pesquisa se limita aos julgados do STJ; b) temático – limitou-se a utilizar como critério de pesquisa (por termo) a expressão "processo administrativo disciplinar", entre aspas; c) temporal – pesquisaram-se apenas os julgamentos publicados entre 01.07.2020 e 01.07.2022; e d) processual – filtraram-se, para a amostra, apenas os julgamentos proferidos pela Corte Especial e pela Primeira Seção do STJ, excluindo-se ainda da amostra os acórdãos proferidos em sede de embargos de declaração, os que eventualmente tratassem de PAD estadual ou os proferidos mediante decisão interlocutória.

Sobre esse último recorte, é importante esclarecer que foram escolhidos apenas os julgamentos proferidos pela Primeira Seção do STJ porque é ela que congrega os representantes das duas Turmas de Direito Público do Tribunal[14] (ou seja, em tese produz precedentes mais uniformes e homogêneos) e que é competente para processar e julgar os feitos relativos a servidores públicos.[15] Além disso, compete ao referido órgão julgador processar e julgar os mandados de segurança impetrados contra ato de Ministro de Estado.[16-17]

---

12. PALMA, Juliana Bonacorsi de; FEFERBAUM, Maria; PINHEIRO, Victor Marcel. Meu trabalho precisa de jurisprudência? Como posso utilizá-la? In: QUEIROZ, Rafael Mafei Rabelo; FEFERBAUM, Marina (Coord.). *Metodologia da pesquisa em direito*: técnicas e abordagens para elaboração de monografias, dissertações e teses. 2. ed. São Paulo: Saraiva, 2019. p. 100-128.

13. Ibidem.

14. Art. 2º, § 4º, do RISTJ.

15. Art. 9º, § 1º, XI, do RISTJ.

16. Art. 12, I, do RISTJ.

17. Art. 105, I, "b", da CF/88.

Considerando que, por expressa previsão legal, a maioria das demissões ocorridas no bojo do processo administrativo disciplinar federal é praticada por Ministros de Estados (arts. 1º, I, do Decreto 3.035/99 e 2º, I, “a”, do Decreto 11.123/2022), a escolha dos julgados proferidos pela Primeira Seção se deve ao fato de que são os que mais se aproximariam do problema de pesquisa detalhado no tópico anterior. Isso porque são nos processos os quais questionam a sanção máxima que são travados e aprofundados os maiores debates sobre a legalidade dos PADs.

Toda a consulta jurisprudencial foi realizada no dia 11.07.2022, por meio da internet, mediante busca pública disponível no *site* do STJ.[18] Adotando-se os filtros mencionados, foi encontrada amostra com 71 acórdãos, que serão listados no apêndice deste trabalho, pela ordem de julgamento, do mais recente ao mais antigo.

Buscou-se que o levantamento dos casos analisados se amparasse em critérios objetivos, para permitir desenvolvimento de análise crítica,[19] em vez de ativismo. Além disso, pressupôs-se que a quantidade de acórdãos (amostra) foi capaz de sustentar, cientificamente, os achados da pesquisa,[20] em relação aos recortes propostos.

4. Os achados

Inicialmente, destaca-se que os julgados investigados na pesquisa ensejaram resultado preciso e objetivo o suficiente para agrupá-lo em tabela,[21] pelo que assim ele será apresentado, em apêndice a este artigo, para eventual consulta.

---

18. Disponível em: https://scon.stj.jus.br/SCON/. Acesso em: 11 jul. 2022.

19. MONTEIRO FILHO, Carlos Edison do Rêgo. Reflexões metodológicas: a construção do observatório de jurisprudência no âmbito da pesquisa jurídica. *Revista Brasileira de Direito Civil*, S.L., v. 9, n. 3, p. 8-30, 2016. Trimestral. Disponível em: https://shre.ink/c52X. Acesso em: 12 jul. 2022.

20. Ibidem.

21. BOOTH, Wayne; COLOMB, Gregory; WILLIAMS, Joseph. *The Craft of Research*. 3. ed. Chicago: The University of Chicago Press, 2008. p. 214.

Registre-se, ainda, que, como o número da amostra, graças à delimitação temática explicitada no tópico anterior, não se mostrou excessivo, foi possível o exame de cada um dos julgados.

Saliente-se, em complemento, que a Corte Superior mantém em seu site publicação periódica denominada "Jurisprudência em Teses", a qual "apresenta um conjunto de teses sobre determinada matéria, com os julgados mais recentes do Tribunal sobre a questão, selecionados até a data especificada".[22] Nessa seção do portal eletrônico do STJ, foi possível observar, em primeiro lugar, a preocupação da Corte em sistematizar os entendimentos a respeito da temática "processo administrativo disciplinar", que consta em 7 das 41 edições sobre Direito Administrativo, sendo a de maior ocorrência dentro desse ramo do direito no *site* da Corte Superior. E vê-se que as edições são sumarizadas quando determinada tese jurídica é capitaneada em múltiplos julgamentos do Tribunal, ao longo dos últimos anos, ou seja, aquelas (as edições) demonstram uniformidade e segurança para sua aplicação.

Dito isso, constatou-se que o primeiro achado relevante está relacionado ao número de acórdãos em que o Superior Tribunal de Justiça decidiu o caso concreto aplicando um ou mais entendimentos consolidados na Corte e constantes, em sua maioria, das edições da "Jurisprudência em Teses" supracitada.

Dos 71 processos examinados, apenas em 9 deles não houve alusão à tese já firmada. Em outras palavras, 88% dos precedentes pesquisados foram decididos à luz da jurisprudência pacificada no próprio STJ, sendo que os outros 12% dos casos tiveram solução sem indicação expressa dos entendimentos já consolidados.[23]

22. SUPERIOR Tribunal de Justiça. *Jurisprudência em tese*. Disponível em: https://scon.stj.jus.br/SCON/jt/. Acesso em: 11 jul. 2022.

23. Foram considerados, para esse critério, os casos decididos sem indicação expressa a tese jurídica acolhida em dois ou mais julgados colegiados do STJ.

A propósito, o fato de não ter sido baseado o julgamento em teses consistentes não implicou concluir que houve decisões contrárias àquelas, ou realização de distinção de precedente. Na realidade, os julgados que não replicaram jurisprudência firme da Corte enfrentaram matéria nova ou atípica, sem que tenham desafiado, em detrimento da segurança jurídica, as teses pacificadas.

Em ao menos 19 casos o julgamento se baseou em um ou mais entendimentos sumulados (seja pelo STF, seja pelo STJ), sendo os verbetes mais utilizados: a Súmula 641 do STJ[24] (1 caso); a Súmula Vinculante 5 do STF[25] (2 casos); a Súmula 591 do STJ[26] (3 casos); a Súmula 650 do STJ[27] (8 casos); e a Súmula 635 do STJ[28] (9 casos).

As teses (ainda) não sumuladas, mas consistentes no STJ, também foram reiteradas no bojo dos julgados pesquisados, o que está contido nos 88% dos casos decididos à luz da jurisprudência consagrada na Corte. Abaixo, serão indicadas as que mais se destacaram no aspecto quantitativo, por ordem decrescente de incidência.

Cerca de 35% dos conflitos foram decididos com fundamento na tese consolidada no STJ de que "a decretação de nulidade no processo administrativo depende da demonstração do efetivo

---

24. "A portaria de instauração do processo administrativo disciplinar prescinde da exposição detalhada dos fatos a serem apurados."

25. "A falta de defesa técnica por advogado no processo administrativo disciplinar não ofende a Constituição."

26. "É permitida a 'prova emprestada' no processo administrativo disciplinar, desde que devidamente autorizada pelo juízo competente e respeitados o contraditório e a ampla defesa."

27. "A autoridade administrativa não dispõe de discricionariedade para aplicar ao servidor pena diversa de demissão quando caracterizadas as hipóteses previstas no art. 132 da Lei 8.112/1990."

28. "Os prazos prescricionais previstos no art. 142 da Lei 8.112/1990 iniciam-se na data em que a autoridade competente para a abertura do procedimento administrativo toma conhecimento do fato, interrompem-se com o primeiro ato de instauração válido – sindicância de caráter punitivo ou processo disciplinar – e voltam a fluir por inteiro, após decorridos 140 dias desde a interrupção."

prejuízo para as partes, à luz do princípio *pas de nullité sans grief*" (edição 154 da Jurisprudência em Teses, item 27).

Em quase 20% dos casos houve a aplicação do entendimento de que "o mandado de segurança não é a via adequada para o exame da suficiência do conjunto fático-probatório constante do processo administrativo disciplinar – PAD" (edição 154 da Jurisprudência em Teses, item 3).

Aproximadamente 12% dos casos reafirmaram a tese de que "o controle judicial no processo administrativo disciplinar – PAD restringe-se ao exame da regularidade do procedimento e da legalidade do ato, à luz dos princípios do contraditório, da ampla defesa e do devido processo legal, não sendo possível nenhuma incursão no mérito administrativo" (edição 154 da Jurisprudência em Teses, item 1).

10% dos processos examinados reproduziram a jurisprudência a qual garante que "as instâncias administrativa e penal são independentes entre si, salvo quando reconhecida a inexistência do fato ou a negativa de autoria na esfera criminal" (edição 154 da Jurisprudência em Teses, item 29).

Nos AgInt no MS 22913, MS 27042; AgInt no MS 25209 e AgInt no MS 22389 aplicou-se o entendimento de que "meras alegações de que existe fato novo não têm o condão de abrir a via da revisão do processo administrativo disciplinar, sendo indispensável a comprovação da existência de fatos novos, desconhecidos ao tempo do PAD" (edição 154 da Jurisprudência em Teses, item 46).

Além disso, em três casos se reafirmou a tese de que "no PAD, a alteração da capitulação legal imputada ao acusado não enseja nulidade, uma vez que o indiciado se defende dos fatos nele descritos e não dos enquadramentos legais" (edição 154 da Jurisprudência em Teses, item 8).

Ainda em relação aos processos decididos à luz da jurisprudência pacífica da Corte, foram aplicadas as teses de que: a) MS 19771 e MS 27608 – "Os policiais rodoviários federais se sujeitam às disposições da Lei 8.112/90, que nada dispõe sobre a necessidade de ser permanente a comissão que conduz o processo administrativo disciplinar instaurado para apurar responsabilidade de servidor por infração praticada no exercício de suas atribuições" (edição 154 da Jurisprudência em Teses, item 23); b) MS 26941 – "É possível haver discrepância entre a penalidade sugerida pela comissão disciplinar e a aplicada pela autoridade julgadora desde que a conclusão lançada no relatório final não guarde sintonia com as provas dos autos e a sanção imposta esteja devidamente motivada" (edição 154 da Jurisprudência em Teses, item 30).

O resultado da pesquisa, até agora, demonstra a tendência de que o STJ tem buscado, ao menos em relação ao tema "processo administrativo disciplinar" – aqui examinado no plano federal –, efetivar sua principal missão constitucional, que é a de uniformizar a interpretação da lei federal sobre a temática.

Essa conclusão é extraída da conjugação de dois aspectos da pesquisa examinados nas linhas passadas: o fato de existir a preocupação do próprio Tribunal de consolidar suas teses jurídicas por meio da criação de repositório próprio (Jurisprudência em Teses); e o de que o próprio STJ, segundo o resultado quantitativo supradetalhado, tem se valido dessas mesmas posições dominantes para solucionar a maioria dos casos concretos, estabilizando a jurisprudência interna.

Resta, ainda, responder se há tendência de que a Administração Pública Federal vem respeitando o devido processo legal nos processos administrativos disciplinares (PAD). De acordo com a análise de dados da pesquisa quantitativa supracitada, também se conclui ser positiva a resposta.

Verifica-se que, dos 71 julgados investigados, em apenas 12 houve a anulação ou a reforma do PAD, isto é, cerca de 85% das conclusões dos processos administrativos disciplinares que tiveram sua higidez questionada no STJ foram mantidas. Esse resultado sinaliza que a Administração Pública federal tem, em boa medida, garantido processo adequado para aqueles que, ao menos em tese, praticaram ato conflitante com os deveres funcionais.

Importante destacar, também, a informação relevante de que ao menos três julgados (AgInt no MS 24448; AgInt no MS 23391; e AgInt no MS 25209) anularam processos administrativos com fundamento na tese jurídica de que "é cabível recurso administrativo hierárquico em face de decisão prolatada em Processo Administrativo Disciplinar – PAD" (Edição 154 da Jurisprudência em Teses, item 48). Essa situação poderá ser observada pelo administrador, caso queira evitar a anulação dos processos.

5. Considerações finais

O presente artigo reconheceu a importância geral das pesquisas dedicadas ao recurso humano como elemento mais essencial à prestação de um bom serviço, inclusive o público.

Por isso, objetivou-se centrar a pesquisa que baseou este texto nesse cenário global, sendo que aqui se focou no contexto mais específico, dos servidores públicos, e dentro de segmento ainda menor desse tema, a saber: os processos administrativos disciplinares.

Buscando examinar se o STJ tem cumprido seu papel de pacificar a legislação federal sobre o assunto, foi realizada pesquisa empírica tendo como fonte julgados recentes (últimos dois anos) da Corte relacionados à temática em exame.

Os resultados são positivos, no sentido de que cerca de 88% dos casos examinados foram dirimidos à luz da jurisprudência consolidada do Tribunal, sumarizada nas edições da "Jurisprudência em Teses" do STJ. Com isso, o achado da pesquisa confirma a hipótese de que a Corte Superior tem investido esforços em garantir segurança jurídica e uniformização de julgamentos no tocante ao tema examinado.

Além disso, a pesquisa também demonstra a tendência de que a Administração Pública Federal tem observado o devido processo legal no contencioso administrativo, uma vez que cerca de 85% das conclusões dos PADs que tiveram sua higidez questionada no STJ foram mantidas. Isso pode sinalizar maturidade dos entes federais quanto ao respeito ao princípio da legalidade e das garantias constitucionais a que fazem jus os servidores que respondem a processos de natureza disciplinar, afastando-se de uma posição de autoritarismo, comum antes da redemocratização do país.

Referências

ABBOUR, Charbel José Chiappetta; SANTOS, Fernando César Almada; BARBIERI, José Carlos. Gestão Ambiental Empresarial: um levantamento da produção científica brasileira divulgada em periódicos da área de administração entre 1996 e 2005. *Revista de Administração Contemporânea*, Curitiba, v. 12, p. 693, 2008. Trimestral. Disponível em: https://shre.ink/c52H. Acesso em: 6 jul. 2022.

ALVES, Zélia Mana Mendes Biasoli; SILVA, Maria Helena G. F. Dias da. Análise qualitativa de dados de entrevista: uma proposta. *Paidéia*, Ribeirão Preto, v. 2, p. 61-69, jul. 1992. Semestral. Disponível em: https://shre.ink/c52O. Acesso em: 1 jul. 2022.

BANDEIRA, Emanuella Lustosa; ARRUDA, Hanna Rocha de; CABRAL, Augusto Cézar de Aquino; SANTOS, Sandra Maria dos. Panorama da gestão de pessoas no setor público. *Revista Pensamento Contemporâneo em Administração*, [S.L.], v. 11, n. 4, p. 86, 20 out. 2017. Departamento de Empreendedorismo e Gestão da UFF. Disponível em: https://shre.ink/c52F. Acesso em: 6 jul. 2022.

BOOTH, Wayne; COLOMB, Gregory; WILLIAMS, Joseph. *The Craft of Research*. 3. ed. Chicago: The University of Chicago Press, 2008. p. 214.

FARIA, Luiz Alberto Gurgel de. Os 30 anos do STJ e a importância do recurso especial repetitivo na efetivação da principal missão da Corte: uniformizar a interpretação da Lei Federal.

In: Gabinete do Ministro Diretor da Revista, Ministro Mauro Campbell Marques. (Org.). *Doutrina: Edição Comemorativa 30 anos do STJ*. Brasília: STJ, 2019, v., p. 1001-1021.

FONTE, Rodrigo Maia da; LEITAO, Emiliano Zapata Miranda; PRADO, Eunice Maria Batista; MARTINS, Leonardo Resende; DINIZ, Michelle Amorim Sancho Souza. Redesign organizacional: soluções possíveis para a defasagem da força de trabalho judicial. *In: Anais do ENAJUS* – Encontro de Administração da Justiça, 2021, Lisboa. Redesign Organizacional: Soluções Possíveis para a Defasagem da Força de Trabalho Judicial, 2021. Disponível em: https://shre.ink/c52m. Acesso em: 6 jul. 2022.

JUSTEN FILHO, Marçal. *Curso de direito administrativo* [livro eletrônico]. 5. ed. São Paulo: Thomson Reuters Brasil, 2018. ePub.

MONTEIRO FILHO, Carlos Edison do Rêgo. Reflexões metodológicas: a construção do observatório de jurisprudência no âmbito da pesquisa jurídica. *Revista Brasileira de Direito Civil*, S.L., v. 9, n. 3, p. 8-30, 2016. Trimestral. Disponível em: https://shre.ink/c52X. Acesso em: 12 jul. 2022.

PALMA, Juliana Bonacorsi de; FEFERBAUM, Maria; PINHEIRO, Victor Marcel. Meu trabalho precisa de jurisprudência? Como posso utilizá-la? *In*: QUEIROZ, Rafael Mafei Rabelo; FEFERBAUM, Marina (Coord.). *Metodologia da pesquisa em direito*: técnicas e abordagens para elaboração de monografias, dissertações e teses. 2. ed. São Paulo: Saraiva, 2019. p. 100-128.

PINHO, Ana Paula Moreno; OLIVEIRA, Evalda Rodrigues da Silva de; SILVA, Clayton Robson Moreira da. Comprometimento organizacional no setor público: um olhar sobre três décadas de produção científica brasileira (1989-2019). *Revista do Serviço Público*, [S.L.], v. 71, n. 3, p. 504-539, 29 set. 2020. Escola Nacional de Administração Pública (ENAP). Disponível em: https://shre.ink/c52q. Acesso em: 6 jul. 2022.

QUEIROZ, Rafael Mafei Rabelo. Como encontrar um tema dentro da minha área de interesse. *In*: QUEIROZ, Rafael

Mafei Rabelo; FEFERBAUM, Marina (Coord.). *Metodologia da pesquisa em direito*: técnicas e abordagens para elaboração de monografias, dissertações e teses. 2. ed. São Paulo: Saraiva, 2019. p. 55-70.

STOCO, Rui. *Processo administrativo disciplinar na administração pública, no Conselho Nacional de Justiça e nos Tribunais* [livro eletrônico]. São Paulo: Revista dos Tribunais, 2015.

SUPERIOR Tribunal de Justiça. *Jurisprudência em tese*. Disponível em: https://scon.stj.jus.br/SCON/jt/. Acesso em: 11 jul. 2022.

VENSON, Aline Botelho Schneider; FIATES, Gabriela Gonçalves Silveira; DUTRA, Ademar; CARNEIRO, Marcelo Lopes; MARTINS, Cristina. O recurso mais importante para as organizações são mesmo as pessoas? Uma análise da produção científica sobre qualidade de vida no trabalho (QVT). *Revista de Administração da Ufsm*, [S.L.], v. 6, n. 1, p. 139-156, abr. 2013. Universidade Federal de Santa Maria. Disponível em: https://shre.ink/c521. Acesso em: 6 jul. 2022.

APÊNDICE

Tabela 1 – resultado da pesquisa empírica (continua)

	Julgado	*Manteve o PAD*	*Anulou ou reformou PAD*	*Aplicação de súmula*	*Aplicação de jurisprudência consolidada*	*Não aplicação de jurisprudência consolidada*
1.	MS 21561	x		S. 635 e 650/ STJ		
2.	MS 22523	x		S.Vinculante n. 5 S. 650/STJ	Edição 154 da Jurisprudência em Teses, itens 3 e 27	
3.	MS 28214	x			Edição 154 da Jurisprudência em Teses, itens 8 e 27	
4.	MS 25141	x			"A instauração de incidente de sanidade mental é intrinsecamente relacionada à fundada dúvida da comissão disciplinar acerca da sanidade mental do servidor, dispensando-se sua realização, nos termos do art. 160 da Lei 8.112/90, quando não há tal dúvida, como é o caso dos autos."	
5.	AgInt no MS 24378	x			Edição 154 da Jurisprudência em Teses, item 27	
6.	MS 22082	x			Edição 154 da Jurisprudência em Teses, itens 1 e 29	
7.	MS 26557	x		S. 650/STJ	Edição 154 da Jurisprudência em Teses, item 29	
8.	AgInt no MS 23848	x			Edição 154 da Jurisprudência em Teses, item 29	
9.	MS 26683	x			Edição 154 da Jurisprudência em Teses, item 27	
10.	MS 22149	x		S. 635/STJ	Edição 154 da Jurisprudência em Teses, item 27	
11.	AgInt no MS 24706	x			"O termo inicial do prazo decadencial para impetração de mandado de segurança contra aplicação de penalidade disciplinar é a data da publicação do ato no Diário Oficial"	
12.	AgInt no MS 28121	x			Edição 154 da Jurisprudência em Teses, item 27	
13.	AgInt no MS 24448		x		Edição 154 da Jurisprudência em Teses, item 48	
14.	MS 21220	x			Edição 154 da Jurisprudência em Teses, itens 3 e 27	
15.	AgInt no MS 24728		x			x
16.	MS 20488	x		S. 650/STJ	Edição 154 da Jurisprudência em Teses, item 3	

Julgado	*Manteve o PAD*	*Anulou ou reformou PAD*	*Aplicação de súmula*	*Aplicação de jurisprudência consolidada*	*Não aplicação de jurisprudência consolidada*
17. MS 26780	x		S. 635/STJ		
18. AgInt no MS 22757	x		S. 591/STJ		
19. MS 19771	x		S. 650/STJ	Edição 154 da Jurisprudência em Teses, item 8	
20. AgInt no MS 22197	x			Edição 154 da Jurisprudência em Teses, itens 3 e 27	
21. AgInt no MS 23865	x			Edição 154 da Jurisprudência em Teses, itens 8 e 27	
22. AgInt no MS 23512		x		"Não é possível a cassação da aposentadoria de servidor público como efeito da condenação criminal, tendo em vista que os efeitos da condenação penal contidos no art. 92 do Código Penal são previstos em relação numerus clausus"	
23. AgInt nos EDcl no MS 27600	x			Edição 154 da Jurisprudência em Teses, item 29	
24. MS 26941	x		S. 650/STJ	Edição 154 da Jurisprudência em Teses, item 30	
25. AgInt no MS 22913	x			Edição 154 da Jurisprudência em Teses, item 46	
26. AgInt no MS 22629	x			Edição 154 da Jurisprudência em Teses, itens 3 e 27	
27. MS 22606		x			x
28. MS 27042	x			Edição 154 da Jurisprudência em Teses, item 46	
29. MS 26825	x				x
30. AgInt no MS 23631	x		S. 635/STJ		
31. AgInt no MS 23391		x		Edição 154 da Jurisprudência em Teses, item 48	
32. MS 23192	x			Edição 154 da Jurisprudência em Teses, itens 3 e 27	
33. AgInt no MS 19524	x		S. 635/STJ	Edição 154 da Jurisprudência em Teses, item 27	
34. AgInt no MS 22919	x			Edição 154 da Jurisprudência em Teses, itens 1 e 3	
35. AgInt no MS 27721	x			"O termo inicial do prazo decadencial para impetração de mandado de segurança contra aplicação de penalidade disciplinar é a data da publicação do ato no Diário Oficial"	

Julgado	Manteve o PAD	Anulou ou reformou PAD	Aplicação de súmula	Aplicação de jurisprudência consolidada	Não aplicação de jurisprudência consolidada
36. AgInt nos EDcl no MS 21037		x			x
37. AgInt no MS 27232	x			Edição 154 da Jurisprudência em Teses, itens 1 e 3	
38. AgInt no MS 23059	x		S. 635/STJ		
39. AgInt no MS 26852	x		S. 591/STJ		
40. AgInt nos EDcl no MS 21328	x				x
41. MS 27608	x			Edição 154 da Jurisprudência em Teses, itens 1, 23 e 27	
42. MS 22593		x	S. 635/STJ		
43. MS 24766	x			Edição 154 da Jurisprudência em Teses, itens 3 e 29	
44. MS 24826	x			Edição 154 da Jurisprudência em Teses, item 29	
45. AgInt nos EDcl no MS 21493	x			Edição 154 da Jurisprudência em Teses, item 1	
46. MS 21754	x			Edição 154 da Jurisprudência em Teses, item 27	
47. AgInt no MS 20315					
48. AgInt no MS 24361	x			Edição 154 da Jurisprudência em Teses, item 3	
49. AgInt no MS 20312	x			Edição 154 da Jurisprudência em Teses, itens 1, 8 e 27	
50. MS 19000	x		S. 591/STJ	Edição 154 da Jurisprudência em Teses, item 27	
51. AgInt nos EDcl no MS 25834	x		S. 635/STJ		
52. AgInt no MS 24724	x			"A cessão caracteriza-se pelo desdobramento da lotação e do exercício do servidor, de forma a manter a primeira no órgão cedente e a segunda no órgão cessionário. O vínculo com o órgão cedente permanece definitivo e com o órgão cessionário tem natureza temporária, sendo, por conseguinte, decorrência lógico-jurídica que a competência para decidir sobre a aplicação das penas de demissão e de cassação de aposentadoria seja do órgão em que há o vínculo definitivo (cedente)"	

Julgado	*Manteve o PAD*	*Anulou ou reformou PAD*	*Aplicação de súmula*	*Aplicação de jurisprudência consolidada*	*Não aplicação de jurisprudência consolidada*
53. AgInt no MS 18018	x			Edição 154 da Jurisprudência em Teses, item 27	
54. MS 26838	x			Edição 154 da Jurisprudência em Teses, item 27	
55. MS 22699		x	S. 635/STJ		
56. AgInt no MS 24338		x			
57. MS 24549	x				
58. MS 19815	x			Edição 154 da Jurisprudência em Teses, item 27	
59. MS 21205	x				
60. MS 26509	x			Edição 154 da Jurisprudência em Teses, item 27	
61. AgInt no MS 25209		x		Edição 154 da Jurisprudência em Teses, item 48	
62. MS 22328	x			Edição 154 da Jurisprudência em Teses, item 1	
63. MS 20963	x		S. Vinculante 5/STF e S. 650/STJ	Edição 154 da Jurisprudência em Teses, item 27	
64. AgInt no MS 22389		x		Edição 154 da Jurisprudência em Teses, item 46	
65. MS 18572	x		S. 641/STJ	Edição 154 da Jurisprudência em Teses, itens 3 e 27	
66. MS 22645	x			Edição 154 da Jurisprudência em Teses, item 1	
67. MS 24672	x		S. 650/STJ	Edição 154 da Jurisprudência em Teses, item 3	
68. MS 24806	x			Edição 154 da Jurisprudência em Teses, item 27	
69. MS 20940		x			x
70. MS 22019	x			Edição 154 da Jurisprudência em Teses, item 3	
71. MS 25401	x			Edição 154 da Jurisprudência em Teses, itens 3 e 8	

A IMPENHORABILIDADE DE BENS PÚBLICOS E DEMANDAS DE SAÚDE: UMA ANÁLISE CRÍTICA DA AUTORIZAÇÃO DO SEQUESTRO DE VERBAS PÚBLICAS FORA DAS EXCEÇÕES PREVISTAS NO ART. 100, § 2º, DA CONSTITUIÇÃO FEDERAL

Cid Marconi Gurgel de Souza

Desembargador Federal do TRF 5.
Mestre e Doutor em Direito pela
Universidade de Fortaleza - UNIFOR

Resumo: Com o presente trabalho se busca realizar uma análise sistemática sobre a ideia de impenhorabilidade dos bens públicos, a execução contra a fazenda pública e a evolução jurisprudencial que passou a permitir que nas chamadas demandas de saúde o magistrado possa, fora das hipóteses do art. 100, § 2º, da Constituição Federal, sequestrar verbas públicas para garantir o fornecimento de fármacos e outros tratamentos médicos; busca-se limitar o alcance dessa faculdade apenas às ações com fundamento no art. 196 da Carta de 1988 e mesmo assim diante de manifesta gravidade e não genericamente para cumprimento de uma obrigação de fazer.

Palavras-chaves: impenhorabilidade dos bens públicos – demandas de saúde – sequestro judicial – obrigação de fazer – excepcionalidade.

Abstract: restraint of attachment of public assets – health law suits – seisuzre – performance commitment – exceptionality.

1. Introdução

A disciplina jurídica dos bens públicos constitui, como sabido, um dos assuntos tradicionais no âmbito do Direito Administrativo, presidindo-lhe, como regra de ouro, sua inalienabilidade. A ela assomam-se outras características como a impenhorabilidade. A razão de ser dessa vedação também não se constitui como novidade: a necessidade de se garantir a continuidade da prestação dos serviços públicos. No caso brasileiro, tão importante é esse regramento que conta, como também é de amplo conhecimento, com previsão constitucional.

Nada obstante, a mudança dos contornos do Estado sobretudo em função da mesma Carta constitucional de 1988, a saber, sua maior função prestacional, impôs uma substancial mudança de perspectiva em relação ao assunto ao longo das últimas duas décadas diante das chamadas demandas de saúde. Assim, passaram os tribunais superiores a admitir que a prevalência do direito à saúde, fundado na declaração de direitos bem como no art. 196 da *Lei Fundamental*, permitiria o sequestro de verba pública para o custeio de fármacos e outros tratamentos médicos sem a necessidade de obediência do regime de precatórios.

A pauta do presente artigo vem a ser, justamente, passar em revista esse processo de ponderação para, tomando por premissa a validade do preceito que veda a alienação dos bens públicos e, por conseguinte, sua penhora, apreciar sistemática e dogmaticamente o que se acredita ser sua pontual flexibilização para garantir a preservação do direito fundamental à vida e à saúde dos indivíduos.

Realiza-se essa abordagem para entender os motivos que ensejaram e que levaram à construção da permissão dada a magistrados de proceder ao sequestro de verba pública em contraposição à regra do art. 100, § 2º, da Constituição Federal e, em o fazendo, buscar decotar fundamentações outras que possam levar a uma extensão eventualmente deturpada de tal raciocínio, com prejuízo para a coisa pública.

2. Impenhorabilidade dos bens públicos e execução contra a fazenda

O regime dos bens públicos, como sabido, possui características próprias que, naturalmente, fazem com que eles se diferenciem em vários aspectos das disposições aplicáveis aos bens privados. De longa data o Direito brasileiro reserva espaço para disciplinar a matéria. Com efeito, seguindo o modelo francês,[1] coube, na realidade, ao Direito privado a primeira enunciação normativa sobre os bens privados e os públicos. Assim, o Código Civil de 1916 já divisava a distinção entre bens públicos e privados, estipulando já naquele então que eles só perderiam a inalienabilidade, "que lhes é peculiar, nos casos e forma que a lei prescrever".

Seu sucessor, o vigente Estatuto de 2002, não alterou a regra, passando apenas a melhor sistematizá-la, vale dizer, reconhecendo a possibilidade de alienação dos bens dominicais, em conformidade com as disposições aplicáveis, bem como a viabilidade de, por meio do processo de desafetação, alterar os bens de uso comum do povo e de uso especial em dominicais (arts. 100 e 101). Mesmo assim, como se sabe, o processo de alienação de um bem público envolve uma tramitação complexa, para não falar em burocrática, que vai desde a mencionada retirada de destinação jurídica qualificada do bem até o procedimento licitatório que consagra a alienação.

De toda sorte, é a partir desse marco normativo que se constrói toda a estruturação categórica que serve para classificar os bens públicos. De fato, não há dúvidas de que é a vedação à livre alienabilidade o principal atributo dos bens

1. O art. 537 do Código Civil francês, ainda com a redação original de 1804, dispõe que: "Les particuliers ont la libre disposition des biens qui leur appartiennent, sous les modifications établies par les lois. Les biens qui n'appartiennent pas à des particuliers sont administrés et ne peuvent être aliénés que dans les formes et suivant les règles qui leur sont particulières." Em tradução livre: "Os particulares têm a livre disposição dos bens que lhes pertencem, sujeitas às modificações estabelecidas pelas leis. Os bens que não pertencem a particulares são administrados e só podem ser alienados nas formas e de acordo com as regras que lhes são próprias".

públicos nos sistemas de Direito Administrativo republicano. É como corolário dele que surgem as demais características usualmente referidas nos manuais de Direito Administrativo, como, por exemplo, a imprescritibilidade, a impossibilidade de oneração, a intangibilidade e, claro, sua impenhorabilidade.[2]

Vale dizer, todas as características que dão conformidade aos bens públicos, vê-se o bem, são como que corolários do fato de que eles são inalienáveis já que constituem a própria ideia de *res pública*. Do ponto de vista jurisprudencial, encontram-se registros do reconhecimento da impenhorabilidade dos bens públicos muito anteriores à Constituição Federal de 1988 e ao Código Civil de 2002, como, por exemplo, verifica-se nos acórdãos proferidos no âmbito do Supremo Tribunal Federal já desde o ano de 1944.[3]

---

2. Interessante observar, todavia, que, mercê da disposição contida no § 15 do art. 15 da Constituição de 1824, a inalienabilidade dos bens públicos já era divisada antes mesmo da República, uma vez que cabia à Assembleia Geral: "regular a administração dos bens Nacionaes, e decretar a sua alienação". Tal dispositivo teria constituído o primeiro regramento a dispor de um regime próprio para tais bens, o qual tinha como fundamento principal a vedação de alienação. Em regimes monárquicos de cunho absolutista, entretanto, inexistia esse impedimento porquanto os bens eram do soberano, não havendo *res publica*. Por isso mesmo, consoante magistério de Francisco Wildo Lacerda Dantas, no período de vigência das ordenações Manuelinas e Filipinas, a execução contra a Fazenda Pública se processava sem que a ela fosse atribuída qualquer prerrogativa, sendo permitida a penhora (DANTAS, Francisco Wildo Lacerda. *Execução contra a Fazenda Pública:* regime do Precatório. Brasília: Brasília Jurídica, 1999. p. 51). E mais precisamente sobre a impenhorabilidade dos bens públicos, cf. Ministério Público do Estado da Guanabara. Parecer ministerial. Do conceito de impenhorabilidade dos bens públicos. *Revista de Direito do Ministério Público do Estado da Guanabara*, Rio de Janeiro, n. 7, p. 119-158, jan./abr. 1969.

3. Nos autos do Conflito de Jurisdição 1. 519, publicado no *Diário da Justiça*, apenso ao n. 132, de 12 de junho de 1945, p. 2267 a 2270, restou consignado que: "Os bens do Estado são impenhoráveis, sem dúvida; mas êle, às vêzes, é forçado, pelas contingências históricas, a descer dos altos planos em que normalmente se desenvolve sua ação, para se entregar ao comércio, quando dirige emprêsas, lavra contratos, expede duplicatas, emite promissórias, quando contrata trabalho, e é difícil, então, a meu ver, levar o princípio, exato, ela impenhorabiliclade, às extremas conseqüências; porque o fato próprio daquela atividade está mostrando que certos bens, pelo menos, não podem ser postos fora do comércio" (STF, CJ n. 1519, j. 11.10.1944, rel. Min. Orozimbo Nonato).

Por impenhorabilidade, característica que interessa mais presentemente a este trabalho, diz-se ser a não vocação do bem público para ser objeto de penhora[4] em processo judicial, vale dizer, de submetê-lo a qualquer possibilidade de ser constrito para fins de garantir o sucesso de uma execução (termo tomado em seu sentido amplo). Como sabido, não cumprindo com o pagamento, o bem penhorado pode ser objeto de alienação forçada. Ora, se o bem público é inalienável não poderá ocorrer alienação forçada e, portanto, penhora. Nesse caso, a execução/cumprimento de sentença contra a Fazenda Pública no caso de quantia certa se perfaz por meio de uma técnica própria de pagamento denominado, como sabido, de *precatório*, ou seu derivado, nos casos de menor monta, a *requisição de pequeno valor*.[5]

A impenhorabilidade, nesse contexto, pode ser considerada uma forma de prerrogativa conferida aos bens que são inalienáveis. Uma vez que não é possível sua transferência, não seria possível sua constrição judicial com o objetivo de efetuar tal providência. Nesse sentido, já dizia Clóvis Beviláqua, a respeito dos bens de família, que sua impenhorabilidade "é uma das formas ou espécies de alienabilidade".[6] O credor resta, assim, impossibilitado de exercer direitos processuais sobre esta categoria de bens, limitando o exercício da jurisdição executiva sobre eles.

---

4. Apenas por precisão terminológica, vale destacar que este trabalho se acosta ao conceito de penhora proposto por Liebman, que considera como o ato pelo qual o órgão judiciário submete, a seu poder imediato, determinados bens do executado, fixando sobre eles a destinação de servirem à satisfação do direito do exequente (LIEBMAN, Enrico Tullio. *Processo de execução*. 3. ed. São Paulo: Saraiva, 1968. p. 95).

5. Apesar de não ser o objetivo central deste trabalho, vale mencionar que cada ente federativo possui autonomia para editar norma própria fixando o patamar a ser considerado, para o próprio ente, como obrigação de pequeno valor, desde que o valor fixado não seja inferior ao valor do maior benefício pago pela previdência social. Destaca-se, ainda, que caso o ente federativo em questão não edite norma ou, caso tenha editado, tenha fixado valor inferior ao limite estipulado no Texto Constitucional, serão utilizados os parâmetros de 30 (trinta) salários mínimos para os municípios e 40 (quarenta) salários mínimos para os Estados. No que se refere à União, a Lei Federal 10.259/2001, estabeleceu o parâmetro de 60 (sessenta) salários mínimos.

6. BEVILÁQUA, Clóvis. *Código Civil dos Estados Unidos do Brasil:* commentado. 2. ed. Rio de Janeiro: F. Alves, 1921. v. 4. p. 109.

A impossibilidade de alienação e, assim, de penhora dos bens da Fazenda Pública, culminou na necessidade do estabelecimento de um tipo especial de execução, o que, igualmente, faz parte da tradição do ordenamento jurídico brasileiro, constando inclusive do Texto Constitucional: "os pagamentos devidos pelas Fazendas Públicas Federal, Estaduais, Distrital e Municipais, em virtude de sentença judiciária, far-se-ão exclusivamente na ordem cronológica de apresentação dos precatórios e à conta dos créditos respectivos" (art. 100).

O primeiro registro normativo acerca da execução por requisição, vale dizer, nos moldes compreendidos na atualidade, consta do art. 41 do Decreto 3.084, de 5 de novembro de 1898, cuja redação estabelecia que: "A sentença será executada depois de haver passado em julgado e de ter sido intimado o Procurador da Fazenda, se este não lhe oferecer embargos, expedindo o Juiz precatória ao Tesouro, para efetuar-se o pagamento". Atualmente, a matéria se encontra incorporada ao Código de Processo Civil. Em resumo, é ponto pacífico em nosso direito que, sendo a Fazenda Pública condenada a cumprir uma obrigação de pagar, não se pode buscar a satisfação do crédito por meio de pagamento direto, nem através da penhora de seus bens.

As requisições de pagamento têm, assim, fundamento no ordenamento jurídico como uma forma pela qual se busca compatibilizar a clássica visão acerca da continuidade dos serviços públicos, razão da inalienabilidade e da impenhorabilidade desses bens, com a necessidade de se efetivar as obrigações fixadas pelo Poder Judiciário, garantindo que o ente público inclua, na previsão orçamentária do exercício subsequente ao da requisição, a despesa decorrente da condenação a ele imposta.

Toda a estrutura normativa fora concebida em tal formato para permitir à Fazenda Pública, na prática, a possibilidade de se organizar do ponto de vista orçamentário para pagar suas dívidas e, assim, não comprometer suas atividades em prol dos administrados. Como já se disse no passado, "um mal necessário", tendo sido a única forma viável de conciliar os "óbices da impenhorabilidade e da inalienabilidade dos bens públicos", assim como os demais interesses sociais com a efetividade do processo judicial.[7]

Contudo, mais recentemente, uma série de demandas passou a cobrar pronta resposta do Poder Judiciário, exigindo, de sua parte, atuação mais urgente, sob pena de se tornar ineficaz, diante do cenário de potencial conflito entre o elemento clássico da afetação (e, por conseguinte, da impenhorabilidade) dos bens públicos e da necessidade de se garantir, de forma célere, a preservação de direitos dos indivíduos. Em tal cenário, ao Poder Judiciário essencialmente incumbe operar para garantir a máxima eficácia de direitos fundamentais e outras normas constitucionais postos em colisão.

Essa afirmação, que não constitui sequer novidade no atual estado da arte, é a pedra de toque para as considerações que se seguirão. Com efeito, na medida em que a efetivação de alguns direitos não pode esperar o tempo que usualmente seria necessário para obter a providência postulada do Poder Judiciário, o dogma da impenhorabilidade, bem como o sistema de precatórios, já não poderia mais servir como fundamento para impedir uma postura mais dinamizada por parte dos magistrados, inclusive permitindo a constrição de verba pública e seu uso imediato em favor dos particulares. É precisamente o caso das demandas de saúde.

3. Demanda de saúde e efetividade da jurisdição

Não é de hoje que os ordenamentos jurídicos falam em um *direito à saúde*. Notadamente, a Declaração Universal dos Direitos do Homem, firmada em 1948, já tratava a saúde como um bem jurídico a merecer tutela e proteção autônomas particularmente em relação ao direito à vida. Corolário deste, portanto, a implementação do direito à saúde desafia juízes e tribunais de todo o país na medida em que não se

7. VIANA, Juvêncio Vasconcelos. *Efetividade do processo em face da Fazenda Pública*. São Paulo: Dialética, 2003. p. 161-162.

trata de assegurar-se a vida de alguém apenas pela, por exemplo, restrição de um ato de terceiro contra a pessoa que cobra do Judiciário alguma providência. Por isso mesmo, a questão não foi recebida inicialmente com tanta tranquilidade. Muito houve que se debater, muito se houve que tencionar até que os tribunais brasileiros assentassem em definitivo sua vocação para intervir em tais situações.

No Brasil, só mais recentemente é que se começou a problematizar questões relacionadas com o *direito à saúde*. Muito disso, para não dizer quase tudo, ocorreu em razão da atual Constituição Federal, que, como é de geral conhecimento, não apenas o inseriu como direito fundamental (art. 6º, *caput*), como ainda assomou uma série de regras sobre ações e serviços a cargo do Poder Público para sua implementação, além de outras matrizes para a atuação do setor privado (arts. 196 a 200).

O programa constitucional, entabulando uma pauta de valores e ideais ainda distantes da realidade nacional, naturalmente constitui-se mais como uma ambição do legislador constituinte, uma pauta que, passadas mais de três décadas da promulgação da Carta de 1988, ainda precisará da conjunção de muitos esforços para ser implementada. Na prática, as políticas públicas não são suficientes ou, quando existentes, são ineficientes ou mal planejadas, não atendendo a contento as demandas da população. O Estado, que se constitui como principal garantidor do direito à saúde e sua tutela, apenas começa a engatinhar no exercício de uma prestação mais eficiente no oferecimento de ações governamentais que visem à efetiva melhoria das condições de saúde da população brasileira.

Há que se apontar para o fato de que a judicialização das políticas públicas no Brasil avançou de forma mais contundente justamente em face dos serviços de saúde, e isso aconteceu em função das "dimensões constitucionais e infraconstitucionais acerca desse direito, somadas ao contexto da realidade precária da saúde brasileira", cabendo assim "ao Judiciário definir os parâmetros da prestação de tais serviços públicos".[8] Está-se diante de papéis que devem ser desempenhados pelos poderes Executivo e Legislativo, mas, que em face da inércia destes, são transferidos ao Judiciário, tornando-os atores políticos.

O Judiciário passou a exercer tarefas que não são originariamente de sua natureza, mas que, em face de sua própria finalidade dada pela CF/88, não pode deixar de cumprir. E é claro que há consequências por esse agir, e as mais variadas possíveis: seja pelo lado positivo, por efetivar o direito, seja pelo negativo, como a acusação de usurpador de competências de outros poderes.[9] Seu protagonismo pode ser observado através da evolução jurisprudencial que, de uma postura inicialmente mais conservadora, passou a admitir a viabilidade de o cidadão postular – e obter – prestação jurisdicional relativamente ao direito à saúde que constitucionalmente lhe é assegurado.

Gradativamente, o debate do tema direito à saúde no âmbito do Judiciário brasileiro passou a ser de maior qualidade e qualificação de acordo com a sua especificidade e, por consequência, as fundamentações das decisões judiciais passaram a ser igualmente mais complexas. Hoje, como sabido, há uma plêiade de teses jurídicas qualificadas emanadas tanto do Supremo Tribunal Federal como do Superior Tribunal de Justiça que orientam os demais tribunais brasileiros na chamada *concretização do direito à saúde*.[10]

---

8. COSTA, Fabricio Veiga; MOTTA, Ivan Dias da; ARAÚJO, Dalvaney A. de. Judicialização da saúde: a dignidade da pessoa humana e a atuação do Supremo Tribunal Federal nos casos dos medicamentos de alto custo. *Revista Brasileira de Políticas Públicas*. UniCEUB, v. 7, n. 3, p. 845-874, dez. 2017. Disponível em: https://shre.ink/c5OZ. Acesso em: 18 jun. 2022. p. 855.

9. RAMOS, Paulo Roberto Barbosa; OLIVEIRA JUNIOR, Jorge Ferraz de. Características do ativismo judicial nos Estados Unidos e no Brasil. Um breve histórico do ativismo judicial na Suprema Corte Norte-Americana e um paralelo com o recente ativismo judicial da Suprema Corte brasileira. *Revista de Informação Legislativa*, ano 51, n. 204, p. 26, out./dez. 2014.

10. Nesse sentido, os Temas 106 e 84 de Recursos Repetitivos (STJ) e os Temas 06, 289, 500 e 793 de Repercussão Geral (STF).

Não se ingressa aqui, pelos limites do trabalho, na discussão propriamente dita da matéria, vale dizer, do conteúdo das teses jurídicas firmadas pelos tribunais superiores em tema de judicialização da saúde, porém, para além deles, importou uma revisão, muitas vezes não percebida, ou talvez não totalmente bem dimensionada, em relação à questão da impenhorabilidade dos bens públicos anteriormente consignada.

Uma vez mais, é iterativo concluir que a premência daquele que postula medicamentos ao Poder Judiciário é incompatível com a espera que inevitavelmente decorre do sistema de precatórios. Exigindo pronta resposta por parte do Estado-Juiz, não há espaço para esperar o fim da tramitação processual, com o trânsito em julgado da demanda, para o início do cumprimento da sentença, a qual somente terminaria, quando pouco, em um exercício orçamentário seguinte. Imediatamente, contudo, vem o questionamento: não se trata contudo de demanda que tenha por objetivo ordem de pagamento e sim obrigação de fazer, ou, se não isso, de entrega de coisa certa. Logo, em ambos os casos, já não se estaria diante do sistema de precatório. A questão é que, ainda que assim se venha a conceber, tais espécies de execução, quando não são capazes de gerar resultado efetivo, devem ser convertidas em demandas indenizatórias, como constava expressamente do art. 461, § 1º, do Código de Processo Civil de 1973 e que atualmente correspondem aos arts. 497 e 499 da legislação processual vigente.[11]

Em sendo assim, diante de eventual não cumprimento por parte do Estado, não restaria outro caminho ao interessado senão o de transformar a pretensão de obter medicamentos ou tratamento de saúde em perdas e danos, o que implicaria a própria confissão de incapacidade do Estado-Juiz para dar efetividade a essas demandas. Por outro lado, inexiste realmente previsão legal específica que assegure, no caso em questão, o sequestro de dinheiro da Fazenda Pública, pois não

11. O que nunca impediu a jurisprudência, em especial o Superior Tribunal de Justiça, de aplicar o postulado até os dias atuais. Nesse sentido, por exemplo, o REsp 1.993.029/RJ, relatora Ministra Nancy Andrighi, Terceira Turma, julgado em 21.06.2022.

se está diante da situação específica constante do art. 100, § 6º, da Constituição Federal.

É aqui, como supradestacado, que se produziu o que se acredita ser uma das conclusões mais ousadas, embora coerentes, relacionadas às demandas de saúde e que, sem as quais, todas as demais restariam inúteis. De fato, de nada adiantaria admitir em teoria a possibilidade de fornecimento pelo Poder Judiciário de fármacos ou de tratamento médico se não fossem entabulados meios aptos a empreendê-los.

Após muitas discussões, embaladas pela veemente alegação do Estado quanto à impossibilidade de bloqueio do numerário nas suas contas, por não existir amparo normativo para tanto, o Superior Tribunal de Justiça e o Supremo Tribunal Federal convergiram no sentido de ser possível, sim, o sequestro ou bloqueio de bens dos entes públicos, como medida que se impõe ainda que inexista regramento explícito em relação a isso. O debate veio a ser dominado precisamente pelas tensões dialéticas entre a impenhorabilidade dos bens públicos e a preponderância da vida e da saúde humanas como direitos fundamentais.

4. O Tema 84 do STJ e a jurisprudência do STF

Do mesmo modo que outras questões associadas à área da saúde, tanto o Superior Tribunal de Justiça como o Supremo Tribunal Federal vieram a se manifestar sobre a questão, chegando, ambos, a posições idênticas. No STJ, a matéria foi afetada no Recurso Especial 1.069.810/RS, em setembro de 2008, tendo sido definitivamente decidida por aquela elevada jurisdição em julgado datado de 23.10.2013, sendo relator o Ministro Napoleão Nunes Maia Filho. A tese jurídica firmada foi a seguinte: "Tratando-se de fornecimento de medicamentos, cabe ao Juiz adotar medidas eficazes à efetivação de suas decisões, podendo, se necessário, determinar até mesmo o sequestro de valores do devedor (bloqueio), segundo o seu prudente arbítrio, e sempre com adequada fundamentação".

O precedente qualificado encerrou as eventuais dissidências internas que ainda mantinham postura mais restrita e, em o fazendo, não admitiam a possibilidade de sequestro de verba pública por, como também mencionado anteriormente, inexistir previsão expressa quanto a essa possibilidade. Recebida com ânimo por magistrados de todo o país, ela sustenta um *sem-número* de decisões que todos os dias são proferidas por juízes de primeiro e de segundo graus.

No âmbito do Supremo Tribunal Federal, por sua vez, foi afetado o RE 607582, então sob a relatoria da Ministra Ellen Gracie Northfleet e atualmente sob condução da Ministra Rosa Weber, que recebeu o número 289 da lista de temas em repercussão geral na augusta Corte. Seu objeto vem a ser, precisamente, a discussão, "à luz dos artigos 100, § 2º; e 167, II e VII, da Constituição Federal, (d)a possibilidade, ou não, de bloqueio de verbas públicas para garantir o fornecimento de medicamentos". A afetação se deu em 2010, não tendo ocorrido ainda o julgamento de mérito. Entretanto, é sólida a jurisprudência do Supremo Tribunal Federal nos mesmos termos consignados pelo Superior Tribunal de Justiça.

Uma rápida consulta ao sítio eletrônico do STF na rede mundial de computadores demonstra existirem decisões desde meados dos anos dois mil até o presente, sempre no sentido de prestigiar a prevalência do direito à vida, ou até de forma mais precisa o direito à saúde insculpido no art. 196 da Constituição, sobre a regra da impenhorabilidade disposta no art. 100 da mesma Carta. Exemplo claro desse contraponto, entre tantas outras, foi a decisão proferida no Agravo Regimental no Agravo de Instrumento 597.182, do Rio Grande do Sul, com acórdão da lavra do Ministro Cezar Peluso.

Na ocasião, foi consignado que a regra da impenhorabilidade não estaria a prevalecer porquanto "está-se diante de bloqueio de verbas como meio coercitivo para que a determinação judicial de fornecimento de medicamento a quem deles necessita para sobreviver, seja efetivamente cumprida, ou que se obtenha resultado prático equivalente, pois o bem jurídico tutelado é a saúde [...] e a demora pode resultar na inutilidade do provimento judicial".[12] Desse modo, vale dizer, a partir da chancela dada pelos tribunais superiores, juízes e tribunais de todo o país não se esquivaram de predicar o sequestro (bloqueio) de verbas públicas para os fins práticos mencionados de dar efetividade às demandas de saúde.

Nada obstante, as fazendas públicas seguem debulhando o rosário padronizado de que há violação ao art. 100 da CF/88. Apenas a título de exemplo, a matéria foi ventilada pelo Estado de Pernambuco, no Agravo de Instrumento 08004939320224050000, do Tribunal Regional Federal da 5ª Região, sendo relator o Desembargador Federal Leonardo Carvalho. Ali, o ente público mencionou justamente que o *bloqueio* (ou *sequestro*) de verba pública não pertence à categoria dos meios executivos utilizados em uma execução forçada indireta, sendo, na realidade, meio subrogatório, o que pressuporia seu uso apenas nas execuções forçadas diretas, impedindo assim seu uso para o cumprimento de obrigações de dar ou fazer diante da impenhorabilidade dos bens públicos.[13]

O problema é que, de certa forma, assiste razão, sim, às fazendas públicas quando dizem que se está desrespeitando a regra do art. 100. E é aqui que o presente artigo propõe, sobretudo para os fins de julgamento do Tema 289 do STF, que se realize uma análise sistêmica do quadro excogitado, de modo a evitar que apressadamente se conclua que a possibilidade de sequestro/bloqueio de verbas públicas em tais casos existe porque estaria numa zona de exceção à regra da impenhorabilidade, senão que, em não estando, representaria construção baseada na regra de ponderação.

5. Impacto da análise sistêmica sobre o sequestro de verbas públicas em demandas de saúde

12. STF, AI 597182 AgR, Segunda Turma, j. 10.10.2006, rel. Min. Cezar Peluso.

13. TRF5, AI 08004939320224050000, 2ª Turma, j. 03.05.2022, rel. Des. Federal Leonardo Henrique de Cavalcante Carvalho.

Para uma adequada compreensão sobre o sequestro (bloqueio) de verbas públicas em demandas de saúde, a primeira providência vem a ser a de compreender com exatidão o que significa tal instituto. Quando do revogado Código de Processo Civil de 1973, ele era, como sabido, considerado como um dos procedimentos cautelares específicos (arts. 822 a 825). A doutrina, comentando-o, dizia, em linhas gerais, o seguinte: "sequestro é a medida cautelar que assegura futura execução para entrega de coisa e que consiste na apreensão de bem determinado, objeto do litígio, para lhe assegurar a entrega, em bom estado, ao que vencer a causa".[14]

Assim, sua função primordial era, por meio do desapossamento da coisa litigiosa em poder do devedor, ou mesmo de um terceiro, assegurar a efetividade da jurisdição executiva. Se comparada a figura tradicional do sequestro já se nota que, em essência, ela é incompatível com o sistema de precatórios porque, em última análise, o que se faz, seguindo-se ortodoxamente as disposições então vigentes, seria *constranger* uma coisa determinada, inclusive nomeando-se depositário para custodiá-la, para entregá-la ao exequente.

Vale dizer, um procedimento semelhante ao de penhora, na verdade, *acautelador* da penhora. Note-se ainda que a regra constante do art. 100, § 6º, da CF/88, embora faça o mesmo, tem o diferencial de buscar os recursos públicos apenas quando haja o preterimento do direito de precedência do credor, ou de não alocação orçamentária do valor necessário à satisfação do seu débito.

No caso do sequestro constitucional de verbas, contudo, já houve requisição expedida, significando, portanto, que já se deu à fazenda pública condições temporais suficientes para organizar seus pagamentos sem risco de descontinuidade ou

14. THEODORO JÚNIOR, Humberto. *Curso de direito processual civil*. Processo de execução e cumprimento da sentença. Processo cautelar e tutela de urgência. 49. ed. Rio de Janeiro: Forense, 2014. v. II, p. 843.

disrupção de seus serviços.[15] Aqui, todavia, a situação é bem diferente. Exige-se o pronto embaraço da verba pública e se pressupõe sua aptidão para, também de imediato, ser utilizada para a aquisição do fármaco ou do tratamento de saúde que fora determinado. Vê-se, portanto, que é um cenário não apenas mais gravoso para o erário como, de rigor, sem previsão normativa expressa.

É precisamente por isso que se excogita de, na prática, uma verdadeira modificação jurisprudencial sobre o que até então se tinha por pacificado na doutrina em relação à ideia de impenhorabilidade dos bens públicos, a qual teria por parâmetro apenas o art. 100 da CF/88.[16] Ou seja, embora comumente se utilize do recurso hermenêutico de que a situação em estudo não envolveria a aplicação do art. 100 da Constituição por não se tratar de execução para pagar quantia certa, na realidade, estar-se-ia tratando de coisas se não idênticas, assemelhadas pelo menos.

Aqui, entretanto, é necessária uma explicação adicional. No Recurso Extraordinário (RE 573872), com repercussão geral reconhecida sob o n. 45 do Supremo Tribunal Federal, a União Federal formulou pedido de que fosse reconhecida a impossibilidade de ser promovida execução provisória contra si, em sede de sentença condenatória que fixou obrigação de fazer, uma vez que, segundo afirmava, as execuções como um todo, independentemente do tipo de obrigação, deveriam seguir os parâmetros previstos no art. 100 da CF/88, ou seja, trânsito em julgado da sentença judicial, previsão orçamentária e ordem cronológica de pagamentos.

Valendo-se da referida argumentação, a União se insurgia contra acórdão do Tribunal Regional Federal da 4ª Região, por

15. Sobre execução contra a Fazenda Pública e o regime de precatórios, cf. RIBEIRO, Antônio de Pádua. Execução contra a Fazenda Pública e os precatórios. *Ensaios Jurídicos*. Brasília: Superior Tribunal de Justiça, 2003. p. 159-172.

16. MEIRELLES, Hely Lopes. *Direito administrativo brasileiro*. 29. ed. São Paulo: Malheiros, 2004. p. 517.

meio do qual se impôs à recorrente obrigação de fazer, com base no art. 632 da Lei 5.869/73 (acórdão prolatado ainda na vigência do antigo CPC, que corresponde ao art. 815 do CPC/2015), consistente no pagamento de metade do valor de pensão por morte de militar à companheira e, a outra metade, à esposa, que, até aquele momento, era a única beneficiária da verba.

A partir do referido caso, o Supremo Tribunal Federal, por unanimidade, desproveu o recurso interposto pela União, fixando o entendimento de que a execução (provisória ou definitiva) de obrigações de fazer contra a Fazenda Pública não atrai a sistemática estabelecida no art. 100 da CF/88, uma vez que "não há razão para que a obrigação de fazer tenha seu efeito financeiro postergado em função do trânsito em julgado, sob pena de hipertrofiar uma regra constitucional de índole excepcionalíssima". Com a definição do julgado, para fixação da tese em repercussão geral, foi aprovada a seguinte tese: "A execução provisória de obrigação de fazer em face da Fazenda Pública não atrai o regime constitucional dos precatórios".

Seria esse o caso das demandas de saúde, ou mais simplesmente: a litigância com base no art. 196 da CF/88 seria uma obrigação de fazer e, portanto, não demandaria a necessidade de observância ao art. 100 da mesma Carta apenas por isso? A resposta, a nosso sentir, é negativa. Em primeiro lugar, se devidamente esmiuçado, o precedente qualificado do STF depende, em primeiro lugar, de se configurar tais demandas como de fazer.[17] No ponto, é certo que existem reiterados precedentes

---

17. O Supremo Tribunal Federal fixou entendimento, no julgamento do Recurso Extraordinário (RExt) de n. 607.582, de que as obrigações de fazer impostas ao poder público não atraem o tratamento previsto no art. 100 da CF/88.
Importante destacar que as obrigações de fazer em si, pela sistemática processual vigente, podem ser alcançadas de três formas distintas, a saber: a tutela específica, o resultado prático equivalente e a conversão em perdas e danos.
Por meio das duas primeiras, busca-se a realização, pelo devedor, dos exatos termos da providência (comissiva ou omissiva) estabelecida no título executivo (no primeiro caso) ou de uma providência que, apesar de diversa da que foi fixada no título, é capaz de produzir um resultado prático equivalente.
A partir de tais conhecimentos, percebe-se que, por meio do bloqueio e transferência de verbas públicas, nos casos das ações de saúde, utilizando o produto do sequestro

da Suprema Corte que, realmente, consideram que o *fornecimento* de medicamento seria uma obrigação de fazer e, nesses termos, já haveria a natural atração do Tema 45.

Venia concessa, isso, por si somente, não responderia a questão do sequestro ou bloqueio de verbas públicas. É que, como mencionado no caso do agravo de instrumento do Estado de Pernambuco antes mencionado, os meios usuais para a realização do cumprimento de sentença na obrigação de fazer são, de regra, coercitivos, ou, sendo sub-rogatórios, esgotam-se em si mesmos. Porém, se precisam ser convertidos em execução genérica sobre o patrimônio (execução direta) já não se pode mais, em rigor, falar em obrigação de fazer senão que em pagamento de quantia certa.[18]

No caso de medicamentos, a ideia de que se trata tão somente de obrigação de fazer seria válida caso se resolvesse apenas na aplicação das multas (*astreintes*) e mesmo de usos sub-rogatórios desde que não importassem a constrição de bens públicos como a remoção de pessoas e coisas. Assim, por exemplo, se o medicamento que se ordenou fornecer já tivesse sido adquirido pelo Poder Público, o qual estaria apenas inviabilizando seu fornecimento por qualquer entrave burocrático, seria possível falar em uso de tais regras sem comprometer de todo o princípio da impenhorabilidade.

---

para se fornecer a tutela em saúde concedida no caso concreto, não se trata de obrigação de pagar, mas sim, de obrigação de fazer, na modalidade de resultado prático equivalente, possibilitando que o indivíduo adquira, através de busca direta, o objeto que deveria ter sido fornecido (tutela específica) pelo ente público devedor.
Assim, pode-se perceber que, tanto na execução da tutela específica, quanto na execução por meio do resultado prático equivalente (ainda que este consista no bloqueio de valores capazes de garantir o fornecimento do provimento em saúde), está-se diante da execução de obrigações de fazer e, portanto, sua execução imediata, sem a sujeição à sistemática dos precatórios, e isso não viola a Constituição.
Analisando o cumprimento dessa espécie de obrigação, cf. HILL, Flávia Pereira. Comentários à execução das obrigações de fazer e não fazer no novo código de processo civil. *Revista Eletrônica de Direito Processual – REDP.* Volume 15. Janeiro a Junho de 2015. p. 165-194. Disponível em: https://bityli.com/kyT8N. Acesso em: 22 jun. 2022.

18. STF, RE 1363067/BA, j. 25.02.2022, rel. Min. Ricardo Lewandowski. STF, ARE 1296611/RJ, j. 04.08.2021, rel. Min. Edson Fachin.

Nesse caso, o que se estaria apreendendo seria o próprio fármaco determinado e, por isso mesmo, não se poderia alegar a existência de uma constrição genérica ao patrimônio público a fim de garantir o pagamento de uma dívida. Note-se, nesse sentido, que o cumprimento de uma sentença é considerado como obrigação de fazer pelo Poder Judiciário precisamente porque sua efetivação decorre da implantação de um comando pela administração, não havendo necessidade de se sequestrar valores de contas públicas. No caso de demandas de saúde, por muitas vezes, o fármaco não existe e o único caminho viável é a utilização dos valores sequestrados para sua aquisição. Vale dizer, na prática se está, de fato, alienando verba pública.

Não raro, a medida é ainda mais extremada: diante da premência, aceita-se que a compra seja feita diretamente pelo particular mediante comprovação ao magistrado, ou seja, passando pela imposição também constitucional de realização da licitação devida.[19] É por tudo isso que, para nós, o simples argumento de que se trata de uma obrigação de fazer autoriza a compreensão de que fica permitido o sequestro de bens de verba pública. Insiste-se: dizer que o cumprimento de sentença de obrigação de fazer não precisa ser feito por precatório é uma coisa; daí derivar para a autorização de que possa ser feito o bloqueio de verbas públicas em todas as obrigações de fazer – que seria a conclusão natural da indução – está equivocado.

Melhor explicando, o sequestro de verbas públicas em demandas de saúde possui natureza e contextos próprios como antes identificado. A regra da impenhorabilidade continua servindo de bússola norteadora do ordenamento jurídico brasileiro, em decorrência da inalienabilidade dos bens públicos que, a sua vez, tem como fundamento a preservação da qualidade dos serviços públicos. Se é certo que se reconhece que a obrigação de fazer está fora da regra da expedição do requisitório, isso não equivale afirmar que se está também

19. TRF5, AI 08011795620204050000, 1ª Turma, j. 29.10.2020, rel. Des. Federal Elio Wanderley de Siqueira Filho. TRF5, AI 08009430720204050000, 1ª Turma, j. 29.10.2020, rel. Des. Federal Elio Wanderley de Siqueira Filho.

permitindo o sequestro de verbas públicas em toda e qualquer execução de obrigação de fazer contra a fazenda pública.

Isso apenas ocorrerá em casos excepcionalíssimos, sendo o fornecimento de medicamentos provavelmente o mais expressivo – senão o único – a prenunciar uma tão forte necessidade de sopesamento dos valores constitucionais em jogo. Tanto é assim que, como bem se sabe, a permissão dada pela jurisprudência é tão somente para a aquisição do medicamento e não de outros valores que tenham sido igualmente objeto de condenação a ser suportada pelo ente público. É o caso justamente das multas aplicadas quando de uma primeira tentativa de cumprimento da obrigação. O sequestro não envolve o montante relativo às *astreintes*, que deverão ser executadas por meio de requisitório.[20]

Há, portanto, que se separar as situações e considerar que há fundamentos distintos para autorizar o sequestro de verba pública nas demandas de saúde, por derradeira vez, a preponderância da vida. Por conseguinte, abre-se espaço para afirmar que a impenhorabilidade dos bens públicos não prevalece perante a defesa da vida humana, claro, em situações prementes a crivo prudente do magistrado; porém, pelo peso dessa afirmação, é necessário que se cumpra de modo substancial o ônus argumentativo de apontar com exatidão as hipóteses e as condições em que isso poderá ocorrer, como se espera venha a augusta Corte fazer quando concluir o julgamento de seu tema 289.

6. Conclusões

A complexidade das relações sociais impõe a constante atualização dos institutos jurídicos a fim de fazer frente às contínuas mudanças operadas na sociedade. Fenômeno já conhecido desde o final do século XIX, quando entrou em

20. STJ, AgInt no AREsp 1.816.451/SP, Segunda Turma, j. 28/3/2022, rel. Min. Assusete Magalhães. STJ, REsp 1.850.267/MG, Segunda Turma, j. 5/10/2021, rel. Min. Herman Benjamin. TRF5, AI 00106865520124050000, 2ª Turma, j. 27.11.2012, rel. Des. Federal Francisco Wildo.

declínio a Escola da Exegese, através do pensamento de autores como François Geny, Karl Engish entre outros, que deixaram muito claro não apenas a limitação da dogmática legal para acompanhar a dinâmica social.

Foi claramente o que ocorreu com a questão do sequestro de verbas públicas. Sendo a ideia de impenhorabilidade dos bens públicos dogmaticamente constituída para ter como exceção apenas a hipótese contida no art. 100, § 2º, da CF/88, os tribunais superiores valeram-se da teoria dos princípios e do uso do critério de ponderação (proporcionalidade) para sopesar as vantagens de manutenção da empedernida da regra diante de demandas envolvendo o direito à saúde.

Realmente, não apenas a mudança de percepção quanto à possibilidade de o Judiciário se sobrepor ao administrador e deferir, diante da mora ou inadimplemento dele, medicamentos a quem lhe bate às portas, mas o próprio modo de como se realiza o cumprimento dessas decisões foi igualmente alterado de modo substancial. Vale dizer, considerando o grau de primazia do direito fundamental em discussão, operou-se o giro copernicano no sentido de entender flexibilizar o próprio conceito de impenhorabilidade.

A questão, contudo, é que para operar tal exercício hermenêutico, tanto o Supremo Tribunal Federal como o Superior Tribunal de Justiça necessitam dar um arranjo sistêmico que permita a convivência da regra da impenhorabilidade com a pronta apropriação dos recursos públicos para fazer frente à demanda de saúde ante à evidência de que as situações nelas encarnadas, não raras vezes, não podem esperar solução delongada. Vale dizer, a situação não decorre, como talvez possa ser apressadamente pensado, do fato de que tais ações por envolverem obrigação de fazer autorizam o sequestro de verba pública. Dessa feita, o que se buscou no presente estudo foi demonstrar que essa flexibilização ocorre não porque se trata de obrigação de fazer – até porque em alguns casos, claramente, o que se tem é o cumprimento de decisões de obrigações de dar coisa certa. Associar o sequestro de verbas públicas à ideia de que por não se sujeitar o cumprimento da obrigação de fazer ao sistema de precatórios poderia, assim, ser temerário. Trata-se, com efeito, de coisas diferentes, sendo o sequestro uma medida ainda mais extremada diante do risco de perecimento de uma vida humana.

Por isso, advoga-se que o sequestro fora da situação prevista no § 2º do art. 100 deve ser medida realmente restrita a situações de gravidade extrema, como aponta o art. 196 da CF/88 e não para toda e qualquer obrigação de fazer. Assim, a solução a ser dada ao Tema 289 do Supremo Tribunal Federal cobra resposta distinta daquela dada ao Tema 45 da mesma Corte Maior, sendo, a nosso sentir, fundamental que, na ocasião, venha-se a esclarecer que somente em hipóteses realmente graves, em que se periclitasse a vida do indivíduo, possa se admitir o uso imediato de valores públicos (para a aquisição de fármacos ou pagamento de tratamentos de saúde).

Referências

BEVILÁQUA, Clóvis. *Código Civil dos Estados Unidos do Brasil:* commentado. 2. ed. Rio de Janeiro: F. Alves, 1921. v. 4.

COSTA, Fabricio Veiga; MOTTA, Ivan Dias da; ARAÚJO, Dalvaney A. de. Judicialização da saúde: a dignidade da pessoa humana e a atuação do Supremo Tribunal Federal nos casos dos medicamentos de alto custo. *Revista Brasileira de Políticas Públicas*. UniCEUB, v. 7, n. 3, p. 845-874, dez. 2017. Disponível em: https://shre.ink/c5OZ. Acesso em: 18 jun. 2022.

DANTAS, Francisco Wildo Lacerda. *Execução contra a Fazenda Pública*: regime do precatório. Brasília: Brasília Jurídica, 1999.

FAGUNDES, Seabra. *O contrôle dos atos administrativos pelo Poder Judiciário*. 3. ed. Rio de Janeiro: Forense, 1967.

HILL, Flávia Pereira. Comentários à execução das obrigações de fazer e não fazer no novo código de processo civil. *Revista Eletrônica de Direito Processual – REDP,* v. 15, p. 165-194, jan.-jun. 2015. Disponível em: https://bityli.com/kyT8N. Acesso em: 22 jun. 2022.

LIEBMAN, Enrico Tullio. *Processo de execução*. 3. ed. São Paulo: Saraiva, 1968.

MEIRELLES, Hely Lopes. *Direito administrativo brasileiro*. 29. ed. São Paulo: Malheiros, 2004.

MINISTÉRIO Público do Estado da Guanabara. Parecer ministerial. Do conceito de impenhorabilidade dos bens públicos. *Revista de Direito do Ministério Público do Estado da Guanabara*, Rio de Janeiro, n. 07, p. 119-158, jan./abr. 1969. Disponível em: https://shre.ink/c5OX. Acesso em: 2 jun. 2022.

RAMOS, Paulo Roberto Barbosa; OLIVEIRA JUNIOR, Jorge Ferraz de. Características do ativismo judicial nos Estados Unidos e no Brasil Um breve histórico do ativismo judicial na Suprema Corte Norte-Americana e um paralelo com o recente ativismo judicial da Suprema Corte brasileira. *Revista de Informação Legislativa*, ano 51, n. 204, p. 25-42, out./dez. 2014.

RIBEIRO, Antônio de Pádua. Execução contra a Fazenda Pública e os precatórios. *Ensaios jurídicos*. Brasília: Superior Tribunal de Justiça, 2003. p. 159-172.

THEODORO JÚNIOR, Humberto. *Curso de direito processual civil*. Processo de execução e cumprimento da sentença. Processo cautelar e tutela de urgência. 49. ed. Rio de Janeiro: Forense, 2014. v. II.

VIANA, Juvêncio Vasconcelos. *Efetividade do processo em face da Fazenda Pública*. São Paulo: Dialética, 2003.

EIXO X

A APLICAÇÃO DO ART. 155 DO CPP NAS DUAS FASES DO RITO DO TRIBUNAL DO JÚRI

Marcelo Navarro Ribeiro Dantas

Mestre e Doutor em Direito (PUC/SP).
Professor de Cursos de Graduação (UFRN/UnB)
e Pós-Graduação (Uninove) em Direito.
Ministro do Superior Tribunal de Justiça.

Thiago de Lucena Motta

Bacharel (UFRN/Universidade do Porto)
e mestrando em Direito (Uninove).
Analista judiciário e assessor de Ministro
do Superior Tribunal de Justiça.

> *"Leis ainda em vigor concederam autoridade suprema aos senhores do júri"*
>
> Demóstenes
>
> Discurso contra Timócrates, 353 a.C.

1. Introdução

Se as margens do Ipiranga ouviram o brado da independência, as margens do Rio Ilissos, na Atenas clássica, testemunharam o surgimento de outra instituição mais antiga que nosso país, mas nele também presente. Era junto ao Ilissos que, anualmente, centenas de jurados (*dikastes*) assumiam o compromisso de integrar tribunais populares (*dikastai*), formados por 500 integrantes cada e responsáveis pelo julgamento das mais diversas questões.[1] A soberania dos *dikastes* era tamanha que, no discurso referenciado na epígrafe deste trabalho, o orador ateniense Demóstenes, em sua querela contra o adversário Timócrates, proclamou: "todos hão de concordar que invalidar as decisões judiciais é monstruoso, ímpio e subversivo do governo popular".[2]

Mais de dois milênios depois, Demóstenes teria dificuldades de encontrar, entre nós, defensores de tamanha autonomia para o tribunal do júri. Consagrada a soberania de seus vereditos no art. 5º, XXXVIII, "c", da Constituição República de 1988 (CR/88), a legislação ordinária admite, ainda assim, diversas possibilidades de controle da decisão dos jurados. As cautelas e controles que a legislação impõe ao rito do tribunal do júri – tanto na admissibilidade da prova como em sua valoração – se justificam sobretudo porque a decisão dos jurados não é estritamente técnica, mas pode se pautar em valores e visões de mundo tão idiossincráticas quanto extrajurídicas.[3]

A densidade e a relevância dos debates daí decorrentes têm, recentemente, inserido o tribunal do júri em importantes julgamentos nas instâncias superiores. No Supremo Tribunal Federal (STF), merece destaque a concessão unânime de medida cautelar na ADPF 779/DF,[4] que declarou a inconstitucionalidade da infame tese da legítima defesa da honra e vedou seu uso no júri, sob pena de nulidade. Outrossim, ao tempo

---

1. FLECK, Robert; HANSSEN, F. Andrew. On the benefits and costs of legal expertise: adjudication in ancient Athens. *Review of Law and Economics*, v. 8, n. 2, 2012.

2. DEMÓSTENES. *Against Timocrates*. 1939. Disponível em: http://www.perseus.tufts.edu/hopper/text?doc=Perseus%3Atext%3A1999.01.0074%3Aspeech%3D24%3Asection%3D152. Acesso em: 23 jul. 2022.

3. PACELLI, Eugênio. *Curso de processo penal*. 25. ed. São Paulo: Atlas, 2021. p. 779.

4. MC na ADPF 779/DF, relator Ministro Dias Toffoli, Tribunal Pleno, julgado em 15.03.2021, *DJe* de 20.05.2021.

em que escrito este artigo, pende no STF a apreciação do tema 1.087 da repercussão geral, relatado pelo Ministro Gilmar Mendes, no qual se discute a recorribilidade do veredito absolutório fundado no quesito genérico do art. 483, III e § 2º, do Código de Processo Penal (CPP).

No Superior Tribunal de Justiça (STJ), por sua vez, houve um esforço no ano de 2021 para delimitar com mais precisão os *standards* probatórios aplicáveis ao julgamento pelo tribunal de júri – especialmente na avaliação dos elementos informativos colhidos pela polícia – e, com isso, conferir mais segurança à atividade estatal na apuração de crimes dolosos contra a vida.

É sobre este último tema que se debruçará o presente ensaio.

Prevalecia tradicionalmente na jurisprudência superior a noção de que o art. 155 do CPP, ao impedir condenações pautadas exclusivamente nos indícios colhidos durante o inquérito policial, não se aplicaria aos vereditos proferidos pelo tribunal do júri.[5] Afinal, se os jurados não motivam suas decisões, seria impossível a um Tribunal de apelação constatar quais provas efetivamente convenceram os juízes leigos, a fim de compará-las com o *standard* do art. 155 do CPP. Somava-se a isso o entendimento de que a própria pronúncia poderia ser embasada unicamente nos elementos informativos apurados pela polícia,[6] em nome do princípio *in dubio pro societate* e, como resultado, era possível a condenação do acusado sem que nenhuma prova de sua culpa fosse produzida em juízo.

Foi a preocupação com o gravíssimo risco de condenações de inocentes,[7] possivelmente presente nessa combinação de entendimentos jurisprudenciais, que moveu a Quinta Turma

---

5. HC 175.993/RJ, relator Ministro Jorge Mussi, Quinta Turma, julgado em 06.09.2011, *DJe* 21.09.2011.

6. HC 465.298/PB, relator Ministro Sebastião Reis Júnior, Sexta Turma, julgado em 03.12.2019, *DJe* de 13.12.2019.

7. A preocupação é ecoada por: NUCCI, Guilherme de Souza. *Curso de direito processual penal.* 18. ed. Rio de Janeiro: Forense, 2021. p. 454.

do STJ, em três precedentes de relatoria do Ministro Ribeiro Dantas – um dos autores deste trabalho –, a adotar uma profunda mudança de paradigma na relação entre o tribunal do júri e a atividade policial. Como resultado, houve uma verdadeira revolução na compreensão do colegiado acerca desses temas: segundo seu entendimento atual, o art. 155 do CPP tem aplicabilidade tanto à pronúncia[8] como aos vereditos dos jurados,[9] cabendo aos Tribunais a tarefa de realizar um exame das provas dos autos a partir de parâmetros bem definidos.[10]

Com a finalidade de facilitar a compreensão de tão consideráveis mudanças, a parte 2 do presente artigo se deterá sobre a interpretação do art. 155 do CPP na etapa da pronúncia, à luz dos *standards* probatórios do processo penal; a parte 3 explicará como esses elementos interagem para permitir a aplicação do art. 155 do CPP aos vereditos do júri; a parte 4 examinará a definição de *manifesta contrariedade* adotada pelo STJ para nortear a apreciação da apelação defensiva interposta com espeque no art. 593, III, "d", do CPP, a fim de dar operacionalidade às conclusões anteriores; e a parte 5 encerrará com considerações finais.

2. Art. 155 do CPP, prova semiplena e pronúncia

Como já adiantado na introdução, o STJ proclamava, de longa data, que o art. 155 do CPP não tinha aplicabilidade à decisão de pronúncia. Uma vez que a redação legal impedia somente a *condenação* baseada exclusivamente nos indícios do inquérito, e não encerrando a pronúncia um juízo condenatório, entendia a Corte Superior que referida decisão não se enquadrava no art. 155 do CPP.

---

8. HC 560.552/RS, relator Ministro Ribeiro Dantas, Quinta Turma, julgado em 23.02.2021, *DJe* de 26.02.2021.

9. REsp 1.916.733/MG, relator Ministro Ribeiro Dantas, Quinta Turma, julgado em 23.11.2021, *DJe* de 29.11.2021.

10. AREsp 1.803.562/CE, relator Ministro Ribeiro Dantas, Quinta Turma, julgado em 24.08.2021, *DJe* de 30.08.2021.

Foi no julgamento do HC 560.552/RS pela Quinta Turma,[11] no começo do ano de 2021, que se deflagrou, com a superação dessa orientação jurisprudencial, uma sistemática mudança na compreensão das regras probatórias aplicáveis ao tribunal do júri e que teria, no fim daquele mesmo ano, alterado sensivelmente a visão pretoriana sobre o tema.

Com efeito, na esfera criminal, a regra probatória talvez mais conhecida no meio jurídico é o brocardo latino *in dubio pro reo*,[12] segundo a qual a dúvida na apreciação do conjunto probatório favorece a defesa. Isso porque, nos termos do art. 156 do CPP, o ônus da prova de determinado fato cabe a quem o alega, e é a acusação quem traz o relato inicial – a denúncia – que coloca em movimento a persecução penal. A despeito de sua aparente clareza, referido princípio desperta questionamentos interpretativos que se concentram, em especial, no conceito de *dúvida*: quando há, objetivamente, uma *dúvida* quanto ao que dizem as evidências?

É para responder a esse questionamento que se desenvolveu a doutrina dos *standards* probatórios, ainda em constante evolução e longe de um consenso acadêmico ou jurisprudencial. Nas palavras de Susan Haack[13] – uma das maiores autoridades sobre o tema –, a indagação sobre *standards* probatórios pauta-se na seguinte pergunta: "se a evidência deve ser confiável o suficiente para ser admissível, quão confiável ela deve ser, e como deve o tribunal determinar se a evidência atende a tal requisito?".

Se, por exemplo, há mais evidências em favor da narrativa acusatória do que favoráveis ao álibi do réu (regra da *preponderance of evidence*), existe dúvida capaz de atrair o princípio do

---

11. HC 560.552/RS, relator Ministro Ribeiro Dantas, Quinta Turma, julgado em 23.02.2021, *DJe* de 26.02.2021.

12. Sobre a aplicação do referido princípio também na pronúncia, em desfavor do vetusto *in dubio pro societate*, conferir: LIMA, Renato Brasileiro de. *Manual de processo penal*. 11. ed. São Paulo: JusPodivm, 2022. p. 1269-1270.

13. HAACK, Susan. *Evidence matters*: science, proof, and truth in law. Cambridge: Cambridge University Press, 2014, p. 174. Tradução direta.

in dubio pro reo, ou o caso é de condenação? Passando para um degrau acima, se as provas da acusação são mais convincentes do que as da defesa (*clear and convincing evidence*), é possível uma condenação? Ou esta somente pode ser proferida quando demonstrada a culpabilidade do réu além de uma dúvida razoável (*beyond reasonable doubt*)? É possível definir matemática e objetivamente o que seria uma dúvida razoável? A mesma Susan Haack, em seu *Evidence matters*, proclama que não,[14] mas a resposta está longe da unanimidade.

Veja-se que cada uma das perguntas formuladas anteriormente reflete um *standard* probatório distinto, sendo estes ordenados no parágrafo anterior em ordem crescente de certeza quanto à avaliação das provas. Os *standards* supracitados são originários do sistema de *common law*, e um bom resumo a seu respeito é dado pelo professor Kevin Clermont:[15]

"De forma magistral, mas opaca, a lei diz ao julgador para aplicar um *standard* probatório. A lei já terá escolhido o *standard* apropriado, ou o necessário grau de persuasão, entre um conjunto de candidatos [e aqui acrescentamos um alerta às ponderações do autor estadunidense, porque a lei brasileira não o fez com precisão]. Nos Estados Unidos, tal conjunto inclui a preponderância de evidências, prova clara e convincente e prova além de uma dúvida razoável. Em um lado do espectro está o *standard* da preponderância, que prevalece em casos civis e se traduz em 'mais provável do que o oposto'. Esse *standard* minimiza o custo esperado do erro, desde que um erro contra o autor seja tão oneroso quanto um erro contra o réu. No outro lado, a prova além de uma dúvida razoável prevalece em casos criminais e significa um alto grau de probabilidade ou quase certeza. Esse *standard* também serve para minimizar o custo esperado do erro, porque o erro de condenar um inocente é especialmente grave".

---

14. Em igual sentido: FERRER-BELTRÁN, Jordi. *Valoração racional da prova*. Salvador: JusPodivm, 2021.

15. Standards of proof revisited. *Vermont Law Review*, v. 33, n. 3, 2009, p. 469. Tradução direta. A interpolação é nossa.

A escolha por um ou outro *standard*, ou mesmo por quão rígida deve ser a interpretação de cada um, não é tarefa fácil, e especialmente difícil em nosso direito porque o legislador pátrio não tratou do tema em detalhes. De todo modo, ainda que não diga claramente quais regras se aplicam em cada situação, o art. 155 do CPP traz pelo menos os esboços gerais de um *standard* probatório ao instituir um limite à atividade cognitiva do juiz, a saber: o de que os elementos colhidos no inquérito não servem para sustentar uma condenação, ressalvadas as espécies de provas indicadas na parte final do dispositivo.

Em uma interpretação sistemática do CPP, faz sentido a opção legislativa.

Veja-se que o art. 386 do Código, em seus incisos I, II, V e VII, exige – *a contrario sensu* – a existência de *prova* para que o réu seja condenado, e *prova* só é, tecnicamente, aquela produzida sob o contraditório,[16] com a participação de todas as partes interessadas. É esse o fundamento de validade da prova gestada no processo judicial: a prova é legítima porque todos os envolvidos, tenham suas narrativas confirmadas ou desmentidas por ela, puderam garantir que sua formação foi imune a vícios, ou então tiveram a chance de nela apontar eventuais falhas.[17]

Na mesma linha – e aqui reside um dos pontos nevrálgicos da mudança iniciada pelo HC 560.552/RS –, o termo "indícios de autoria", referido no art. 413 do CPP ao elencar os requisitos da pronúncia, refere-se à *prova* semiplena,[18] e não aos elementos de informação do inquérito. Da dicção legal se extrai, por conseguinte, que a pronúncia não exige certeza de autoria, bastando que as *provas* – judicializadas – dos autos a indiquem, o que não equivale a dizer que a pronúncia se satisfaria com indícios colhidos pela polícia no inquérito.

---

16. PACELLI, Eugênio; FISCHER, Douglas. *Comentários ao Código de Processo Penal e sua jurisprudência*. 13. ed. São Paulo: Atlas, 2021. p. 473.

17. Determinadas diligências – a exemplo de uma interceptação telefônica ou de um exame necroscópico –, evidentemente, comportam o contraditório somente na modalidade diferida, enquadrando-se na ressalva da parte final do art. 155 do CPP.

18. LIMA, Renato Brasileiro de. *Manual de processo penal* cit., p. 1269-1270.

É por todos conhecida a segurança adicional que a prova judicializada apresenta, quando comparada com os indícios produzidos de forma unilateral pela autoridade policial, mesmo que esta atue de forma isenta, imparcial e eficiente. Afinal, sem a construção dialógica de todas as partes envolvidas, praticamente todo elemento de prova pode conter falhas em sua obtenção que prejudiquem a elucidação dos fatos. Uma testemunha a quem a autoridade policial atribuiu grande confiança, por exemplo, pode nutrir pelo réu uma inimizade secreta, ou mesmo ter algum desvio de caráter que macule a credibilidade de seu depoimento – e sem a participação da defesa, é pouco provável que tais fatos venham à tona.

Paolo Ferrua,[19] a propósito do § 4º do art. 111 da Constituição italiana, dá lição importante sobre a necessidade do contraditório para a construção de uma prova adequada ao devido processo legal em matéria criminal:

"O processo penal julgamento criminal é regulado pelo princípio do contraditório na formação da prova. Essa é uma fórmula breve mas poderosa, em que o princípio do contraditório não é meramente um direito individual, como os expressos no parágrafo anterior, mas uma garantia objetiva, uma condição da regularidade do julgamento. Talvez tivesse sido melhor falar de método em vez de princípio, justamente para sublinhar a força epistêmica do contraditório, sua natureza de ferramenta útil para a reconstrução dos fatos, mesmo na falibilidade de cada critério (não existe o Método da Verdade). Mas isso pouco importa. O essencial é ter se referido ao contraditório para a formação da prova, estabelecendo assim uma ideia forte, pois em um sentido fraco o contraditório é também o que é exercido sobre declarações escritas. Como na versão original do Código de 1988, esse valor se torna aliado e não inimigo da verdade [...]. Desta vez, o conceito respectivo foi determinado pela própria Constituição, identificando-o,

19. *La prova nel processo penale*: struttura e procedimento. Turim: G. Giappichelli, 2015. v. 1. p. 107-108. Tradução direta.

para as declarações recolhidas durante o julgamento, no que é obtido com a contribuição dialética das partes; não por uma exigência defensiva potencialmente em conflito com o estabelecimento da verdade, mas precisamente para proteger a função cognitiva do julgamento, em uma razoável desconfiança em relação ao que se forma às ocultas".

É por isso que, no Estado Democrático de Direito, a força argumentativa das convicções dos magistrados deve ser extraída de provas submetidas ao contraditório e à ampla defesa. O mínimo flerte com decisões despóticas não é tolerado e a liberdade do cidadão só pode ser restringida após a superação do princípio da presunção de não culpabilidade, medida que se dá por meio de procedimento realizado sob o crivo do devido processo legal.

Nesse cenário, optar pela pronúncia amparada somente nos elementos do inquérito implica inverter a ordem de relevância das fases da persecução penal, conferindo maior juridicidade a um procedimento administrativo realizado sem as garantias do devido processo legal em detrimento do processo penal, o qual é regido por princípios democráticos e por garantias fundamentais. Em outras palavras, considerar suficiente a existência de prova inquisitorial para submeter o réu ao tribunal do júri dispensaria, em última análise, qualquer elemento de prova a ser produzido judicialmente.

Contudo, essa não foi a opção legislativa. Diante da possibilidade da perda de um dos bens mais caros ao cidadão – a liberdade –, o CPP submeteu o início dos trabalhos do júri a uma cognição judicial antecedente. Perfunctória, é verdade, mas munida de estrutura mínima a proteger o cidadão do arbítrio e do uso do aparelho repressor do Estado para satisfação da sanha popular por vingança cega, desproporcional e injusta.

Vê-se claramente, portanto, que o *standard* probatório relativo à pronúncia é mais alto que o de uma decisão qualquer (exceto a condenação *de meritis*[20]). A cognição, nela, é

---

20. WEINGARTNER NETO, Jayme. O *standard* da prova indiciária no tribunal do júri. *In:* BADARÓ, Gustavo; CRUZ, Rogerio Schietti; DEZEM, Guilherme Madeira.

– transpondo para o processo penal as lições de Kazuo Watanabe[21] no processo civil – muito mais profunda. Por isso, a pronúncia, exigindo um padrão de prova mais elevado, dado que requer cognição mais aprofundada, não pode se contentar unicamente com elementos probatórios que não foram submetidos ao contraditório. O *standard* da pronúncia equivaleria, assim, ao *clear and convincing evidence* da doutrina anglo-saxã, como ensina Gustavo Badaró:[22]

"O grau de convencimento sobre a autoria delitiva que se exige para iniciar uma ação penal, identificado com a expressão 'indício de autoria', pode ser considerado como de mera preponderância de prova, entendida como uma probabilidade simples. Já no procedimento bifásico do júri, para a pronúncia, é necessário que haja 'indícios suficientes de autoria', o que pode ser considerado como uma probabilidade elevada, que na jurisprudência norte-americana é identificado como o parâmetro da 'prova clara e convincente'. Também nas decisões cautelares, basta um mero juízo de probabilidade, não se exigindo o mesmo nível elevadíssimo requerido para se proferir uma das sentenças de mérito condenatórias".

Nem se pode dizer, aliás, que restringir o uso dos elementos apurados durante o inquérito dificultaria de maneira excessiva o trabalho da acusação. Lembre-se de que a redação do art. 155 do CPP não veda totalmente a valoração desses elementos, mas só afirma que a condenação não pode se basear "exclusivamente" neles. O vocábulo "exclusivamente" nem integrava a redação original proposta no PL 4.205/2001, tendo sido incluído na versão final da Lei 11.960/2008 durante a tramitação do processo legislativo. Essa inclusão é bastante criticada pela doutrina, para quem a condenação penal jamais

---

Código de Processo Penal: estudos comemorativos aos 80 anos de vigência. São Paulo: Thomson Reuters Brasil, 2021. v. 2, p. 432.

21. *Da cognição no processo civil.* 2. ed. São Paulo: Bookseller, 2000.

22. *Epistemologia judiciária e prova penal.* São Paulo: Thomson Reuters Brasil, 2019. p. 244.

deveria se pautar em indícios produzidos de maneira unilateral. Caminham nessa linha, por exemplo, as incisivas ponderações de Aury Lopes Júnior e Ricardo Jacobsen Gloeckner:[23]

"Com a reforma de 2008, que renovou o art. 155 do Código de Processo Penal, grave problema se instalou. Por um lado, vedou a possibilidade de o juiz formar seu convencimento exclusivamente nos autos do inquérito policial, como de fato tem assentado o STJ. O problema se encontra no termo exclusivamente. Esse dispositivo tem servido para alimentar uma prática já antiga de cotejar os elementos do inquérito policial com os demais elementos coligidos durante a instrução criminal, o que tem como resultado uma prática inquisitorial degenerada, na qual o contraditório judicializado apenas reforça a persecução penal alheia às garantias fundamentais do sujeito e permitindo as mais graves violações a direitos humanos e fundamentais. Nesse sentido, parece-nos que a alteração do CPP de 2008 apenas serviu como processo de legitimação daquela prática deteriorada e autoritária, ao contrário de coibi-la".

Vê-se, assim, que nem é tão grande a proteção que o art. 155 do CPP traz à posição jurídica do réu. Bem mais além foi o art. 3º-C, § 3º, do CPP – adicionado pela Lei 13.964/2019, cuja eficácia se encontra suspensa em virtude da liminar deferida pelo Ministro Luiz Fux nas ADIs 6.298, 6.299, 6.300 e 6.305 –, ao impedir que o juiz da instrução e julgamento tenha contato com qualquer elemento oriundo do inquérito, ressalvadas as provas irrepetíveis e antecipadas, bem como as medidas de obtenção de provas em geral.

Afirmar a aplicabilidade do art. 155 do CPP também à pronúncia, por conseguinte, não gerará uma grande onda de impunidade, nem tornará impossível o trabalho dos órgãos acusadores, não sendo subsistentes eventuais argumentos *ad terrorem* nessa linha. A bem da verdade, somente as pronúncias sem *nenhuma* prova (adicionamos, talvez de forma

---

23. *Investigação preliminar no processo penal*. 6. ed. São Paulo: Saraiva, 2014. p. 301-303.

redundante, *judicializada*) de autoria é que são afetadas por essa nova compreensão, o que concorre para evitar um enorme risco de sentenças injustas contra pessoas inocentes.

Impelida por essas considerações, a Quinta Turma do STJ firmou, no julgamento do HC 560.552/RS, a *ratio* de que a pronúncia não pode se basear apenas nos indícios do inquérito, exigindo prova produzida em juízo (ou que se enquadre nas ressalvas do art. 155 do CPP) a fim de ampará-la. A virada jurisprudencial então iniciada, a propósito, já se consolidou no âmbito do Tribunal Superior, acompanhada em seguida pela Sexta Turma,[24] de maneira que os dois órgãos fracionários especializados em matéria penal estão atualmente alinhados sobre o tema.

Apesar disso, como durante longo tempo vigorou o entendimento de que o art. 155 não teria aplicação à pronúncia, incontáveis réus foram pronunciados apenas com elementos do inquérito, sem prova judicial, e condenados pelo júri à luz desse mesmo conjunto probatório, diante do desinteresse ou dificuldade da acusação em produzir provas perante os jurados. Não tardou, por isso, que o STJ fosse provocado a se debruçar novamente sobre o art. 155 do CPP, dessa vez quando já existia contra o réu sentença condenatória pelo tribunal do júri. É o que se examinará a seguir.

3. Art. 155 do CPP e controle do veredito condenatório

O STJ compreendia pelo menos desde o ano de 2011[25] que o art. 155 do CPP não tinha aplicação nenhuma ao rito do tribunal do júri, seja na pronúncia, seja na etapa de julgamento

---

24. Ver: REsp 1.932.774/AM, relator Ministro Rogerio Schietti Cruz, Sexta Turma, julgado em 24.08.2021, *DJe* de 30.08.2021.

25. HC 175.993/RJ, relator Ministro Jorge Mussi, Quinta Turma, julgado em 06.09.2011, *DJe* de 21.09.2011. Mais recentemente, com a mesma orientação: AgRg no HC 489.737/RN, relator Ministro Reynaldo Soares da Fonseca, Quinta Turma, julgado em 25.06.2019, *DJe* de 05.08.2019; e AgRg no HC 454.895/RS, relator Ministro Nefi Cordeiro, Sexta Turma, julgado em 18.09.2018, *DJe* de 25.09.2018.

pelos jurados. Desse modo, ainda que não produzidas provas em juízo, era possível a condenação do réu a partir dos elementos do inquérito policial, mesmo com sua insegurança e maior potencial para gerar a verdadeira tragédia jurídica que é a condenação de uma pessoa inocente.

A mudança paradigmática referida no tópico anterior, porém, exigiu uma nova análise da matéria, a fim de manter íntegra e coerente a jurisprudência do STJ, como manda o art. 926 do Código de Processo Civil (CPC): isso foi feito pela Corte Superior no julgamento do REsp 1.916.733/MG, em 23.11.2021.[26]

Afinal, haveria profunda contradição entre afirmar a aplicabilidade do art. 155 à pronúncia e afastar a incidência do mesmo dispositivo aos vereditos proferidos pelo júri. Mantendo-se tal estado de coisas, uma decisão judicial de cognição menos profunda (a pronúncia), que não exige juízo de certeza sobre os fatos, seria avaliada com um *standard* probatório mais alto do que a própria condenação definitiva pelos jurados, esta que demanda certeza quanto aos fatos e somente é proferida após cognição mais aprofundada. Ou seja: para a decisão de admissão da acusação, é necessária a existência de prova judicializada; diferentemente, para a procedência da acusação, dispensa-se a prova e contenta-se o Judiciário apenas com os indícios do inquérito.

De forma análoga, é como se a decisão que concede tutela antecipada exigisse menos provas do que aquela que julga o mérito da ação cível, ou como se o recebimento da denúncia demandasse certeza quanto aos fatos, bastando a mera probabilidade para a condenação. Essa contradição, como se vê, inverteria a própria lógica da cognição judicial, cuja profundidade deve ser diretamente proporcional à definitividade da decisão proferida e a sua posição temporal no processo. No começo de uma ação penal, quando se avalia em caráter provisório a admissão de uma acusação, a cognição certamente

26. REsp 1.916.733/MG, relator Ministro Ribeiro Dantas, Quinta Turma, julgado em 23.11.2021, *DJe* de 29.11.2021.

será mais superficial e se satisfará com algum juízo de probabilidade sobre os fatos; já a condenação prolatada ao final do procedimento em primeira instância, com vocação à definitividade da coisa julgada material, deve exaurir os temas debatidos no processo e, consequentemente, exigir um *standard* probatório mais elevado.

Para além disso, a interpretação sistemática e finalística do art. 155 com o art. 473, § 3º, do CPP indica, também, a necessidade de que eventual veredito condenatório se ampare em prova *judicializada*.

Sabe-se que, malgrado não exista de modo geral produção de prova na fase inquisitorial, tal regra flexibiliza-se diante das provas cautelares e irrepetíveis (já que, conquanto mencionadas atecnicamente no art. 155 do CPP, as antecipadas são também produzidas em juízo, na forma do art. 225 do Código). Apenas para relembrar os seus conceitos, provas cautelares "são aquelas em que há o risco de desaparecimento do objeto da prova em razão do decurso do tempo", enquanto a prova irrepetível, "uma vez produzida, não tem como ser novamente coletada ou produzida, em virtude do desaparecimento, destruição ou perecimento da fonte probatória".[27]

O art. 473, § 3º, do CPP, por sua vez, tem a seguinte redação:

> "As partes e os jurados poderão requerer acareações, reconhecimento de pessoas e coisas e esclarecimento dos peritos, bem como a leitura de peças que se refiram, exclusivamente, às provas colhidas por carta precatória e às provas cautelares, antecipadas ou não repetíveis".

Note-se que a parte final traz ressalva quase idêntica à do art. 155 do CPP.

O que mais chama atenção no texto legal é a menção exclusiva às provas cautelares e irrepetíveis, omitindo-se a lei quanto

---

27. LIMA, Renato Brasileiro de. *Manual de processo penal* cit., p. 572.

às demais peças oriundas do inquérito. Ora, se a finalidade legislativa fosse a de assegurar o conhecimento dos jurados quanto à íntegra de documentos que não integram os autos principais da ação penal, o dispositivo poderia ter permitido também a leitura de *outros* elementos colhidos na esfera policial, como o depoimento de testemunhas não ouvidas em juízo, por exemplo.

Por qual razão não o fez o legislador, justamente quando redesenhou por completo o rito aplicável ao tribunal do júri? Conjugando o sobredito § 3º do art. 473 com o art. 155 do CPP, extrai-se a conclusão de que a finalidade da norma é minimizar, tanto quanto possível, a influência de um procedimento administrativo (desprovido das garantias de ampla defesa e contraditório) sobre a convicção dos jurados, mormente por sua condição de juízes leigos. Com isso, a lei atribuiu protagonismo à prova produzida em juízo, com a participação irrestrita de todas as partes interessadas e mais apta a reconstruir os fatos, até por ser o processo judicial o *locus* por excelência da prova.

À vista de todos esses fatores, somados à maior segurança da prova judicial já tratada anteriormente, o STJ concluiu ser inafastável a aplicação do art. 155 do CPP indistintamente a todos os procedimentos penais, inclusive ao rito do julgamento pelo tribunal do júri. Como consequência, o veredito condenatório que se amparar somente em elementos do inquérito será manifestamente contrário às provas dos autos (até porque não haverá provas, no sentido técnico-jurídico, para embasá-lo) e passível de cassação na forma do art. 593, III, "d", e § 3º, do CPP.

É importante destacar que, antes mesmo do *overruling* empreendido pela Quinta Turma do STJ no julgamento do REsp 1.916.733/MG, alguns juristas nacionais já se manifestavam pontualmente no mesmo sentido da solução então encampada pela Corte. Citamos, como exemplo, a doutrina de Walfredo Cunha Campos:[28]

28. *Tribunal do júri*: teoria e prática. 6. ed. São Paulo: Atlas, 2018. p. 278.

"Pensamos que o art. 155, *caput*, do CPP também é aplicável ao Júri, pois, se os jurados proferirem seu veredicto sem que tenham se estribado em prova produzida em contraditório judicial, será o caso de cassar-se a decisão por ser manifestamente contrária à prova dos autos. Isso porque prova, propriamente dita, e pela sua própria definição legal, só existe se produzida em contraditório judicial, seja simultâneo com sua produção, seja posterior (é a hipótese do contraditório diferido ou postergado)".

Estabelecida a necessidade de aplicar a garantia probatória do art. 155 do CPP também aos vereditos dos jurados, surgiu a questão prática de como compatibilizá-la com o sistema de convicção íntima que norteia os votos dos juízes leigos.

Aferir a aplicação do art. 155 do CPP à pronúncia pelas instâncias ordinárias é tarefa mais fácil porque, quando chamado a decidir sobre o tema (em recurso especial ou *habeas corpus*), o STJ avalia a fundamentação de uma decisão singular e de um acórdão proferidos por juízes togados, conhecedores da técnica jurídica e da exigência de motivação das decisões judiciais. Diversamente, quando se julga a correição de um veredito, é impossível saber quais razões levaram os jurados a decidir dessa ou daquela maneira, o que torna difícil esclarecer quais provas foram determinantes para a formação de sua convicção.

Esse problema já havia sido vislumbrado pela doutrina, como explica o professor Aury Lopes Júnior,[29] para exemplificar a complexidade da questão:[30]

"Ainda mais grave é a situação que se produz diariamente no Tribunal do Júri, em que os jurados julgam por livre

---

29. *Direito processual penal*. 18. ed. São Paulo: Saraiva Educação, 2021. p. 74.

30. Paulo Rangel, no que é seguido por boa parte da doutrina, pontua que "o sistema da íntima convicção é o que há de mais retrógrado no júri, pois o acusado e a sociedade não sabem os motivos daquele ato de império, seja absolvendo ou condenando" (*Tribunal do júri*: visão linguística, histórica, social e jurídica. 6. ed. São Paulo: Atlas, 2018. p. 217). Semelhantemente, apontando a "falta de vocação epistêmica" do sistema de íntima convicção: CASTRO, Cássio Benvenutti de. *Standards de prova na perspectiva da tutela dos direitos*. Londrina: Thoth, 2021. p. 120.

convencimento, com base em qualquer elemento contido nos autos do processo (incluindo-se nele o inquérito), sem distinguir entre ato de investigação e ato de prova. A situação é ainda mais preocupante se considerarmos que na grande maioria dos julgamentos não é produzida nenhuma prova em plenário, mas apenas é realizada a mera leitura de peças".

O tema foi também enfrentado pela Quinta Turma ao julgar o REsp 1.916.733/MG, valendo-se do instrumental dogmático que o colegiado havia definido, pouco antes, em outro precedente: o AREsp 1.803.562/CE, que definiu balizas para o julgamento da apelação defensiva fundada no art. 593, III, "d", do CPP. É esse o tema do próximo tópico.

4. Convicção íntima e controle probatório dos veredictos

O art. 593, III, do CPP elenca as hipóteses de cabimento de apelaçao contra a sentença proferida pelo tribunal do júri – todas elas de fundamentação vinculada[31] –, referindo-se, de modo geral, a quatro situações: (I) nulidade *posterior* à pronúncia (já que a preclusão da pronúncia, na forma do art. 421 do CPP, preclui também suas próprias nulidades, bem como aquelas que lhe sejam anteriores); (II) contrariedade entre a sentença do juiz togado e a lei, ou entre a sentença e o veredito; (III) impugnações à dosimetria da pena; e (IV) para o que mais interessa a este trabalho, *manifesta contrariedade* entre o veredito e as provas dos autos.

No exame do AREsp 1.803.562/CE, em 24.08.2021,[32] a Quinta Turma do STJ procurou atribuir maior densidade normativa ao art. 593, III, "d", do CPP, explicando o que seria, exatamente, um veredito condenatório *manifestamente contrário* às provas dos autos.

---

31. AVENA, Norberto. *Processo penal*. 14. ed. Rio de Janeiro: Método, 2022. p. 1.206.

32. AREsp 1.803.562/CE, relator Ministro Ribeiro Dantas, Quinta Turma, julgado em 24.08.2021, *DJe* de 30.08.2021.

Em síntese, o colegiado concluiu que, como decorrência do mandamento constitucional (art. 93, IX, da CR/88) de fundamentação das decisões judiciais, o órgão julgador da apelação prevista no art. 593, III, “d”, do CPP deverá examinar as provas existentes e, caso rejeite a tese defensiva, demonstrar quais elementos probatórios dos autos embasam (I) a materialidade e (II) autoria delitivas, bem como (III) a exclusão de alguma causa descriminante suscitada pela defesa.

Ou seja: cada um dos elementos essenciais[33] do delito – além das causas excludentes de ilicitude ou culpabilidade eventualmente tratadas pelo réu – deve ser analisado, ainda que sucintamente, pelo Tribunal. É certo que não cabe aos juízes togados empreender um profundo exame das provas dos autos, porque tal missão cabe ao júri. No entanto, como nossa legislação permite o controle jurisdicional das decisões dos jurados, o Judiciário deve – quando provocado em apelação – investigar se o veredito encontra suporte, ainda que mínimo, nas provas e teses apresentadas em plenário. Isso significa que, ao julgar a apelação, o Tribunal não pode se imiscuir no *mérito* do sopesamento do conjunto probatório, mas tem a obrigação de apontar se, para cada um dos elementos do delito, *existem* provas de sua ocorrência, ainda que não concorde com a conclusão dos jurados a seu respeito.

Em outras palavras, há dois juízos distintos feitos pelo magistrado ao se debruçar sobre as provas que embasam uma condenação por crime doloso contra a vida. O primeiro deles, de natureza *antecedente*, analisa a existência das provas, e é isso que deve o Tribunal fazer ao julgar uma apelação fundada

33. *Elementos essenciais* do crime são a conduta humana, a materialidade e a autoria. Sobre a conceituação de cada um, ver: CALLEGARI, André Luís. *Teoria geral do delito e da imputação objetiva*. 3. ed. São Paulo: Atlas, 2014. p. 39; RANGEL, Paulo. *Tribunal do júri*: visão linguística, histórica, social e jurídica cit., p. 240; BITENCOURT, Cezar Roberto. *Tratado de direito penal*: parte geral. 26. ed. São Paulo: Saraiva, 2020. p. 369. Essa separação do crime em seus elementos, a fim de aferir individualmente as provas de cada um, foi nomeada com felicidade de *atomismo*, em comentário ao acórdão do AREsp 1.803.562/CE, por NARDELLI, Marcella Mascarenhas. *O atomismo e a valoração racional da prova no júri*. 2021. Disponível em: https://shre.ink/cAd0. Acesso em: 25 jul. 2022.

no art. 593, III, "d", do CPP. O segundo deles, o *consequente*, refere-se ao grau de convencimento pessoal do julgador pelo conjunto probatório existente, a fim de aferir se é adequado ou não para condenar o réu.

No julgamento de crimes dolosos contra a vida, aos juízes togados, quando apreciam a apelação do art. 593, III, "d", do CPP, cabe somente o juízo *antecedente*; o juízo *consequente* compete ao júri. A cognição judicial encerra-se com o primeiro juízo, o da *existência* das provas: se positivo, a apelação deve ser desprovida, porque não incumbe ao Tribunal prosseguir ao juízo *consequente*; se negativo, quando o veredito for completamente dissociado das provas (*rectius*: quando não houver prova de algum dos elementos essenciais do crime), a sentença é anulada.

Se o Tribunal exceder tais limites e realizar o juízo *consequente*, terá afrontado a soberania dos vereditos prevista no art. 5º, XXXVIII, "c", da CR/88; se, por outro lado, exagerar na postura de autocontenção e não fizer sequer o juízo *antecedente*, incorrerá em nulidade por negativa de prestação jurisdicional.

Referindo-nos novamente aos termos consagrados pelo professor Kazuo Watanabe,[34] o princípio da soberania dos vereditos orienta a profundidade, em sua dimensão vertical, da cognição a ser exercida pelo julgador:

"Numa sistematização mais ampla, a cognição pode ser vista em dois planos distintas: horizontal (extensão, amplitude) e vertical (profundidade).

No plano horizontal, a cognição tem por limite os elementos objetivos do processo estudados no capítulo precedente [...]. Nesse plano, a cognição pode ser plena ou limitada (ou parcial) segundo a extensão permitida.

No plano vertical, a cognição pode ser classificada, segundo o grau de sua profundidade, em exauriente (completa) e sumária (incompleta)".

34. *Da cognição no processo civil*. 2. ed. São Paulo: Bookseller, 2000. p. 111-112.

Vale dizer: diante de uma apelação que aponta manifesta contrariedade entre as provas dos autos e o veredito (dimensão *horizontal* da cognição, ou a delimitação do objeto sobre o qual será exercida), o julgador somente pode aprofundar-se até determinado ponto: a existência (ou não) de provas aptas a dar supedâneo ao veredito. Trata-se de uma cognição parcial, no aspecto horizontal – já que a apelação contra sentença do tribunal do júri é de fundamentação vinculada; e, no plano *vertical*, embora não seja sumária, também não é exauriente, limitando-se a constatar se *existem* provas relativas à tese acatada pelos juízes leigos.

As considerações quanto ao poder de convencimento de cada prova existente situam-se um nível cognitivo mais profundo verticalmente, que é privativo dos jurados. Pode-se mesmo argumentar que, considerando o sistema de íntima convicção e o princípio constitucional da plenitude da defesa (art. 5º, XXXVIII, "a", da CR/88), a cognição vertical dos jurados é talvez a mais profunda de qualquer decisão judicial no direito brasileiro, porquanto guiada não só por aspectos jurídicos, mas permeada também pelos valores, crenças, caracteres individuais e concepções supralegais de justiça de cada um. Nas palavras de Fábio Rodrigues Goulart,[35] "compaixão, simpatia, piedade, empatia e ternura poderão até mesmo ser os componentes do expressar sensível de quem julga".

São tênues, de fato, as linhas que delimitam a atividade cognitiva do magistrado em processos dessa espécie, mas uma conclusão é inegável: pelo menos a *existência* de provas deve ser analisada pelo Tribunal, ainda que os desembargadores discordem da valoração que lhes deu o júri.

Caso contrário, se nem mesmo a constatação quanto à existência das provas fosse exigível do Judiciário, ficaria em todo esvaziada a apelação do art. 593, III, "d", do CPP, uma vez que o provimento ou desprovimento do recurso dependeria de opiniões puramente subjetivas, na contramão da

35. *Tribunal do júri*: aspectos críticos relacionados à prova. São Paulo: Atlas, 2008. p. 70.

segurança jurídica. Perquirir a (in)existência de prova, nesse cenário, tem a vantagem de servir como baliza mais objetiva para a atividade jurisdicional.

Conclusões semelhantes foram construídas pela Suprema Corte dos EUA ao longo das últimas décadas. Naquele país, a Sétima Emenda à Constituição de 1789 afirma que "nenhum fato julgado por um júri será reexaminado em um Tribunal dos Estados Unidos",[36] estabelecendo uma espécie de soberania dos vereditos que, tal qual no direito brasileiro, se submete a algum nível de revisão judicial. Essa possibilidade de controle, todavia, não surgiu de imediato; na verdade, quando "a Sétima Emenda foi inicialmente adotada, simplesmente não havia um procedimento que a parte pudesse utilizar para levar a uma Corte de Apelação qualquer objeção à suficiência da prova que embasou o veredito do júri".[37]

Foi a evolução jurisprudencial no começo do século XIX quem conferiu contornos mais claros à matéria, começando pela *no evidence rule* (regra da falta de provas). A completa ausência de elementos probatórios foi reconhecida pela *Scotus* como uma exceção à soberania do júri, por exemplo, em *Greenleaf v. Birth* (34 US 9 Pet. 292), julgado em 1835 com a seguinte ementa:

> "Onde não há qualquer evidência tendente a provar determinado fato, o juiz deve instruir o júri, quando requerido, mas não pode dar-lhe qualquer instrução que lhe tire o direito de sopesar qual efeito terão as provas".[38]

A segunda metade do século XX trouxe um importante adensamento a essa compreensão, em *Jackson v. Virgina* (443 US 307, julgado em 28.06.1979). Naquela ocasião, a Suprema Corte concluiu que, no julgamento da apelação defensiva

---

36. Tradução direta.

37. SCHNAPPER, Eric. Judges against juries: apellate review of federal civil jury verdicts. *Wisconsin Law Review*, 1989. p. 239. Tradução direta.

38. Tradução direta.

contra o mérito de um veredito condenatório, o Tribunal deve manter a condenação se, "depois de estudar as evidências na ótica mais favorável à acusação, qualquer julgador racional poderia encontrar os elementos essenciais do crime além de uma dúvida razoável".[39]

Esse *standard* argumentativo estabelecido pela Suprema Corte em *Jackson* em muito se aproxima do modelo adotado pela Quinta Turma no julgamento do AREsp 1.803.562/CE, ainda que com termos diversos. A completa falta de provas, como visto, já era reconhecida pela *Scotus* desde o início do século XIX; a grande contribuição da decisão de *Jackson* foi a especificação de que, para cada "elemento essencial do crime", deve haver prova hábil a demonstrá-lo, sob pena de cassação do veredito condenatório.

O juízo de existência da prova (*antecedente*) lá também não se confunde com a avaliação de sua credibilidade ou peso probante (*consequente*), e essa distinção é feita pela Corte de longa data. Exemplificativamente, no julgamento de *Lessee of Ewing v. Burnet* (36 US 41), em 1837, eis o que afirmou o Tribunal:

> "É domínio exclusivo do júri decidir quais fatos estão provados pela evidência competente. Também é seu domínio julgar a credibilidade das testemunhas e o peso de seus depoimentos, enquanto aptos, em maior ou menor grau, a provar os fatos. [...] Em tais assuntos o Tribunal não pode interferir".[40]

Essa digressão teórica tem a finalidade de estabelecer uma conclusão intermediária: embora seja extremamente complexo o controle jurisdicional dos vereditos do júri, existe um mínimo de cognição que os Tribunais locais devem exercer – e esse mínimo é exatamente verificar se ao menos *existem* provas capazes de secundar a convicção dos jurados,

---

39. SEYMORE, Malinda; THIELMAN, Mark. Appellate reversal for insufficient evidence in criminal cases: the interaction of the proof and the jury charge. *American Journal of Criminal Law*, v. 16, p. 163, 1989. Tradução direta.

40. Tradução direta.

ainda que sem emitir juízo de valor quanto ao poder de convencimento de cada uma.

É a partir desse exame feito pelas Cortes de apelação que se define quais provas estão em sintonias com o veredito dos jurados, abrindo-se três situações possíveis.

Primeiramente, se o Tribunal deixar de analisar todas as provas relevantes para embasar a decisão dos jurados, haverá nulidade por negativa de prestação jurisdicional, violando os arts. 381, III, 564, V, e (possivelmente) 619 do CPP. Ainda que não se exija pronunciamento expresso quanto a cada ponto suscitado pelas partes, deve o Tribunal expor a existência de todas as provas que dão suporte ao veredito dos jurados, em relação a cada um dos elementos essenciais do crime.

Em *segundo* lugar, se o Tribunal demonstrar, sem omissões, que há provas de todos os aspectos do delito, será inviável o provimento da apelação defensiva fundada no art. 593, III, "d", do CPP, mesmo que os juízes togados discordem da solução que o júri deu à causa.

Por fim, a *terceira* e última hipótese é a do Tribunal que analisa o conjunto fático-probatório dos autos, também sem omissões, mas não explicita a existência de provas para cada um dos elementos do delito. Não se trata do caso em que, existindo outras provas, a Corte deixa de mencioná-las, porque esse seria o primeiro cenário supraelencado, no qual há nulidade por deficiência na fundamentação; a terceira situação é diversa. Nela, é o Tribunal de segunda instância quem demonstra, ainda que por seu silêncio, a ausência de provas de todos os elementos do crime, pois ele próprio não conseguiu encontrá-las no julgamento da apelação. A consequência, aqui, é a cassação da sentença condenatória e submissão do réu a novo júri, como reza o art. 593, § 3º, do CPP.

Foi a partir desses delineamentos estabelecidos no julgamento do AREsp 1.803.562/CE que o STJ compatibilizou, ao apreciar o REsp 1.916.733/MG, o sistema de íntima convicção dos jurados com o controle recursal previsto no art. 593, III, "d", do CPP.

É central, nesse contexto, a compreensão de que *enquanto os votos dos jurados seguem a regra da convicção íntima, o mesmo não se diz do julgamento da apelação defensiva pelo Tribunal*,[41] que tem o dever de fundamentar sua decisão e explicitar em quais provas dos autos baseou suas conclusões. Enquanto juízes togados, os desembargadores que julgam a apelação devem fazê-lo segundo o sistema de persuasão racional, expondo de maneira precisa quais provas são suficientes para manter a condenação.

Por isso, embora não seja factível determinar o que mais fortemente influenciou o convencimento dos jurados, é possível fazê-lo em relação ao julgamento da apelação, porque tais razões precisam constar no acórdão. Assim, se o Tribunal local identificou, para cada elemento essencial do crime, a existência de pelo menos uma prova judicializada, não há ofensa ao art. 155 do CPP, em princípio. Se, por outro lado, a Corte de apelação não apontou tais provas judicializadas em seu acórdão, há duas opções: (I) ou o aresto é nulo, por negativa de prestação jurisdicional; (II) ou realmente não há prova judicializada daquele elemento, mas apenas indícios colhidos no inquérito, de maneira que o veredito só pode ter se fundamentado nestes últimos, o que viola o art. 155 do CPP.

Isso significa que, se existem provas judicializadas e elementos inquisitoriais quanto a determinado elemento do crime (de acordo com o exame do acervo fático-probatório feito pelo Tribunal local), realmente não é possível saber em quais deles os jurados basearam seus votos, e aqui não há ofensa ao art. 155 do CPP. Diferentemente, se não há *nenhuma* prova judicializada, o veredito condenatório só pode ter buscado fundamento nos elementos do inquérito que foram apresentados ao júri, e isso efetivamente contraria o art. 155 do CPP.

---

41. BADARÓ, Gustavo. O recurso contra a sentença do tribunal do júri manifestamente contrária à prova dos autos: compatibilização da soberania dos veredictos com a presunção de inocência. *In:* BADARÓ, Gustavo; CRUZ, Rogerio Schietti; DEZEM, Guilherme Madeira. *Código de Processo Penal:* estudos comemorativos aos 80 anos de vigência. São Paulo: Thomson Reuters Brasil, 2021. v. 2, p. 690.

Dito de outro modo, cabe às Cortes de apelação identificar precisamente quais provas estão na mesma linha do veredito dos jurados, o que torna possível verificar se o acórdão indicou provas judicializadas ou apenas indícios do inquérito e, com isso, verificar se o veredito atende ao art. 155 do CPP. Havendo no aresto a constatação da existência de provas (juízo antecedente) capazes de amparar o veredito, este será válido; ao revés, se o Tribunal só localizar sustento ao veredito nos elementos do inquérito, estará configurada a ofensa ao art. 155 do CPP e o veredito deverá ser cassado, a fim de submeter o réu a novo júri, na forma do art. 593, § 3º, do CPP.

5. Considerações finais

O panorama jurídico-probatório do tribunal do júri terminou o ano de 2021 de forma muito diferente da que o iniciou. Em janeiro daquele ano, o réu poderia ser pronunciado e condenado por algumas das mais graves imputações do catálogo penal sem absolutamente nenhuma prova de autoria em seu desfavor; em dezembro, diferentemente, o mesmo réu não seria sequer submetido a julgamento popular sem a produção de prova em juízo capaz de indicá-lo como autor do crime. E, se por um acaso tivesse sido pronunciado com espeque no entendimento jurisprudencial anterior, eventual veredito condenatório somente poderia ser mantido se produzida pela acusação alguma prova adicional, sob o contraditório, capaz de demonstrar a autoria.

Os dois *overrulings* empreendidos pela Quinta Turma do STJ no julgamento do HC 560.552/RS e do REsp 1.916.733/MG, bem como o novo modelo epistêmico de julgamento da apelação defensiva contra a sentença condenatória introduzido com o AREsp 1.803.562/CE, foram precedidos de um profundo diálogo com os precedentes do Tribunal. Explicitou-se, naquelas ocasiões, a necessidade de superar certos entendimentos anteriores a partir de uma releitura constitucionalizada da prova no processo penal, mais compatível com o *standard* probatório de certeza que deve pautar uma condenação criminal.

Não se tratou, portanto, de simples guinadas jurisprudenciais aleatórias, tão danosas à estabilidade jurisprudencial almejada pelo art. 926 do CPC. Longe disso: em todos os três julgamentos, mostrou-se a necessidade de evoluir a interpretação de textos legais à luz da garantia da *melhor prova possível*,[42] decorrente não só da reforma processual feita pelas Leis 11.689/2008 e 11.690/2008, mas dos direitos fundamentais ao contraditório e à ampla defesa (art. 5º, LV, da CR/88). É importante lembrar que nosso CPP tem gérmen declaradamente autoritário e nunca passou por uma revisão legislativa sistemática, sendo imperiosa a superação de certos anacronismos já sem lugar num processo penal permeado por normas constitucionais – mormente aqueles anacronismos que potencializam o cometimento de erros judiciários.

Não por acaso, há um verdadeiro *zeitgeist* na atual jurisprudência do STJ voltado ao estabelecimento de *standards* probatórios mais claros no processo penal – precisamente uma das missões que se espera de uma Corte Superior na uniformização da legislação infraconstitucional[43] –, permitindo uma atuação mais clara dos agentes processuais e minimizando o risco de erros gravíssimos.[44] Esse movimento, já chamado alhures de *revolução penal*,[45] mostra que o Tribunal está preocupado com a construção de uma jurisprudência que, dentro de

---

42. A expressão é de: PRADO, Geraldo. *A cadeia de custódia da prova no processo penal*. 2. ed. Rio de Janeiro: Marcial Pons, 2021.

43. LUCON, Paulo Henrique dos Santos. Tribunais Superiores e *standards* de prova. *In:* MORAES, Alexandre de; MENDONÇA, André Luiz de Almeida. *Democracia e sistema de justiça:* obra em homenagem aos 10 anos do Ministro Dias Toffoli no Supremo Tribunal Federal. Belo Horizonte: Fórum, 2020.

44. É nesse esforço que se enquadram, por exemplo, recentes entendimentos sobre a interpretação do art. 226 do CPP (HC 598.886/SC, relator Ministro Rogerio Schietti Cruz, Sexta Turma, julgado em 27.10.2020, *DJe* de 18.12.2020); e a aplicação da teoria da perda da chance probatória, bem como a vedação à condenação fundada somente em testemunhos indiretos (AREsp 1.940.381/AL, relator Ministro Ribeiro Dantas, Quinta Turma, julgado em 14.12.2021, *DJe* de 16.12.2021).

45. CONJUR. *Revolução penal*: "se a jurisprudência está fazendo algo novo, é levar a sério a Constituição". Entrevista com o Ministro Ribeiro Dantas, publicada em 05.06.2022. Disponível em: https://shre.ink/cAdw. Acesso em: 11 jul. 2022.

um sistema constitucional justo e democrático, não destoe dos valores eleitos em 1988. Agiu bem o STJ, assim, ao perceber esses desenvolvimentos pretorianos para superar visões sobre o papel do júri e o art. 155 do CPP já incompatíveis com o atual estado da jurisprudência, atendendo aos mandamentos de coerência e integridade contidos no art. 926 do CPC.

Tal esforço, não custa lembrar, em nenhuma medida busca impedir o trabalho da polícia ou do Ministério Público, nem concorre para aumentar a tão falada impunidade. Exigir profissionalismo das instituições investigativas e acusadoras, bem como a formação de um conjunto probatório sólido, completo e diversificado o bastante para gerar uma condenação, é simplesmente um mandamento constitucional e condição mínima de racionalidade de todo o sistema penal.

Condenar um inocente por crime doloso contra a vida é uma dupla injustiça: com o acusado, porque se verá privado de sua liberdade por décadas, submetido ao suplício do cárcere por um delito que não cometeu; e com a vítima e seus familiares, porque seu verdadeiro algoz permanecerá desconhecido da Justiça e jamais responderá por seus atos. Essa é a pior impunidade, que precedentes como os ora analisados visam a combater.

Referências

AVENA, Norberto. *Processo penal*. 14. ed. Rio de Janeiro: Método, 2022.

BADARÓ, Gustavo. *Epistemologia judiciária e prova penal*. São Paulo: Thomson Reuters Brasil, 2019.

BADARÓ, Gustavo. O recurso contra a sentença do tribunal do júri manifestamente contrária à prova dos autos: compatibilização da soberania dos veredictos com a presunção de inocência. *In:* BADARÓ, Gustavo; CRUZ, Rogerio Schietti; DEZEM, Guilherme Madeira. *Código de Processo Penal:* estudos comemorativos aos 80 anos de vigência. São Paulo: Thomson Reuters Brasil, 2021. v. 2.

BITENCOURT, Cezar Roberto. *Tratado de direito penal*: parte geral. 26. ed. São Paulo: Saraiva, 2020.

CALLEGARI, André Luís. *Teoria geral do delito e da imputação objetiva*. 3. ed. São Paulo: Atlas, 2014.

CAMPOS, Walfredo Cunha. *Tribunal do júri*: teoria e prática. 6. ed. São Paulo: Atlas, 2018.

CASTRO, Cássio Benvenutti de. *Standards de prova na perspectiva da tutela dos direitos*. Londrina: Thoth, 2021.

CONJUR. *Revolução penal*: "se a jurisprudência está fazendo algo novo, é levar a sério a Constituição". Entrevista com o Ministro Ribeiro Dantas, publicada em 05.06.2022. Disponível em: https://shre.ink/cAdw. Acesso em: 11 jul. 2022.

CLERMONT, Kevin. Standards of proof revisited. *Vermont Law Review*, v. 33, n. 3, 2009.

DEMÓSTENES. *Against Timocrates*. 1939. Disponível em: http://www.perseus.tufts.edu/hopper/text?doc=Perseus%3Atext%3A1999.01.0074%3Aspeech%3D24%3Asection%3D152. Acesso em: 23 jul. 2022.

FERRER-BELTRÁN, Jordi. *Valoração racional da prova*. Salvador: JusPodivm, 2021.

FERRUA, Paolo. *La prova nel processo penale*: struttura e procedimento. Turim: G. Giappichelli, 2015. v. 1.

FLECK, Robert; HANSSEN, F. Andrew. On the benefits and costs of legal expertise: adjudication in ancient Athens. *Review of Law and Economics*, v. 8, n. 2, 2012.

GOULART, Fábio Rodrigues. *Tribunal do júri*: aspectos críticos relacionados à prova. São Paulo: Atlas, 2008.

HAACK, Susan. *Evidence matters*: science, proof, and truth in law. Cambridge: Cambridge University Press, 2014.

LIMA, Renato Brasileiro de. *Manual de processo penal*. 11. ed. São Paulo: JusPodivm, 2022.

LOPES JÚNIOR, Aury. *Direito processual penal.* 18. ed. São Paulo: Saraiva Educação, 2021.

LOPES JÚNIOR, Aury; GLOECKNER, Ricardo Jacobsen. *Investigação preliminar no processo penal.* 6. ed. São Paulo: Saraiva, 2014.

LUCON, Paulo Henrique dos Santos. Tribunais Superiores e *standards* de prova. *In:* MORAES, Alexandre de; MENDONÇA, André Luiz de Almeida. *Democracia e sistema de justiça:* obra em homenagem aos 10 anos do Ministro Dias Toffoli no Supremo Tribunal Federal. Belo Horizonte: Fórum, 2020.

NARDELLI, Marcella Mascarenhas. *O atomismo e a valoração racional da prova no júri.* 2021. Disponível em: https://shre.ink/cAd0. Acesso em: 25 jul. 2022.

NUCCI, Guilherme de Souza. *Curso de direito processual penal.* 18. ed. Rio de Janeiro: Forense, 2021.

PACELLI, Eugênio. *Curso de processo penal.* 25. ed. São Paulo: Atlas, 2021.

PACELLI, Eugênio; FISCHER, Douglas. *Comentários ao Código de Processo Penal e sua jurisprudência.* 13. ed. São Paulo: Atlas, 2021.

PRADO, Geraldo. *A cadeia de custódia da prova no processo penal.* 2. ed. Rio de Janeiro: Marcial Pons, 2021.

RANGEL, Paulo. *Tribunal do júri:* visão linguística, histórica, social e jurídica. 6. ed. São Paulo: Atlas, 2018.

SCHNAPPER, Eric. Judges against juries: apellate review of federal civil jury verdicts. *Wisconsin Law Review*, 1989.

SEYMORE, Malinda; THIELMAN, Mark. Appellate reversal for insufficient evidence in criminal cases: the interaction of the proof and the jury charge. *American Journal of Criminal Law*, v. 16, 1989.

WATANABE, Kazuo. *Da cognição no processo civil.* 2. ed. São Paulo: Bookseller, 2000.

WEINGARTNER NETO, Jayme. O *standard* da prova indiciária no tribunal do júri. *In:* BADARÓ, Gustavo; CRUZ, Rogerio Schietti; DEZEM, Guilherme Madeira. *Código de Processo Penal:* estudos comemorativos aos 80 anos de vigência. São Paulo: Thomson Reuters Brasil, 2021. v. 2.

CONSIDERAÇÕES SOBRE O RECURSO ESPECIAL. INOVAÇÕES DECORRENTES DA EC 125/2022

Francisco de Queiroz B. Cavalcanti

Professor titular e diretor da faculdade de direito do Recife (UFPE). Desembargador federal aposentado. Oficial do 2º Registro de Imóveis e Títulos e Documentos de Olinda-PE.

Resumo: o surgimento do recurso especial. Antecedentes. Fundamentos. Efeitos. Hipóteses de admissibilidade: evolução e situação pós EC 125/2022. melancólicas conclusões.

Na vigência da Constituição anterior, o STF congregava dois nobres papéis: o de responsável, em última análise, pelo controle de constitucionalidade, e o de pacificador da interpretação da legislação federal, papéis consagrados na história republicana:

"Art. 119. Compete ao Supremo Tribunal Federal:

[...]

III – julgar, mediante recurso extraordinário, as causas decididas em única ou última instância por outros tribunais, quando a decisão recorrida:

a) contrariar dispositivo desta Constituição ou negar vigência de tratado ou lei federal;

b) declarar a inconstitucionalidade de tratado ou lei federal;

c) julgar válida lei ou ato do governo local contestado em face da Constituição ou de lei federal; ou

d) der à lei federal interpretação divergente da que lhe tenha dado outro Tribunal ou o próprio Supremo Tribunal Federal.

Parágrafo único. As causas a que se refere o item III, alíneas a **e** *d, deste artigo, serão indicadas pelo Supremo Tribunal Federal no regimento interno, que atenderá à sua natureza, espécie ou valor pecuniário".*[1]

Esse sistema esteve presente nos Códigos de Processo Civil de 1939 e 1973, sendo de ressaltar-se o grande relevo, então dado ao *regimento interno do Supremo Tribunal Federal, no tocante ao regramento das hipóteses de admissibilidade de tal recurso.*[2] Chegava a doutrina a defender que o regimento

1. Tal previsão desse duplo papel já preexistia em constituições federais anteriores. Destaque-se que a competência do STF já se extraia desde a CF/1891 (embora de modo não explícito). Já a Carta subsequente era bem explicita,
"Art. 77: [...]
III – em recurso extraordinário, as causas decididas pelas Justiças locais em única ou última instância:
a) quando a decisão for contra literal disposição de tratado ou lei federal, sobre cuja aplicação se haja questionado;
b) quando se questionar sobre a vigência ou validade de lei federal em face da Constituição, e a decisão do Tribunal local negar aplicação à lei impugnada;
c) quando se contestar a validade de lei ou ato dos Governos locais em face da Constituição, ou de lei federal, e a decisão do Tribunal local julgar válido o ato ou a lei impugnada;
d) quando ocorrer diversidade de interpretação definitiva da lei federal entre Cortes de Apelação de Estados diferentes, inclusive do Distrito Federal ou dos Territórios, ou entre um deste Tribunais e a Corte Suprema, ou outro Tribunal federal;
3) rever, em benefício dos condenados, nos casos e pela forma que a lei determinar, os processos findos em matéria criminal, inclusive os militares e eleitorais, a requerimento do réu, do Ministério Público ou de qualquer pessoa.
Parágrafo único – Nos casos do n. 2, III, letra *d*, o recurso poderá também ser interposto pelo Presidente de qualquer dos Tribunais ou pelo Ministério Público".

2. CPC de 1939, arts. 863 e seguintes.

interno do STF representava uma exceção, constitucionalmente prevista, ao princípio da legalidade.

Esse segundo fundamento, ou hipótese de cabimento, era bem sintetizado na lição de Pontes de Miranda:

"[...] penetrou no direito brasileiro com a república federativa. Prende-se ele, com galhos, e tronco à raiz, '*a necessidade de se assegurar*, em todo o território e em todas as dimensões do ambiente jurídico nacional', a aplicação uniforme da lei federal".[3]

Ou seja, o STF desempenhava também o papel de uniformizador da jurisprudência da legislação federal. Essa competência consolidou-se com o relevo dado à arguição de relevância da questão federal, permanecendo na Carta atual. Pode-se afirmar ser o tribunal da unidade jurídica nacional.

Quando da "modelagem" da Constituição de 1988, entendeu-se de dividir o conjunto de atribuições do Supremo Tribunal Federal (STF) em dois subconjuntos, um que ficaria sob a tutela daquela Corte e outro que ficaria na competência de um novo tribunal então criado – o Superior Tribunal de Justiça. Relembre-se que o STJ não é sucessor do extinto Tribunal Federal de Recursos (os papéis desse foram assumidos pelos Tribunais Regionais Federais, inicialmente em número de cinco e hoje contando com seis unidades, a partir da criação do Tribunal Regional da 6ª Região, com jurisdição sobre a área territorial de Minas Gerais, desmembrada da 1ª região.

Essa partilha das competências da Corte Suprema foi motivada pela necessidade de desconcentração da competência da 1ª Corte (STF) de modo a poder priorizar o controle de constitucionalidade a partir de um instrumental de acesso alargado, com base em uma Constituição dirigente, com amplíssima constitucionalização de direitos e garantias, o que viria a ter como resultante, em sede de controle de constitucionalidade, uma excessiva sobrecarga daquela Corte.

---

3. PONTES DE MIRANDA, Francisco. Comentários à Constituição de 1967, com a emenda n. 1, de 1969, tomo IV, 2ª. Ed. São Paulo: RT (1974), p. 84.

Ao final, não é difícil vislumbrar o vastíssimo elenco dos direitos e garantias individuais e transindividuais do art. 5º e, também, de direitos outros como os sociais do art. 7º da Carta Magna,[4] embora, muitos deles representando conjuntos vazios, sem a devida aplicação no mundo fático, como são exemplos marcantes a proteção contra despedida imotivada, o salário mínimo etc.

Além disso, ressalte-se, por outro lado, que houve grandes equívocos, inclusive pela "resistência do STF" em limitar

---

4. Observe-se, por exemplo, o texto da CF/88:
"Art. 7º São direitos dos trabalhadores urbanos e rurais, além de outros que visem à melhoria de sua condição social:
I – relação de emprego protegida contra despedida arbitrária ou sem justa causa, nos termos de lei complementar, que preverá indenização compensatória, dentre outros direitos;".
Tem-se um país com mais de dez milhões de desempregados, o que significou no último mês uma pequena queda nesse montante, mas a "Queda do desemprego é puxada pela informalidade, que atinge 40% dos trabalhadores do país" (https://shre.ink/c5ST)
"II – seguro-desemprego, em caso de desemprego involuntário;
III – fundo de garantia do tempo de serviço;
IV – salário mínimo, fixado em lei, nacionalmente unificado, capaz de atender a suas necessidades vitais básicas e às de sua família com moradia, alimentação, educação, saúde, lazer, vestuário, higiene, transporte e previdência social, com reajustes periódicos que lhe preservem o poder aquisitivo, sendo vedada sua vinculação para qualquer fim;"
Esse inciso é o que demonstra a grande distância entre o mundo jurídico hipotético e a dura realidade da população brasileira. Compare-se, por exemplo, com o piso salarial em alguns países mais desenvolvidos, mesmo sem terem tão minuciosa previsão constitucional: Portugal – 822,50 euros /Brasil 192,10 euros/ Espanha 1.66,70 euros / Reino Unido 1.708,70 euros / França 1.620,00 euros /EUA 1.256,70 dólares, ou 1.109 euros (https://shre.ink/c5Xf).
Ressalte-se que em nenhum desses países há previsão constitucional tão minuciosa acerca de direitos alcançados pelo salário mínimo como na CF/88 brasileira.
"XI – participação nos lucros, ou resultados, desvinculada da remuneração, e, excepcionalmente, participação na gestão da empresa, conforme definido em lei;"
Matéria essa objeto da Lei 10.101, de 19 de dezembro de 2000, expedida 12 anos após a entrada em vigora da CF/88, que nada assegura de concreto aos trabalhadores.
"XXIII – adicional de remuneração para as atividades penosas, insalubres ou perigosas, na forma da lei;
XXIV – aposentadoria;
XXV – assistência gratuita aos filhos e dependentes desde o nascimento até 5 (cinco) anos de idade em creches e pré-escolas; (Redação dada pela Emenda Constitucional 53, de 2006)
XXVI – reconhecimento das convenções e acordos coletivos de trabalho;"

sua competência, basicamente, à de guardião da Constituição, quer em sede de controle concentrado de constitucionalidade, que saíra da limitadíssima hipótese da *representação de inconstitucionalidade, com legitimação ativa limitada ao Procurador Geral da República para um elenco muito amplo de mecanismos de controle concentrado*, para um sistema com múltiplos instrumentos que mais ainda se alargaria por força de ulteriores emendas constitucionais.

O STF encontra-se afogado com o exercício de "competências anômalas" que em muito prejudicam o exercício das mais nobres tarefas atribuídas à Corte. Isso sem qualquer vantagem adicional a que se teria com o rateio de atribuições e competências. Mais parece uma lamentável questão de disputa de poder, embora em detrimento da sociedade.

Hoje se tem as ADIs, ADIs por omissão, ADPFs além de outros relevantes instrumentos como o mandado de injunção, as reclamações constitucionais, entre outros. Teve-se uma exagerada ampliação da legitimação do controle de constitucionalidade, transformando, inclusive, o STF numa instância adicional para refregas políticas no âmbito do Congresso Nacional.

Persistiu o STF com inúmeras competências anômalas que não são faticamente compatíveis com sua estrutura funcional e que levam ao retardo nas nobres funções atribuídas àquela Corte em matéria que representam a sua razão de existir – a questão constitucional.

O exemplo mais marcante é o das ações penais originárias, cuja competência da corte maior foi limitada por força de construtiva e "defensiva" interpretação daquela casa, típico exemplo de construção por política judiciária para evitar o excessivo assoberbamento da Corte Maior, linha que foi seguida pelo STJ.[5]

5. Em maio de 2018, o plenário do Supremo Tribunal Federal (STF), em questão de ordem na *Ação Penal 937*, restringiu o foro por prerrogativa de função às hipóteses de crimes praticados no exercício da função ou em razão dela.
O STF estabeleceu ainda que, após o fim da instrução processual, com a publicação do despacho de intimação para apresentação de alegações finais, a competência para processar e julgar ações penais não será mais afetada em razão de o agente

A criação do Superior Tribunal de Justiça se deu com o objetivo de destacar competências relevantes referentes ao controle da aplicação e interpretação de normas

---

público vir a ocupar outro cargo ou deixar o cargo que ocupava, qualquer que seja o motivo. Com base nesse entendimento, em junho de 2018, a Corte Especial do STJ decidiu, na questão de ordem na *APn 857*, que o foro no caso de governadores e conselheiros de tribunais de contas ficaria restrito a fatos ocorridos durante o exercício do cargo e em razão deste.

O autor do voto que prevaleceu no julgamento da questão de ordem, Ministro João Otávio de Noronha, afirmou que o STJ pode interpretar o art. 105, I, "a", da Constituição Federal para delimitar sua própria competência originária.

Segundo ele, o texto constitucional não estabelece que o processamento e o julgamento previstos naquele dispositivo se referem aos crimes praticados em razão do cargo ou no exercício do mandato.

O texto é aberto, razão pela qual cabe ao intérprete, agora diante da nova realidade do Brasil – de congestionamento absurdo das cortes superiores –, reler o artigo e verificar o que se deve julgar nas cortes superiores, considerando a evolução do pensamento jurídico do país.

Para ele, a existência do foro por prerrogativa de função é uma exceção ao princípio republicano. Foi originalmente pensado para assegurar a independência de órgãos, ou seja, para garantir o livre exercício de cargos constitucionalmente relevantes. "Portanto, trata-se de uma diferença que encontra suporte na função exercida no âmbito administrativo ou político", disse. No entanto, de acordo com o ministro, a evolução do pensamento social diante de situações que não havia no passado – e que, inclusive, afetam o funcionamento da Justiça – exige que se adote uma interpretação restritiva das normas constitucionais sobre foro por prerrogativa de função.

Essa orientação levou a Corte Especial, em maio de 2019, a acolher questão de ordem para determinar que uma ação penal (*APn 874*) contra governador fosse encaminhada para a primeira instância.

O acusado foi governador por dois mandatos e exerceu posteriormente o cargo de senador, sendo eleito novamente governador por mais duas vezes. O caso se referia a um crime supostamente cometido durante o segundo mandato como chefe do Executivo estadual.

Para a Ministra Nancy Andrighi, relatora da ação no STJ, "a manutenção do foro após um hiato de posse de cargo no Legislativo federal e mais um mandato no Executivo estadual configuraria um privilégio pessoal, não albergado pela garantia constitucional". A relatora observou que não se verifica, entre a conduta imputada e o exercício do cargo, a contemporaneidade necessária para justificar o foro por prerrogativa de função perante o STJ. A questão de ordem foi suscitada para verificar se a competência originária do STJ pode ser estendida a supostos crimes praticados por governadores em mandatos anteriores já findos, nos casos em que a pessoa acusada volta a ocupar a função pública protegida pela prerrogativa de foro. A ministra explicou que o foro especial exige contemporaneidade e pertinência temática entre os fatos em apuração e o exercício da função pública. Ela lembrou que o término do mandato acarreta, por si só, "a cessação do foro por prerrogativa de função em relação ao ato praticado nesse intervalo". Em: O foro por prerrogativa de função e as restrições à sua aplicação no STJ, em 07.06.2020 (www.stj.jus.br).

infraconstitucionais, como se vislumbra da leitura da Lei Maior, sucessivas vezes alterado, em tentativas, limitadas, de aprimoramento do Órgão e de sua atuação:

"Art. 105. Compete ao Superior Tribunal de Justiça:

[...]

III – *julgar, em recurso especial, as causas decididas, em única ou última instância, pelos Tribunais Regionais Federais ou pelos tribunais dos Estados, do Distrito Federal e Territórios, quando a decisão recorrida:*

a) contrariar tratado ou lei federal, ou negar-lhes vigência;

b*) julgar válido ato de governo local contestado em face de lei federal*; (Redação dada pela Emenda Constitucional 45, de 2004)

[...]

§ 2º *No recurso especial,* o recorrente deve demonstrar *a relevância das questões de direito federal infraconstitucional discutidas no caso, nos termos da lei,* a fim de que a admissão do recurso seja examinada pelo Tribunal, *o qual somente pode dele não conhecer com base nesse motivo pela manifestação de 2/3 (dois terços) dos membros do órgão competente para o julgamento. (Incluído pela Emenda Constitucional 125, de 2022).*

§ 3º *Haverá a relevância de que trata o § 2º deste artigo nos seguintes casos: (Incluído pela Emenda Constitucional 125, de 2022)*

I – *ações penais; (Incluído pela Emenda Constitucional 125, de 2022)*

II – *ações de improbidade administrativa*; (Incluído pela Emenda Constitucional 125, de 2022)

III – *ações cujo valor da causa ultrapasse 500 (quinhentos) salários mínimos*; (Incluído pela Emenda Constitucional 125, de 2022)

IV – *ações que possam gerar inelegibilidade; (Incluído pela Emenda Constitucional 125, de 2022)*

V – *hipóteses em que o acórdão recorrido contrariar jurisprudência dominante o Superior Tribunal de Justiça;* (Incluído pela Emenda Constitucional 125, de 2022)

VI – *outras hipóteses previstas em lei.* (Incluído pela Emenda Constitucional 125, de 2022)" (grifos nossos).

O texto acrescido é mal redigido.

Afirma: "haverá relevância de que trata o § 2º deste artigo nos seguintes casos [...]". Se quer afirmar que não haverá nos demais casos, ter-se-á aí uma restrição excessiva, pois na hipótese de jurisprudência conflitante entre tribunais intermediários, ou entre decisões desses e do próprio STJ, não haveria órgão pacificador. Caso se entenda que nesses casos há relevância presumida não se alterou coisa alguma, no sentido de aperfeiçoamento do sistema.

Relembre-se que a criação do STJ visou "desafogar" o Supremo Tribunal Federal, criando um tribunal superior que teria o relevante papel, destacado da anterior competência do STF, referente, basicamente, à pacificação jurisprudencial.

Estava criada a "Corte de Cassação" brasileira, com uma composição que, em tese, aglutinaria, Juízes oriundos dos tribunais estaduais (1/3), das cortes regionais federais (1/3), da advocacia e do Ministério Público (1/3).

Aqui não se analisará a questão da composição e dos critérios de recrutamento, apenas a questão pertinente ao recurso especial. Observe-se que a ineficiência do funcionamento dessa nova Corte levou a várias emendas constitucionais visando melhorar a sua funcionalidade.

Ao contrário do que equivocadamente se imaginou, não houve desafogo do Poder Judiciário, explicável por várias razões:

- o mais amplo acesso à Justiça, decorrente da ampliação do universo de direitos e garantias, com a nova Carta constitucional;
- a estruturação de órgãos representativos do grande universo de desvalidos, a maior segurança quanto a poder demandar, inclusive contra atos do Estado;

- aliado a tudo isso a inexistência de esforço maior, no sentido de solução extrajudicial de conflitos e de medidas para evitar o surgimento destes,[6] entre as medidas poder-se-ia destacar a atuação dos ente reguladores.

No Brasil, ao contrário dos paradigmas inspiradores, essas entidades, como a ANP, ANATEL, ANEEL, ANS têm atuações extremamente deficientes, tendo-se como decorrência a sobrecarga do Judiciário. A consequência de todos esses fatores foi o crescimento geométrico das demandas, não suportadas pelo Judiciário brasileiro.

No caso específico dos Tribunais Superiores (STF/STJ/TSE/TST), não houve o aprimoramento do sistema de filtros, persistindo a ideia que esses Órgãos seriam naturais terceiras e quarta instância das demandas.

Aqui teve-se a criação de uma Corte (o STJ) que seria responsável, entre outras competências, pela de pacificação de jurisprudência infraconstitucional, de modo similar ao que ocorre em países como Portugal[7] ou Itália entre outros, mas, cuja atuação, infelizmente, não atende às razões que levaram à sua criação, sem qualquer crítica individualizada a seus honrados integrantes. Trata-se de questão estrutural.

No caso brasileiro, o resultado foi, efetivamente, "desastroso", em termos de longevidade das demandas.

Alguns dados são realmente "alarmantes", quando se tem como referencial o princípio constitucional da *razoável duração do processo.*

---

6. Nessa linha, pode-se exemplificar com a baixíssima eficiência dos entes reguladores setoriais, como ANS, ANP, ANEEL, ANATEL, em evitar violações de direitos dos usuários de serviços, fazendo com que as questões sejam direcionadas para o Poder Judiciário.

7. Vide arts. 671º e seguintes do Código de Processo Civil português. (Cf.: MARTINS, Antonio. *Código de Processo Civil, comentários e anotações práticas.* 3. ed. Coimbra: Almedina, 2013. p. 310 e ss.

A via recursal não pode e não deve representar um "meio", ou instrumento, para procrastinação dos feitos. Infelizmente, a estatística de decisões de inadmissibilidade de recursos especiais demonstra sua utilização erroneamente, como se um tribunal ordinário fosse.

Sempre atual o pensamento de Arruda Alvim:

"O homem é um ser que vive no tempo, constituindo--se este numa das dimensões fundamentais da vida humana. Desta forma, sabendo-se que o homem vive continuamente envolvido pelo direito, este considera também o problema do tempo, dedicando-lhe atenção particularmente especial. Se isto é exato para o direito em geral, aumenta, a importância do tempo no processo".[8]

O sistema recursal deve visar o aperfeiçoamento da prestação jurisdicional e não a postergação da realização de Justiça.

Tal não tem ocorrido, adequadamente, no âmbito do processo civil brasileiro. A excessiva abertura recursal, sem qualquer ônus adicional pelas condutas abusivas (com exceção de modestos acréscimos de honorários advocatícios) e até pelo uso descabido e excessivo do instrumento (sem que haja a devida reprimenda por litigância de má-fé), possibilita que partes, sobretudo grandes empresas, instituições públicas, usem e abusem da utilização de recursos, inclusive os não ordinários como os recursos especiais (RESPs) e recursos extraordinários (REs) banalizando a utilização desses nobres recursos.

A disciplina do CPC vigente não é suficiente para funcionar como inibidora de utilização de recursos abusivos, sobretudo os não ordinários, como mecanismo para a longevidade excessiva dos processos.[9]

---

8. ARRUDA ALVIM, José Manoel. *Curso de direito processual civil*. São Paulo: RT, 1971. p. 449.

9. Dispositivos do CPC (com sugestões de aperfeiçoamento):
"Art. 85. A sentença condenará o vencido a pagar honorários ao advogado do vencedor.
Acréscimos propostos (em destaque):

Constata-se tal uso abusivo do acesso ao STJ com a mera consulta aos relatórios do Conselho Nacional de Justiça (CNJ) e da própria Corte referida. De acordo com o relatório estatístico do Superior Tribunal de Justiça de 2021,[10] só no ano de 2021, foram recebidos, naquela Corte, 408.770 processos novos (originais e recursais), representando acréscimo de 18,73% em relação ao ano anterior. Destacando-se que desses, 57,03% representados por ARESPs, recursos em face de decisões de presidentes, ou vice-presidentes de tribunais em sede de admissibilidade de Recursos Especiais (233.120), 77.996 (19,08%) de Habeas Corpus (52.231).[11]

Esse quadro dantesco leva à fragilização da atuação do STJ, mesmo contando com corpo de magistrados majoritariamente bem qualificados, pelo excesso de demandas, levando inclusive à ocorrência de um fenômeno não jurídico, que é

Art. 85-A. Além dos Honorários advocatícios, a parte demandante em recurso especial ou recurso extraordinária, se vencida, arcará com o pagamento adicional de ***encargo recursal****, correspondente a 10% do valor da demanda. Na hipótese de acolhimento proporcional do* ***recurso****, cada um dos vencidos arcar, proporcionalmente com o encargo.*
Parágrafo único. Na hipótese de causa de causa de valor inestimável, ou de valor irrisório, no Juízo de admissibilidade fixar se á, o valor do ***encargo recursal****, nunca inferior a 05 salários mínimos.*
Art. 86. Se cada litigante for, em parte, vencedor e vencido, serão proporcionalmente distribuídas entre eles as despesas, e *encargo recursal (proposta)*.
Parágrafo único. Se um litigante sucumbir em parte mínima do pedido, o outro responderá, por inteiro, pelas despesas e pelos honorários *e encargo recursal (proposta).*
Art. 87. Concorrendo diversos autores ou diversos réus, os vencidos respondem proporcionalmente pelas despesas e pelos honorários e *encargo recursal (proposta).*
§ 1º A sentença deverá distribuir entre os litisconsortes, de forma expressa, a responsabilidade proporcional pelo pagamento das verbas previstas no *caput*.
§ 2º Se a distribuição de que trata o § 1º não for feita, os vencidos responderão solidariamente pelas despesas e pelos honorários *(proposta – e encargo recursal).*
[...]
Art. 96-A. O valor do *encargo recursal reverterá em 33,333% para o Tribunal de origem, 33,333% para o Superior Tribunal de Justiça e 33,333% para o Conselho Nacional de Justiça (destinando-se a programas visando o aperfeiçoamento do Poder Judiciário)".*

10. Relatório estatístico 2021. STJ. Brasília (2022): Disponível em: www.stj.jus.br/web.stj/processo/boletim.

11. Importante lembrar de acordo com o citado relatório (p. 25), o gritante aumento de processos distribuídos naquela Corte, ao longo dos anos: 1990: 14.087 / 1991: 23.368 / ...1999: 118.977 / 2006: 251.020/ ...2010: 228.440 / 2018: 348.416 / 2020: – 354998 / 2021: 412.590.

a excessiva *"terceirização"* de apreciações judiciais.[12] Essa expressão refere-se a inúmeras decisões, votos de Ministros, praticamente elaborados, na integralidade, por assessores, que embora, regra geral, pessoas dedicadas, não têm o nível técnico constitucionalmente exigido para os Ministros do STJ.

Relevante observar que os principais demandantes são públicos. De acordo com o citado relatório estatístico do STJ: "Os principais demandantes nos últimos cinco anos foram, respectivamente, *o Ministério Público do estado de São Paulo* (168.872) seguido pelo *INSS* (111.341) e pela *Fazenda Nacional* (74.109), seguidos pelo *Banco do Brasil S*/A (67.609), *Defensoria Pública do estado de São Paulo* (65.001) e *União Federal* (64.397)".[13]

Tal quadro demonstra, claramente, o equívoco acerca do conceito de interesse público, como se postergar o reconhecimento de direitos fosse defender interesse público.

Já se alega que o número de julgados superou o de distribuídos em 3,71%, mantendo-se o julgamento dos RESPs próximo à estabilidade.[14] Relevante, pois, observar que o número efetivamente excessivo de recursos para o STJ tanto ocorre com o setor público, em maior monta, quanto com o setor privado, transformando os tribunais inferiores em meros "tribunais de passagens".

Trata-se de um número inaceitável de feitos considerando o quantitativo de Julgadores existentes. Com esse volume, é humanamente impossível que se tenha, em número razoável, julgamentos tecnicamente aceitáveis.

Tal tem consequências muito graves, considerando que, hodiernamente, a jurisprudência ganhou destaque como *fonte*

12. Tal fenômeno, infelizmente, tem ocorrido em todo o Judiciário brasileiro, que é a transferência fática do exame fático e jurídico de questões relevantes para preparação e, na prática, completa elaboração pelas assessorias.

13. Relatório estatístico 2021. STJ. Brasília (2022), p. 10.

14. Relatório STJ... p. 16.

do direito, por vezes, ou quase sempre, com maior relevo que produções doutrinárias.

Destaque-se, ainda, do citado relatório:

"*Acervo processual* existente no STJ em 31.12.2021:

Total com os gabinetes dos Ministros: 191.403.

Presidência: 50.001.

Vice-presidência 4.538.

Presidências de órgãos julgadores: 3.619

Aguardando distribuição: 16.691.

Corte Especial: 2.062.

TOTAL : 268.314".[15]

A partir desse quadro fático realista é que se deve analisar a possibilidade de efeitos positivos que possam em tese advir da Emenda Constitucional 125, de 14.07.2022, o que far-se-á doravante.

O dispositivo referente à caracterização da relevância, o quórum de rejeição do recurso, não significou qualquer filtro de relevo. Observe-se:

"§ 2º No recurso especial, o recorrente deve demonstrar a relevância das questões de direito federal infraconstitucional discutidas no caso, nos termos da lei, a fim de que a admissão do recurso seja examinada pelo Tribunal, o qual somente pode dele não conhecer com base nesse motivo pela manifestação de 2/3 (dois terços) dos membros do órgão competente para o julgamento. (Incluído pela Emenda Constitucional 125, de 2022)".

A primeira observação é a seguinte: por que dois terços? Se para o julgamento dos recursos tem-se maioria simples, para a rejeição do enquadramento como "relevância de questão federal" não se justificaria o quórum qualificado de 2/3.

15. Relatório STJ... p. 34.

O CPC vigente já dispunha, acerca do recurso especial, com razoável nível de especificidade.

Sabido é que os recursos especiais têm pressupostos cumulativos e alternativos para suas admissibilidades.

Os primeiros: decisão em única, ou última instância de Tribunal, além do prequestionamento. Por outro lado, são pressupostos alternativos: a decisão venha a contrariar, ou negar vigência a tratado ou lei federal; a decisão tenha julgado válido ato de governo local contestado em face de lei federal; a decisão recorrida haja dado à lei federal interpretação divergente da que lhe haja atribuído outro tribunal, podendo ser decisões entre tribunais de justiça diferentes, tribunais regionais federais diferentes; tribunais de justiça e tribunais regionais federais, tribunais de segundo grau e o próprio STJ.[16]

O quórum de dois terços do órgão colegiado para rejeição da "demonstração de relevância de questão de direito federal infraconstitucional, discutida no caso, nos termos da lei", expresso no Texto Constitucional modificado pela EC 125/2022, representará mais um elemento de retardo no curso processual, pois, para deliberação, terá que haver sessão física, ou virtual, com todas as decorrências possíveis, tais como sustentação oral, embargos de declaração etc.

Mais simples e eficiente seria: "a relevância da questão federal, no caso, será objeto de apreciação pelo relator, em decisão recorrível, com a previsão de multa de 10% sobre o valor da causa, na hipótese de negativa de seguimento, ou improvimento do hipotético agravo".

A Emenda Constitucional 125/2022 criou hipóteses de relevância federal presumida, em questões que já povoam a Colenda Corte.

A primeira delas – *ações penais*.

16. Vide: NEVES, Daniel Amorim Assumpção Neves. *Manual de direito processual civil*. São Paulo: Método, 2013. p. 745.

O argumento pueril é da defesa da liberdade, direito fundamental, já consagrado no art. 5º da CF/88, em verdade, funciona como um instrumento para enfraquecimento do sistema penal, em país no qual, diferentemente do que ocorre nas principais democracias do mundo, se estabeleceu a regra de cumprimento de pena, apenas após o trânsito em julgado da condenação, o que leva a uma longevidade inaceitável dos processos penais, sobretudo para aqueles que têm condições financeiras de bancar elevados custos de advocacia até os tribunais superiores.[17]

Os recursos em matéria penal para o STJ têm funcionado como mecanismos de postergação de justiça, no sentido objetivo, sobretudo a partir do retrocesso representado pelo atual posicionamento do STF.[18]

---

17. Merece consulta de: FALCÃO, Joaquim; CESAR, Silvana G.; HARTMANN, Ivar; ALMEIDA, Guilherme. *A realidade do Supremo Criminal*. Rio de Janeiro: FGV, 2019, em que examinam com adequada análise da base estatística, com algumas conclusões relevantes, tais como a hipertrofia do "supremo criminal", exemplificando que em 2017 56,5 % das decisões colegiadas envolviam matéria criminal; e, ainda, o grande número de decisões em sede de HC. Com o fortalecimento dos RESPs criminais, o *iter* processual será ainda mais longevo.

18. "Por maioria, o Plenário do Supremo Tribunal Federal (STF) decidiu que é constitucional a regra do Código de Processo Penal (CPP) que prevê o esgotamento de todas as possibilidades de recurso (trânsito em julgado da condenação) para o início do cumprimento da pena. Nesta quinta-feira (7), a Corte concluiu o julgamento das Ações Declaratórias de Constitucionalidade (ADC) 43, 44 e 54, que foram julgadas procedentes. Votaram a favor desse entendimento os Ministros Marco Aurélio (relator), Rosa Weber, Ricardo Lewandowski, Gilmar Mendes, Celso de Mello e Dias Toffoli, presidente do STF. Para a corrente vencedora, o art. 283 do Código de Processo Penal (CPP), segundo o qual "ninguém poderá ser preso senão em flagrante delito ou por ordem escrita e fundamentada da autoridade judiciária competente, em decorrência de sentença condenatória transitada em julgado ou, no curso da investigação ou do processo, em virtude de prisão temporária ou prisão preventiva", está de acordo com o princípio da presunção de inocência, garantia prevista no art. 5º, inciso LVII, da Constituição Federal. Ficaram vencidos os Ministros Alexandre de Moraes, Edson Fachin, Luís Roberto Barroso, Luiz Fux e Cármen Lúcia, que entendiam que a execução da pena após a condenação em segunda instância não viola o princípio da presunção de inocência. A decisão não veda a prisão antes do esgotamento dos recursos, mas estabelece a necessidade de que a situação do réu seja individualizada, com a demonstração da existência dos requisitos para a prisão preventiva previstos no art. 312 do CPP – para a garantia da ordem pública e econômica, por conveniência da instrução criminal ou para assegurar a aplicação da lei penal" (https://portal.stf.jus.br/noticias).
Destaco: *Tal posicionamento no Brasil é díspar do ocorrente na grande maioria dos países, com regimes democráticos muito mais consolidados que o brasileiro,*

Segue-se com a presunção também em relação às ações de improbidade administrativa, já combalidas pela modificação restritiva em relação ao elemento vontade nas hipóteses de improbidade. As modificações introduzidas na lei de improbidade implicaram, efetivamente, em quase impossibilidade de imputação dos tipos nela previstos, em face da exigência de prova do dolo específico e a limitação da legitimidade ativa.

No mesmo sentido leciona Walber de Moura Agra: "De acordo com os imperativos deontológicos da mencionada estrutura normativa, houve a supressão do ato de improbidade praticado mediante culpa (art. 1º, § 1º), de modo que se faz necessária a presença do dolo específico que ateste de forma indene de dúvidas a vontade livre e consciente do agente em alcançar o resultado ilícito (art. 1º, § 2º). Quanto aos atos que atentem contra os princípios da Administração Pública, a Lei 14.230/2021 impôs a exigência de lesividade relevante ao bem jurídico tutelado para serem passíveis de sancionamento (art. 11, § 4º, da LIA)." [19]

Conjugando-se a modificação legislativa, restritiva da tipificação de improbidade, com o fortalecimento da abertura da admissibilidade de recurso especial, envolvendo a matéria, tem-se quase um réquiem para a sanção à improbidade! O que é lamentável em um país com *corrupção endêmica e ambidestra como é o caso brasileiro.*

Outro dispositivo da EC que merece reflexão é o que estabelece uma espécie de alçada para a admissibilidade mais "simplificada" do recurso especial, fixando "ações cujo valor da causa ultrapasse 500 (quinhentos) salários mínimos". (Incluído pela Emenda Constitucional 125, de 2022)

---

desprezando-se, ainda, o fato de os recursos extraordinários e especiais não terem em princípio efeito suspensivo. Parece um lamentável efeito do poder de pressão do topo da aguda pirâmide social brasileira.

19. AGRA, Walber de Moura. A possibilidade de retroação da nova Lei de Improbidade Administrativa. *Revista Consultor Jurídico*. Disponível em: www.conjur.com.br. Acesso em: 8 nov. 2021.

Sem dúvida, um dispositivo segregador em uma sociedade com uma pirâmide social profundamente injusta. Criou-se uma facilitação em relação às questões judiciais de maior valor econômico, dificultando o acesso para mais de 90% (noventa por cento) da população. Deve-se ter, sem dúvida, um enrijecimento do filtro de admissibilidade, mas não por esse critério censitário.

O critério de admissibilidade não deveria fundar-se em um elemento tão pouco acessível à grande maioria do povo brasileiro. Dir-se-á: mas, por outros critérios, é possível que o legislador faça chegar ao STJ demandas de menor valor, mas com "efeito multiplicador" como em relação a danos repetidos causados a consumidores de bens, ou serviços. Há a necessidade de aumentar o filtro, evitando-se a banalização do acesso ao STJ, mas esse filtro pecuniário é de aceitabilidade extremamente duvidosa.

Outra hipótese a merecer ponderação é a do inciso IV, introduzido pela emenda:

"IV – ações que possam gerar inelegibilidade;" (Incluído pela Emenda Constitucional 125, de 2022).

Essa previsão, ao contrário do que em princípio aparenta, será um instrumento para retardo na efetividade das medidas sancionadoras geradoras de inelegibilidade. Observe-se que, na grande maioria dos casos, os julgamentos dos Tribunais intermediários em casos como tais são de acolhimento de pretensões com imposição de sanções.

Esse dispositivo criará um prazo ampliado, por vezes extremamente ampliado entre o fato lesivo e a hipotética sanção, retardando mais ainda o caminho a seguir que é a usual discussão da matéria no colendo STF. Aqui tem-se um típico exemplo de opção jurídica, na melhor das interpretações, tomada sem qualquer base estatística. É o direito alheio ao que acontece, efetivamente, no mundo fático.

A hipótese seguinte é efetivamente a **única razoável**: "V – hipóteses em que o acórdão recorrido contrariar jurisprudência dominante o Superior Tribunal de Justiça;" (Incluído pela Emenda Constitucional 125, de 2022)

Em sendo o colendo STJ órgão responsável pela pacificação de jurisprudência no tocante às normas infraconstitucionais, naturalmente, a revisão desses posicionamentos só pode decorrer de decisão da própria Corte. Cabível e imprescindível que afastamentos dos posicionamentos prefixados possam e devam ser objeto de adequado controle pela corte superior competente, no caso, o STJ. Ressalte-se, entretanto que tal já se vislumbrava do modelo preexistente. Embora relevante, nada acresceu.

A última hipótese prevista, de certo modo, esvazia, ou possibilita o esvaziamento do filtro que se pretende ter como mais rigoroso, ao estabelecer: "VI – Outras hipóteses previstas em lei" (Incluído pela Emenda Constitucional 125, de 2022).

Ou seja, as hipóteses serão essas e todas as demais futuras e incertas que o legislador ordinário vier a fixar, com a possibilidade até de haver a utilização de medidas provisórias, utilizando-se argumentos genéricos como de urgência e relevância, para assegurar o constitucional acesso à Justiça...

Por simples lei ordinária ulterior permite-se a ampliação das hipóteses de admissibilidade de recursos especiais. Sabido é que essa abertura possibilita que por mero instrumento de lei ordinária tenha-se um abrandamento dos necessários mecanismos de triagem para acesso ao Superior Tribunal de Justiça.

O melhor filtro é ainda a figura do recurso repetitivo.[20]

---

20. "É o recurso julgado pela sistemática descrita no Código de Processo Civil (Lei 13.105/2015), em que o STJ define uma tese que deve ser aplicada aos processos em que discutida idêntica questão de direito. A escolha do processo para ser julgado como repetitivo pode recair em processo encaminhado pelos tribunais de origem como representativo de controvérsia (art. 256-I do RISTJ) ou em recurso já em tramitação. O art. 1.036 do CPC de 2015 dispõe que, quando houver multiplicidade de recursos especiais com fundamento em idêntica controvérsia, a análise do mérito recursal pode ocorrer por amostragem, mediante a seleção de recursos que representem de maneira adequada, a controvérsia. Recurso repetitivo, portanto, é aquele que representa um grupo de recursos especiais que tenham teses idênticas, ou seja, que possuam fundamento em

Conclusões

1) Ressalto aqui, algo que já expressamos em outro texto, juntamente com Artur Cavalcanti, recentemente publicado:

"A cultura do litígio não pode ser utilizada como técnica econômica, mormente em um país em que se tem plena consciência da duração dos processos, muito longe da previsão constitucional, inserida pela Emenda Constitucional 45. Em verdade, os dados estatísticos do CNJ demonstram não ter havido decréscimo na longevidade dos processos face a essa previsão constitucional da razoável duração do processo. Redução de longevidade decorreria e em alguns casos decorreu de avanços tecnológicos, como a transformação dos processos de físicos em digitais, com as comunicações eletrônicas através da internet, havendo, entretanto, necessidade de redução dos prazos nos quais esses atos (no mundo fático) praticados e que o sejam pelo julgador.

Não se pode esquecer a realidade na qual muitos atos privativos dos juízes são, faticamente, praticados por assessores, como por exemplo as decisões (em sua grande maioria) referentes à (in)admissibilidade de recursos especiais ou de recursos extraordinários. O novo Código de Processo Civil (Lei 13.105, de 16.03.2015) surge nesse mar revolto de incertezas, onde o direito material e processual sofre inúmeras oscilações interpretativas, fruto da enorme influência de uma principiologia fluida, onde, por vezes após longos períodos, muda-se o sentido de uma norma assente, fruto de um novo

---

idêntica questão de direito. Segundo a legislação processual, cabe ao presidente ou vice-presidente do tribunal de origem selecionar dois ou mais recursos que melhor representem a questão de direito repetitiva e encaminhá-los ao Superior Tribunal de Justiça para afetação (incidente no recurso para propiciar que se decida se a questão será julgada sob a sistemática dos repetitivos ou não), devendo os demais recursos sobre a mesma matéria ter a tramitação suspensa. Após afetação, julgamento e publicação da decisão colegiada sobre o tema repetitivo pelo Superior Tribunal de Justiça a mesma solução será aplicada aos demais processos que estiverem suspensos na origem. Essa sistemática tem como objetivo concretizar os princípios da celeridade na tramitação de processos, da isonomia de tratamento às partes processuais e da segurança jurídica" (https://shre.ink/c5zK).

entendimento dos tribunais superiores, sobretudo do STF, que, por vezes, leva anos para ser assentado.

Patente que muitas dessas alterações interpretativas ocorrem por razões metajurídicas, fruto da atuação de grupos de pressão da desigual sociedade brasileira. Exemplos típicos podem ser enumerados, quer no campo do processo civil, quer no campo do processo penal, ou de direito material, gerando, sem dúvida, uma grande insegurança jurídica. Quantos milhares de casos aguardam por anos a fio na incerteza dos resultados e das consequências econômicas dos passivos acumulados?

Relevante a observação de Gabriel Marques: Uma vez tendo sido criada pela EC 45/04, a repercussão geral no recurso extraordinário veio a ser regulamentada pela Lei 11.418/06. Tem sido alvo, ainda, de diversas mudanças regimentais no STF, com o objetivo de tornar o seu procedimento de apreciação mais eficaz. Os julgamentos de casos de repercussão geral no recurso extraordinário têm obtido ótimos resultados. Usando dados da Secretaria-Geral da Presidência do STF, efetuando-se comparação entre o 2º semestre de 2007 e o 1º semestre de 2014, foram devolvidos 108.770 processos, operando-se a redução na distribuição dos processos recursais em 64%, bem como a redução no estoque de processos recursais em 58%. Ocorre que, por mais que os números de apreciação da repercussão geral sejam admiráveis, eles nem de longe são aptos a resolver o problema central do excessivo acúmulo de temas a serem apreciados pelo tribunal.

Segundo informações obtidas pelo ministro Luís Roberto Barroso em 2014, levando em consideração a média anual de julgamento de casos de repercussão geral reconhecida, o STF pode levar mais de 12 anos para zerar o estoque. Atualizando os dados consultados à época pelo ministro, e também usando como fonte de pesquisa a Assessoria de Gestão Estratégica do STF, é possível alcançar os seguintes resultados. Processos sobrestados em razão da repercussão geral – 1.334.209. Processos *leading case* com repercussão geral reconhecida e com mérito pendente de julgamento – 325.

Logo, mesmo tendo sido concebida como instrumento a serviço da redução, nas mais diversas instâncias, da grande quantidade de processos versando sobre questões idênticas, é paradoxal que ainda existam, no STF, tantos casos de repercussão geral com mérito pendente de julgamento. Tendo por base o ritmo atual de operação do tribunal, ainda podemos aguardar mais de uma década para o que estoque seja zerado. Inúmeros outros exemplos poderiam ser aqui citados. Perguntar-se-ia se o CPC em vigor há cinco anos ou a EC 45 atenuaram as dificuldades do processo civil brasileiro. A precisa resposta poderia ser obtida a partir de consultas ao banco de dados do CNJ e ver-se-ia da inexistência de progressos com alguma expressividade."[21]

2) As hipóteses de cabimento de recurso especial, não sofreram sensível alteração com a Emenda Constitucional n. 125/ 2022. Já há no STJ mais de um mil e oitenta temas com afetação para repetitivos no STJ, tal significando que há uma multiplicidade de processos nos tribunais intermediários "esperando" o julgamento dos repetitivos vinculantes. Cria-se a ideia de redução no número de demandas nos tribunais superiores, quando, em verdade, o que se tem é mudança no local de "armazenagem".[22] Urge que sejam aperfeiçoados mecanismos indutores à redução de demandas nos Tribunais Superiores, inclusive, no caso, no Superior Tribunal de Justiça (e também no Supremo Tribunal Federal) que seriam:

a) honorários sucumbenciais acrescidos em valores mais substanciais, sobre o valor antes fixado, na hipótese de recurso não admitido, ou improvido, em caso de provimento parcial, haveria sucumbência acrescida proporcional sobre cada parte;

21. Cavalcanti, Artur; Cavalcanti, Francisco. O novo código de processo civil. Reflexões sobre um equívoco. Belo Horizonte, ed. Forum, 2020, p.143.

22. É algo extremamente semelhante ao que se tem com o a figura da REPERCUSSÃO GERAL, EM RELAÇÃO À QUAL até maio de 2022, JÁ HAVIAM SIDO FIXADAS MAIS DE UM MILHAR DE TESES.

b) criação de penalização financeira sob a forma de encargo recursal;

c) numa hipótese de demandas abusivas, ou de posturas abusivas em demandas, condenações, inclusive do Poder Publico, por litigância de má-fé;

d) essas medidas seriam muito mais salutares que a pálida e melancólica EC 125/2022.

Referências

AGRA, Walber de Moura. A possibilidade de retroação da nova Lei de Improbidade Administrativa. *Revista Consultor Jurídico*. Disponível em: www.conjur.com.br. Acesso em: 8 nov. 2021.

ARRUDA ALVIM, José Manoel. *Curso de direito processual civil*. São Paulo: RT, 1971.

CAVALCANTI, Artur; CAVALCANTI, Francisco. *O novo Código de Processo Civil:* reflexões sobre um equívoco. Belo Horizonte: Editora. Fórum, 2020.

CAVALCANTI, Francisco. *Inovações no processo civil*. Belo Horizonte: Del Rey, 1996.

FALCÃO, Joaquim; CESAR, Silvana G.; HARTMANN, Ivar; ALMEIDA, Guilherme. *A realidade do Supremo Criminal*. Rio de Janeiro: FGV, 2019.

MARTINS, Antônio. *Código de Processo Civil, comentários e anotações práticas*. Coimbra: Almedina, 2013.

NEVES, Daniel Amorim Assumpção Neves. *Manual de direito processual civil*. São Paulo: Método, 2013.

NERY, Nelson; NERY, Rosa Maria de A. *Comentários ao Código de Processo Civil*. São Paulo: RT, 2016.

PONTES DE MIRANDA, Francisco. *Comentários à Constituição de 1967, com a emenda n. 1, de 1969*. São Paulo: RT, 1974, p. 84.

THEODORO JUNIOR, Humberto. *Novo processo civil anotado*. Rio de Janeiro: Forense, 2016.